U0406267

博雅

知识产权法

Intellectual
Property Law

张平 著

图书在版编目(CIP)数据

知识产权法/张平著. —北京:北京大学出版社,2015.6
(21世纪法学规划教材)
ISBN 978-7-301-25949-8

Ⅰ. ①知… Ⅱ. ①张… Ⅲ. ①知识产权法—中国—高等学校—教材 Ⅳ. ①D923.4

中国版本图书馆CIP数据核字(2015)第132499号

书　　名　知识产权法
著作责任者　张　平　著
责 任 编 辑　孙战营
标 准 书 号　ISBN 978-7-301-25949-8
出 版 发 行　北京大学出版社
地　　址　北京市海淀区成府路205号　100871
网　　址　http://www.pup.cn
电 子 信 箱　law@pup.pku.edu.cn
新 浪 微 博　@北京大学出版社　@北大出版社法律图书
电　　话　邮购部62752015　发行部62750672　编辑部62752027
印 刷 者　北京虎彩文化传播有限公司
经 销 者　新华书店
787毫米×1092毫米　16开本　20.5印张　499千字
2015年6月第1版　2020年7月第6次印刷
定　　价　40.00元

序

自1994年编写了《知识产权法详论》之后，再没有动过更新和编写教材的念头，主要是这类著书已经很多，既没有动力去做重复写作，也没有能力做超越工作。年复一年地在学校给各类同学教授着“知识产权法”课程，不觉20载光阴逝去，北大出版社再次约稿，这才想起在多年的教学中，还是有一些体会可以表达的。

在刚刚执教的1991年，知识产权制度尚属“阳春白雪，和者盖寡”。“知识产权法”的教学还只是作为全校性的公共选修课。随着中美知识产权谈判的进程，国家开始认识到知识产权法制建设和人才培养的重要性，也恰好遇到香港开明人士黄金富先生的鼎力资助，北大开始筹备知识产权学院，挂靠在当时的法律系下。1992年，开始面向北大全校理工科专业三年级本科生招收知识产权双学位学生，“知识产权法”这门课程成为这批同学的必修课。1993年，知识产权学院正式成立，之后，“知识产权法”成为法学院本科生和双学位学生的基干课、全校文科大类平台课、全日制法律硕士和在职法律硕士必修课。“知识产权法”这门课也伴随着我国加入WTO以及《专利法》《商标法》《著作权法》的三次修改而不断的更新。而随着经贸全球化以及我国市场经济的深化，在知识产权立法之初所接受的制度理念也发生了很多改变，特别是在基础理论部分，原本应是“万变不离其宗”，但是，对知识产权制度合理性的认识却是在不断地发生变化。从自然权利说、智力劳动保护说、创新激励说、利益平衡说、公平竞争说、产业政策说等诸多理论学说的讨论，再到国家知识产权战略的发布、国际知识产权保护格局的变化，“知识产权法”课程的讲解也在“与时俱进”。在我的课堂上，基本不会指定特别教材，同学们只要有一本知识产权法的参考书即可，讲课内容每学期都会有许多新内容。所以，当出版社约稿编写这本教材时，我又重新整理这些年的教案。在知识产权事业极其“火热”的今天，除去学校本职工作中的教学和科研任务，加上各种无法推却的社会活动，这本教材的写作也是持续了将近两年的时间。幸好，有北大出版社孙战营编辑的鼓励，从本书的策划到成稿，战营都付出了大量的心血，而期间我几次有放弃的打算，都是她一再宽容完稿时间，使得本书得以成行。

在本书的编写中，还要特别感谢我的硕士生和博士生的同学们，孙红优硕士、赵启杉博士、孟兆平博士，颜晶晶博士、张晓博士、吴丽娟博士，他们为本教材作出了许多内容补充、文字整理和校对工作，特别感谢安徽中医药大学的王华老师，她在北大法学院做访问学者期间听了我讲授的“知识产权法”的全部课堂授课并录音，为本书内容的更新和整理付出了巨大的努力。

最后，还要感谢法学院的本科生王熳曼同学，作为第一读者对全书文字进行了仔细认真的校对，才完成了交给出版社的终稿。

岁月荏苒，转瞬间已经有24年的教龄，汇聚课上堂下对知识产权制度的认识与体会，奉上此书，期望尽教师之绵薄之力。

张　平
2015年6月17日
于自在书斋

目 录

第三编 商标法

总　论

第一节　知识产权的基本问题

一、知识产权的概念和范围

（一）知识产权的概念

产权的基本含义是指财产所有权,它包括对财产的占有、使用、收益、处分及其他与财产有关的权利。根据产权客体的形态不同,产权可分为有形财产权和无形财产权。知识产权属于无形财产权,对应英文指称为 Intellectual Property Right(简称“IPR”或“IP”)。作为一种民事权利,知识产权与物权类似,具有很强的“法定”色彩——即权利的成立、转让等,都受到法律的强制性规定。

知识产权是伴随市场经济的发展而诞生的,分别由著作权法、商标法、专利法、反不正当竞争法等专门法就作品创作者和传播者享有的权利、“经营标识”权、发明者对发明创造享有的权利、公平竞争权等分别加以规范。上述相关专门法整合形成了以知识产权为调整对象的法律规范体系——知识产权法律体系。对于知识产权的定义始终没有统一的认识。学者早期认为知识产权属于智力成果权①,后来随着对商标等标识类客体的认识,有学者认为知识产权应当包括智力成果权和经营标识权②、“知识产权是基于创造成果和工商业标记依法产生的权利的统称”③,还有学者将其概括为信息权④。随着新技术和新商业模式的发展,知识产权的内涵和外延还在发生变化。

虽然对“知识产权”尚无公认的概括式定义,但目前的基本共识是:知识产权是指人们对智力创造活动中形成的智力劳动成果和在生产经营活动中形成的标识类成果依法享有的权利。前者主要是专利权、著作权、集成电路布图设计权、植物新品种权、技术秘密权等;后者主要是商标权、商号权、反不正当竞争权、产地名称、地理标志等商业标识权。曾有观点认为基于生产经营活动形成的标识类成果不应独立于“智力劳动成果”而被作为知识产权的客体,对商标等标识类权利的保护本质上仍然是对智力劳动成果的保护——因为这些标识的创造本身也包含了智力因素。然而,商标的价值并非主要体现在商标构成要素的创作上,

---

① 参见郑成思主编:《知识产权法教程》,法律出版社 1993 年版。

② 参见吴汉东主编:《知识产权法》(第三版),北京大学出版社 2011 年版。

③ 参见刘春田主编:《知识产权法》,高等教育出版社 2008 年版。

④ 参见〔日〕中山信弘:《多媒体与著作权(一)》,张玉瑞译,载《电子知识产权》1997 年第 5 期。

给予标识类成果以知识产权保护的本意是保护该商标背后所代表的商品或服务的提供者在多年经营活动中形成的“商业信息”,例如经营信誉、服务理念、公司文化、产品品质等,这些无形的信息承载于商业标识之上,应当受到知识产权法的保护。

(二)知识产权的范围

实践中,人们对于知识产权的定义更多的是从它保护的客体进行列举式理解的。世界知识产权组织(WIPO)将知识产权划分为“工业产权”和“著作权”两大类。

根据1883年签订的《保护工业产权巴黎公约》(《巴黎公约》),工业产权的保护对象有:(1)发明;(2)实用新型(一种少数国家给予保护的“小发明”);(3)工业品外观设计;(4)商标;(5)服务标记;(6)厂商名称;(7)货源标记(产地标记和原产地名称);(8)制止不正当竞争的权利。工业产权中的“工业”一词在英文中对应的单词是industrial,其具有广泛含义,包括制造业、农业、采掘业、医药、生物等各个产业部门,将其翻译成“产业”更为合适。

著作权,是指作者对其创作的作品依法享有的权利。在我国,著作权与版权系同义语。著作权包括人身权和财产权,保护的客体包括文字作品、口述作品、音乐作品、戏剧作品、舞蹈作品、杂技艺术作品、美术作品、建筑作品、摄影作品、视听作品、图形作品、计算机软件等。广义的著作权还包括邻接权,主要保护作品传播者在作品传播活动中所付出的创造性劳动,包括出版者对其版式设计的权利、表演者对其表演享有的权利、录音录像制作者对其录音制品享有的权利以及广播电视组织对其广播电视节目享有的权利。

随着市场经济的发展,将知识产权划分为工业产权和著作权的提法受到了一定的质疑,具体表现为著作权的产业化现象。传统理论认为作品的创作并非是对生产资料的生产、利用和加工,因此可将著作权区别于工业产权。但是随着文化娱乐的产业化以及版权贸易的发展,著作权的应用愈发市场化,著作权成为传媒娱乐产业的基础,也具备了像专利、商标一样的产业化特点(见图1)。

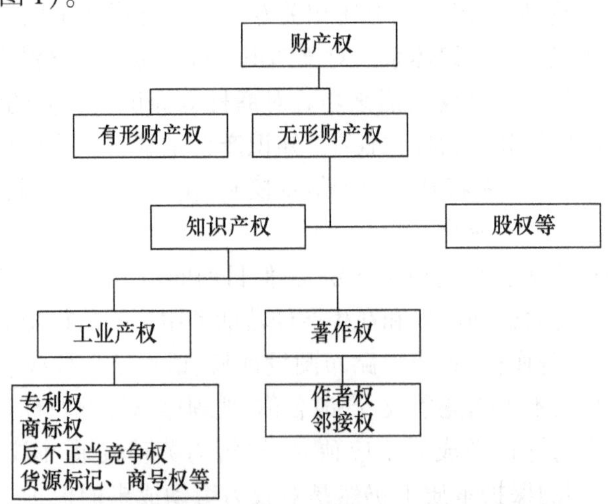

图1 知识产权在财产体系中的定位及范围

除了《巴黎公约》外,另外一些重要的知识产权国际公约一般也采取列举的方式对知识产权的范围进行界定,比较具有代表性的有:

1967年签订的《建立世界知识产权组织公约》中,对知识产权作了系统和广泛的解释,该《公约》第2条对知识产权进行了定义:“知识产权”包括:(1)与文学、艺术及科学作品有关的权利;(2) 与表演艺术家的表演活动、与录音制品及广播有关的权利;(3) 与人类创造活动的一切领域内的发明有关的权利;(4) 与科学发现有关的权利;(5) 与工业品外观设计有关的权利;(6) 与商品商标、服务商标、商号及其他商业标记有关的权利;(7) 与防止不正当竞争有关的权利;(8) 一切其他来自工业、科学及文学艺术领域的艺术创作活动所产生的权利。

1994 年形成的《与贸易有关的知识产权协议》(《TRIPs 协议》)由于其在世界贸易组织(WTO)的框架内,因此对知识产权范围的界定没有采取与前述《建立世界知识产权组织公约》相同的立场,而是限于与国际贸易有关的知识产权形态,包括:(1) 著作权与邻接权;(2) 商标权;(3) 地理标志权;(4) 工业品外观设计权;(5) 专利权;(6) 集成电路布图设计权(拓扑图);(7) 未披露过的信息专有权。

总体看,WIPO 和 WTO 两个国际组织对知识产权范围的表述不完全相同,但内容基本一致。

(三) 知识产权范围的拓展

随着新技术的出现,许多智力创作成果难以用传统的工业产权法和著作权法进行保护,如集成电路布图设计、生物技术、数据库、多媒体产品、域名等。于是产生了一些新的知识产权国际条约和专门法律,如 WIPO 的《关于集成电路的知识产权条约》、欧盟的《数据库保护指令》、某些国家的《半导体芯片法》《基因保护法》《多媒体法》等。这些边缘保护客体的保护条件和内容兼有版权和工业产权的特点。

互联网的发展也不断向传统的知识产权定义提出挑战,知识产权的外延被不断突破。例如域名问题,就已经纳入到知识产权范围之中,尽管对于域名的权利属性还在讨论之中,WIPO 也在其工作报告中指出过无意将域名增设为新的知识产权,但是在实践中 WIPO 已经在管理域名问题。实践中,域名与知识产权的冲突也较为明显,域名也被作为一种商业标识加以保护。

随着新技术的发展,知识产权的家族还会不断扩大。

二、知识产权的属性

依据公权和私权划分理论,知识产权属于私权,是民事权利的一种,这已在我国《民法通则》和 WTO/TRIPs 协议中得到确认。民事权利是法律上的一种权利,是指民事法律规范赋予民事主体满足其利益的手段。[①] 由此,从法律维度上对知识产权进行考察,知识产权在形式上表现为知识产品权利人的私权,权利人可以通过对权利的享有、保护和利用实现其智力创造成果或工商业经营标识类成果的经济利益。

但是,知识产权制度的运行与国家经济、产业发展利益密切相关,这一制度也具有维护公共利益和市场竞争秩序的社会功能,因此知识产权也可以从政策维度上进行考察。以公共利益和竞争秩序为依归对知识产权进行限制、运用公权力对知识产权进行管理(例如专利的国家授权)、根据国家发展阶段对知识产权侵权采取不同的制裁措施等,无不体现出知识产权制度的公共政策属性。可见,知识产权并不完全等同于一般的民事权利,在其保护和利用上有许多公共政策特别是产业政策方面的考量。

在经济全球化的环境下,国家间的技术和贸易竞争主要体现在知识产权的竞争上,知识

---

① 魏振瀛主编:《民法》,北京大学出版社、高等教育出版社 2000 年版,第 37 页。

产权战略已经从企业战略发展为国家战略。不同的文化、经济、技术发展水平的国家有不同的国家战略,这给知识产权的法律规则带来了解释空间。于是,对于知识产权的法律属性也产生了各种不同的认识。但无论国家在知识产权立法和执法上对产业发展有怎样的干预,也无论随着政策变化对知识产权给予怎样的限制,知识产权属于私权的基本属性没有改变。

三、知识产权的基本特征

理论界对于知识产权特征的讨论有不同认识,但是 WIPO《知识产权阅读教程》①中将知识产权的特征归纳为以下三点,因此这三点也被认为是知识产权最基本的特征。

(一) 专有性

专有性,又称独占性、排他性,是指未经知识产权权利人许可,任何人不得利用该项知识产权,否则将构成侵权并承担法律责任。知识产权与物权类似,属于对世权,但其与物权又有所区别,具体体现在:(1) 知识产权的专有性在权能方面受到法律的限制更多。如著作权法中的合理使用制度,社会公众可以借助合理使用制度对他人享有著作权的作品进行使用而不必事先获得著作权人的许可并支付报酬。(2) 物权是有形财产权,其附着于有形物。如购买了一个苹果,既是说获得了“苹果”这个物理上的有形的实在,也是获得了“苹果的所有权”的法律利益;由于其有形,物权具有占有的权能,物权的排他性主要体现在对其标的物的占有,法律只是在有人破坏这种占有时,才施以援手。知识产权则与其物质载体分离存在。如购买了一幅画,仅是购得了这张涂有颜色和线条的纸的物权而已,其“著作权”仍在画家手中。由于其无形,知识产权人不可能对其权利客体进行物理上的占有,同一项知识产权的客体可在同一时间内为多人所使用,其排他性唯一地由法律予以保障,权利人在物理上无法阻止他人利用其知识产权。

(二) 地域性

知识产权法属国内法,在一国获得的知识产权只在该国范围内受到法律保护,其他国家是否授予该权利人就同样的智力成果或商业标记专有权,视其域内的法律而定。因此,知识产权不具有域外效力,一国国民依据本国法享有的知识产权并不当然得到其他国家的承认。随着贸易全球化以及互联网的诞生,知识产权的地域性开始受到挑战,具体表现为:(1) 各国纷纷选择以订立国际公约的方式对知识产权进行保护。这些国际公约为成员方设定了知识产权保护的基本水平,成员方必须根据公约中的相关规定修正其国内法律,为其他成员方国民享有的知识产权提供保护。知识产权国际公约在一定程度上消除了不同国家间知识产权保护水平的差距,对于知识产权固有的地域性提出了挑战。(2) 区域经济一体化及双边自由贸易协定(FTA)导致区域内成员的知识产权保护水平趋于一致,欧盟最为典型,其通过一系列指令、条例和判例致力于推动区域内知识产权法律制度的统一。依据区域一体化法律授予的知识产权将在区域内具有同等的法律效力以及依据双边自由贸易协定形成的知识产权保护共识都对知识产权的地域性提出了挑战。(3) 互联网将全球“一网打尽”,基于相同技术标准的开放平台,其知识产权保护更多向“长臂管辖”倾斜,知识产权的地域性特征进一步被淡化。

(三) 时间性

知识产权中的大部分权利具有法定保护期限,一旦保护期限届满,相关权利客体即进入

① 知识产权组织编写:《知识产权阅读教程》,专利文献出版社 1988 年组织翻译,亦可参见 WIPO 官方网站原文。

公有领域,社会公众可自由利用。这一点与物权存在重大差别。物权没有时间限制,只要动产或不动产存在,权利即存在。不同的知识产权有不同的保护期,我国发明专利权的保护期限是 20 年;实用新型专利权和外观设计专利权的保护期限是 10 年;著作权人享有的财产权利的保护期限为作者有生之年加死后 50 年;商标权的保护期限是 10 年,期满以后可以续展,续展次数不限。如果商标权人按照规范使用商标和续展商标,可以永久享有商标权。有些知识产权,如商业秘密,法律并未明确规定保护期限,其权利的存续是通过权利人采取保密措施维持。但是一旦商业秘密保护的信息发生泄露或他人通过自行研究、反向工程等方式获取,权利人就不可对相关信息继续主张商业秘密保护。

知识产权的上述三个特征不是绝对的,在学术上也存有认识上的分歧。部分学者还认为知识产权具有法定性、可复制性的特征。法定性是指知识产权的权利类型和内容均应由法律明确规定。可复制性是指同一知识产权的客体都表现为某种信息,这些信息可以复制于多个相同的载体上。

第二节　知识产权法的历史发展

知识产权法诞生于欧洲封建社会的晚期,发展于资本主义早期,大规模工业生产和市场经济的发展催生了知识产权立法。

一、国外知识产权法的历史发展

在知识产权法的家族中,专利法最早问世。早在中世纪或更早的年代,就出现了带有封建特权色彩的专利权。1474 年,威尼斯共和国颁布了世界上第一部专利法,确定了专利保护的三个基本原则:保护发明创造的原则、专利独占原则、侵权处罚原则。因囿于那个时代的封建特色,威尼斯专利法基本上还是沿袭着王权、特权的思路制定。1624 年,英国颁布《垄断法》,全面地规定了专利保护主体、客体、取得的条件、保护期限、宣告专利无效的条件等内容,确立了与现代专利法相似的基本制度。

1709 年,英国颁布了《安娜法》,该法被认为是世界上第一部著作权法。该法首先以立法的形式保护作品创作作者的权利——主要是禁止他人复制的权利。至今复制权仍然是著作权法的核心保护内容。

商标法律制度始于 19 世纪。1803 年,法国颁布了《关于工厂、制造场和作坊的法律》,这部法律被认为是世界上第一部商标法。该法提出,对工厂、制造场和作坊的商誉、商号和商品上附着的标识要予以保护。有学者认为中国宋代的白兔商标早于法国的立法,可以作为保护商标的开始,但这只能认为我国商人有较早的商标意识,并不是国家立法给予的保护,而是工匠、经营者在自己的商品上打上的印记、烙印。事实上,印记、商标、商号等在古代世界早已有之,英文“brand”(烙印)即是这种含义;它与“trademark”(商标)是有区别的,后者是法律意义上的商业标记。

现代意义上独立的反不正当竞争法的出现始于 19 世纪末。一般认为,1890 年美国通过的《反对不法限制和垄断,保护交易和通商的法律》(《谢尔曼法》)为世界上第一部反不正当竞争法。

至今,世界上多数国家都相继建立了知识产权保护制度。

二、我国知识产权法的历史发展

(一) 1949年之前的知识产权制度

清政府末期变法之前,由于商品经济的不发达,中国并无知识产权产生的社会基础,而随着清末西学东渐以及迫于西方列强的压力,晚清政府仿造西方建立了知识产权法律制度,这是我国首次正式的知识产权制度的雏形。1898年,清朝光绪皇帝采纳维新派的主张颁布了《振兴工艺给奖章程》,这是中国历史上第一部保护发明创造的法规。章程对新发明予以奖励以满足开放口岸引进西方工艺的需求。其中规定:"发明制造船械枪炮等器新法者,颁特赏五十年;发明日用新器者,给工部郎中实职,专利三十年;仿造西器之制法,未流传中土者,给工部主事职,专利十年。"1904年,清政府颁布了中国历史上第一部商标法——《商标注册试办章程》,该章程是应西方国家进入中国市场的要求而诞生,由时任中国海关总税务司的英国人赫德起草[①],其中规定了商标注册制度、商标禁用标志、商标有效期、商标侵权行为等。1910年,清政府制定《大清著作权律》,共分为"通例、权利期限、呈报义务、权利限制、附则"五章。囿于当时的战乱年代和岌岌可危的清政权,清末制定的这些法律和规章基本上没有得到真正实施,但是以上法律使知识产权的概念进入了中国,并为北洋政府和国民政府制定知识产权法律法规提供了蓝本。

清政府覆亡后,北洋政府和国民政府时期也颁布过知识产权法律法规,但是由于当时的社会历史环境,相关法律并没有真正发挥作用。这一时期的知识产权立法主要表现为:(1) 在著作权方面,北洋政府在《大清著作权律》的基础上于1915年颁布了《著作权法》,其后,国民政府在1928年颁布了《著作权法》。(2) 在专利方面,相继颁布了《奖励工艺品暂行章程》《暂行工艺品奖励章程》《奖励工业品暂行条例》《特种工业奖励法》《审查暂行标准》《发明特许条例》及其实施细则等,在这些法律法规的基础上,国民政府于1944年5月29日正式颁布中国历史上第一部《专利法》。(3) 在商标方面,北洋政府于1923年以《商标注册试办章程》为蓝本,制定了《商标法》及其实施细则。之后,在北洋政府制定的《商标法》基础上,国民政府于1930年5月6日制定了《商标法》,并分别于1935年、1938年和1941年进行了三次修正,这些法律后来在台湾得到了实施。

(二) 1949年之后的知识产权制度

1. 改革开放前的知识产权立法

新中国成立后,政府曾经颁布过一些保护知识产权的法规和条例。1950年,中央人民政府颁布《保障发明权与专利权暂行条例》,当时借鉴的是苏联双轨制模式,采取发明证书与专利证书双轨制对发明创造进行保护,依此条例仅授予过"侯德榜联合制碱法"等四项专利和六项发明权。同年,相继颁布了《商标注册暂行条例》《关于改进和发展出版工作的决议》等,这两个有关商标和著作权的法规一直沿用至20世纪80年代改革开放之后,但其更多的是侧重于行政管理,没有任何私权保护意义上的规定。

2. 改革开放后知识产权制度的建立

我国知识产权制度的建立和逐步完善是从20世纪80年代改革开放之后开始的。依照立法时间顺序列于下表之中:

---

① 吴汉东主编:《知识产权法学》,北京大学出版社2000年版,第334页。

表1 中华人民共和国知识产法立法

颁布时间	法律法规名称
1982 年	《中华人民共和国商标法》
1984 年	《中华人民共和国专利法》
1986 年	《中华人民共和国民法通则》
1990 年	《中华人民共和国著作权法》
1991 年	《中华人民共和国计算机软件保护条例》
1993 年	《中华人民共和国反不正当竞争法》
1995 年	《中华人民共和国知识产权海关保护条例》
1997 年	《中华人民共和国植物新品种保护条例》
2001 年	《中华人民共和国集成电路布图设计保护条例》
2007 年	《中华人民共和国反垄断法》

3. 知识产权法律制度的完善

我国的知识产权立法自20世纪80年代后进入快速发展时期,用大约30年左右的时间完成了知识产权法律体系的构建,而知识产权法律体系的构建在西方社会大致走过了300年的历程。在法律体系的构建过程中,我国社会的政治、经济和科技由于改革开放的不断深入发生了巨变。基于上层建筑与经济基础的辩证关系,作为上层建筑的知识产权法律也必须随之不断发展完善。《商标法》于1983年3月1日实施,目前经历过三次修订,第一次修订于1993年2月22日,第二次修订于2001年10月27日,第三次修订于2013年8月30日。《专利法》于1985年4月1日实施,目前经历了三次修订。第一次修订于1992年9月4日,第二次修改于2000年8月25日,第三次修订于2008年12月27日。目前《专利法》正在进行第四次修订工作。《著作权法》自1991年6月1日实施,一共进行过两次修改。第一次修改是在2001年10月27日通过, 第二次修订是在2010年4月10日,目前《著作权法》正在进行第三次修订。

此外,与知识产权相关的其他法律法规也顺应形势不断加以完善,《植物新品种保护条例》于2013年1月16日修订,《反不正当竞争法》目前正在进行第一次修改工作,《反垄断法》制定后,为保证法律中有关知识产权条款的适用,正在制定一系列配套的行政法规和指南。

第三节 知识产权制度的基本理论

知识产权如何从封建的垄断特权嬗变为市场经济的财产权,用来说明或论证其合理性的理论很多,如劳动论、人格权论、激励论、契约论、工具论等,直到今天依然有不同的流派在各自倡导的理论基础上试图矫正知识产权的制度设计。不过,从知识产权的制度规范和运作实施效果来看,它是由多种理论共同支撑的。

一、自然权利论

“自然权利论”又称为“劳动论”。这一理论的基本思想是:人的创造性活动是一种劳动,智力劳动者对其经过辛苦劳动取得的智力劳动成果——如具有独创性的作品等——在道德上享有某种独占的权利。按照这种理论,知识产权和传统的物权一样是道德权利,而不仅仅是法律权利。知识产权的存在不取决于国家的承认,权利的授予只不过是履行国家权力的认可程序而已。基于这一理论建立起来的知识产权制度,宗旨是强调对创造者利益的保护，鼓励创新，维护个人的自主与独立。该理论在证明知识产权制度合理性的早期历史中占据了主流地位。

及至当代，“劳动论”面临着反知识产权的险境。最突出的表现就是该理论导致创造者权利的无原则扩张。特别是在各大产业集团为代表的权利人群体的游说下，更多的信息产品进入了受知识产权保护的客体范围，权利的类型不断扩张、保护期限不断延长。倡导信息民主自由的学者认为，这一理论基础上的知识产权已成为限制思想自由传播的绊脚石，在现实中造成了垄断，妨碍了对思考能力加以行使的自由和对现有思想进行改进的自由，影响了社会的进步。[①]

“自然权利论”在解释知识产权制度设计上有许多不足，专利权、商标权取得的“先申请原则”足以说明“有劳动不当然产生权利”。

二、人格权论

“人格权论”又称为“非物质财产论”。该学说认为，知识产权作为精神产品是一种非物质性的无形财产。一个人进行发明或创作，就好像将自己生命的一部分投入其中，知识产品上凝结了创造者的个人意志。“非物质财产理论”更强调劳动成果的思想性质和权利人的本质特征，从而区别了智力成果创作人的权利和成果所有人的权利，即将知识产权的财产权利和人身权利清楚地划分开来。财产权可以转移，而人身权与人不可分割，永远属于本人所有、不能转移。“人格论”反对知识产权的计划许可、强制许可，主张知识产权无价，其侵权损失无法用经济赔偿来弥补。“人格论”在著作权保护上更为突出。“文如其人”的说法足以说明，作品在很大程度上表现的是作者的思想和个人特征，精神权利在某些情况下胜于财产权利。

“人格权论”过分强调智力成果创作人的精神权利，容易导致在知识产权保护上追求绝对“权利”，如电影《秋菊打官司》中的“秋菊”那样，为了要一个说法，不惜付出巨大代价。过多强调人格权不符合知识产权保护的现实情况。商人（经济人）通常持有知识产权，他们更注重财产（property）和利益（profit）的保护，而不是权利（rights）的保护。

三、契约论

“契约论”认为，知识产权是其所有人与社会公众之间所签订的一种社会契约。所有人通过国家赋予的知识产权获得利益，与之相应，社会公众则通过有偿使用知识产权获得利益。当知识产权超过了法律所规定的保护期，便进入公共领域，成为人类的共同财富。公开技术以获得暂时的垄断权，对发明人而言，可以通过垄断利润补偿发明创造活动中付出的劳动和费用，甚至获得更多的利益回报；对社会而言，它增加了新的科技知识和信息，而新增的知识将为科技进步准备良好的条件。专利权期限结束后，发明便成为社会的公共财富，公众可以自由使用。“契约论”鼓励一切有创造天赋的人去进行艰难而充满风险的创新，鼓励创新成果的公开。“契约论”在现代各国专利法和著作权法中都有所体现。它可以灵活地解释一切知识产权制度设计的规则，给立法者和实践者以足够的空间。

四、产业政策论

“产业政策论”也称“工具论”。这一理论是从国家产业的发展，而不是个人权利出发来

---

① 代表学者有美国的劳伦斯·莱西格（Lawrence Lessig）教授，“创作共享协议”（Creative Commons）的创始人。

阐释知识产权的制度设计。保护权利人,赋予其排他性独占权,目的在于鼓励优势产业的垄断地位,促进新兴产业的发展。“产业政策论”将知识产权视为促进技术和经济进步的制度手段,强调国家经济利益和社会综合效果。通过“私权”制度的设计使其成为实现产业发展的重要途径,但它不是简单地保护“私权”,更重要的是在维护“私权”的同时促进产业发展进而谋取国家利益。

现代知识产权制度的诞生与技术和经济有着特殊的关系。重商主义的产业贸易政策孕育出了现代专利制度和著作权制度,而知识产权的保护范围和保护水平在不同的历史阶段也发生着变化。这种根据市场需求和产业发展水平制定法律的做法,实际上是对产业政策的贯彻和制度化。各国在对具体技术是否授予专利权保护方面在不同的历史阶段就存在着差别。在排除专利保护的技术领域的选择上,体现的是国家在该技术领域的技术水平和产业状况。例如,各国在早期都不授予生物技术专利权;在 1980 年至 1996 年间,美国的专利法对计算机软件的专利保护也处于摇摆不定的状态;中国《专利法》颁布之初不保护化学物质和药品;几乎所有国家的专利法都排除了以原子核变换方法获得的物质的保护。

“产业政策论”将专利权视为促进技术和经济进步的制度手段,强调专利权的首要目的并非保护发明人的私有财产,而是促进产业的发展。它最主要的观点是:(1) 专利保护不仅能刺激发明人从事发明创造的积极性,更重要的是鼓励企业在技术开发和实施发明方面踊跃投资,通过授予垄断权来刺激创新,从而推动社会的技术和经济进步;(2) 专利制度促使发明人将其最新技术公诸于世,使社会尽快了解新技术、新知识,有利于技术信息的交流与传播,进而促进产业发展;(3) 如果对某些关系国计民生的领域授予专利权,会造成“权利壁垒”,桎梏本国工业的发展,可以暂时排除对这些领域发明的专利保护,待这些领域的科技水平提高后再放宽保护范围。“产业政策论”从国家整体利益出发,把发明人的个人利益降低到次要地位。从专利法诞生初衷看,专利制度就是一种产业发展的工具,它与其他民事权利的保护制度有着本质的不同。它不是简单地保护“私权”的创造者,更重要的是通过维护拥有“私权”的市场主体的利益,调节国家的产业方向。因此,每一个国家都会根据国家产业的发展水平,对不同技术领域给予适当的专利保护,在专利保护的对象、专利保护期限的设立、权利要求的解释等方面设立不同的制度规定。在著作权领域,“私权”的保护更是一边倒地偏向文化产业中的企业。美国的著作权法尤为明显,影视、音像、图书等雇佣作品的著作权原则上都归于雇主。此举减少了许可交易的成本,也降低了著作权侵权的诉讼风险。这些企业在取得著作权之后,对作品的任何演绎行为都不需要创作者的许可,也不需要向其支付报酬,从而保证其能够自由地、最大限度地利用作品赚取利润。此外,围绕着著作权这一产业核心,对有商业价值的形象的保护还扩大到商标、专利领域。美国法院还以司法判例的形式扩大对文化产业企业的保护,不断延长著作权的保护期限。1998 年,《松尼·波诺著作权期限延长法案》通过,让本于 2003 年因著作权保护期限届满而将寿终正寝的米老鼠,再获 20 年的新生。这一法案让公众免费使用或模仿米老鼠等卡通形象的希望瞬间化为泡影,为大型传媒娱乐公司赢得了一次集体胜利。除了保护期限之外,著作权法对著作权保护对象的条件限制也体现了不同时期的产业政策。例如,在著作权制度建立之初,为了刺激本国的印刷产业和保证本国居民以较低价格获得教育材料,美国著作权法不保护外国人的著作权,对盗版行为也持放任态度。又如,随着计算机技术的发展,各国陆续在著作权法的修订中增加了对数据库作品的保护,以期实现促进信息产业发展的政策目标。可见,脱离对一国特定历史时期产业发展的分析,很难理解知识产权制度的演进逻辑。

五、竞争法视野下的知识产权制度

各国知识产权保护的历史始终伴随着竞争法的规制。这进一步说明,知识产权制度主要适用的主体是那些参与市场竞争的企业或者个人,要在公平自由的竞争环境下对市场主体行使知识产权加以规制。竞争法还能够保证知识产权保护中的社会公共利益考量。在竞争法层面下对知识产权保护的规制更多是公共政策问题。

《TRIPs 协议》第 7 条规定了该协议的宗旨:"知识产权的保护与权利行使,目的应在于促进技术的革新、技术的转让与技术的传播,以有利于社会福利的方式去促进技术知识的生产者与使用者互利,并促进权利与义务的平衡。"知识产权制度无疑是以权利保护为核心的,只有充分和有效的保护才能使知识产权鼓励创新的激励机制发挥作用。但知识产权保护应该以社会福利为依归。知识产权保护可能增加社会福利,也有可能削弱和减少社会福利,保护水平应当有一个合理、适度的界限。这个合理、适度的界限主要是通过知识产权的权利限制制度予以实现。知识产权的限制,通常是指对知识产权人的专有权行使的限制,其功能在于通过适当限制,平衡权利人与其他竞争者、社会公众之间的利益。

(一) 知识产权制度内的限制

知识产权的制度设计贯穿了权利限制和衡平的理念。知识产权法为知识产权的取得规定了严格的门槛条件;进入这一门槛之后,知识产权法又规定了知识产权使用的限制制度(如著作权法中的合理使用制度、专利法上的科学实验例外、商业秘密保护中的反向工程等);当知识产品进入流通领域之后,为避免权利人控制整个销售体系,解决知识产权与商品自由流通之间的冲突,规定了"权利穷竭"的原则:当权利人首次将产品交易流通后,即失去对该产品的营销控制权,第三人则可通过真品平行输入的方式取得产品。[①] 此外,知识产权法还通过强制许可、法定许可等制度的运用,消减知识产权的独占效力。这些制度的综合运用,适度减弱排他性的法律效果,以期在保障商业利益和增进知识进步之间取得平衡。

(二) 竞争法对知识产权保护的制约

竞争法作为外部制约保护手段,对知识产权保护进行了限制。当出现知识产权法不适当地限制竞争的情形时,竞争法可以提供制度性保障。在经济全球化的背景下,世界各国围绕知识产权所展开的市场竞争更加激烈:一方面,各种不正当、不合法的竞争行为对知识产权人的合法权益构成了极大威胁;另一方面,具有独占性质的知识产权往往会形成市场垄断或支配地位,从而限制了该市场的自由竞争。

与知识产权制度的内部制约一样,反不正当竞争的规制也是以私法的制约为出发点和依托。但维权成本对个体而言往往过高,民事侵权的补偿性赔偿也不足以增加威慑力,难以实现对知识产权滥用行为和限制竞争的有效控制。于是,主要以公权手段规范竞争秩序的反垄断法也承担了重要的任务。

知识产权被视为合法的垄断权,在 20 世纪反垄断法兴起时,对知识产权无一例外地适用除外的规定。然而,由于市场驱动机制而产生的知识产权保护的异化,对创新和公平竞争带来了巨大的阻碍作用。随着利用知识产权限制竞争的行为越来越普遍,各国反垄断法对

---

① 王冠玺、李筱苹:《我国知识产权法律与国家发展政策的整合》,载《法学研究》2005 年第 6 期。

知识产权的规制态度开始发生转变,从绝对豁免转向相对豁免,陆续在本国反垄断法中确立知识产权滥用行为的规制标准和前提。反垄断法对于知识产权滥用的规制有利于维护有效竞争,使社会个体行使知识产权的行为不至于损害社会的整体利益。[①]

(三)反不正当竞争法对知识产权保护的补充与加强

为弥补知识产权类型法定主义的缺陷,反不正当竞争法通过惩罚所有的商业混淆行为来保护规范企业的竞争行为,如企业名称、经营模式、有特色的商品包装和广告语的保护等[②],对商业秘密的保护只能通过反不正当竞争法。反不正当竞争法通过扩大知识产品的保护范围,实现了对知识的私有价值的扩大保护,同时维护了公共利益和市场秩序。

第四节　我国知识产权法的渊源和体系

一、我国知识产权法的渊源

"法的渊源"一词有多种含义,它可以指法的历史渊源、哲学渊源、形式渊源、文件渊源等,本书主要讲一下形式渊源。

法的形式渊源,是指法律规范的各种表现形式。知识产权法的形式渊源主要是制定法,即由国家最高立法机关制定的法律。此外,各行政主管部门制定的法规、条例以及国际条约也被列为特定意义上的法律渊源,它们构成了知识产权法的统一整体。

(一)宪法

《宪法》是我国的根本大法,它是国家法律、法规等规范性法律文件的立法依据,其基本原则必须为各部门法所遵循。中国《宪法》第5、20、22、47、89条涉及知识产权的保护。例如《宪法》第20条规定:"国家发展自然科学和社会科学事业,普及科学和技术知识,奖励科学研究成果和技术发明创造。"第47条规定:"中华人民共和国公民有进行科学研究、文学艺术创作和其他文化活动的自由。国家对于从事教育、科学、技术、文学、艺术和其他文化事业的公民的有益于人民的创造性工作,给以鼓励和帮助。"第89条规定,国务院行使领导和管理科学文化工作的职权。国家立法机关和知识产权行政主管部门应当根据《宪法》中的这些原则性规定,制定知识产权法律、法规。

(二)法律

法律是由国家最高立法机关颁布的规范性文件,它是知识产权法的重要渊源。我国目前还没有统一的知识产权法典,作为知识产权法的渊源的法律主要包括:

1.《民法通则》《刑法》

民法是调整平等主体之间的财产关系和人身关系的法律。民法的许多原则都适用于知识产权法,它是知识产权法的重要法律渊源。《民法通则》在第五章第三节专门对知识产权法作了列举式规定。

《刑法》是国家重要的基本法,其调整范围涉及各个领域。《刑法》专门规定了"侵犯知识产权罪",对故意侵害他人知识产权,情节严重的行为,追究刑事责任。此外,从事知识产

① 王先林主编:《知识产权滥用及其法律规制》,中国法制出版社2008年版,第77页。
② 江帆:《竞争法对知识产权的保护与限制》,载《现代法学》2007年第3期。

权管理工作的国家机关工作人员以及其他有关国家机关工作人员玩忽职守、滥用职权、徇私舞弊,构成犯罪的,同样应当追究刑事责任。

2.《著作权法》《专利法》《商标法》《反不正当竞争法》

这些专门法律是知识产权法最重要和最基本的法律渊源,它们对知识产权法的具体问题直接作了详尽的规定。

3.《科学技术进步法》

《科学技术进步法》是中国科学技术工作的一项基本法律,它在第3条对知识产权作了概括的规定,即:“国家保障科学技术研究开发的自由,鼓励科学探索和技术创新,保护科学技术人员的合法权益。全社会都应当尊重劳动、尊重知识、尊重人才、尊重创造。”该法对知识产权保护起全面指导作用。

4.《反垄断法》

《反垄断法》有“经济宪法”之称,它是我国调整市场竞争、维护竞争秩序的总纲领。《反垄断法》在肯定了知识产权这种“合法垄断”权的同时,也强调知识产权的行使要受其规制。第55条规定:“经营者依照有关知识产权的法律、行政法规规定行使知识产权的行为,不适用本法;但是,经营者滥用知识产权,排除、限制竞争的行为,适用本法。”

5. 其他有关法律

知识产权问题涉及面广,除了上述法律以外,还需受其他有关法律补充调整,如《民事诉讼法》《刑事诉讼法》《行政诉讼法》《食品卫生法》《产品质量法》《环境保护法》以及有关的税法等。这些法律规范也是知识产权法必不可少的渊源。

(三) 行政法规、部门规章

行政法规主要是指由国家最高行政机关在其职权范围内制定和颁布的规范性文件,如条例、细则、办法等。目前作为知识产权法的渊源的行政法规主要有:(1)《专利法实施细则》;(2)《专利代理人条例》;(3)《商标法实施条例》;(4)《著作权法实施条例》;(5)《计算机软件保护条例》;(6)《信息网络传播权保护条例》;(7)《海关知识产权保护条例》等。

部门规章指由国务院各部委颁布的管理其职权范围内事务的规定,例如,我国国家知识产权局颁布的《专利代理管理办法》等,也构成我国知识产权法的法律渊源。

(四) 地方性法规、规章

各省、自治区、直辖市制定的地方性法规、自治条例和单行条例、地方政府规章,以及特别行政区基本法中关于知识产权的规定也是知识产权法的渊源。

(五) 国际条约

国际条约,是指我国与外国缔结或者我国加入并生效的国际规范性文件。这些国际条约一旦在我国生效,与我国的国内法具有相同的约束力。所以,国际条约也是我国知识产权法的渊源之一。

二、我国知识产权的立法、司法保护和行政保护体系

(一) 我国知识产权的立法体系

中国知识产权法的结构表现为实体法与程序法并存。它既有实体法的一般规范:主体、客体、权利内容、权利限制、法律责任;也有程序法的规范构成:权利取得程序、权利的利用、权利的管理等,如专利的申请、取得、无效等规定。

纵观我国知识产权法的发展历史,虽然知识产权立法起步较晚,但发展速度很快,经历

了30余年的时间已经形成一套较为完整的知识产权立法体系(见图2)。同时,我国也加入了多项有关知识产权法的国际条约并已生效(见图3)。

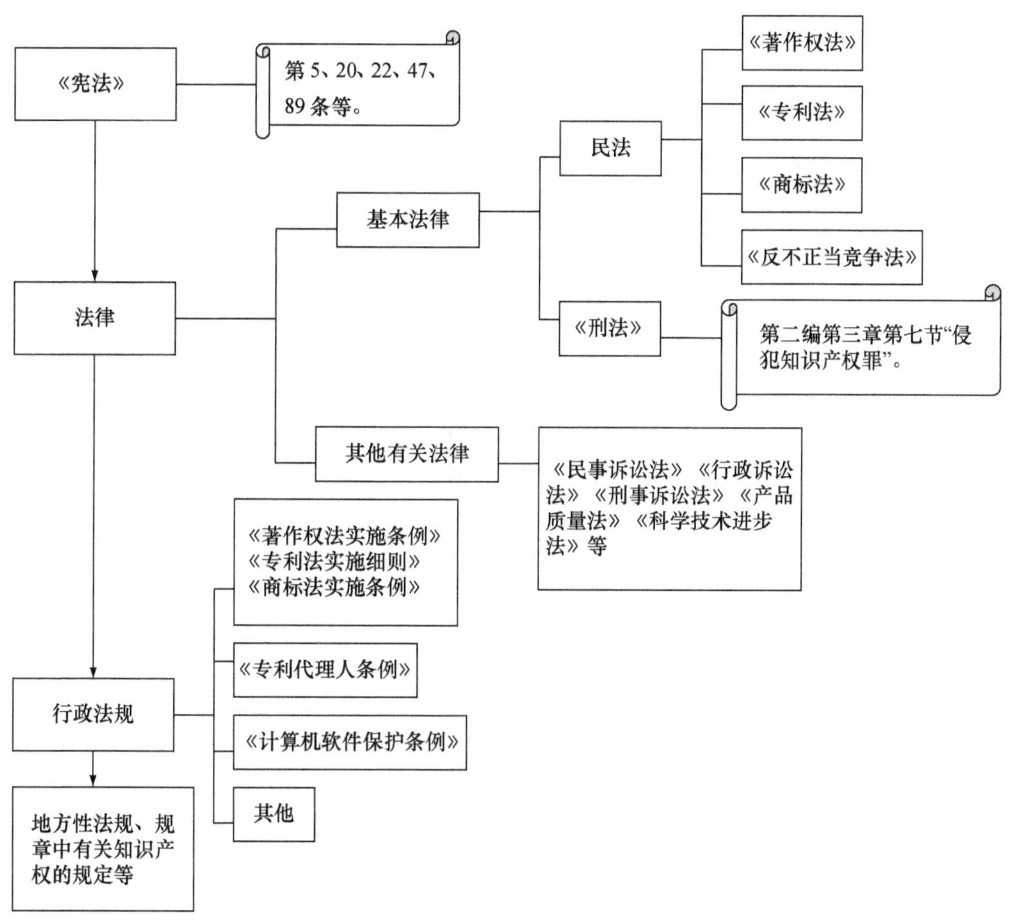

图2　我国知识产权立法体系

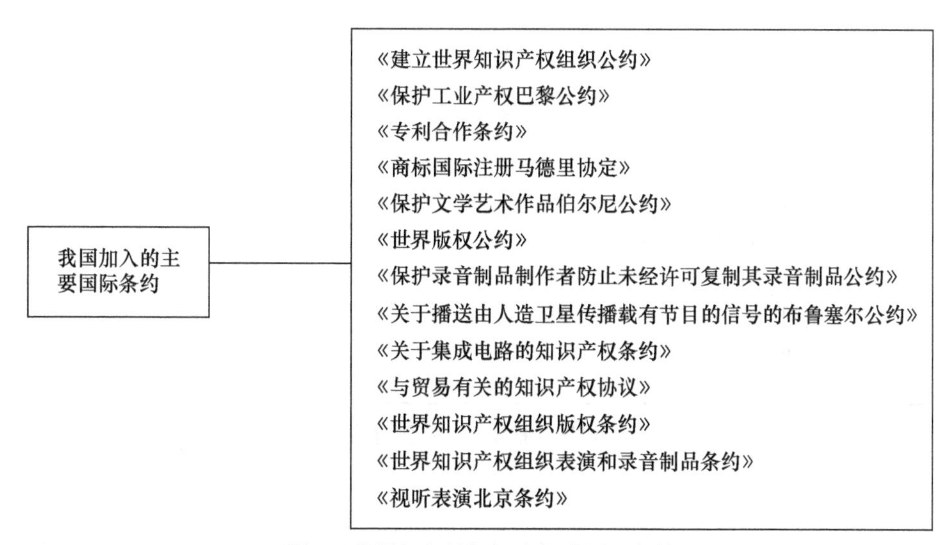

图3　我国加入的知识产权法国际条约

（二）我国知识产权的司法保护体系

司法保护是知识产权权利人维护其合法权益的主要途径。在我国的司法保护体系中，不同层级的管理机构及其管辖的案件类型如下图4及图5：

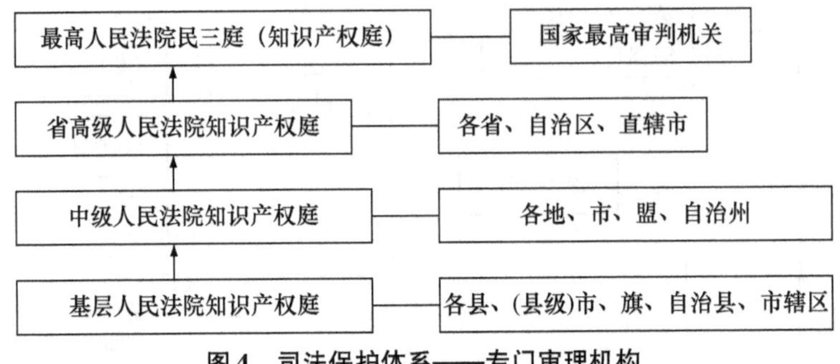

图4　司法保护体系——专门审理机构

知识产权民事案件	权利归属	著作权归属(含计算机软件)
		专利申请权、专利权归属
		技术秘密权归属
		商标权归属
	侵权纠纷	侵犯著作权
		侵犯专利权
		侵犯商标权
		不正当竞争(含商业秘密)
	合同纠纷	著作权合同
		专利权合同
		商标权合同
		技术合同
知识产权行政案件	著作权行政案件	以著作权行政管理机关为被告
	专利行政案件	以地方管理专利工作的部门、专利局、专利复审委员会为被告
	商标行政案件	以地方工商行政管理机关、商标局、商标评审委员会为被告
	不正当竞争案件	以地方工商行政管理机关为被告
知识产权刑事案件	侵犯著作权罪	
	销售侵权复制品罪	
	假冒专利罪	
	假冒注册商标罪	
	销售假冒注册商标商品罪	
	非法制造、销售非法制造的注册商标标识罪	
	侵犯商业秘密罪	

图5　司法保护体系——案件类型①

① 由于司法体制改革，许多法院将“知识产权庭”改为“民三庭”“民五庭”。在此仍然使用“知识产权庭”的名称。此外，三类知识产权案件并非一定都由知识产权庭审理，各地情况不尽相同。

（三）我国知识产权的行政保护体系

我国知识产权保护的特色是司法和行政双轨制，权利人的权利受侵害时，除了请求人民法院进行保护外，还可以请求具有知识产权行政执法权的政府机构对侵权案件进行处理。我国是由各级、多个知识产权行政执法部门对知识产权进行行政保护，国家层面针对著作权、专利权和商标权的保护设有专门的行政管理机构，地方层面则相应设立负责著作权、专利权和商标权的行政管理机构。此外，海关、公安、新闻出版、文化市场管理等方面的行政机构也承担一部分的知识产权行政保护职责。

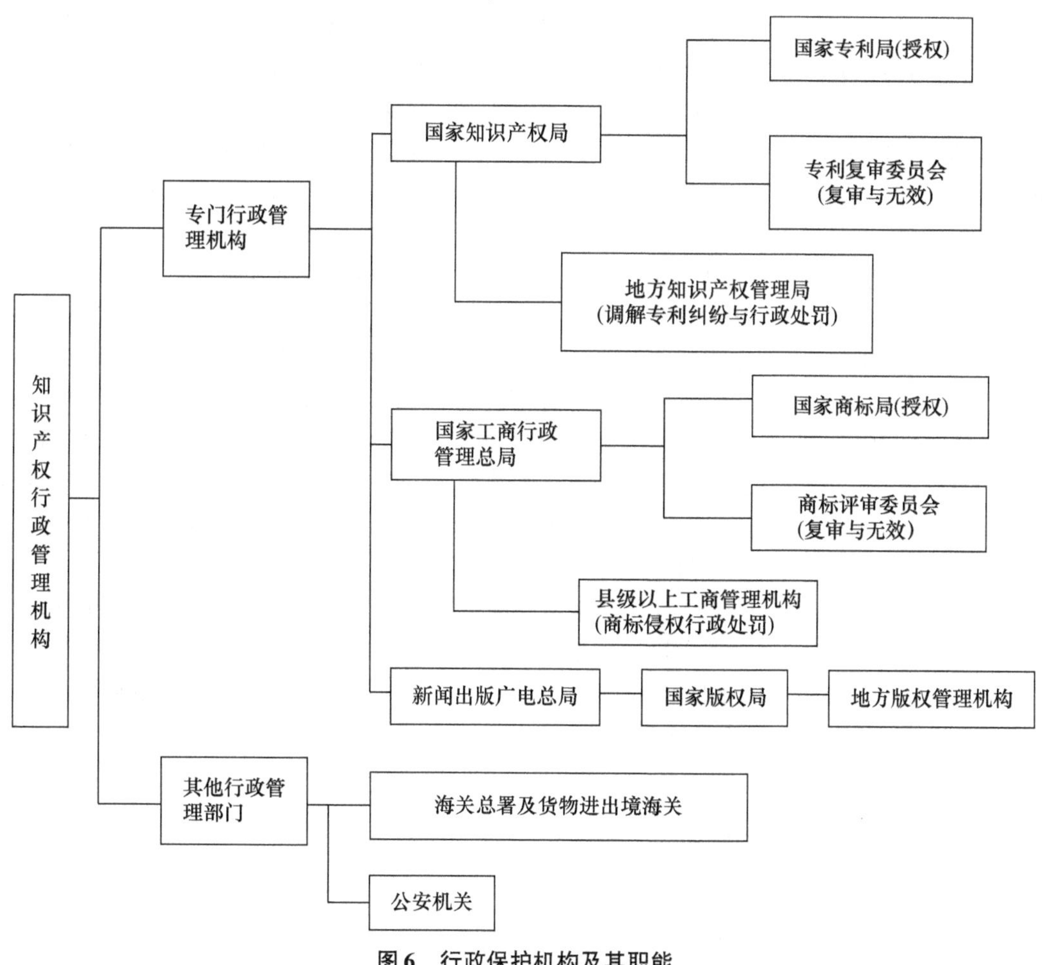

图6　行政保护机构及其职能

第五节　知识产权法的法律地位

知识产权法的法律地位是指其在国家法律体系中的地位，它反映在两个方面：一是其在整个法律体系中是否构成相对独立的法律部门，二是与其他法律部门的关系。

一、知识产权法是相对独立的部门法

国家的法律体系通常是指由一个国家现行的全部法律规范按照不同的法律部门分类组

成而形成的一个有机联系的统一整体。法律部门,又称部门法,是根据一定标准和原则所制定的同类法律规范的总称。世界范围内,对知识产权法一般采用单行法立法体系,除法国以外很少有知识产权法典。在我国,学界通说认为知识产权法属于民法范畴,受民法一般原则的指导和约束。其理由在于,知识产权法的调整对象系平等主体因创造和利用知识财产而产生的财产关系和人身关系;知识产权法的调整手段和适用原则主要是民法的手段和原则,行政法和刑法规范在知识产权法中所占的比例很小,不足以影响该法的性质。

本书认为知识产权法是相对独立的部门法:

其一,从知识产权法的调整对象和调整方法上看,知识产权法是可以作为一个相对独立的法律部门存在的。划分部门法的基本标准一般是法律规范所调整的不同的社会关系,即法律的调整对象。知识产权法具有与其他部门法不同的调整对象,即一切涉及智力成果和基于经营标识的使用而产生的社会关系。知识产权法特定的调整对象使它的法律规范具有同类性。法律规范的调整方法在划分部门法时有时也起到辅助作用。知识产权法的调整方法具有综合性,是多种手段相结合的。但它最基本的规范不是强制性的,而是以鼓励、协调、促进智力创造活动,确认、保护、应用、传播智力成果和公平竞争原则为宗旨。

其二,从法律部门的进化史考察,随着社会的进步,原来的民刑合一逐渐发展为诸法分离,法律部门越来越多。经济法首先从民法中分离出来,随后又出现了行政法、环境法、劳动法、科技法、商法等。知识产权法在上述所有部门法中都有所反映,但又没有哪一个部门法能将全部知识产权问题包容进去。因此,知识产权法是相对独立的部门法。我国已经把知识产权法学作为一个与民法学、刑法学、经济法学等部门法学并列的专门学科列入国家标准《学科代码与分类》之中(参见 GB/T13745-92),教育部也将知识产权法列为法学一级学科下面的二级学科,有些学校直接招收知识产权本科专业。

知识产权法具有自己的特殊性质和基本原则,具有特定的调整对象,它作为一个整体概念已被世界各国所接受。知识产权法的地位如何,并不取决于其在法理上是否划归某类或构成一个独立分支,而是取决于其在现实生活中的实际地位及其重要程度。在国际社会中,世界知识产权组织是联合国下属的专门机构之一,各具体的知识产权领域内,都较早地缔结了国际公约。知识产权保护制度已成为一个国家发展其经济、科技、文化等事业的重要法律制度。

二、知识产权法同其他法律部门的关系

(一) 知识产权法与民法

知识产权法与民法的关系最为密切。民法调整平等主体之间的财产关系和人身关系。《民法通则》专门将知识产权作为一种民事权利进行了规定,其中涉及 WIPO 对于知识产权定义中的大部分内容,包括著作权、专利权、商标权和发现权等。

理论上认为,知识产权法受民法一般原则的指导和约束。但是,知识产权的客体属于无形财产,难以实际控制,不会因使用而发生损耗,用于规制有形财产占有、使用、收益和处分的物权法中许多法律原则都不能适用于知识产权。例如,一项发明创造在没有取得专利权时一旦公之于众,就可以为社会上任何人所使用,不受任何限制,而发明创造的内容本身并没有被分割破坏,形式上也没有损失,但却失去了它应有的财产价值,而一旦取得了专利权,其获得的独占权使得社会上的任何人都可以"占有"该专利技术,但不能使用该专利技术。知识产权的这种特性导致它不同于对有形财产的侵犯一般表现为强占或毁损,容易判别;对

于无形财产的侵犯则表现为剽窃、仿制或冒充等形式,并且不易判别。因此,笼统地使用民法中调整财产关系的一般原则,不能解决知识产权领域的特殊问题。知识产权中人身权与主体相分离,更是民法中的一般人身关系所没有的特性。此外,民法也不涉及不正当竞争行为的规范。所以,将知识产权法划归民法部门具有一定的局限性。

(二) 知识产权法与经济法

经济法概念随着我国法学理论的发展一直在变化。早期,法学界认为调整经济关系的法律规范的都属于经济法的范畴。当时几乎所有的经济法教科书都将专利法和商标法列为经济法律制度之一。知识产权中的著作权不像工业产权那样直接体现在创造社会物质财富上,直接参与经济活动。早期的经济法教科书都没有包括著作权制度。后来,由于文化、艺术产品逐步进入市场经济,一些经济法论著也将著作权法列入其中。

随着我国民法理论的发展和私权观念的兴起,私人之间的"经济关系"已经从经济法中被剥离出来。现在经济法一般被定义为是国家为协调、干预社会经济运行而制定的法律规范的总称。它调整的是国家协调、干预经济运行中产生的社会关系。典型的如关于税收的法律(如个人所得税法)、关于金融的法律(如中国人民银行法)、关于竞争秩序的法律(如反垄断法)等。很显然,知识产权法大量的规范涉及的是平等主体之间的权利义务,或涉及的是行政机关与申请人在权利授予、权利保护方面的权利义务,这些都不属于经济法调整的对象。

(三) 知识产权法与科技法

科技法曾将知识产权法作为其重要内容。1992 年的《中国法律年鉴》在"科技法"一节中明确提出:"知识产权法既是早期科技法的雏形,又是现代科技法的重要组成部分。"1993 年 7 月 2 日颁布的《中华人民共和国科技进步法》对知识产权的保护作了概括的规定,知识产权无疑属于科技法的调整范围。但是,科技法的调整对象是特定的科技关系,而商标法和反不正当竞争法主要调整的是商业活动中产生的一系列社会关系,纵观大部分科技法的论著和教科书,均没有将商标权和反不正当竞争权列入其中,在缺少这两大部分内容的情况下,将知识产权法归属科技法未免有些偏颇。

(四) 知识产权法与行政法

知识产权法所调整的关系中有一部分属于行政关系,如在专利、商标的申请、审批、管理过程中,国家同申请人、权利人之间的关系以及知识产权行政管理机关在处理侵权纠纷时与当事人之间形成的关系。因此,知识产权法中存在大量的行政法律规范。但是,知识产权各实体法毕竟不属于行政法范畴,知识产权法更多规范的是平等主体之间的法律关系,其保护主体主要是智力成果的完成人和所有人。

(五) 知识产权法与其他相关法律

知识产权国际公约对各国的知识产权立法均产生重要影响,因此知识产权法将知识产权国际保护作为研究内容之一,正因为如此,有学者将知识产权法纳入国际经济法、国际私法和国际公法的研究范畴中。但这三个法律部门都不能解决全部的知识产权问题。国际经济法只是在国际技术转让和国际许可证贸易中涉及工业产权的问题(当然,一个客观事实是知识产权法最初是从国际经济法下的"国际技术转让法"中分立出来的)。国际私法目前主要涉及著作权保护的法律冲突,工业产权国际保护中产生的法律冲突较少。如果由于涉及知识产权保护的国际条约、双边和多边条约增多,而将知识产权法归入国际公法,也只能吸收国际保护这一部分,知识产权法的国内法特征使其不可能完全属于国际公法。

第六节 国际条约及国际组织对知识产权保护的影响

知识产权保护制度从其诞生之日起就蕴含着国际协调问题，随着这一制度在世界范围内的普遍施行，知识产权的国际协调日益增强。WIPO 和 WTO 作为知识产权保护的重要国际组织，管理一系列与知识产权保护相关的国际公约，这些国际公约对各成员方知识产权法律制度的协调起到了重要作用。知识产权的第一个国际公约——《保护工业产权巴黎公约》(《巴黎公约》)于1883 年诞生，与著作权保护相关的国际公约《保护文学和艺术作品伯尔尼公约》(《伯尔尼公约》)在1886 年制定。1967 年 WIPO 的诞生使国际性的知识产权问题有了专门的管理机构。此后《巴黎公约》的修订、《实体专利法条约》的签订、《关税与贸易总协定》的谈判以及各种双边知识产权的谈判都使知识产权的国际化趋势逐渐加强。1994 年 WTO 的成立更是使知识产权的全球保护进入了一个全新的时代。WTO 及其下属的基本协议《TRIPs 协议》为知识产权的国际保护带来了深远的影响。

中国自改革开放后就开启了融入全球有关知识产权国际保护体系的进程，1980 年以后陆续加入了《建立世界知识产权组织公约》《巴黎公约》《商标国际注册马德里协定》《关于集成电路的知识产权条约》《伯尔尼公约》《世界版权公约》《保护录音制品制作者防止未经许可复制其录音制品公约》《专利合作条约》《商标注册用商品和服务国际分类尼斯协定》《TRIPs 协议》《视听表演北京条约》等国际条约。

一、知识产权国际条约概述

从 19 世纪末开始，随着国际间科技交流的深入和国际贸易的发展，各国先后签订了一系列保护知识产权的国际公约、条约和协定，这些法律文件成为知识产权国际保护的主要法律依据。

表 2 知识产权国际条约

条约类别	条约全称	签署时间	条约简称
知识产权综合公约、协定	《建立世界知识产权组织公约》	1967 年	
	《与贸易有关的知识产权协议》	1994 年	《TRIPs 协议》
	《世界知识产权组织与世界贸易组织合作协定》	1996 年	
著作权和邻接权公约、条约和协定	《保护文学艺术作品伯尔尼公约》	1886 年	《伯尔尼公约》
	《世界版权公约》	1952 年	
	《保护表演者、唱片制作者和广播组织罗马公约》	1961 年	《罗马公约》
	《保护录音制品制作者防止未经许可复制其录音制品公约》	1971 年	《录音制品公约》
	《关于播送由人造卫星传播载有节目的信号的布鲁塞尔公约》	1974 年	《卫星条约》
	《避免对版权使用费双重征税的多边公约》	1979 年	
	《视听作品国际注册条约》	1989 年	
	《世界知识产权组织版权条约》	1996 年	WCT
	《世界知识产权组织表演和录音制品条约》	1996 年	WPPT①
	《视听表演北京条约》	2012 年	

① 一般将 WIPO 制定的《世界知识产权组织版权条约》(WCT)和《世界知识产权组织表演和录音制品公约》(WPPT)合称为“互联网条约”。

（续表）

条约类别	条约全称	签署时间	条约简称
工业产权公约、条约和协定	《保护工业产权巴黎公约》	1883年	《巴黎公约》
	《制止商品产地虚假或欺骗性标记马德里协定》	1891年	
	《商标国际注册马德里协定》	1891年	
	《工业品外观设计国际保存海牙协定》	1925年	
	《商标注册用商品和服务国际分类尼斯协定》	1957年	《尼斯协定》
	《保护原产地名称及其国际注册里斯本协定》	1958年	
	《保护植物新品种国际公约》	1961年	
	《建立工业品外观设计国际分类洛迦诺协定》	1968年	
	《专利合作条约》	1970年	
	《国际专利分类斯特拉斯堡协定》	1971年	
	《商标注册条约》	1973年	
	《建立商标图形要素国际分类维也纳协定》	1973年	
	《国际承认用于专利程序的微生物保存布达佩斯条约》	1977年	
	《保护奥林匹克会徽内罗毕条约》	1981年	
	《关于集成电路的知识产权条约》	1989年	《华盛顿条约》
	《商标法条约》	1994年	
	《商标法新加坡条约》	2006年	

二、世界知识产权组织(WIPO)

世界知识产权组织(World Intellectual Property Organization，简称WIPO)是联合国组织系统下16个专门机构之一。WIPO是根据1967年7月14日由51个国家在斯德哥尔摩签署的《建立世界知识产权组织公约》而成立的一个政府间组织。WIPO的由来要追溯到1883年《巴黎公约》和1886年《伯尔尼公约》的签订。以上两个公约都规定成立“国际局”或秘书处，并于1893年合并，成为“保护知识产权联合国际局”(BIRPI)，该国际局构成世界知识产权组织的前身。

（一）WIPO的宗旨、法律地位与职责

WIPO的宗旨是通过国与国之间的合作，在适当的情况下与任何其他国际组织进行协作，促进全世界对知识产权的保护，同时保证各联盟在行政管理上的合作。

《建立世界知识产权组织公约》第12条对WIPO的法律地位做了规定。据此，WIPO在各成员国领土上，在符合各该国家法律的条件下，应享有为完成本组织宗旨和行使其职权所必须的权利能力；可与其他成员国缔结双边或多边协定，使本组织、其官员以及一切成员国的代表享有为完成本组织宗旨和行使其职权所必须的特权与豁免；总干事可以就上述协定进行谈判，并经协调委员会批准后代表本组织缔结和签订协定。

WIPO的主要职责是：

（1）采取并改进各种办法以促进全世界对知识产权的有效保护，协调各国在该领域的立法；

（2）执行巴黎联盟、与该联盟有联系的各专门联盟以及伯尔尼联盟的行政任务；

（3）担任或参加任何其他旨在促进保护知识产权的国际协定的行政事务；

（4）鼓励缔结旨在促进保护知识产权的国际协定；

（5）对于在知识产权领域内请求法律、技术援助的国家给予合作；

（6）收集并传播有关保护知识产权的情报，从事并促进该领域内的研究，并公布这些研究的成果；

（7）维持有助于知识产权国际保护的服务机构，在适当情况下，提供这方面的注册以及有关注册的公开资料。

此外，WIPO 还重点向发展中国家在知识产权的国内立法、政府机构现代化、加入国际公约、保护本国知识产权、提高在国际科技和贸易交往中的竞争能力等方面提供援助。

（二）WIPO 管理机构

WIPO 的管理机构由大会、成员国会议、协调委员会、国际局和秘书处构成。

（1）大会。大会是 WIPO 的最高权力机构，由既是世界知识产权组织成员国又是任何一个联盟（巴黎联盟、伯尔尼联盟等）成员国的所有成员国组成。大会主要任务是任命总干事、审批总干事关于该组织的工作报告、审批财政预算、确定秘书处工作语言、确定观察员国家或组织。

（2）成员国会议。成员国会议由全体成员国组成。成员国会议主要任务是讨论有关知识产权方面共同关注的所有问题、制订发展中国家两年发展计划、财政预算、修改组织公约、确定观察员国家或组织。

（3）协调委员会。协调委员会是一般问题的咨询机构，又是大会和成员国会议的执行机构。协调委员会每年召开一次，就一切有关的行政、财务及共同关心的问题提出意见，拟定大会和成员国会议的议事日程等。

（4）国际局和秘书处。国际局和秘书处是 WIPO 的常设办事机构，总负责人是总干事。国际局和秘书处的任务是：组织会议、准备文件、收集报告、分发情报、出版刊物、办理国际注册等。

WIPO 的总部设在瑞士日内瓦，在纽约联合国总部设有“联络处”。截止到 2014 年 10 月，共有 187 个成员国。WIPO 在国际协调、维护发展中国家合理的知识产权保护上发挥了积极的作用。

（三）WIPO 管理的国际公约

前述所列国际公约，除《世界版权公约》《TRIPs 协议》外，均由 WIPO 进行管理。

三、世界贸易组织（WTO）及 TRIPs 协议

知识产权的国际协调一开始就与国际贸易相联系，之后更是超出各国间科技合作与交流的范围。知识产权问题与国际贸易已成为不可分割的统一体：一方面，知识产权的价值体现只有通过贸易才能实现；另一方面，国家间的贸易摩擦有相当一部分是因知识产权保护而引起的，并由此影响了国家间的整个经济贸易关系。

（一）WTO

WTO 的前身是《关税与贸易总协定》（GATT）。GATT 在 1995 年 1 月 1 日被 WTO 取代前，是一个涉及面极广的国际性的关税与贸易组织，与世界银行和国际货币基金组织一起被称为世界金融贸易体系的三大支柱。中国于 2001 年 12 月 11 日成为 WTO 的正式成员。

WTO 的职能主要是：（1）促进《建立世界贸易组织协定》以及多边、双边贸易协定的管

理与实施;(2) 为各成员方之间的谈判提供场所;(3) 解决成员之间的贸易争端;(4) 实施贸易政策审查机制;(5) 与国际货币基金组织和世界银行进行合作。执行这些职能的主要机构是部长会议和总理事会。部长会议由各成员方贸易部长参加,每两年举行一次会议,会议期间依成员方的要求,有权依据《建立世界贸易组织协定》及有关多边贸易协议关于决策的具体规定,对任何多边贸易协定规定的事项作出决定;总理事会是部长会议休会期间履行部长会议职能的常设机构。

以《建立世界贸易组织协定》为基本规则的 WTO 是具有一整套法律规则体系的国际性经济组织。它有几大基础实体协定:《关税与贸易总协定》(GATT)、《货物贸易多边协定》(MATG)、《服务贸易总协定》(GATS)和《与贸易有关的知识产权协议》(《TRIPs 协议》)。为了监督这些协定的执行,WTO 在其总理事会之下分别设立了货物贸易理事会、服务贸易理事会和知识产权理事会。在这几个理事会中,与国际知识产权保护有关的是知识产权理事会,它在 WTO 知识产权保护机制中处于核心地位。

从历史上看,知识产权制度并不是在 WTO 框架下建立起来的,但是 WTO 框架为知识产权制度的一体化创造了前所未有的条件。这种一体化是建立在《TRIPs 协议》有关知识产权最低保护水平之上的。在知识产权与国际贸易结为一体的大背景下,“强保护”的知识产权为发达国家进入发展中国家市场提供了极大的制度惠益。

(二)《TRIPs 协议》

《TRIPs 协议》的全称是 AGREEMENT ON TRADE-RELATED ASPECTS OF INTELLECTUAL PROPERTY RIGHTS(《与贸易有关的知识产权协议》),是关贸总协定乌拉圭回合谈判形成的最终文件之一,也是世界贸易组织的基本法律文件之一。《TRIPs 协议》的规定构成了 WTO 知识产权保护机制。

1.《TRIPs 协议》的历史背景

知识产权的国际协调,背后是国家间的利益争夺。20 世纪 70 年代以来,随着市场的全球化以及市场贸易中技术所占商品和服务的价值的急剧提高,技术上发达的西方国家与进行工业化的后进国家在知识产权保护上的分歧趋于激烈。技术大国希望加强知识产权国际保护以维持技术竞争力,新型工业化国家则更愿意采取知识产权弱保护的策略以提高科技能力,以便以更快、更低的成本实施“追赶策略”并最终打破原有国际劳动分工格局。

在这一背景下,从 20 世纪 70 年代开始,技术发达国家就积极寻求提高知识产权保护水平的途径。一方面,美国、加拿大、日本和西欧国家组成了反假冒联盟,并开始动议修改知识产权公约。但是,修改公约的意图受到许多发展中国家的激烈反对。《巴黎公约》和《伯尔尼公约》的多次修改会议都一无建树。由于在 WIPO 框架内无法实现其目标,发达国家转而努力寻求将假冒、盗版问题纳入《关贸总协定》工作项目当中,并最终取得成功。这为乌拉圭回合谈判的顺利进行和《TRIPs 协议》的出台奠定了基础。

另一方面,在寻求国际协调的同时,美国迫于国内工业界的压力,运用国内法和双边谈判的方式单方推进知识产权强保护。备受争议的美国贸易法“301 条款”即是这个时期美国运用国内法实施知识产权保护的主要工具之一,它包括《1974 年贸易法》“301 条款”、《1988 年综合贸易与竞争法》“超级 301 条款”(Super 301)和“特殊 301 条款”(Special 301)。依照这些条款,在确定未给美国提供充分知识产权保护的“重点国家”后,美国贸易代表办公室(USTR)有权启动调查程序,并可以采取包括限制进入美国市场在内的贸易制裁措施。20

世纪80年代以来,许多发展中国家被列入美国的"重点观察国家名单",其中包括中国。1992年1月17日签订的《中美政府关于保护知识产权谅解备忘录》,就是中国自被列入"重点名单"后,同美国政府进行六轮异常艰辛和曲折的知识产权问题谈判的结果。美国贸易法"301条款"的运用,间接地影响了许多国家的知识产权保护制度。

正是在美国等发达国家的强大压力下,知识产权问题第一次正式纳入国际贸易制度中,知识产权的全球保护趋势加强,保护的水平也得到提高。《TRIPs协议》充分体现了这一特征。但是,对许多正在进行工业化的发展中国家来说,知识产权的强势保护必会加重其技术吸收和转化的负担。

2.《TRIPs协议》的主要特征

(1)《TRIPs协议》运作依赖于其他国际公约和协定

《TRIPs协议》以《巴黎公约》《伯尔尼公约》《保护表演者、唱片制作者和广播组织罗马公约》(《罗马公约》)和《关于集成电路的知识产权条约》(《华盛顿条约》)为基础,通过承认这些条约的相关内容,将其吸收到协议中,同时附加了一些新的内容。此外,它与WTO协定的有关条款以及其他附属协定密切相关,尤其在争端解决机制上更是如此。

(2)《TRIPs协议》提升了知识产权保护水平

由于与国际贸易挂钩,知识产权保护的国际化和统一化程度得到提高,保护的地域范围扩大。此外,该协议更加注重知识产权的立法和执法保护,并为此规定了详细的执法措施。例如,协议规定了有关行政和司法程序的具体义务,还对证据、禁令、损害赔偿、反假冒的边境措施和侵权行为的惩罚等作出了专门的规定。

(3)将知识产权争端纳入WTO统一的争端解决机制中

《TRIPs协议》规定了知识产权保护的最低标准,所有WTO成员国必须在其国内法中对这些最低标准作出规定,保证不与之发生冲突。如果成员国在不遵守最低标准的问题上发生争议,则依照《争端解决谅解》(DSU)进入多边程序。一旦确定存在违反最低标准的行为,受影响的国家可以在WTO范围内,对违反义务的国家采取诸如进口限额等WTO协定下的交叉报复措施。这有助于避免类似美国贸易法"301条款"的单方报复行为,凸显了《TRIPs协议》的目标之一:"强调通过多边程序达成加强的承诺以解决与贸易有关的知识产权争端从而减少紧张的重要性"。

3.《TRIPs协议》的主要内容

(1)《TRIPs协议》的目标和原则

《TRIPs协议》的目标主要体现在其前言中。《TRIPs协议》序言开头即指出,其一般目标在于:"确保减少国际贸易中的扭曲和障碍、促进对知识产权有效和充分的保护、确保实施知识产权的措施及程序本身不致成为合法贸易的障碍"。《TRIPs协议》第7条"目标"又指出,"知识产权的保护和实施应有助于促进技术革新以及技术转让和传播,有助于技术知识的创造者和使用者的相互利益,并有助于社会和经济福利以及权利与义务的平衡"。

与GATT和GATS相同,《TRIPs协议》采用了非歧视待遇原则:

① 国民待遇原则。《TRIPs协议》第3条第1款规定:"在知识产权保护方面,在遵守《巴黎公约》(1967)、《伯尔尼公约》(1971)、《罗马公约》或《关于集成电路的知识产权条约》中各自规定的例外的前提下,每一成员方给予其他成员方国民的待遇不得低于给予本国国民的待遇。"不过,《TRIPs协议》允许成员方在出现可以利用《伯尔尼公约》第6条或《罗马公

约》第16条第1款项规定的可能性时，以互惠原则取代国民待遇原则。但是必须将这些条款的规定方式通知知识产权理事会。

② 最惠国待遇原则。《TRIPs协议》第4条规定："对于知识产权保护，一成员方对任何其他国家国民给予的任何利益、优惠、特权或豁免，应立即无条件地给予所有其他成员方的国民。"不过，《TRIPs协议》规定了最惠国待遇的例外情况。最惠国待遇原则是WTO制度的基石，将其吸收到《TRIPs协议》中，有助于将知识产权保护统一到国际贸易的法律框架下，影响深远。但是，众多发展参差不齐的国家的存在，使例外情况的规定成为必要，这势必限制了该原则的影响力。

(2)《TRIPs协议》适用的知识产权的范围以及保护标准

《TRIPs协议》规定了其适用的知识产权类型及其保护标准：

① 著作权与邻接权。《TRIPs协议》要求，在著作权保护上，成员国应遵守《伯尔尼公约》的规定，除了其对精神权利的规定以外（第9条），对计算机程序以及数据或者其他材料汇编的智力创作提供著作权保护（第10条）。此外，计算机软件和录音制品生产者拥有出租权，可以禁止其作品向公众作商业性出租（第11条）。在邻接权上，《TRIPs协议》规定，表演者享有不少于50年的防止未经授权的录制、复制和现场广播的权利，录音制品者享有不少于50年的防止复制其录音制品的权利（第14条）。

② 商标权。《TRIPs协议》提高或者突破了此前公约国际的保护标准，体现在：要求对服务商标和商品商标进行同等的保护，服务或者商品的性质不得成为商品注册的障碍（第15条第4款）；与《巴黎公约》相比，在一定条件下，驰名商标的特殊保护从相同或者类似商品或服务扩展到不相类似的商品或服务（第16条第2、3款）。

③ 地理标志权。《TRIPs协议》界定了地理标志，并规定了保护的一般标准（第22条）；规定了对葡萄酒和烈酒地理标志的附加保护（第23条）；在WTO下架构了一个谈判机制，并规定了依一般标准保护的例外（第24条）。

④ 工业品外观设计权。工业品外观设计的保护问题不是《TRIPs协议》关注的重点问题。《TRIPs协议》规定，对纺织品设计可寻求工业设计法或著作权法的保护（第25条第2款），要求工业设计的保护期限应至少达到10年（第26条第3款）。

⑤ 专利权。《TRIPs协议》规定了可授予专利的客体、授予的权利、专利申请人的条件、授予专利的例外、未经权利人授权的其他使用、撤销或无效、保护期限和方法专利的举证。

⑥ 集成电路布图设计权。《TRIPs协议》以《华盛顿条约》为基础，规定了布图设计的保护范围（第36条）；补充了布图设计的善意取得以及合理补偿问题（第37条）；规定了强制许可的条件，排除了《华盛顿公约》第6条第3项关于强制许可的内容（第31、37条）。

⑦ 未披露信息权。《TRIPs协议》在国际公约上首次规定了未披露信息（商业秘密），规定了商业秘密的构成、商业秘密持有人的权利以及受理与商业秘密有关的申请的主管机关的保密义务（第39条）。《TRIPs协议》并没有禁止商业秘密的反向工程。

(3) 关于知识产权保护的实施

《TRIPs协议》第三部分用五节规定了"知识产权的实施"，分别涉及：对实施知识产权的程序的一般要求；民事和行政程序及救济（其中包括证据、救济方式、对被告赔偿等规定）；临时措施（即开始启动民事和行政程序前请求司法机关或行政机关采取的保全措施）的采用；为防止侵权物品和盗版物品的进口，对成员应采取的边境措施的特别要求；形式程序。

中国已于2001年12月11日正式成为WTO的第143个成员。依照《中国加入世界贸易组织议定书》的承诺,中国须全面实施包括《TRIPs协议》在内的WTO各项协议。2001年前后,中国已经依照《TRIPs协议》的要求和入世时的承诺,修订了《著作权法》《专利法》《商标法》《集成电路布图设计保护条例》等法律法规。《TRIPs协议》通过中国国内法的修订与实施,对中国社会产生了重大影响。

四、其他国际组织与国际条约

(一) 亚太经合组织(APEC)

亚太经合组织(Asia-Pacific Economic Cooperation, APEC),成立于1989年,是政府与政府之间就经济贸易事务进行高层对话的非正式论坛。其目标是:维持区内的增长及发展;提高区内以至全球因联系日益紧密而取得的经济积极增长;发展并强化开放多边贸易体制;减少各成员间的贸易及投资屏障。亚太经合组织目前共有21个成员,分别是澳大利亚、文莱、加拿大、智利、秘鲁、墨西哥、美国、俄罗斯、新西兰、韩国、日本、中国、中国台北、中国香港、马来西亚、新加坡、菲律宾、印度尼西亚、泰国、巴布亚新几内亚和越南。

随着知识产权保护在经济技术合作中所扮演的角色越发重要,亚太经合组织也开始关注知识产权问题,多次召开会议讨论成员之间的知识产权保护协调问题。

(二) 欧盟(EU)

欧盟(European Union, EU)是部分欧洲国家为了实现经济和一定程度上的政治一体化,通过国际条约的形式建立起来的区域性国际组织。欧盟正式成立于1993年,其前身是欧洲共同体(欧洲煤钢共同体、欧洲经济共同体以及欧洲原子能共同体的合称)。欧盟有一整套别具特色的政治和法律机构,它们在欧洲的经济、政治、社会一体化中扮演了非常重要的角色。欧盟的主要机构有:欧洲委员会,部长理事会、欧洲议会和欧洲法院。欧盟定期举行成员国首脑会议和外长会议——这二者是其权力和决策中心,经常通过会议加强各成员国之间的政治合作,协调对外政策。欧盟总部设在比利时首都布鲁塞尔。1975年,欧共体与中国正式建交,从20世纪80年代以来,欧盟成为中国重要的贸易伙伴之一。

欧盟法有相当一部分与知识产权有关。近年来,欧盟更是同美国在知识产权问题的谈判上若即若离。在知识产权国际保护的格局上,美国、欧洲已形成两大阵营。

(三)《反假冒贸易协定》(ACTA)

《反假冒贸易协定》(Anti-Counterfeiting Trade Agreement, ACTA)是一个新的国际知识产权协定。自愿加入的国家将建立一个国际法律框架,并建立一个国际机构以外的理事机构。该协定由日本发起,并获得各大行业巨头的支持。协定的最终目标是把协定内容植入《TRIPs协议》中。ACTA在推出后被广泛批评为限制人权、隐私权与言论自由的协议,并且在欧洲多处掀起了抗议浪潮。欧盟负责研究ACTA的专员也提出辞职并参与了抗议活动。反对者指出,ACTA幕后的组织试图以封锁政治敏感的网站为诱饵换取ACTA的签署。

(四) 自由贸易协定(FTA)

伴随着WTO成员日益增多,进一步推动知识产权保护水平提高的难度愈来愈高。以美国为代表的欧美发达国家并不满足于知识产权保护国际一体化已经取得的进步,仍致力于通过区域和双边贸易协定提高知识产权保护的标准。"自由贸易协定"FTA(Free Trade Agreement)即是典型代表,它是独立关税主体之间以自愿结合方式,就贸易自由化及其相关问题达成的协定。在 WTO 文件中,FTA 与优惠贸易协定(Preferential Trade Agreement,PTA)、关税同盟协定(Customs Union Agreement,CUA)一起,均被纳入区域贸易协定(Regional Trade Agreement,RTA)的范围。

考察相关区域贸易协定中的知识产权制度,可发现其中很多规则具有一个共同特点,即包含超过《TRIPs 协议》协定标准的义务,这通常被称为"超 TRIPs 协议"(TRIPs-plus)规则。它主要包括几种情形:(1) 针对《TRIPs 协议》未涉及的问题作出规定;(2) 针对《TRIPs 协议》已有规定的问题,设定高于《TRIPs 协议》的义务;(3) 针对《TRIPs 协议》允许选择的授权性条款,取消其灵活性将其转为强制性义务。

在 FTA 为代表的区域和双边贸易协定框架下,只有点对点的贸易伙伴谈判,不再有面对面的对峙。发展中国家与发达国家划分和南北集团结盟的实质意义已经大为削弱,这不仅使得既有国际条约下给予发展中国家的特殊待遇不复存在,也使得本可以借助结盟的集体力量弥补相对弱势不足的发展中国家陷入更加不利的地位。

第一编 | 著作权法

第一章

著作权法概述

第一节　著作权的概念

一、著作权与版权

著作权作为一种文化产权,发端于西方国家。各国基于政治、社会、经济和文化意识的差异,在法律制度的构建方面形成了功能趋同但风格迥异的法律传统[①]:

其一,以英美为代表的普通法系国家奉行"商业著作权"学说,认为著作权的实质是为商业目的而复制作品的权利。创作者的权利被表述为"copyright"(即版权)。版权对应的英文单词可以拆分为"复制"(copy)和"权利"(right),其字面含义是指复制的权利。因此,普通法系国家在版权立法中通常涉及权利人对于作品复制和使用行为的控制,以经济权利保护为核心。

其二,大陆法系国家强调对于作者精神权利的保护。创作者的权利被称为"author's right",该英文词直译为"作者权",立法中一般称之为"著作权"。除英语外,在大陆法系传统的欧陆各国语言中,著作权一般都是由"作者"与"权利"联合而成,如法语"Droitd'auteur"、德语"Urheberrecht"、意大利语"Dirittod'autore"。"著作权"的中文表述最早形成于日本,是由日本学者在对大陆法系的"作者权"和英国的"版权"进行研究的基础上于1899年提出的。采用著作权的立法模式普遍强调作者的权益,大多突出著作权是天赋的权利,是一种人权。在著作权体系下,创作者——自然人的利益得到彰显,传播者的利益虽得到重视,但被认为是源自著作权,一般被称为"邻接权"。美国学者 Willian Hennessy 曾形象地描述两种法系下对著作权的直接理解:大陆法系的 author's right = right,英美法系的 copyright = money。

"版权"与"著作权"是在不同法系下生长而成的法律术语,各自根源于特定的历史因素和人文因素。但是,中国在20世纪80年代以前的民事基本立法及著作权专门立法中人为地将"著作权"和"版权"视为同义语:《民法通则》的篇章题目中在"著作权"后括注"版权";《著作权法》自1990年以来均明确规定,"本法所称的著作权即版权"。

著作权,是指文学、艺术和科学作品的创作者依照法律规定对其创作的作品所享有的一种民事权利。著作权包括人身权和财产权两大类。人身权,是指与作者本身密不可分的权

---

① 参见吴汉东等:《知识产权基本制度研究》(分论),中国人民大学出版社2009年版,第6页。

利,又称“精神权利”,它包括:发表权、署名权、修改权和保护作品完整权。财产权,是指作者对于自己所创作的作品所享有的使用和获得报酬的权利,也称“经济权利”,具体而言,是指以复制、表演、广播、出租、展览、发行、放映、摄制、信息网络传播或者改编、翻译、注释、编辑等方式使用作品,以及许可他人以上述方式使用作品,并由此获得报酬的权利。

二、著作权的特点

著作权保护的对象是智力创作成果,它既有知识产权最基本的专有性、时间性、地域性的特点,又有其特别之处:

1. 权利自动产生

著作权基于作品的创作而产生。著作权的获得不须经过任何部门审批,作品一经完成就自动产生权利。在这一点上,著作权区别于知识产权中的商标权和专利权,商标权和专利权的取得必须经过申请和审批,经主管部门授权后才能享有权利。有些国家的著作权采取登记制度和特别标识制度,但是由于《伯尔尼公约》的作用,成员方都承认自动产生原则。

2. 突出对人身权的保护

著作权中的署名权、修改权、保护作品完整权没有保护期限,永远归属作者享有。这些人身权不会因作品进入公有领域而丧失,且不能被继承。

第二节 著作权法的历史发展

一、著作权保护的缘起

学理上,东西方的知识产权学者都认为活字印刷技术的发明以及在欧洲大陆的应用促成了著作权法律制度的建立。[①] 在印刷术出现之前,作品的传播主要靠手工抄写。尽管已有保护创作者和反对抄袭、剽窃的道德诉求,但在印刷术发明之前,人们并没有太多的机会来实践这一道德诉求。主要原因在于,知识的垄断导致复制、传播创作性作品的成本极高,社会中因而不存在大量的复制行为。[②] 活字印刷和造纸术发明后,印刷业迅速发展并成为一个有利可图的新兴行业,作品的载体——图书的生产成本降低且可以成为商品,从而为印刷商(或作者)带来收益。一批投机分子便盗印图书获利,从而极大地侵害了印刷商的利益。因此,印刷商们强烈要求法律的保护,要求对印刷出版享有垄断权。

从15世纪中后期开始,威尼斯、法国、英国等国家陆续为印刷出版商颁发过禁止他人随便翻印书籍的特许令。这些特许权中便蕴含了“著作权”的含义。但是这一时期“著作权”的含义并不包括承认和保护作者的权利,而是指由统治者授予印刷商的特权,从本质上说,就是印刷出版权。印刷业的发展、印书商的获利,极大地刺激了作者对自己创作的作品的权利要求。随着个人权利观念的强化,作者要求保护自己权利的呼声日益高涨。德国宗教改革领袖马丁·路德,在1525年出版的一本题为《对印刷商的警告》的小册子中,揭露了某些

---

① 参见郑成思:《知识产权论》(第三版),法律出版社2003年版,第11页以下。

② 参见张今:《版权法中私人复制问题研究——从印刷机到互联网》,中国政法大学出版社2009年版,第12—13页;李明德、许超:《著作权法》(第二版),法律出版社2009年版,第10页。

印刷商盗用其手稿的行为，指责这些印刷商的行为与拦路抢劫的强盗毫无区别。这也是今天对那些偷印他人书刊的行为被称为“海盗版”的由来。

随着资产阶级人权和自由主义思想的发展，人们对印刷商的垄断权提出了质疑和挑战，而出版商们也强烈要求通过一部长期有效的成文法来保护自己的权利。

二、著作权法的产生与发展

1709 年，英国议会通过了世界范围内的首部著作权法，其全称为《为鼓励知识创作而授予作者及购买者就其已印刷成册的图书在一定时期内之权利的法》，一般称之为《安娜法》。《安娜法》旨在“给予印本的作者和买主以一定期限的印本权，以鼓励学术活动”。该法规定：“凡已写成而未印刷的图书，作者或受让人自该书首次出版之日起可以享有 14 年印刷和重印该书的独占权……该期限之后，如果仍在出版，可以继续享有印刷或处理印本的独占权 14 年。而对于已经印刷的书籍的作者，在该法颁布之日起 21 年内享有重印该书的专有权利。”《安娜法》首次确认了作者对作品享有首先印刷的权利，结束了印刷商对出版的垄断，是第一部现代意义上的著作权法。

18 世纪末，法国大革命时期的著作权法把著作权保护推向了一个新阶段。1789 年法国《人权宣言》规定：“自由交流思想和意见是最珍贵的人格之一，因此所有公民除了在法律规定的情况下对滥用自由应负责外，作者可以自由地发表言论、写作和出版。”在《人权宣言》思想的指引下，法国分别于 1791 年、1793 年颁布了《表演权法》和《作者权法》。法国所确立的著作权保护制度的最大特点是将作者的精神权利纳入著作权法保护的范围，并在立法理论上将精神权利置于首要地位。此外，法国立法者在法律术语的使用中也引入了“著作权”的概念，使著作权脱离了“印刷”“出版”的范围限制，真正成为了保护作品创作的法律。法国的著作权立法是著作权保护的一次飞跃，对后来大陆法系国家的著作权立法产生了很大的影响。

在这一时期，世界各国亦相继颁布了著作权法。例如，美国在 1789 年制定宪法时规定，“国会有权……对作者或发明人就其著作权或发明的专有权利赋予一定期限的保障，以促进科学和艺术的发展”。根据宪法中有关知识产权条款的规定，美国在 1790 年颁布了联邦统一的《版权法》。此后该法随着技术的发展而不断修订，现行版本是 1976 年《版权法》。日本在 1899 年颁布了第一部《著作权法》，该法强调了对著作财产权和作者人格权的双重保护。日本《著作权法》1994 年重新修订。

随着各国立法对著作权的确认、作品跨国界的广泛传播，著作权的国际保护问题日益突出。1850 年，“国际文学艺术联合会”在巴黎成立。1886 年，各国在瑞士伯尔尼正式签署了《伯尔尼公约》。这是著作权领域的第一个国际公约。1952 年，《世界版权公约》在日内瓦通过。除此以外，一些有关著作权的洲际性条约也纷纷诞生。今日，著作权保护的地域范围之广和权利之全面已达到了相当高的水平。

三、著作权法的立法目的

著作权法是指调整文学、艺术和科学技术领域因作品创作、传播和使用而产生的各种社会关系的法律规范的总和。它调整的法律关系因作品创作而产生，表现为作品创作者、传播者与使用者之间的相互关系。著作权法最根本的目的是通过保护作品创作者的权利，发展本国的文化和科学事业。我国《著作权法》在第1条即为著作权法的目的:"为保护文学、艺术和科学作品作者的著作权,以及与著作权有关的权益,鼓励有益于社会主义精神文明、物质文明建设的作品的创作和传播,促进社会主义文化与科学事业的发展与繁荣,根据宪法制定本法。"我国《著作权法》的立法目的源自《宪法》中有关鼓励文学、艺术和科学事业的创造性劳动的要求。围绕保护著作权和促进文化、科学事业发展为目的。多数国家在著作权法中都规定了受保护作品的范围、著作权主体的资格及权利归属、著作权的内容及保护期限、著作权的利用及侵权的法律责任等。

著作权法律制度主要通过占有规则和传播规则①对作品创作者、传播者和使用者之间的关系进行调整。占有规则的目的在于明确界定著作权人所享有的垄断性权利的界限,使权利人能够通过权利的许可或转让获得智力活动投资的回报。传播规则的目的则在于对于垄断性权利进行合理的限制,使社会不至于因过度垄断而承受过高的知识传播成本。在占有规则和传播规则的调整过程中,利益平衡原则成为著作权制度设计的基石和指南,即著作权制度要在权利人权益保障与知识传播之间寻求必要的平衡。当然,利益平衡始终是一种动态的、相对的平衡,这种平衡需要与特定的社会发展阶段及因技术变革而产生的作品创作、传播和使用方式相适应。著作权制度兼有保护知识创新和促进知识传播的双重职能,利益平衡受此双重职能所决定,必须要考虑社会公众对知识获取的权利,所以在各国的著作权法中都明确了著作权的合理使用原则。

第三节　中国著作权保护的历史沿革

一、1949年之前的著作权保护

著作权的起源与印刷技术的发生发展有着不可分割的联系。在印刷术领域,中国较早地掌握了雕版印刷技术。这使得大量翻印书籍成为可能,也促使在中国很早就出现对印刷出版的保护。例如,在五代后唐长兴三年(公元932年),朝廷令田敏在国子监主持校正《九经》,并"刻板印卖",并且禁止一般人擅自刻印,如欲刻印,必须请求国子监批准。这相当于后来欧洲出现的特许制度。但它保护的是出版者的权利,而不是作品创作者的权利。在中国古代社会的封建统治下,不可能产生重视个人权利的观念。"普天之下,莫非王土;率土之滨,莫非王臣",所有的财产及人身都由王权掌控。因而,在封建制度下,产生一部现代意义上的著作权法是不可能的。

近代,特别是晚清时期,资产阶级思想通过各种渠道渗透到有一定权力的明理之士的观念中。他们认识到著作权保护的重要性,进而纷纷效仿国外进行立法活动。著作权制度肇始于中国是中美1903年在上海订立的《中美续议通商行船条约》,其中第11条规定:"无论何国,若以所给本国人民版权之利益,一律施诸美国人民者,美国政府亦允将美国版权律例之利益给予该国之人民。中国政府今欲中国人民在美国境内得获版权之利益,是以允许凡专备为中国人民所用之书籍、地图、印件、刻件者,或译成华文之书籍,系经美国人民所著作或为美国人民之物业者,由中国政府援照所允保护商标之办法及章程极力保护10年,以注

① 参见〔澳〕彼得·达沃豪斯等:《信息封建主义》,刘雪涛译,知识产权出版社2005年版,第13页。

册之日为始,俾其在中国境内,有印售此等书籍、地图刻书或译本之专利。”[①]清政府于1910年颁布的《大清著作权律》是中国历史上第一部专门保护著作权的法律。这部法律深受德国、日本著作权立法的影响。1925年,北洋政府参照《大清著作权律》制定了《著作权法》。随后,国民政府于1928年颁布了《著作权法》,该部法律经多次修正,后施行于中国台湾地区。

二、1949—1990年的著作权保护

新中国成立后直至“文化大革命”结束之前,中国的著作权保护没有专门法律规定,只有一些关于出版方面的条例规定。1950年9月,全国出版会议通过《关于改进和发展出版工作的决议》,对尊重著作权及出版权、稿酬及其计算标准作了一些原则性的规定。此后,又有一系列关于稿酬、出版合同、翻印作品的文件出台。这一时期,将保护著作权上升到法律高度的只有《宪法》中有关“出版自由”的规定,但《宪法》的规定只是原则性的,无具体实行办法。所以,中国这一时期的著作权保护制度尚未健全,最明显的不足是对作者的精神权利保护不够。

党的十一届三中全会以后,中国进入了一个全面发展的历史时期,立法工作也逐步走向正轨,一些重要的法律开始颁布实施。受此影响,有关著作权的立法工作也加紧进行,一些法律法规相继颁布。1980年,国家出版事业管理局颁布了《关于书籍稿酬的暂行规定》,恢复了印数稿酬计付办法。1982年9月5日,广播电影电视部颁布了《关于录音、录像出版物著作权保护暂行条例》,该条例旨在保护作者、表演者、录音录像出版单位的正当权益。文化部于1984年颁行《关于图书、期刊著作权保护试行条例》,1985年又颁布了该条例的实施细则。但《关于图书、期刊著作权保护试行条例》作为内部文件并未公开。该条例是当时解决国内图书、期刊著作权纠纷的主要法律依据,对于作品的类别、权利主体、权利内容、保护期限、权利行使及付酬办法、侵犯著作权的处罚等都作了详细规定。

此外,在十一届三中全会之后,各有关部门还陆续颁布了一些批复性文件。这些文件分别就不同领域的著作权保护问题作了相应的规定,如国家版权局颁布的《关于目前翻译出版美国书刊的著作权问题的意见》(1980年7月)、《关于内地出版港澳同胞作品著作权问题的暂行规定》(1986年5月)、《关于涉及博物馆所收藏作品的著作权问题的复函》(1986年11月)、《关于向台湾出版商转让著作权注意事项的通知》(1987年11月)和《关于广播电视节目预告转载问题的意见》(1987年12月)。至1986年《民法通则》颁布后,著作权的保护才在法律当中给予了明确的规定。

三、1991年《著作权法》

《民法通则》第94条规定:“公民、法人享有著作权(版权),依法有署名、发表、出版、获得报酬等权利。”这是自1949年以后在法律中关于著作权保护的第一个较完整的条款,其中既规定了作者的人身权利,也规定了作者的财产权利。著作权作为一项基本的民事权利在《民法通则》中得以规定,标志中国著作权保护制度的开始。

在《民法通则》规定的基础上,1990年9月7日第七届全国人民代表大会常务委员会第

---

① 吴汉东、王毅:《中国传统文化与著作权制度略论》,中国民商法律网,http://www.civillaw.com.cn,2015年4月14日最后检索。

十五次会议上通过，并于1991年6月1日起正式施行的《著作权法》，成为中国著作权保护制度中的专门法律。该法自1979年开始起草，经过11年，先后易稿20余次。这部法律综合采纳了英美法系和大陆法系在著作权保护上的理念，形成了中国著作权保护自有的特点：

1. 人身权和财产权并重

著作权的权利被分为两部分：一是人身权，包括发表权、署名权、修改权、保护作品完整权；二是财产权，指使用权和获得报酬权，即以复制、表演、播放、展览、发行、摄制电影、电视、录像或者改编、翻译、注释、编辑等方式使用作品的权利以及许可他人使用而获得报酬的权利。这样的规定既避免了英美法系只注重保护财产权的偏颇，又纠正了大陆法系偏重保护人身权的弊端，从而使著作权的各项权利保护都得到兼顾。

2. 权利主体法定

强调人身权的大陆法系国家，著作权只能由自然人作者享有，受雇单位或其他组织可以通过合同授权在规定的范围内使用。强调财产权的英美法系国家，承认雇主可以通过约定享有著作权。考虑到我国立法之初，计划经济还有很强的影响，在权利主体的规定上，《著作权法》充分考虑了国情，规定了公民、法人或非法人单位均可以成为著作权的原始主体。自然人当然可以成为"作者"，法人、非法人单位可以"视为作者"。

3. 作品范围广泛

《著作权法》对于受保护的作品采取列举的方式，包括：文字作品，口述作品，音乐、戏剧、曲艺、舞蹈作品，美术摄影作品，电影、电视、录像作品，工程设计、产品设计图纸及其说明，地图、示意图等图形作品，计算机软件以及法律、行政法规规定的其他作品。将计算机软件纳入《著作权法》保护填补了当时计算机软件在专利保护方面的不足。同时，《著作权法》还规定，民间文学艺术作品的著作权的保护办法由国务院另行规定。上述内容比较全面地囊括了当时社会上面临著作权问题的绝大部分作品，使相关行业的创作人员都能够享受到著作权法的保护。

4. 权利限制突出

在注重保护作者权利的同时，《著作权法》也规定了著作权的限制制度，主要体现在对于作品的合理使用和法定许可方面。《著作权法》列举了12种情况的使用可以不征得原作者的同意，无须向作者支付稿酬；规定了4种情况下的法定许可，这是中国著作权法比较突出的特点。

四、《著作权法》的修订

随着适应中国加入世界贸易组织的进程以及互联网技术的发展，《著作权法》于2001年进行了第一次修改，并于同年10月27日颁布实施。这次修改体现在以下几个方面：

1. 采纳《伯尔尼公约》中规定的"国民待遇原则"，给予外国人以国民待遇

《著作权法》中规定了外国人、无国籍人的作品受著作权法保护的条件，改变了原法采取的内外有别的保护模式。

2. 进一步扩大著作权法保护的作品范围

《著作权法》在有关作品保护范围的规定中增加了杂技艺术作品、建筑作品和模型作品，同时将"电影、电视、录像作品"修改为"电影作品和以类似摄制电影方法创作的作品"。

3. 对著作权人的权利进行了整合

《著作权法》将著作权人享有的财产权进行具体化，明确分列成11项，其中新增出租权、

放映权和信息网络传播权。

4. 强化了对邻接权的保护

《著作权法》增加了有关出版者专有版式设计的权利;增加了录音录像制作者对其制作的录音录像制品的出租权和信息网络传播权;增加了广播电台、电视台禁止未经其许可将其播放的广播电视转播、将其播放的广播电视录制在音像载体上以及复制该载体的行为的权利。

5. 根据著作权国际条约重新设计有关合理使用的规定

《著作权法》对合理使用规定的修改主要表现为:(1) 将"为报道时事新闻,而在报纸、期刊、广播、电视节目或新闻纪录影片中引用已经发表的作品"限定为"不可避免地再现或引用已经发表的作品";(2) 对于各种媒体已经发表的社论、评论员文章的合理使用,《著作权法》根据《伯尔尼公约》的规定将其范围限定于"关于政治、经济、宗教问题的时事性文章",但作者声明不许刊登、播放的除外;(3) 国家机关只有为执行公务在合理范围内使用作品才是合理使用;(4) 免费表演已经发表的作品,是指"该表演未向公众收取费用,也未向表演者支付报酬";(5) 由于原法中规定的"将已经发表的汉族文字作品翻译成少数民族文字在国内出版发行"在国际公约中没有依据,《著作权法》在修改时将作品的范围限定为"中国公民、法人和其他组织的作品"。

6. 设立著作权集体管理制度

《著作权法》中增设规定,允许著作权人或与著作权有关的权利人授权著作权集体管理组织行使著作权或者与著作权有关的权利。著作权集体管理组织被授权后,可以以自己的名义为著作权人和与著作权有关的权利人主张权利,并可以作为当事人进行涉及著作权或者与著作权有关的权利的诉讼、仲裁活动。

7. 完善了有关著作权侵权的规定,加强对权利人的保护

《著作权法》规定,著作权侵权赔偿数额应包括权利人为制止侵权行为所支付的合理开支。同时,法律明确规定了著作权侵权的法定赔偿额,即被侵权人的实际损失;实际损失难以计算的,可以按照侵权人的违法所得给予赔偿;权利人的实际损失或者侵权人的违法所得不能确定的,由人民法院根据侵权行为的情节,判决给予 50 万元以下的赔偿。除对著作权侵权赔偿数额的确定方法作出明确规定外,《著作权法》在修订时还增设了有关财产保全和证据保全的规定。

2007 年 4 月 10 日,美国在 WTO 对中国提起磋商请求,其诉求中包括针对中国《著作权法》第 4 条提出的异议,《著作权法》第 4 条为:"依法禁止出版、传播的作品,不受本法保护"。美国认为,该条款使得未通过中国审查的国外电影等作品无法得到中国《著作权法》的保护。WTO 专家组审查后认为,中国《著作权法》第 4 条与《TRIPs 协议》的相关义务不符,要求限期修订法律。2010 年,中国为履行 WTO 专家组意见中所规定的义务,进行了《著作权法》第二次修改,将原《著作权法》第 4 条修改为:"著作权人行使著作权,不得违反宪法和法律,不得损害公共利益。国家对作品的出版、传播依法进行监督管理。"在本次修改中,《著作权法》同时对著作权质押也作出了规定,即"以著作权出质的,由出质人和质权人向国务院著作权行政管理部门办理出质登记"。

2011 年国家版权局启动《著作权法》第三次修改研究,并于 2012 年 3 月发布了《著作权法》修订草案征求意见稿,这次修改的范围较大,在社会上引起的讨论也比较激烈,目前修改还在进行之中。

第二章

著作权的客体

第一节　作品的概念构成要件

一、作品

著作权基于作品而产生。著作权法中所称的“作品”具有特定的含义，是指文学、艺术和科学领域内具有独创性，并能以某种有形形式复制的智力创作成果。作品表达的是作者的某一思想和情感，能够让读者体会到作者在其中要表达的主观意思，从而成为传达信息的工具。语无伦次地乱写、简单地描述客观事件都不能被称为作品。作品按性质可分为文学作品、艺术作品和科学作品，它们有各自不同的表现形式，可以是文字、符号、图画、音乐、表演、或其组合，计算机技术的发展，使得计算机软件以及有软件产生的各种屏幕表达都成为了作品。文学作品，是用语言来表达作者思想的一种作品。艺术作品，是指借助于其他道具，以塑造形象来表达作者思想的作品。科学作品包括自然科学、社会科学以及工程技术作品。其中，工程技术作品，是指表述在生产实践中形成的技术经验、生产工艺方法和技能等内容的智力创作成果。我国《著作权法》除了对作品进行综述式的定义外，还通过列举方式表达了作品的种类(参见本章第二节内容)。

作品一定是基于人的创作行为产生的，由计算机程序自动生成的结果、动物的表演、机器人的创作目前都不能直接作为著作权法保护的作品。

作品中所表述的思想、情感、观念或客观事物，亦即作品的内容不受著作权法保护，也就是通常所称的依据“思想与表达二分法”理论，著作权法只保护作品的表达形式，不保护其所承载的思想或内容。同样的客观事实，可以有不同作者对其进行创作，写出不同的作品，每一个作品的文字表达、语言编排、艺术体现都不尽相同。著作权法保护这些内容相同但表达不同的作品，不延及思想、程序、操作方法、技术方案、构思、大纲等。如朱自清创作的著名散文《荷塘月色》，他人受其启发可以创作出同名水墨画和歌曲，不会有侵权之嫌。有些作品标题也可能作为独立作品给予保护，但多数情况下，标题是与内容作为整体加以保护的，单独使用标题可能构成其他侵权。将他人的摄影作品进行绘画、刺绣、雕塑、剪纸等也不属于对原作品的“演绎”和“改编”，而是新的创作。但是，“思想”与“表达”并非截然分明，许多情况下是融为一体的，特别是在摄影作品和美术作品之间，许多表达都与人物、景观、角度等选取密切相关，如果抽出具体的内容，表达无从谈起。从著作权法对翻译、改编他人作品需经著作权人许可之后才可进行的规定，足以说明法律没有绝对的排斥对内容的保护。

二、作品的独创性

独创性是作品的试金石。几乎所有国家的著作权法在作品的构成要件上都有独创性的要求,但少有国家在法律中对其加以定义。法国是特别强调这一标准的国家,也仅仅在有关标题的著作权保护条文中才提到这个标准。[①] 按照法国的理论,独创性同专利权的新颖性不同。独创性的衡量是主观性的,创作努力产生的是个性的价值,而新颖性的评价是客观的,新颖性要求在世界范围从来没有相同的发明。英国法没有在法律中对独创性下定义,但指出当一部作品是作者的某种能力或判断的体现而不是简单地抄袭另一作品时,该作品具有独创性。在一些试图对独创性下定义的国家中,提出的独创性标准是“创作”(葡萄牙和委内瑞拉)或是“智力创作”(前南斯拉夫),或是“个人的智力创作”(德国),还有“人类才智的创造”(秘鲁)。另一些国家提出“创造活动”(捷克斯洛伐克和苏联)。所有这些提法都不足以说明独创性的具体含义。有的国家使用了较为清晰的提法,巴拿马法律保护“一切个人的智慧、想象的努力或艺术性的产物”,重点在创作的努力上,这同法国的定义十分接近。土耳其法的规定是:“应当是显示作者个性的智力创作。”美国在判例法中(Feist 案)确立了构成版权法保护的作品需要有“至少的创作”(at least a minimum degree of creativity),法官认为:多年的“辛勤收集原则”违背了版权法的初衷,版权法不保护单纯的事实和思想,作品要求的独创性尽管很低,甚至是微量的,但必须具有。美国 1909 年版权法中对作品要求的措词是“all the writings of an author”,而在 1976 年版权法修改时改为“original works of authorship”。这一短语的改变,进一步明确了美国版权法对作品的要求不仅是要作者独立完成,还要有创作成分。单纯由事实资料加以收集、整理的编辑物,若无独创性,无法取得版权保护,即使编辑人首先对该等资料进行了辛苦的劳动,仍不能因其首先编辑即可以阻止他人编辑同样的事实资料,更不能在他人对资料的利用时指控侵权。Feist 一案在“事实作品”独创性的认定上确定了一个原则,即:作品不仅需要编辑人独立完成,还要有至少的创作成分。

我国《著作权法》中要求作品应当具有独创性,但是没有给出具体定义。结合司法实践可以将独创性归纳为:独创性应当包括“独立”和“创作”两层含意,“独立”是指作品必须是作者独立的智力创作成果,作者在掌握了一定素材的前提下,运用自己的创作技巧,经过精心安排,将自己所要表达的思想融汇进去,形成具有自己独特风格的表现形式。简单而言,“独立”就是指作者没有抄袭他人的行为。“创作”是指在独立完成的前提下还要求作品有起码的智力投入,不是简单的“劳动”,尽管创作高度要求很低,但完全没有则不能构成作品,简单罗列的电话号码本、通讯名录、报价单等都不具备独创性要求。

独创性也不同于专利法上的“创造性”,它不需要与现有作品相比具有突出的实质性特点和显著的进步,更不需要是前所未有的。理论上,只要是作者独立创作完成的,即使内容相同的两件作品也可以分别由作者独立地享有著作权。因此,独创性主要存在于作品中有创作成分和有个人特征的表达方式和表现形式之中。

独创性与思想价值和作品质量无关,即使毫无出版价值,无人阅读,也不妨碍著作权的成立,名人巨著和幼儿涂鸦同属于作品。

---

① 法国 1957 年 3 月 11 日实施的《著作权法》第 5 条第 1 款,中译本见沈仁干主编:《实用著作权大全》,广西人民出版社 1996 年版。

三、作品的可复制性

作品必须以某种特定的形式表现出来,并且这种形式应能够予以复制。作品只有具有一定的形式,可以被人们的感觉感知,人们才能够利用它,作者也才能通过对作品的利用而获取财产价值和实现其社会价值。值得一提的是,对于口述作品是否具有表达形式,中国的著作权法理论认为,作者的口头讲述就是作品内容的表达形式,因为它可以轻易地被记录、录音甚至复制出版,所以它符合作品能够被复制这一条件。同样,对于口口相传的民间文学艺术作品尽管没有物质载体固定下来,但是通过回忆、记录以及用现代录制技术也能够加以表现。

第二节 作品的种类

一、文字作品

文字作品,是指小说、诗歌、散文、论文等以文字形式表现的作品。文字作品以语言文字的形式或其他相当于语言文字的符号来表达作者的感情、思想。因此,这类作品的特点是利用语言文字本身或内部的特定含义来表达作品的内容。它区别于用符号外形来表达作品内容的作品,例如书法作品。文字作品一般有以下几种形式:小说、诗歌、散文、剧本、论文、专著、教材、编辑作品、书信、译文、译著等。文字作品不以字数多少来衡量,凡是具有独创性的表达,短小文字也能构成作品,在"俞华诉北京古桥电器公司侵犯著作权纠纷案"中,俞华创作的广告词"横跨冬夏、直抵春秋",仅有八个字,法院认定了其作品属性,依法享有著作权。文字作品也并非以自然人可以阅读的文字表达来判断,用计算机语言编写的各种计算机软件代码也可以按照文字作品进行保护,使用电报码、密码、代码、速记符号、数据表格等表达的内容也可能成为文字作品。

对于作品的标题是否可以单独作为文字作品加以保护实践中有不同的认识,有的国家给予著作权保护,有的国家利用反不正当竞争法保护,有的国家则明确不予保护。法国1957年《著作权法》第5条规定:"智力作品的标题,只要具有独创性,同作品一样受本法保护。"即使在作品保护期届满后,"任何人不得在可能引起混淆的情况下,以个人名义在同类作品上使用该标题"①。对于不具备独创性的作品标题,则适用反不正当竞争法。我国《著作权法》没有明确规定标题可否作为单独的作品受到保护。实践中考虑标题的独创性认定较为困难,一般不予《著作权法》保护,如:"三毛""五朵金花""围城""娃哈哈""荷塘月色"等标题引起的纠纷,都是按照《反不正当竞争法》进行保护的。

二、口述作品

口述作品,是指以口头语言创作的、未以任何物质载体固定的作品,如演说、授课、法庭辩论、祝词、布道等。口述作品是作者借助于口头表达来表现自己的思想内涵而形成的作品。在美国等一些国家中,口述作品不受保护,其理由是作品须有某种固定的有形物质载体

① 参见《国家版权局办公室关于作品标题是否受著作权保护的答复》(权办〔1996〕59号)。

才受保护。而《伯尔尼公约》自1976年以后则确认:未以物质形式固定的口述作品也具有作品性,应当受著作权法的保护。

口述作品之所以受到保护,其根本原因在于它完全具备了作品的性质。从复制的角度讲,现代录音技术可以非常容易地将口述作品录制下来,进而以录音带、录像带的方式出版,或整理成文字发表。这使口述作品既实现了财产价值的目标,又具备了作品的可复制性这一条件。口述人当然是口述作品的“作者”。在口述人口述,记录整理人在整理过程中也融入了其创造性劳动的情形下,记录整理人应当属于共同作者。在末代皇帝溥仪《我的前半生》回忆录的著作权纠纷中,整理人李文达被认定为与溥仪共同创作,尽管该书封面署名仅有溥仪一人。

三、音乐、戏剧、曲艺、舞蹈、杂技艺术作品

(一) 音乐作品

音乐作品,是指歌曲、交响乐等能够被演唱或者被演奏的带词或者不带词的作品。音乐作品能够以旋律节奏、和声组合进行演唱或演奏,如民歌、通俗歌曲、流行歌曲、交响曲、弦乐曲、爵士乐、吹打乐等。音乐作品的作者将音符的长短、高低、强弱有机地结合在一起,经过精心创作编排出旋律。歌词本身作为文字作品不属于音乐作品,因为歌词必须配曲、与曲相结合才能构成音乐作品。对于曲调是否必须以谱的形式(即乐谱)表现出来,这一点中国著作权法与大多数国家的著作权法一样,并不作要求,即兴的音乐作品尽管没有谱写出来,仍受《著作权法》的保护。

(二) 戏剧、曲艺作品

戏剧作品,是指话剧、歌剧、地方戏等供舞台演出的作品。戏剧作品的保护对象不是指一台供演出的完整的戏,而是指演出这台戏的剧本。从戏剧专业看,戏剧的创作目的是舞台演出,而舞台演出则不能局限于照本宣科地念台词,它要结合演出的特点,将唱、念、做、打等语言和动作融汇到剧本中去,这就要求不仅以单纯的语言文字去表达作者的思想,还需要与动作相结合的表现方式。所以,从戏剧专业人的角度看,戏剧作品应当是“表演的整台戏”而非仅指剧本。但是,从著作权法的角度看,“整台戏”是一个作品的集合,剧本作者、导演、演员、场景、舞美、灯光、道具等各有不同的分工,也产生不同的权利,有属于著作权的也有属于邻接权的,还有属于一般劳动的,就“整台戏”来看,更多的属于表演的范畴,而表演属于邻接权保护的内容。剧本的表演完全可以脱离原作者,戏剧的演出只是对剧本这一戏剧作品的一种使用。从时间顺序上说作者完成剧本的创作,即已经完全具备了享有著作权的条件,而不是要等到剧本被表演之后才能享有著作权。但是,按照现在对戏剧作品的理解,将其划归到文字作品中更为合适,法律单独列出一种作品确无必要,所以,将“整台戏”作为复合作品定义戏剧作品更为合适,就像电影作品一样,不应当仅指电影剧本。

曲艺作品是中国特有的一种民间艺术,种类较多,主要是利用说、唱、弹等形式来表现它的艺术性,其性质同戏剧作品相同。曲艺作品的种类主要包括:相声、快书、梅花大鼓、京韵大鼓、评书、评话、弹词、琴书等。

(三) 舞蹈作品

舞蹈作品,是指通过连续的动作、姿势、表情等表现思想情感的作品。舞蹈作品的保护对象是舞蹈的动作设计及程序编排,它可以用舞谱、录像或其他方式来记载。如同戏剧作品

一样。舞蹈作品不是指一整台的表演，而是能够用载体固定下来的“一招一式”。与舞蹈类似的健美操、瑜伽、太极拳等也可以作为这类作品加以保护。实践中有争议的是体育表演是否可以作为舞蹈作品，如：水上芭蕾、花样滑冰、艺术体操等，这些只能通过个案加以分析，如果不是被列为标准的竞赛动作，可以考虑属于舞蹈作品。进一步，对于一些对抗类体育项目，比如 NBA 篮球，由于球员的动作往往是随着赛场的情况而变化的，具有突发性、任意性、难以复制性，用著作权对其保护并不合适。

（四）杂技艺术作品

杂技等艺术作品，是指杂技、魔术、马戏等通过形体动作和技巧表现的作品。这是《著作权法》2001 年修改时新增的一种受保护的作品。具体表现为车技、蹬技、手技、顶技、走索、空中飞人、民间杂耍等。实践中对杂技艺术进行作品的独创性认定比较困难，像魔术表演和驯兽杂耍这类的杂技既没有文字的脚本也没有固定的套路，凭借表演者的经验、灯光还有动物的配合，无法确定著作权的保护范围。对于加上音乐、舞蹈等内容的杂技表演，可以分别按照音乐作品和舞蹈作品加以保护，除去这些内容这类杂技就只是剩下难度了，世界上少有国家对杂技加以保护。

四、美术、建筑作品

美术作品，是指绘画、书法、雕塑等以线条、色彩或其他方式构成的有审美意义的平面或者立体的造型艺术作品。美术作品是以不同的色调、不同的造型来表现作者的思想和风格。美术作品的特点是看得见、摸得着，它是占有一定空间的视觉作品。我国《著作权法》所规定的美术作品不仅包括绘画、雕塑等纯美术作品，还包括实用美术作品。所谓纯美术作品，是指只能供人们观赏的一种独立作品。纯美术作品通常包括以下几类：(1) 绘画作品，是指以色彩、线条等表现出一定图形的一种平面作品，如油画、国画、版画等。(2) 雕塑作品，顾名思义，是指通过雕、刻、塑的方法来表达作者思想的立体作品。其特点是占有一定的空间，如木雕、石雕作品。(3) 书法作品，是以书写汉字而使其具有文字本身含义之外的意思表达——即作者的思想感情等的作品，必须具有书法艺术的整体内涵，如笔画、结构、韵味等。实用美术作品，一般是指将美术作品的内容与具有实际使用价值的载体相结合，借助美术作品的艺术价值，使载体更具有艺术效果，从而使这一美术作品具有实用价值的作品，如陶瓷艺术、染织图案等。

建筑作品，是指以建筑物或者构筑物形式表现的有审美意义的作品。所谓构筑物，是指水坝、烟囱、隧道等不直接供人们居住或工作的建筑，实际上属于广义的建筑物范畴。建筑作品必须具有审美意义上的设计，比如：奥运会体育场“鸟巢”、悉尼歌剧院等。纯粹实用性、不具备审美功能的房屋不属于建筑作品，现实生活中大部分外观整齐划一的民居并非建筑作品。在 1990 年《著作权法》中，建筑作品是作为美术作品的一种被列举在《著作权法实施条例》中。基于建筑作品的独特性以及国际公约的要求，2001 年《著作权法》修改时将其列为独立的保护客体。在我国，建筑作品仅指建筑物本身，设计图纸和建筑模型分别按照图纸作品和模型作品加以保护。

五、摄影作品

摄影作品，是指借助于摄影器材在感光材料或者其他介质上记录客观物体形象的艺术作品。作者在创作摄影作品时需要合理利用光学、化学原理,将客观物体的形象再现于一定的介质。所谓再现客观对象,并不是简单地复制,它包含有作者的创作,这种创作表现为根据作者的不同构思,取其最能表现物品的某种特点的合理布局,以便更能突出地表现作者的思想。摄影作品的形成过程充分体现了拍摄者的照相技术、对光线的利用及合理的取景视角。简单的证件照和医院的 X 光照片不属于摄影作品。

六、视听作品

视听作品在《著作权法》中规定为“电影作品和以类似摄制电影的方法创作的作品”,是指摄制在一定介质上,由一系列的伴音或无伴音的画面组成,并且借助适当的装置放映或者以其他方式传播的作品。视听作品包括电影作品、电视作品等。受保护的视听作品指的是能够观看的影片或录像片,而不是剧本,这一点与戏剧作品不同。视听作品是典型的复合作品和合作作品,其中既包含了导演巨大的创作劳动,也包含了一些受著作权法保护的独立客体,如音乐作品、文字作品、摄影作品等,这些独立的作品可以单独行使著作权。

录像制品不属于视听作品,录像制品属于邻接权保护的范围,但录像作品属于著作权范围。

七、图形作品和模型作品

图形作品,是指为施工、生产绘制的工程设计图、产品设计图以及反映地理现象、说明事物原理或者结构的地图、示意图等作品。《著作权法》保护的图形作品主要包括:(1) 工程设计图、产品设计图,指的是为工程施工和产品生产而绘制的图样以及对图样的文字说明,它与一般的美术作品最本质的不同在于,设计图的目的是用于施工或生产。工程设计图与产品设计图的范围比较广泛,包括各种工程、建筑、电路、机械设备的设计图纸以及机械产品、电子产品、化工产品等设计图纸。(2) 地图、示意图,是指地图、线路图、解剖图等反映地理现象、说明事物原理或者结构的图形或者模型,它与工程及产品设计图明显不同,地图、示意图着重于说明某一现象,而不是以按此图去制造某个物品为目的。

模型作品是《著作权法》2001 年修改后加以明确规定的一种作品。它是指为展示、试验或者观测等用途,根据物体的形状和结构,按照一定比例制成的立体作品。模型作品擅长于通过对事物特征的取舍或扬抑,或者通过对事物特征的精确描述,直观地描述事物特征,例如建筑模型。

八、计算机软件

计算机软件作为著作权法保护的作品,是指计算机程序和有关文档,在《计算机软件保护条例》中给予了具体规范。计算机程序,是指为了得到某种结果而由计算机执行的一组代码化指令,或者可以被自动转化为代码化指令的一组符号化指令或符号化语句,它包括源程序和目标程序,同一程序的源文本和目标文本应视为同一作品。计算机程序的文档,是指软件开发过程中用自然语言或形式化语言所编写的,用来描述程序的内容组成、设计考虑、性能、测试方法、测试结果及使用方法的文字资料和图表,如程序设计说明书、流程图、用户手册等。计算机文档本来就是自然语言编写的文字或图形说明,按照文字和图形作品都可以受到保护。计算机程序作为《著作权法》保护的作品有其局限性,其表达形式为机器语言,不属于供人们欣赏的作品,程序的创作者实际要保护的是其技术方案而不是机器语言编写的语句,软件工程师更愿意用专利法获取独占权。

九、法律、行政法规规定的其他作品

这是一条开放性条款。随着文化、科学技术的发展,可能出现一些新的作品形式。这一规定可使法律在相当长的时间内保持一定的稳定性与灵活性。

十、民间文学艺术作品

民间文学艺术作品的范围非常广泛,如故事、传说、寓言、编年史、神话、叙事诗、舞蹈、音乐、造型艺术、建筑艺术等都属此类。民间文学艺术的特点是口口相传,世代相承,往往没有固定化的有形载体,也没有明确的作者,其保护办法根据《著作权法》的授权,由国务院另行制定。自1991年《著作权法》实施以来,一直没有出台具体的有关民间文学艺术作品的保护办法。民间文学艺术作为著作权法规定的作品,其独创性比较容易满足,但是确定著作权人较为困难,保护期限、合理使用以及获得授权的渠道等不同于其他作品。关于民间文学艺术作品,尤其要处理好其传承、保护与公众合理利用之间的关系。

第三节 不受著作权法保护的客体

一、官方文件

法律、法规、国家机关的决议、决定、命令和其他具有立法、行政、司法性质的文件及其官方正式译文统称为"官方文件"。官方文件不适用著作权法保护不意味着它们不具有作品的特征,而是因为这些文件中的信息需要尽快为社会所知,应当鼓励传播和宣传,以便充分发挥其社会效益。凡是由官方发布的文件都属于此列,如法院的判决书、专利局公开的专利文献、高考试题等,以国家名义征集的认证标识,最终如果以官方文件的名义发布,原来的设计者也不再享有著作权。在建设部征集的"中国国家级风景名胜区"标志案中,法院认定徽志的制作是建设部根据国务院关于风景名胜区管理的有关规定进行,并由建设部以文件的形式发布,具有政府行政行为的性质,徽志属于具有行政性质的文件,不属于著作权法调整的对象(见下图2-1)。但是有些国际组织的标志不属于"官方文件",如国际奥委会的一系列标志都享有著作权,每个国家组办奥运会时都必须获得这些标志的著作权授权。

图2-1 "中国国家级风景名胜区"徽志

在涉及技术标准文本时也有不同情况，由于我国的国家标准属于官方发布，理论上不应当享有著作权，但由民间发布的技术标准文本可以享有著作权，多数国际标准化组织属于非官方组织，其标准化文本都主张著作权保护，对其翻译和使用要经过授权。

二、时事新闻与客观表述

时事新闻，是指通过报纸、期刊、广播电台、电视台等媒体报道的单纯事实消息，一般是指即时发生的短小的新闻报道。时事新闻不给予著作权法保护有两个重要的原因：一是公民的知情权，国家重大新闻应当及时让公众得知，二是“唯一表达”的限制，单纯的时事新闻都是对客观事务的简单报道，几乎没有“创作”成分。

对时事新闻的著作权保护是有区别的。深度的新闻评论、新闻专题、新闻调查、新闻访谈类节目和类似纪录片性质的新闻纪实类节目是有著作权的，著作权法不保护的是那些单纯的事实消息。但是事实消息组成的报纸、数据库也不能当然被排除在著作权保护之外，还要考虑到对这些数据、事实的编辑是否构成汇编作品。

同样，其他一些对客观事实的描述和唯一表达，也不受著作权法保护，如电视节目预告表、名词解释、电话号码本、通讯名录等。对于字典是否属于著作权保护的客体也要看具体情况，字典中有相当一部分字词的解释是固定的，这部分内容应当属于客观表达，不享有著作权，对于在字词解释之后的例句，不同的编辑人会有不同的选择，带有个人特征的例句构成的字词解释，进而形成的字典就可能构成受著作权法保护的汇编作品。

三、通用工具

历法、通用数表、通用表格和公式可以认为属于人类共有的文化资源，不应纳入专有权保护。这些通用工具或历史久远或被广泛应用，已经成为公共财富，每一个人都应当有权使用，一旦纳入著作权法保护，会侵害到公共利益。但是，对历法内容本身不保护，不意味着对历法的各种表达不给予著作权保护，如每一年新年都会有各种年历，编排的不同会产生不同表达形式的年历，编辑者对这些独特表达的年历享有著作权。如果在历法的基础上对历史纪年有整理和考证也受著作权保护。《辞海》附录《历史纪年表》即是历史学家经过多年的研究而完成得作品。在涉及其著作权保护的纠纷中，法院认定《历史纪年表》尽管是对历史纪年的一种汇编，但其中体现了编者对历史事件的选择、考证和编辑，故《历史纪年表》享有著作权。

第三章

著作权的主体及权利归属

第一节　著作权的主体

著作权的主体,是指依法对文学、艺术和科学作品享有著作权的人。根据《著作权法》的规定,著作权的主体可以分为两类:一是原始主体,是指经由作品的创作而取得权利的主体,包括创作作品的自然人和被视为“作者”的法人或其他组织。在作品创作过程中,如果作品的创作由法人或其他组织主持,代表法人或其他组织的意志,并由法人或其他组织承担责任,则法人或其他组织被视为作品的作者。二是继受主体,是指基于一定的法律事实而取得权利的主体,如继承、接受遗赠或依法律规定而取得权利者,可以是自然人,也可以是国家、法人或其他组织。

一、自然人作者

创作作品的自然人是作者。联合国教科文组织的《版权基本知识》一书中,将“作者”描述为:“在版权法中,文字、艺术或科学作品的创作者被称为‘作者’”。严格地讲,能够创作作品的只有自然人。因此,构成作者的条件应当是:具有创作能力;进行了一定的创作劳动,亦即具有了创作行为;完成了符合法律规定意义上的创作成果。具备了这三个条件,才称其为作者。《著作权法》中所说的创作能力是自然人享有的权利能力,因此不受年龄的限制。如儿童绘画,一旦创作出了作品即可享有署名权等人身权利。当然,有关作品的经济权利仍由其法定代理人行使。在成为作者的条件中,最主要的是对作品付出了创造性劳动。只对作品提出简单的编辑、整理、修改意见的人,不能成为作者。

二、法人或其他组织

法人是指依法成立,有必要的财产或者经费,有自己的名称、组织机构和经营场所并能独立承担民事责任的组织。《著作权法》规定,由法人或其他组织主持,代表法人或非法人单位的意志创作,并由法人或其他组织承担责任的作品,法人或其他组织视为作者。由此可见,法人或其他组织是基于上述条件而依法律规定推定为作者的。《著作权法》并没有将其直接规定为“作者”。

对于法人能否成为作者这一问题有两种不同的看法。一种观点认为,法人不能成为作者,其理由是:成为作者的首要条件是具有创作能力,创作能力是人类以生理为基础运用思维的能力,而“法人”只是人为设定的概念,其整体是不具有思维能力的,法人的任何行为都由自然人来完成,因此,法人永远不会成为作品的创作人。另一种观点认为,法人可以成为作者,其理由是:法人是拟人化的人,具有人格,可视为一个社会"人"。在民事法律关系中,法人作为主体,既享有权利又承担义务;在刑事法律中,法人又可成为某类犯罪的主体。法人有自己的意志,有自己的思想,又能进行法律行为,特别是具有承担民事责任的能力,因此,法人可以根据自己的意志去进行创作并享受作者的称号。对于这个问题,大陆法系和英美法系的立法有所不同。大陆法系的著作权法强调,只有自然人才能成为作者,英美法系则注重保护作品传播者的利益,注重法律关系的确认,因此,一旦自然人受法人雇佣从事创作,作品的著作权应首先归于雇主。

所谓其他组织,是指合法成立,有一定的组织机构和财产,但又不具备法人资格的组织。《民法通则》并没有规定其他组织,为了确保那些客观存在,又不是法人的社会组织的合法利益,《著作权法》对其他组织视为作者进行了明确规定。在现实生活中,其他组织创作的作品的确存在,如课题组、教研室、大学中的院、系、所等创作作品的著作权归该单位全体成员享有,而这些单位则是一种没有法人资格的组织。其他临时成立的机构如由不同单位的众多人员组成编辑委员会等也属于这类组织。由于著作权较之普通的民事权利有其特殊性,由此可根据自己的特点设立权利主体。

三、继受主体

这类主体是指尽管获得了著作权主体的地位,但不是因为创作了作品,而是根据其他法律事实而获得著作权,如继承、遗赠、合同约定等。继承,是指作者死亡后由其继承人继承作者所享有的著作权中的财产权。遗赠,是指作者生前立有遗嘱,死后将著作权的某一部分权利赠与某个主体。合同约定,是指通过合同形式,部分或者全部转让著作权。由于这一类主体取得权利与创作无关,所以不是原始主体,而属于继受主体。通过创作以外的方式获得著作权的主体可以是公民、法人或非法人单位,也可以是国家,因为国家可以通过接受著作权人的赠与而取得著作权,还可以因著作权人死亡无人继承而取得著作权。《著作权法实施条例》第16条规定:"国家享有著作权的作品的使用,由国务院著作权行政管理部门管理"。

第二节　著作权的权利归属

一、一般原则

由于作品创作形式的多样性和著作权权利的复杂性,著作权的归属也不尽相同。但是,无论有怎样的不同,《著作权法》第11条确立了基本的归属原则:"著作权属于作者,本法另有规定的除外。创作作品的公民是作者。由法人或者其他组织主持,代表法人或者其他组织意志创作,并由法人或者其他组织承担责任的作品,法人或者其他组织视为作者。如无相反证明,在作品上署名的公民、法人或者其他组织为作者。"

著作权归属的一般原则反映了著作权法保护作者权益的基本宗旨。首先,确立了著作权原始归属于作者原则,一切基于作品产生的著作权均以作者为承载者,这就简化了权利归属的认定,只要认定为作者即可为著作权人;其次,确立了自然人和非自然人均可以作为作者的原则,即:有创作思维的自然人当然可以成为作者,有"意志"的法人和其他组织可以视为作者;最后,确立了依据作品署名推定为作者的原则,即不需要认证机构事先确定谁是作品的创作者,而仅在事后作品发表时推定在作品上署名之人为原始作者,如果有人提出异议,应当提出相反的证明,在没有人对作者质疑,以及质疑的证据不足时,著作权即属于署名作者。著作权的取得以作品实际完成为标志,即所谓的"自动保护原则",并不要求对作品登记,因此,认定作者只能以作品的署名为准。如果署名是虚假的或者将没有进行创作的人加以署名,日后要提供署名人没有进行创作的证据较为困难,所以,在作品发表时应当慎重对待作者署名之事,不应当将非创作之人署名,如将没有独创性贡献的名人、领导、老师、朋友的名字署在作品之上。

二、法人或其他组织作品的归属

如前所述,法人或其他组织可以视为著作权法意义上的作者,其著作权由法人或其他组织享有。但是,作品毕竟只能由具有思维的自然人创作出来,在著作权归属于法人或其他组织的情况下,参与创作的自然人是否也享有一部分著作权呢?如类似于专利法发明人的署名权?从现行《著作权法》看,没有给具体参加创作的自然人在这类作品中以任何著作权下的具体权利,作品的完成人可以在作品中加以说明,甚至可以署上名字,但不是著作权法意义上的署名权,一旦发生纠纷,这些具体完成人没有主张著作权侵权的诉权,即使在署名上产生异议,也只能从一般民事权利的角度出发主张权利。

著作权属于法人和其他组织的条件有三点:第一,作品的创作必须在法人或其他组织"主持"下,从选题、立项、组织人员、确立创作路线和大纲等都由法人或其他组织完成;第二,代表了法人或其他组织的"意志"进行创作,也就是说,作品要反映出法人或其他组织的创作意图和"思想",就像自然人作品能够反映出作者的个人特征一样,法人或其他组织的作品也能够看出其自有"特征";第三,由法人或其他组织承担作品创作之中以及完成之后的一切"责任"。法人或其他组织的作品与职务作品不同的是其具体参加的自然人不一定与法人或其他组织有劳动雇佣关系,可以是一个单位召集众多社会人员完成的,如大百科全书出版社组织完成的《大百科全书》,其编委会和撰写人众多,分别来自全国不同的机构,该书著作权归属于大百科全书出版社;也可以是由多个单位临时组成的机构,比如北京 2008 奥运会组委会,其产生的会徽、会歌、会标等一切作品的著作权归组委会所有。

当法人和其他组织变更、终止,其著作权中的发表权、使用权、获取报酬权在法定的保护期依法转移至承受其权利义务的法人或者其他组织享有,没有其承受权利义务的法人或者其他组织,由国家享有。

三、职务作品著作权的归属

职务作品,是指公民为完成法人或者其他组织的任务所创作的作品。判别是否为职务作品的关键是创作的目的在于完成本单位的工作任务。依《著作权法实施条例》规定,工作任务是指公民在该法人或者该组织中应当履行的本职工作职责或者交付的任务。职务作品与前述"法人或其他组织作品"最大的不同在于其创作作品不是法人或其他组织意志的体现,而是作者个人思想或情感的反映。

职务作品的构成可从以下三个方面考虑:(1) 作者与用人单位具有劳动法律关系。作者与用人单位之间是否具有劳动法律关系,主要依据《劳动合同法》进行判定。(2) 作品创作在本职工作范围内。就此有两种情况：对于专业创作者而言，工作任务就是创作作品，创作作品是其一贯的任务；对于非专业创作人员而言，本职工作不是进行作品创作，但用人单位根据他在某方面的特长而交给其一部分创作任务，这种情况也属于完成本单位的工作任务。(3) 所创作的作品与本单位的工作性质相符合，能为本单位的业务所使用。这点很重要。特别是对于专业作者而言，他们的任务往往不是很明确，只有一个较宽泛的范围，此时就需要看其作品是否与本单位的业务相适应，适应即为职务作品，不适应则为非职务作品。

《著作权法》将职务作品的著作权归属划分为两类不同情况：

(一) 作者享有著作权，单位享有优先使用权

《著作权法》第 16 条第 1 款规定："公民为完成法人或者其他组织工作任务所创作的作品是职务作品，除本条第 2 款的规定以外，著作权由作者所有，但法人或者其他组织有权在其业务范围内优先使用。作品在完成两年内，未经单位同意，作者不得许可第三人以与单位使用的相同方式使用该作品。"因此在相关期间内，作者可以自己使用或许可他人以与单位使用的不同方式使用职务作品，单位无权干涉。如果作者在职务作品完成两年内征得单位的同意，则可以许可第三人以与单位使用的相同方式使用作品，对于所获报酬，由作者与单位按约定的比例分配。

(二) 单位享有著作权，作者享有署名权

《著作权法》第 16 条第 2 款规定："有下列情形之一的职务作品，作者享有署名权，著作权的其他权利由法人或者其他组织享有，法人或者其他组织可以给予作者奖励：(一) 主要是利用法人或者其他组织的物质技术条件创作，并由法人或者其他组织承担责任的工程设计图、产品设计图、地图、计算机软件等职务作品；(二) 法律、行政法规规定或者合同约定著作权由法人或者其他组织享有的职务作品。"凡符合上述第一种情形，作品的著作财产权归单位所有，作者只享有署名权，单位享有除署名权之外的其他人身权利，如决定是否发表、是否允许他人对作品进行修改等。第二种情形是指法律、法规规定或双方合同约定著作权归法人或其他组织享有，这种情况属于法定归属以及约定归属。

在第一种情形中，条件之一是主要利用了本单位的物质技术条件，即指该法人或者该组织为公民完成创作专门提供的资金、设备或者资料。使用了本单位的纸张、笔墨，占用了工作时间或使用了办公场所等，都不能算是专门的物质技术条件。条件之二是由所在单位承担责任。一些大型工程设计作品，若由创作人员承担责任是不现实的，创作人员没有能力承担工程失败或者事故的风险，因此，这类作品的著作权除署名权外都规定由单位承担责任并享有著作权，这充分反映了权利和义务对等的原则。从法律的规定中可以看出，对这类职务作品的认定，"利用物质技术条件"与"承担责任"是必须同时具备的两个条件。在某些情况下仅部分利用本单位的物质技术条件，但是由单位承担风险责任的工程设计也应当属于职务作品。例如，某研究所(甲方)受某市政建设公司(乙方)的委托，为其设计一座通往市区的跨度较长的桥梁，并声明著作权归甲方，乙方只是使用并支付报酬。甲方的主要业务不是桥梁设计，而是楼房建筑设计，甲方将此任务交给了本单位职工张某，因为张某曾在大学期间学习过桥梁建筑专业。张某利用自己平时所积累的资料，又到有关单位查阅资料，最后设计成功，总共只花了一小部分资料复印费，但因为此设计方案的风险责任由甲方承担，所以这一设计著作权归属于甲方，张某只享有署名权。

四、演绎作品著作权的归属

演绎作品是指改编、翻译、注释、整理已有作品而产生的作品。其著作权由改编者、翻译者、注释者、整理者享有。演绎作品也属创作作品,其主体也为原始主体。

演绎作品的创作是以已有作品为基础,因此,演绎作品又称为“派生作品”。事实上,该类作品是对原作品的一种使用。既然是使用,则应依照法律尊重原著作权人的权利。《著作权法》规定,演绎作品的著作权人行使著作权时,“不得侵犯原作品的著作权”。但是,演绎作品的著作权人在创作演绎作品过程中对原作品的使用不是一种简单的使用,而是包含了重新创作的结果,或者说,演绎作品是通过创作实现的一种新的作品形式。

在进行演绎作品创作时,如果原作品仍在法律保护期限内,必须征得原作者的同意,并向其支付报酬。

(一) 改编

改编,是指以原有作品为基础,将原作品内容以不同的形式予以再现。如将某一小说改编为剧本,剧本与小说是两种不同的表现形式。在电影中经常看到的“改编自××同名小说”即指这类创作。改编人对改编作品享有完整的著作权,改编后的作品既有对原作品著作权的保护,又有对改编后作品的著作权保护。因此,使用改编作品,必须获得原作品与改编作品两个著作权人的双重许可。

(二) 翻译

翻译,是指将已有的作品用不同的语言文字再现。翻译并不是机械的转换,它需要巧妙地运用另一种语言艺术,完整而准确地再现这一作品,并且不能歪曲原作的内容。因此,翻译作品中包含了翻译者的创造性劳动。翻译需征得原作者的同意,并向原作者支付报酬,还需注明原作品的名称和作者,不能将翻译作品假冒为自己的创作作品而出版。

(三) 注释

注释,是指对已有作品中的词语、内容引文、出处等所作的说明,亦即一种讲解。注释一般是针对作品的疑难之处所进行的说明,目的在于使人们能更准确、更完整地理解作品。注释需要注释者去搜集资料,进行考证、推敲,以理解原作品的准确含义。因此,其中包含着注释者大量的创作劳动。对于注释部分,注释者应当享有著作权。注释他人作品,应当取得著作权人的同意,并且注释者无权限制他人对同一作品进行新的注释。

(四) 整理

整理,是指对已有作品按照某种要求进行有次序的编排,如将口述作品整理成书面作品。整理人对整理后形成的新形式的作品享有著作权,但对原作品不享有著作权,因此也无权制止他人对同一作品进行整理。

五、合作作品著作权的归属

《著作权法》规定,两人以上合作创作的作品属合作作品,著作权由合作者共同享有。一个作品是否构成《著作权法》意义上的合作作品,除了需符合创作人数及创作结果为作品的要求之外,还应考虑:(1) 合作作者之间必须有共同的创作意图。这是从作品创作的立意角度进行考察,也就是说,作品的内容以及表现形式等由合作者共同协商确定,其后可以根据不同分工进行作品的创作,作品必须充分反映合作者的共同意志。(2) 具有共同的创作行为,即合作者都必须对作品的创作付出劳动,不论分工如何,这种劳动须含有创造性,不能将一些简单的劳务性工作也视为创作劳动,如抄写稿件、整理资料等。

合作作品根据创作的形式不同,可分为不可分割的作品和可分割的作品。不可分割的作品,是指一部作品无法区分组成部分的权利归属。如甲、乙二人合著一篇论文,二人商定立意后,由甲写第一稿、乙写第二稿,最后二人共同统稿,这篇论文即为无法分割的合作作品。《著作权法实施条例》第 9 条规定:"合作作品不可以分割使用的,其著作权由各合作作者共同享有,通过协商一致行使;不能协商一致,又无正当理由的,任何一方不得阻止他方行使除转让以外的其他权利,但是所得收益应当合理分配给所有合作作者。"著作权人对不可分割使用的合作作品行使权利的方式类似于民法中所有权的共同共有。

可分割作品,是指合作作品的作者各自所创作的智力成果具有相对独立性,分开后仍能作为完整作品。如甲、乙、丙三人合写一部教材,根据分工每人负责三章,最后组成教材。在此,除了三人对这一作品具有共同的著作权外,各人还可对自己所创作部分单独行使著作权。这类似于民法中所有权的按份共有。但是各人行使权利时,不能侵害合作作品的整体著作权。那么如何判断是否侵犯可分割的合作作品的整体著作权呢?例如,王某与李某合作一首歌曲,王某作曲,李某作词。后李某未经王某同意,将自己所写的词更换,从而使歌曲的格调降低。王某得知后表示不同意,李某称,他只是就歌词部分作了改动,署名并没有变动。这个例子表明,李某侵犯了这首歌的整体著作权。因为这首歌自问世以来就是以曲词结合的形式出现,已深得听众喜爱,而换词则破坏了原歌的意境。尽管李某并没有对曲子予以改动,但却影响了整个作品的原有价值,从而也侵害了王某的著作权。如果李某将作品中的原词挪到其他地方使用,如出版诗集,则不会侵害整个作品的著作权。

六、委托作品著作权的归属

委托作品,是指一方接受另一方的委托,按照委托合同规定的有关事项进行创作的作品。《著作权法》第 17 条规定:"受委托创作的作品,著作权的归属由委托人和受托人通过合同约定。合同未作明确约定或者没有订立合同的,著作权属于受托人。"

委托合同的双方可以是自然人、法人或其他组织。委托一方是法人或自然人,而受委托方是自然人时,无论合同约定著作权归属哪一方都比较好理解。但在受委托方是法人或其他组织的情况下,问题就变得比较复杂。受委托方领受任务后,一般都是交由本单位的人员进行创作。因此,这种作品对于受托人与创作人而言属于职务作品关系,对于委托方和受托方而言又属于委托作品。如果委托合同中约定著作权由委托方享有,受托方则不享有著作权,受托方创作人的署名权也因此丧失。如果委托合同中未载明著作权的归属问题,著作权应归受托方所有,这种情况下,创作人可以享有署名权。

委托作品与职务作品有着相似之处。双方的共同点是:创作作品的作者并不一定是著作权人,作者的创作目的是为他人而作。具体而言,委托作品的创作是为委托人,职务作品的创作是为作者所在的单位。委托作品与职务作品的不同点在于:(1) 基于创作的关系不同。委托作品是基于委托合同而创作;职务作品是基于作者与用人单位的劳动法律关系而创作。(2) 权利归属的原则不同。委托作品的权利归属,法律授权由合同双方自愿协商而定,在此可将著作权全部或一部分权利通过合同约定归某方所有;而职务作品的权利归属只有法律规定的两种情况,要么全部归作者,要么除署名权外全部归单位,除此以外不能另行选择。这里的问题是,用人单位和员工之间能否订立委托合同?一般来说,若所要创作的作品不属于员工的业务范围内,双方可以订立委托合同,而对于属于员工业务范围内的作品,则不能以委托形式进行创作。因为职务作品的著作权归属已由《著作权法》作出明确规定,这一规定的基础就是作者与单位之间所存在的特殊的法律关系。这一规定是权衡了单位与作者双方利益的结果,类似于特殊法的优先适用性。

在委托作品的著作权归属问题上,有些国家的做法截然相反。如美国法律规定,委托作品一律由委托人享有著作权,亦即由雇主享有权利。而在法国,无论委托方与受托方有无约定,著作权的精神权利一律归作者,当事人不得以订立合同的方式约定作品的精神权利归委托人享有。中国的《著作权法》在委托作品的权利归属方面采取了折中的做法,即委托作品著作权的归属首先由委托人和受托人通过合同约定,合同未作明确约定或者没有订立合同的,著作权属于受托人。

七、汇编作品著作权的归属

《著作权法》规定,汇编若干作品、作品的片段或者不构成作品的数据或者其他材料,对其内容的选择或者编排体现独创性的作品,为汇编作品,其著作权由汇编人享有,但行使著作权时,不得侵犯原作品的著作权。汇编作品通常表现为百科全书、辞典、文集、期刊、年鉴等。此外,在内容的选择和编排方面体现了独创性的火车时刻表、邮政号码、电话号码大全等,也属于汇编作品。汇编作品的规定对加强数据库的著作权保护意义重大。

汇编作品人行使其著作权时,不得侵犯原作品的著作权。汇编人应当取得原作品著作权人的同意,并支付相应的报酬。不过,为实施义务教育和国家教育规划编写教科书时,可以不经过著作权人同意汇编已经发表的作品片段或者短小的文字作品、音乐作品或者单幅的美术作品、摄影作品,但应当支付报酬,指明作者姓名、作品名称,并且不得侵犯著作权人的其他权利。

八、美术作品著作权的归属

美术作品不仅指绘画作品,还包括书法作品、雕塑作品等。美术作品有其特殊的载体形式,不易大量复制,但可以作为商品进行买卖,其著作权问题更容易令人混乱。美术作品进入商品流通领域后,往往几经易手,其著作权归属何人,显得更为复杂。《著作权法》第 18 条规定:“美术等作品原件所有权的转移,不视为作品著作权的转移,但美术作品原件的展览权由原件所有人享有。”也就是说,美术作品转移时,著作权的所有权利中只有展览权随之转移,其他权利仍归作者所有。因此,美术作品新的所有人如果擅自行使其他权利,即被视为对作者权利的侵害。如果买方购买之后又再次出卖,有些国家规定,对于其所获利润高于原购买价的部分,作者或者其继承人有权获得其中的部分权益,理论上称之为“追续权”。

对尚未发表的作品,原件所有人行使展览权是否侵犯了著作权人的发表权在理论上有不同观点。一般认为展览是发表的一种形式,原件所有人享有的展览权应该是对已发表的作品而言,或是在原件转移时就与作者达成了共识,所以,不存在侵害发表权一说,否则原件所有人的展览权无从谈起。也有观点认为,美术作品原件持有人享有的展览权是一种例外权,不论作品发表与否,作为美术作品原件物权的所有人都享有展览权。

九、视听作品著作权的归属

视听作品在中国《著作权法》中被称为“电影作品和以类似摄制电影的方法创作的作品”。关于视听作品的著作权归属有三种不同的观点:第一种观点认为应归制片人,因为影视作品的创作是一种风险性很大的事业,需要大量投资,各种风险、责任一律由制片人承担,所以,权利的主体也应是制片人。第二种观点认为应归导演所有,因为是导演根据影视艺术的特点和要求自始至终对片子进行指导、创作。第三种观点认为应由导演、编剧、音乐、摄影、演员、舞美等诸多作者共有,认为其应属于一种合作作品。

中国《著作权法》第15条规定:“电影作品和以类似摄制电影的方法创作的作品的著作权由制片者享有,但编剧、导演、摄影、作词、作曲等作者享有署名权,并有权按照与制片者签订的合同获得报酬。电影作品和以类似摄制电影的方法创作的作品中的剧本、音乐等可以单独使用的作品的作者有权单独行使其著作权。”因此,在中国,这类作品的著作权从整体上属于制片人,导演只对作品享有署名权,其他的如编剧、摄影师、作词者、作曲者也只是对自己创作的作品享有署名权,当然,他们享有获取报酬的权利。此外,对于能够单独使用的作品,其作者可以单独使用,无须征得制片人的同意,如作曲者将电影插曲录制成磁带发行。

第四章

著作权的内容

著作权是一项集合权利,《著作权法》采用例举的方式规定了十七项具体的权利,这些权利均可以单独行使,构成著作权的完整内容。按照各项具体权利的性质,著作权分为人身权和财产权。

第一节 著作人身权

著作权法中的人身权是与作者的人身密不可分的。在资产阶级"天赋人权"思想的影响下,德国著名哲学家康德等人提出了作品是人格权、人身权的一种延伸权利的观点。这一观点被大陆法系国家的立法所采用,主张保护作者的人身权。纵观各国立法,著作人身权大致包括:发表权、署名权、修改权、保护作品完整权、收回已发表作品权等。

对于人身权的保护,大陆法系与英美法系国家的立法采取的是完全不同的立场。大陆法系国家主张承认和保护作者的人身权,例如,德国《著作权法》从一开始便有保护作者人身权的条款,并规定人身权不得转让。英美法系国家最初不承认作者的人身权,后来才将此内容纳入其著作权法。

对于著作人身权内容,在理论与实践中尚存有探讨:

(一) 法人能否享有著作人身权

中国《著作权法》规定,法人或其他组织可以成为著作权的主体。这自然也就承认,法人或其他组织可以享有人身权。但这个问题在世界各国的著作权法中存有很大的不同。大多数保护作者人身权的国家在其著作权法中规定只有自然人才能成为作者,亦即只有自然人才能享有人身权,因为人身权是作者人格的一种反映,而承认法人有意志则是近些年的事情。上述提到人身权来源于"天赋人权"理论,显然指的是天赋"自然人"而非"法人"之权。对此问题,国际作家、作曲家联盟在其制定的《作者权宪章》第6条中指出:只有自然人才成为作者,也才能享有人身权。随着社会的发展,法人成为法律关系主体的规定越来越广泛,并成为一个发展趋势。既然承认法人是一种拟制的人,那么在《著作权法》中法人享有自然人的人身权利也可以视为是一种拟制的人身权。尽管在此方面的解释仍有许多不尽如人意之处,但法人享有著作权的现实不容否认。

(二) 著作人身权能否转让和继承

既然人身权是一种人格权,由此可以否定人身权的转让和继承。多数国家著作权法都规定人身权不可剥夺、不可强制许可、不可转让等。但在理论和实践中,一部分人身权的转让和继承似乎又有其不可否认的理由和事实。人身权和作者的人身确实不可分割,当一个人去世后,人身消亡,人身权自然消失。但著作财产权的行使是要依赖于某些人身权的,如获得报酬权。要想获得报酬就需要发表作品,而发表权只有作者才有权行使,且是一次性使用。有些作品在作者有生之年因种种原因未能发表,作者死后的发表权能否由继承人继承?继承人已经取得了著作财产权,如果不能继承发表权,则财产权无从取得。并且其他任何人更无权发表作品,这岂不造成作品与作者一起入葬的结果?这与作品创作的社会意义和作者本人的创作目的都是相违背的。如果作者在有生之年就已经对其作品的发表与否有所定论,那么该作品的发表权只能遵从作者的遗嘱。

再看中国《著作权法》关于修改权的规定。所谓修改权,是指修改或者授权他人修改作品的权利。此处的"授权他人修改",指的就是修改权可以转移,即与作者人身权相分离。

关于人身权的转移问题,法国《著作权法》规定:著作权中的人身权在作者死后可以作为遗产转移给他的继承人,也可以依其遗嘱将人身权的行使权转移给非继承人的第三方。德国《著作权法》也有如此规定。当然,人身权无论怎样转移,其中的署名权是不能转移的。

(三)著作人身权与民法中人身权的区别

民法中的人身权主要是指生命权、健康权、自由权、人格权、肖像权等。民法中的人身权是人本身所固有的权利,它与著作权法中人身权的区别在于:(1)从权利产生的基础来看,民法的人身权的产生是基于人的出生,人一旦出生便具有了生命,也就具有了人身权;著作权中的人身权则是基于作品的创作而产生,亦即以作品的诞生为条件。(2)民法上的人身权是人生而有之,人人具有;著作权所称的人身权只限于作者,即创作作品的人才有资格享有。(3)民法上的人身权只限于自然人;著作权法上所称的人身权利根据《著作权法》的规定,可以是自然人,也可以是法人或其他组织。(4)民法上的人身权就大部分权利而言,是伴随着人的生命的死亡而消亡(有的人身权在其权利人死后也不可侵犯,如肖像权);著作人身权即使主体死亡,也可以单独存在,如署名权。(5)民法上的人身权不能继承和转让;著作权法上的人身权中的部分权利可以转让和继承。(6)民法上侵犯人身权大多是直接侵犯主体本身;侵犯著作权中的人身权则表现为对作品的非法使用。

一、发表权

发表权,是指决定作品是否公之于众的权利。它包含多层含义:是否要发表;何时发表;以什么形式发表;在何地发表。发表的作品应当是尚未公开的作品原件或复制件。如果说作品已经出版或展览过,便不再有发表的问题,发表权只能一次行使。公之于众的含义是指在公开场合下能被不特定人所得知。如果作品只是在作者的家人朋友之间传阅,则不算是发表。多数情况下,发表权与财产权的行使相结合。作者发表作品才有可能使用作品,进而获得收益。作者在转让未发表作品的财产权时,也常常伴随着发表权的转移。

对于发表权,世界各国的规定不一。许多国家并不承认发表权,对于作者死后尚未发表的作品,权利继承人无论发表与否,都可能违背作者的意愿。《伯尔尼公约》中没有保护发表权的条款,其原因也是考虑赋予作者发表权,会影响到著作权制度的有效性。

二、署名权

署名权,即表明作者身份,在作品上署名的权利。通过署名可以对作者的身份予以确认。《著作权法》规定,如无相反证明,在作品上署名的公民、法人、其他组织为作者。署名权是著作权的核心,有了署名权,著作权的权利主体才能得以确认。

一般而言,作者的署名权是不能转移的。无论作品以什么方式使用或者作品的其他权利以什么方式转移,署名权是不能变更的。但是对于委托作品,根据《著作权法》关于委托作品的著作权归属的规定,委托创作可以约定著作权归属,由此推论,在作品没有发表时,约定著作权归投资方(非创作主体)而不是完成方是可行的。

在实践中,署假名和不署名也是作者行使署名权的方式。署假名多数是署笔名,这在文字作品中比较常见,但这给作者身份的确认带来了一定难度,有些国家,如日本、德国等,为了解决身份确认的难题实行了作者身份注册制度,这样便利于法院在解决署名权纠纷时进行取证。除以上外,有些作者出于种种原因,将自己创作的作品署上他人的名字发表。这种情况不属于署名权问题,而是对他人姓名权的一种使用或者侵害。但是,美术作品除外,对于假冒他人署名的美术作品法律规定属于侵犯著作权行为。

三、修改权和保护作品完整权

修改权和保护作品完整权实质上是一个事物的两个方面。一方面,作者有权修改作品;另一方面,作者有权禁止他人篡改、歪曲作品。

修改权,是指作者自己修改或者授权他人修改作品的权利。修改权的行使会受到法律的限制,《著作权法》第 34 条第 1 款规定:“图书出版者经作者许可,可以对作品进行修改、删节”;第 2 款规定:“报社、期刊社可以对作品作文字性修改、删节。对内容的修改,应当经作者许可”。由于图书体现的思想内容比较复杂,作者以外的其他人难以完全了解作者的意图,因此不能随意修改,以免歪曲作品的原意。而对于报纸、期刊中刊登文章的文字性修改,可以不用征得原作者的同意。因为报纸、期刊受版面大小的限制,对一些作品作适当的修改和调整是允许的,但不能涉及内容的改动。修改权中较为棘手的问题是对已售出的美术作品的修改问题。作者若想修改已售出的美术作品,必须征得美术作品的持有人的同意。事实上,作者的修改权已随着作品物权的转移而受到了限制,因为买者购买作品时看中的就是原作品。

保护作品完整权,是指保护作品不受歪曲、篡改的权利。与修改权权利有所不同,修改权可由作者直接行使,而保护作品完整权则须依靠司法机关予以保护,属于“间接行使权利”。

第二节　著作财产权

著作权中的财产权,是指能够给著作权人带来经济利益的权利。这种经济利益的实现,要依靠对作品的使用才能获得。由此可见,著作权中的财产权与民法中的财产权的不同之处在于:(1) 权利的表现形式不同。民法中的财产权直接表现为所有者对物的占有处分权;著作权中的财产权则是以创作作品为前提,著作权人通过自己实施、许可或转让财产权而获得经济利益。(2) 受法律保护的期限不同。法律对民法中的财产权予以永久保护,即便所有人死后其仍受法律保护,除非财产权的客体灭失,否则可以世世代代传递下去;法律对著作权中的财产权的保护是有期限的。在中国,作者是自然人的,其权利保护期是作者有生之年加上死后50年;法人或其他组织的作品,其权利保护期是作品首次发表后50年。超过了上述保护期,作品便进入公有领域,作者不再享有财产权。(3) 对权利行使的限制不同。法律对物权的行使没有作过多的限制;对于著作权中财产权的行使则作了较多的限制,如合理使用、法定许可等。

根据中国《著作权法》的规定,著作财产权包括复制权、发行权、出租权、展览权、表演权、放映权、广播权、信息网络传播权、摄制权和改编、翻译、汇编权等并享有许可他人行使上述权利而获得报酬的权利。

并非每种作品的著作权人都享有《著作权法》所规定的所有财产权利。例如,享有出租权的作品仅限于视听作品和计算机软件,其他作品的著作权人不能行使出租权。

一、复制权

复制,是指以印刷、临摹、拓印、录音、录像、翻录、翻拍等方式将作品制作一份或多份的行为。复制权,是指著作权人决定实施或不实施上述复制行为或者禁止他人复制其受保护作品的权利,它是著作财产权中最重要、最基本和最普遍的权利。复制的特点是复制的作品与原作品相比在内容和形式上没有任何变化。所谓"形式没变化"指的是作品的表现形式没变化,如同为小说或同为诗歌等,而不是指作品载体的形式没变化。比如同一部小说印成三十二开本是复制,印成十六开本也是复制,在报刊上连载也属复制。复制手段可以是手工的,也可以是机器的。

根据《伯尔尼公约》,复制还包括从平面到立体的复制。中国1990年《著作权法》没有明确规定从平面到立体或者从立体到平面的复制,《著作权法》第52条第2款规定:"按照工程设计、产品设计图纸及其说明进行施工、生产工业品,不属于本法所称的复制。"但2001年《著作权法》删除了这一条款,这意味着从平面到立体的复制完全由司法自由裁量了。

除了从平面到立体的复制问题外,因数字技术和互联网技术发展而产生的临时复制问题也是复制权面对的新问题。所谓临时复制,是指在计算机运行过程中,计算机内存对于信息的暂时储存,在计算机关闭或运行新的指令后,内存中原先储存的信息即告消失。关于临时复制的法律定位,联合国教科文组织编撰的《版权法导论》认为:由于数字技术的发展,以数字技术将作品存储于电子媒体中也应构成著作权法意义上的"复制";一些暂时或临时的复制行为(例如缓存),因其唯一目的是在网络上传播并且无独立经济意义,而被认为是不属于复制的唯一例外。[①] 但是这种见解并未体现在《伯尔尼公约》和由WIPO主导制定的互联网条约中。由于相关的著作权国际公约对于临时复制的法律性质并未作出明确规定,各国对于临时复制所采取的法律规制手段并不相同。欧美等著作权产业发达的国家更倾向于将临时复制纳入复制权规制的范围,同时为避免复制权扩张对社会公众的利益造成不利影响而设置若干的例外规定。中国在《著作权法》和《信息网络传播权保护条例》中并未对临时复制行为作出明确的法律定性,司法实践中对于该问题的处理依据个案而定。

---

① 联合国教科文组织编:《版权法导论》,张雨泽译,知识产权出版社2009年版,第69页。

二、发行权

发行权,是指传播有形复制品的权利(right to disseminate physical copies)。[①] 著作权中设置发行权的目的,是使权利人有权控制以出售、赠与或以其他转让所有权的方式提供作品。发行权不像财产权的其他权项都会涉及作品的复制,发行权控制的是作品物质载体的转移。发行是传播作品和实现著作权人财产权利的重要渠道。只有通过发行,作品才能进入流通渠道并最终由作品的使用者获得,公众以购买等方式从公开市场上获得作品的原件或复制件,才能够长期地欣赏、使用某一作品。著作权人通过控制作品的原件或复制件的发行,从公众支付的价款中获得经济回报。

《伯尔尼公约》对于发行权的界定方式是:其一,在第14条和第14条之2有关电影作品的规定中明确规定了电影作品的著作权人享有发行权;其二,在第16条有关侵权复制品扣押的规定中"隐含地规定了某种形式的控制发行复制品的权利"[②]。虽然在国际公约层面并没有关于发行权的统一定义,但是数字技术产生之前,由于作品的传播必须依赖于一定的物质载体,赋予权利人控制作品的发行有利于作者经济利益的实现,因此各国、各地区的著作权法对发行权都有规定。例如,美国《版权法》规定,权利人享有"以销售或其他所有权转移,或出租、出借的方式,向公众发行载有作品的复制品或录音制品"的权利。在中国,发行权是指以出售或者赠与方式向公众提供作品的原件或者复制件的权利。从以上立法可以看出,虽然各国在发行权规制的方式上有所区别,但是基本意旨相同,即传统技术环境中确立的发行权规则关注的是作品的原件或复制件在不同主体之间的转移。

利益平衡是著作权法蕴含的精神。在对权利人授予控制作品发行的权利之时,法律亦对发行权的限制作出了规定,即"发行权用尽原则"。发行权用尽原则,是指作品发行之后,其他人有权将其获得的作品原件或者复制件进一步销售或赠与,或以其他方式处理,著作权人不得干涉。发行权用尽原则设立的目的在于防止著作权人不合理地限制作品原件或复制件合法持有人的后续处分行为。如果没有发行权用尽原则,合法持有人每次处分作品的原件或复制件都需要与著作权人协商,这样权利人实质上通过享有著作权而限制了商品的正常流通。但是发行权用尽原则亦有例外,在后续处分行为的大量发生对权利人的经济权益有实质性影响的情况下,权利人也有权利控制相关的后续处分行为。如在日益增多的音像制品、计算机软件的出租对著作权人的财产权益造成损害的情况下,著作权法相应地增设了"出租权",允许著作权人对作品的出租进行控制,因此也就相应限制了合法持有人以出租的方式处分音像制品和计算机软件。[③]

三、出租权

出租权,是指有偿许可他人临时使用电影作品和以类似摄制电影的方法创作的作品、计算机软件的权利。《TRIPs协议》第11条规定了对计算机程序和电影作品的出租权:"至少在计算机程序及电影作品方面,一成员应给予作者及其合法继承人许可或禁止,向公众商业

① 联合国教科文组织编:《版权法导论》,张雨泽译,知识产权出版社2009年版,第70—71页。
② 〔匈〕米哈依·菲彻尔:《版权法与因特网》(上),郭寿康等译,中国大百科全书出版社2009年版,第208页。
③ 吴汉东等:《知识产权基本问题研究(分论)》(第二版),中国人民大学出版社2009年版,第108—109页。

出租其享有版权之作品原件或复制品的权利。一成员对电影作品可不承担此义务,除非这种出租已导致该作品被广泛复制,从而实质性地损害了该成员给予作者及其合法继承人的复制专有权。对计算机程序,如该程序本身并不是出租的必要客体时,此义务不适用于计算机程序的出租。"1996 年 12 月 20 日签订的《世界知识产权组织版权条约》(WCT)第 7 条规定了计算机程序、电影作品、按缔约各方国内法的规定以录音制品体现的作品的作者,应享有授权将其作品的原件或复制品向公众进行商业性出租的专有权。但也规定了例外条款:本条不适用于:(Ⅰ)程序本身并非出租主要对象的计算机程序;和(Ⅱ)电影作品,除非此种商业性出租已导致对此种作品的广泛复制,从而严重地损害了复制专有权。第 7 条也涉及了成员国已有制度的保留以及对复制品的解释。

为了适应国际义务的需要,同时也为了消除外国人在我国的超国民待遇,我国于 2001 年 10 月 27 日修订的《著作权法》中,规定了著作出租权,其第 10 条第 1 款第 7 项规定:"出租权,即有偿许可他人临时使用电影作品和以类似摄制电影的方法创作的作品、计算机软件的权利,计算机软件不是出租的主要标的的除外。"

从上述规定中可以看出出租权的内容包括:第一,出租的作品仅限于电影类作品和计算机软件;第二,可以行使出租权的是著作权人及其继承人,原件持有人以及被许可人不能行使出租权;第三,出租权的行使受到限制,对于计算机软件不是出租标的的情况不享有出租权,比如,以出租计算机硬件设备为目的,其硬件中包含了计算机软件,此时软件就不是主要的出租标的。

著作权人可以自己行使出租权,也可以授权他人行使出租权,通常,著作权人会授权著作权集体管理机构代为行使。因为,著作权人很难控制和行使该项权利,著作权人不易得知作品在何地何时被何人出租,著作权集体管理组织可以利用其代理权征收租金,再分配给权利人。

四、展览权

展览权,是指公开陈列美术作品、摄影作品的原件或者复制件的权利。能够展览的作品一般限于美术作品和摄影作品,因为这两类作品都是一种视觉作品,展览是其传播的一条最佳渠道,其他传播方式不易让人们了解这类作品的具体内容。展出地点是广义的范围,可以在展览馆,也可在其他公共场所,如大街、商店的橱窗等。展览应该体现公共性的特点,能够被不特定的第三人所得知。展览可以是营利性的,也可以是非营利性的。

由于美术作品原件的物权价值,当美术作品原件转移后其展览权受到了限制,法律作了明文规定,美术作品原件转移后,原著作权人不再对原件享有展览权,展览权由原件的持有人享有。

对于人物摄影作品的展览权也有限制,摄影师(即作者)对摄影作品享有著作权,但是被拍摄的人物对其享有肖像权,当著作权人要行使作品的展览权时应当尊重他人的肖像权,取得被拍摄人的同意,尽管对这一问题法律未作明文规定,但根据法律精神理解,肖像权是民法中规定的基本人身权利,不允许以任何方式侵犯肖像权。

五、表演权

表演权,是指公开表演作品,以及用各种手段公开播送作品表演的权利。表演可以分为现场表演和机械表演。前者指通过人的形体、动作直接演示作品;后者指借助机械设备来重复再现对某些作品的表演行为,例如,通过录音、录像等设备播放电影作品和以类似摄制电影方法创作的作品。表演权的内容包括:著作权人自己公开表演其作品,授权他人公开表演其作品,禁止他人未经同意公开表演其作品,以及控制公开播送其作品的表演。此处的公开表演是针对不特定的公众,不涉及私人范围的表演,并且不以是否营利为判断,在公益表演中表演他人的作品,尽管没有营利行为,但是由于不符合合理使用中规定的免费表演的条件,应当经过著作权人的授权。实践中有所争议的是类似于单位内部的联谊活动中的表演是否要经过著作权人的同意,如果完全是免费的,即表演者不收费,公众不付费,应当属于合理使用,如果是有偿邀请演出团体演出,则表演他人的作品应当经过著作权人的授权并支付报酬。在有些国家也将在广播、网络上传播他人作品的行为视为公开表演。

六、放映权

放映权,指通过放映机、幻灯机等技术设备公开再现美术、摄影、电影和以类似摄制电影方法创作的作品等的权利。这是2001年《著作权法》修改后新增的一种权利。从理论上讲,它与上述表演权中的机械表演权存在竞合关系。在《著作权法》第三次修改草案中拟将该项权利并入表演权中。

七、广播权

广播权,是指以无线方式公开广播或者传播作品,以有线传播或者转播的方式向公众传播广播的作品,以及通过扩音器或者其他传送符号、声音、图像的类似工具传播广播的作品的权利。

广播是点到面的被动传播行为,听众一般不能直接参与广播的编辑和内容的选择,有些广播形成也受到国家行政法规和部门规章的规制,广播权的行使在技术上必须通过电台、电视台进行。著作权人一般是通过授权广播电台、电视台来行使广播权。

广播权包括三个方面的内容:第一,以无线方式公开广播或者传播作品;第二,以有线方式向公众传播广播的作品;第三,通过扩音器、电视机等终端设备向公众传播广播的作品。无论是有线广播还是无线广播,无论听众或者观众是否接收了有关节目,无论广播者是否以营利为目的,只要广播了他人尚未发表的作品,都应当首先获得著作权人的许可并支付报酬,而广播已经发表的作品也要向著作权人支付报酬。

互联网技术的诞生,使得人们可以直接在网络上接收到广播电台、电视台的节目,甚至可以回放已经播出的节目,此时,已经超出广播的范畴,属于下面提到的信息网络传播权的问题。

八、信息网络传播权

信息网络传播权,是指以有线或者无线方式向公众提供作品,使公众可以在其个人选定的时间和地点获得作品的权利。WIPO于1996年签订的《世界知识产权组织版权条约》(WCT),其中第8条规定:"文学和艺术作品的作者应享有专有权,以授权将其作品以有线或无线方式向公众传播,包括将其作品向公众提供,使公众中的成员在其个人选定的地点和时间可获得这些作品"。为了顺应信息网络的发展以及履行国际公约义务,我国在2001年《著作权法》修改时新增加了这项权利,并且在2006年由国务院专门制定了《信息网络传播权保护条例》,对该项权利的保护与限制作了具体规定。

信息网络传播权定义中明确了权利的“交互性”特质,即公众可以在选定的时间和地点获得信息网络上传播的作品,甚至可以上传、下载、转载、参与编辑作品等,它区别了广播权的单向被动传播方式。对于“信息网络传播权”定义中“提供”一词的解释,《著作权法》和《信息网络传播权保护条例》均未予以明确。互联网环境中作品的传播行为涉及多个环节,包括作品的数字化、数字化作品的上传行为、根据用户请求传输数字化作品的行为以及数字化作品的下载。因此,需要确定作品在整个网络传播过程中何时构成了“提供”。除了权利界定方式对法律适用造成影响外,互联网技术架构的开放性使得新商业模式迭出,对于网络直播、定时播放等非交互式传播无法约束,该项权利已经不适合解决目前互联网环境下作品流通过程中所发生的所有法律问题,因此,第三次《著作权法》修订试图弥补这一缺陷,将信息网络传播权修订为“在信息网络环境下,以无线或者有线方式向公众提供作品,包括直播、转播或者使公众可以在其个人选定的时间和地点获得作品的权利”。

有些国家也采用了著作权传统权利项中的复制权或发行权用以规制网络环境下的作品传播行为。美国没有在法律中增设新权利,而是通过复制权、发行权、表演权和展览权等多项权利覆盖网络上传播作品的行为。美国法上的“公开表演权”不仅规制舞台表演和机械表演,而且还规制广播、放映和网络传播行为。

九、摄制权

摄制权,是指以摄制电影或者以类似摄制电影的方法将作品固定在载体上的权利。摄制权可以自己行使,也可以授权他人行使。

授权他人行使摄制权的情况为多,因为著作权人欲将其作品摄制成电影或者类似作品时,迫于电影或者类似作品为一种典型的复合作品而其本人无法单独完成的事实,往往必须求助于制片人,因此,摄制权有时也被称为“制片权”。

《伯尔尼公约》中,“制片权”按字面理解仅指电影制片权。但随着电视剧等新艺术形式的发展,制片权的范围也相应予以扩大。另外,有相当一部分国家(如日本、德国)是将制片权包含在改编权之中的[①]。

十、改编权

改编权,是指改变原有作品,创作出具有独创性的新作品的权利。

作品由一种形式转变为另一种形式的改编较好理解,但对于表现形式相同的,如将长篇小说转变为短篇小说的改编就不易分清。改编必须包含改编者的独创性劳动。这种独创性劳动在于,在表现形式上应有所创新或改动,而不是重复原作品的内容。改编后形成的作品构成“演绎作品”。改编已经越来越成为一种重要的创作手段,将他人的小说改编成电影、电视剧已经是常态的创作方式,并且随着计算机技术和互联网的发展,普通社会公众对作品进行改编也变得非常容易。2006 年引起社会广泛关注的“一个馒头引发的血案”,就是对《无极》这一电影作品的戏谑性改编。该事件也引起了我国著作权理论界对“戏仿作品”的深入讨论,著作权人虽然对其作品享有改编权,但社会公众也有言论自由及对作品进行评论的权

① 吴汉东等:《知识产权基本问题研究》,中国人民大学出版社 2005 年版,第 275 页。

利,戏仿作品往往是社会公众行使这一权利的一种方式,许多国家的著作权法允许对作品的“滑稽模仿”。

十一、翻译权

翻译权,是指将作品从一种语言文字转换成另一种语言文字的权利。除作者自己翻译外,他人也可以翻译,但须征得原作者同意。中国公民、法人或者其他组织已经发表的以汉语言文字创作的作品翻译成少数民族语言文字作品在国内出版发行的,视为合理使用。这是为了向少数民族传播汉族文化,繁荣少数民族文化,这种情况下,无须征得原作者的同意,也不需向其支付报酬。

对于计算机软件作品,翻译权是指将原软件从一种自然语言文字转换成另一种自然语言文字的权利,例如对软件文档进行翻译、对软件显示界面进行汉化等。将软件的源代码用其他计算机语言重新编写是否亦属翻译权的范畴,我国法律未明确规定,在理论界亦有争论,实践中,有时将这种行为视为“修改”。

十二、汇编权

汇编权,是指将作品或者作品的片段通过选择或者编排,汇集成新作品的权利。行使汇编权,如果在材料的选择和编排上具有独创性,则形成汇编作品。汇编权属于著作权人,他人未经允许不可以擅自加以汇编,现行《著作权法》中规定报刊以文摘形式汇编可享有法定许可权。

信息技术使得汇编他人作品异常容易和普遍,网站经营者、数据库制作者、大型综艺节目等,不仅涉及文字作品的汇编,音乐、视频、图片的分类集成也成为信息服务的常态。对各种碎片化的信息的收集,如大众点评、旅行记录、微信微博、电话号码、商家分类等也会涉及汇编权问题,如果使用到他人的作品或者数据库中作品片段,都应尊重他人的著作权。

十三、应当由著作权人享有的其他权利

除了上述列举的12种权利外,为避免技术的发展导致立法上的滞后,《著作权法》还规定了一个兜底条款,即“应当由著作权人享有的其他权利”,这便于法官根据个案情况运用司法裁量权平衡著作权人和社会公众的利益。20世纪90年代末在我国发生的王蒙等六作家诉世纪互联案中,被告将王蒙等作家的作品进行数字化后放在网上供网友阅读、下载。当时的《著作权法》尚未规定“信息网络传播权”,法院最终判决原告胜诉,理由是《著作权法》在列举了作者享有的各项权利后,用了一个“等”字表明著作权的内容是一个开放的体系。但是,这种开放性在一定程度上削弱了知识产权法定这一原则。

由于受历史文化因素的限制,各国在著作权法中规定的财产权利各不相同,其他国家在其著作权法中规定了一些中国《著作权法》中未规定的著作权人享有的财产权。例如,法国、德国、意大利等国家规定了追续权。它一般是指美术作品、摄影作品的原件售出后,如果购买人又将相关原件转售他人并获得了高于购买时支付的金额,则作品的原作者或其继承人有权要求分取这个数额中的一定比例。又如,德国《著作权法》还规定了接触权,即作者在复制或改编其作品时,在有必要并且不妨碍拥有者的合法权益的条件下,可以向作品的拥有者要求接触作品的权利。例如,对他人手中保存的手稿、美术作品,原作者有接触权。

第五章

邻　接　权

第一节　邻接权概述

一、邻接权的概念

邻接权，是指作品传播者在传播作品时所享有的权利，因为它与著作权紧密相连，故称为“著作权的邻接权”。“邻接权”概念有狭义与广义之说。狭义上的邻接权，具体是指作品的表演者对其表演，录音录像制作者对其录制品、广播，电视组织对其播放的广播电视节目依法所享有的权利。广义上的邻接权，是指与著作权有关的权益，即作品传播者享有的权利，不仅包含上述狭义上的邻接权，还包括出版者的权利。《著作权法实施条例》第 26 条规定，出版者对其出版的图书和期刊的版式设计享有的权利属于与著作权有关的权益。我国在法律中没有出现邻接权的概念，而使用了“与著作权有关的权益”的概念，本书将其归类到广义邻接权的范畴。

若以广义的邻接权概念考察邻接权的产生，对出版者权利的保护还要早于著作权的保护。但当时对于出版者权利的保护不是以邻接权的方式进行，而是从出版商的利益出发，给予“出版特权”保护。世界上第一部著作权法——英国的《安娜法》中就有针对图书出版者而专门制定的条款。若以狭义的邻接权概念进行考察，邻接权的起源取决于表演者权的产生。表演活动久已有之，要对表演施以权利保护，必须将表演以某种方式固定下来，将表演进行固定的技术始于 1877 年爱迪生发明的留声机，但直到 1901 年德国在《文学与音乐作品著作权法》中首先把音乐作品及音乐、戏剧作品的表演者视为原作的“改编创作者”加以保护，现代意义上的邻接权才开始产生。

邻接权诞生之后，各国由于受历史、社会因素的影响而采取了不同的保护模式。大陆法系国家所采取的方式是将邻接权和著作权的保护进行区分，通常情况下将两种权利规定在同一法律文件中。英美法系国家所采取的方式则是不区分著作权和邻接权，只是通过扩大解释著作权保护对象的方式将著作权的保护及于作品传播者。由于不同保护模式的存在，需要对邻接权保护进行国际协调。现今与邻接权有关的国际公约主要有：《保护表演者、唱片制作者和广播组织罗马公约》《保护录音制品制作者防止未经许可复制其录音制品公约》《关于播送由人造卫星传播载有节目的信号的布鲁塞尔公约》《世界知识产权组织表演和录音制品条约》以及《视听表演北京条约》。

二、保护邻接权的意义

（一）保护邻接权是保护著作权的需要

邻接权作为一种与著作权相关的权益，与著作权的保护密不可分，作者创作作品是为了表达作者的思想，需要为人们所知晓，这就需要对作品进行传播。在一定意义上，作品是为了达到某种社会目的方才创作，而传播是完成创作目的所不可缺少的手段。著作权的许多权利是靠传播实现的。作品正是在传播中才伴随其作者著作权的行使，即所谓："无传播即无权利"。特别是著作权人所享有的财产权，更依赖于传播。对传播者给予一定的权利，有利于作者著作权的实现。从某种意义上，保护邻接权也就是保护著作权，没有对邻接权的保护，对著作权的保护是不完整的。

（二）保护邻接权是对作品传播者创造性劳动的承认

传播者（即表演者、录音录像制作者及广播电台、电视台）在传播作品时，要对作品进行加工，通过适于自己传播的形式来再现作品。如戏剧表演是通过表演者的动作、表情、语言等来表现作品，使人们看到的不是一部印刷品形式的剧本，而是一台活灵活现的戏剧。除此之外，由于传播者对于作品传播过程中所付出的创造性劳动需要投入大量资金，所以从经济角度讲，传播者也有权获取经济利益，这反映了权利和义务的统一。从保护作品传播者创造性劳动和投资的角度出发，邻接权的法律保护具有重要意义。

（三）现代传播技术的发展是邻接权保护的客观需要

现代录音、录像技术，使传播者所创作作品的传播形式极容易被复制，为大量侵权行为提供了便利。如果不保护邻接权，则著作人更难以对抗侵权行为。实践中，邻接权人往往更具实力与著作权人一道维护作品传播中产生的各项权利和利益。这也是邻接权需要保护的原因之一。

第二节 出 版 者 权

出版者的权利，是指图书、报刊的出版者对其出版活动所享有的各种权利，这种权利是由作者授权而得，须与出版物相联系。作者享有的出版权是由著作财产权中的复制权与发行权相结合形成的。出版权的内容，一是复制作品，二是发行作品。作者通过出版合同将出版权授予了出版者，出版者也由此衍生了自己的权利。

一、出版者的权利

（一）图书出版者的权利

图书出版者对出版活动所享有的权利主要由其与著作权人之间签订的合同所界定。有关图书出版合同的形式要件问题，《著作权法》及其实施条例作出了规定。1990 年《著作权法》要求订立图书出版合同必须采用书面形式，但是根据现行的《著作权法实施条例》，只有图书出版者依照许可使用合同享有专有出版权时，图书出版合同才应当采取书面形式。这样的规定更加尊重当事人的意思自治。《著作权法实施条例》第 23 条规定："使用他人作品应当同著作权人订立许可使用合同，许可使用的权利是专有使用权的，应当采取书面形式，但是报社、期刊社刊登作品除外。"有关图书出版合同的期限，1990 年《著作权法》规定图书出版合同不得超过10年，但《著作权法》在2001年修改时取消了有关许可期限的规定，当事人可以约定长于10年的专有出版权，合同期满，双方还可以续订。出版合同本质上是一种著作权许可使用合同。因此，参照《著作权法》第24条的规定，出版合同应包括下列主要内容：(1) 当事人条款，即作品的作者、著作权人和出版者；(2) 许可使用的权利种类；(3) 许可使用的权利是专有出版权或者非专有出版权；(4) 许可使用的地域范围、期间、语种、版式等；(5) 图书的再版或者重印条款；(6) 付酬标准和支付办法；(7) 违约责任；(8) 双方认为需要约定的其他内容。

出版者的权利可依照意思自治原则由当事人自由约定，《著作权法》及其实施条例也对出版者的权利作出了原则性的规定，主要包括：(1) 图书出版者有权取得著作权人按照出版合同约定的期限交付的作品。(2) 图书出版者对于著作权人交付出版的作品，依照许可合同，在约定的时期和地域内，按约定的语言、版本方式，享有出版权或者专有出版权。出版人对所接受的作品只能出版发行，而不能挪作他用，如改编等。享有专有出版权的出版者，在合同有效期内，有权禁止他人再对这一作品进行出版，作者自己也不能自行出版或授权他人出版。当事人应对专有出版权的内容予以明确。图书出版合同中约定图书出版者专有出版权但未明确具体内容的，《著作权法实施条例》规定，可视为“图书出版者享有在合同有效期限内和在合同约定的地域范围内以同种文字的原版、修订版出版图书的专有权利”。(3) 在合同有效期内，根据社会需求程度，图书出版者可决定再版或重印，再版和重印的行为不需征得原作者同意，但必须通知原作者、征询作者是否修改作品并支付报酬。反之，当图书脱销后，若作者要求再版或重印而出版者拒绝的，作者有权终止合同。(4) 图书出版者经作者许可，可以对作品进行修改、删减。

(二) 报刊出版者的权利

报刊出版者的权利亦由报刊出版者与著作权人签订的合同予以确定。报刊出版合同的当事人可以根据实际情况自由决定合同是否需要采取书面形式，其具体内容可以参照前述图书出版合同。

报社、期刊社有权决定是否刊登著作权人的投稿。著作权人向报社、期刊社投稿的，自稿件发出之日起15日内未收到报社通知决定刊登的，或者自稿件发出之日起30日内未收到期刊社通知决定刊登的，可以将同一作品向其他报社、期刊社投稿，但双方另有约定的除外。在作品刊登后，除著作权人声明不得转载、摘编的外，其他报刊可以转载或者作为文摘、资料刊登，但应当按照规定向著作权人支付报酬。

此外，报刊、期刊社对作品作文字性修改、删节，可不经原作者同意，但对作品内容的修改则要征得作者同意。

(三) 出版者的版式设计权

除了以上权利外，出版者对其出版的图书和期刊的版式设计享有专有使用权。专有使用权的保护期为10年，截止于使用该版式设计的图书、期刊首次出版后第10年的12月31日。所谓版式设计，主要指文字作品的排版方式，例如字体、行距、页眉、页码等。版式设计虽然与作品的具体内容无关，但其中含有美学意义影响到作品的传播，符合邻接权保护传播者权利的精神，因此法律给予保护。《著作权法》2001年修改时删去了原法律中有关出版者装帧设计权的规定。不过，如果图书、报刊的装帧设计符合《著作权法》作品的保护要件，可以获得著作权保护。

二、出版者的义务

出版者的义务主要包括：

(1) 图书出版者应根据出版合同的约定向著作权人支付报酬。

(2) 图书出版者应根据出版合同约定的出版质量、期限出版图书。

(3) 图书出版者重印、再版作品的,应当通知著作权人并支付报酬。

(4) 出版者出版图书、报刊应向作者支付稿酬,对于出版经改编、翻译、注释、整理、汇编已有作品而产生的作品,应取得改编者等著作权人和原著作权人的同意,并分别支付报酬。

第三节 表演者权

表演,是指自然人、法人或者其他组织对已有的作品通过利用表情、声音、姿态等技巧表现作品内容的行为活动。表演者的权利,是指表演者对其表演作品的活动依法享有的专有权利。这一权利的规定旨在保障表演者的利益。表演者通常是指演员、演出单位或者其他表演文学、艺术作品的人。享有表演者权利的可以是自然人,也可以是法人或其他组织。

一、表演者的权利

表演权和表演者权是两个不同的概念。前者属于著作权的内容,是否将作品予以表演由著作权人决定;后者是指表演者的权利,即表演者通过表演作品所产生的权利,属于邻接权的范畴。根据中国《著作权法》的规定,表演者对其表演活动享有如下几项权利：

(1) 表明表演者身份。这实际上指的是表演者对自己的表演享有署名权。这一权利属于表演者人身权。

(2) 保护表演形象不受歪曲。这一权利也是一种人身权。演员的表演不仅再现了作品,而且展现了演员的风格,树立了自己的形象,是人格的体现。因此,如果表演形象受到歪曲,则直接侵害了表演者对其表演活动所享有的人身权。

(3) 许可他人从现场直播和公开传送其现场表演,并获得报酬。现场直播,是指表演者在进行现场演出时,通过通讯技术手段将其表演传播到现场之外。公开传送,则是指将传播设备的终端置于公共场所,使公众能够欣赏现场表演。广义的公开传送包括现场直播。这两种方式虽然有助于传播表演,但是对表演者演出的上座率影响很大,直接影响表演者的经济收入。因此,必须由表演者来控制。

(4) 许可他人录音录像,并获得报酬。这同样是出于保护表演者经济利益的考虑。《著作权法》规定,不论是否以营利为目的,对表演者的表演进行录音录像,都必须经过表演者同意。

(5) 许可他人复制、发行录有其表演的录音录像制品,并获得报酬。

(6) 许可他人通过信息网络向公众传播其表演,并获得报酬。

前述第一项和第二项权利保护期限不受限制,后四项权利的保护期为 50 年,截止于该表演发生后第 50 年的 12 月 31 日。

二、表演者的义务

表演者的义务主要包括：

（1）表演者表演他人的作品，应当征得著作权人的许可并向其支付报酬；由演出组织者组织演出的，由该组织者取得著作权人许可，并支付报酬。在参加演出的人数众多的情况下，统一由演出组织者向著作权人取得授权，可以提高效率。

（2）使用改编、翻译、注释、整理已有作品而产生的作品进行演出，应当取得改编、翻译、注释、整理作品的著作权人和原作品的著作权人许可，并支付报酬。

第四节　录音录像制作者权

录音录像制作者，是指将声音、形象或者两者的结合首次固定于一定物质载体上的录制人。录音制品，是指任何对表演的声音和其他声音的录制品。录像制品，是指电影作品和以类似摄制电影的方法创作的作品以外的任何有伴音或者无伴音的连续相关形象、图像的录制品。受保护的录音录像制品（以下简称“录制品”）必须是原始录制品。

在对录像制作者予以保护时，应将录像制品与录像作品区别开来。录像制品属于邻接权保护的范围，而录像作品则属于著作权保护的范围。二者的区别还在于：（1）录像制品主要是依靠表演者的表演，录制者付出的创造性劳动较少，而录像作品则是一个组合工程，有制作者付出的创造性劳动；（2）录像制品工艺比较简单，而录像作品工艺复杂，且涉及许多技术问题；（3）录像制品是用摄像机将客观存在的物体或表演实况机械地录制下来，缺乏录制者的选择和排列组合的创造性，实质上是一种复制行为，而不是创作行为。

在一部录制品中，通常包含着三层主体的权利：一是原作品作者的权利，二是表演者的权利，三是录音录像制作者的权利。就大部分录制品而言，由于表演者和录音录像制作者是通过订立合同进行录制的，表演者享有法定和约定的权利，录音录像制作者享有录制品的其他权利（下文详述），但双方都需要尊重原作者的权利。

一、录音录像制作者的权利

《著作权法》第 42 条第 1 款规定：“录音录像制作者对其制作的录音录像制品，享有许可他人复制、发行、出租、通过信息网络向公众传播并获得报酬的权利；权利的保护期为 50 年，截止于该制品首次制作完成后第 50 年的 12 月 31 日。”法律赋予录音录像制作者对其录音录像制品的复制权、发行权、出租权和网络传播权，都是基于制作者在制作录制品的母带时所作出的劳动和资金投入。

除此之外，录音制作者根据法律的规定，可在不经著作权人许可的情况下使用他人已经合法录制为录音制品的音乐作品制作录音制品，但应当支付报酬；著作权人声明不许使用的则不得使用，这属于著作权法定许可的一种情况。

二、录音录像制作者的义务

录音录像制作者的义务主要包括：

（1）录音录像制作者使用他人作品制作录音录像制品，应当取得著作权人许可，并支付报酬。

(2) 录音录像制作者使用演绎作品,应当取得改编、翻译、注释、整理作品的著作权人和原作品著作权人许可,并支付报酬。

(3) 录音录像制作者制作录音录像制品,应当同表演者订立合同,并支付报酬。

第五节 广播、电视组织者权

一、广播、电视组织者的权利

广播、电视组织者即是指广播电台、电视台。其对自己制作的广播电视节目享有邻接权。

(1) 播放权。即播放自己录制的广播、电视节目。

(2) 许可他人播放,并获得报酬权。

(3) 许可他人将其播放的广播、电视录制在音像载体上以及复制音像载体,并获得报酬的权利。

后两项权利的保护期为50年,截止于该广播、电视首次播放后第50年的12月31日。

二、广播、电视组织者的义务

广播、电视组织制作的节目若是以他人制作的作品为基础的,广播、电视组织制作者要征得原著作权人的同意,如果有表演者参加,还要尊重表演者的权利。如果电视台录制某一音乐会实况并进行播放,则这个节目应按录像制品进行保护,而不属于通常所说的电视节目。因为尽管其在电视台进行播放,但播放的是录像制品。

依照《著作权法》的规定,广播、电视组织使用他人作品,负有如下义务:

(1) 使用他人未发表的作品制作广播电视节目,应当取得著作权人的许可,并支付报酬。播放未发表的他人作品,应当取得著作权人许可并支付报酬。

(2) 播放他人已发表的作品,可以不经著作权人许可,但应当支付报酬。这是一种法定许可,其目的在于维护广播电台、电视台传播信息的效率。

应当注意,上述所讲的作品包括演绎作品,所以广播电台、电视台使用、播放已发表或者未发表的演绎作品时,对演绎作品及其原作的著作权人同样负有上述相应的义务。

(3) 电视台播放他人的视听作品、录像制品,应当取得制片者或者录像制作者的许可,并支付报酬;播放他人的录像制品,还应当取得著作权人及表演者许可,并支付报酬。

第六章

著作权与邻接权的限制

著作权与邻接权的限制实际上是对财产权的限制。著作权人在对作品享有合法权利的同时,在作品的使用上应承担一定的法定义务。权利限制的制度设计目的是为了平衡、协调和均衡作品的创作者、传播者和使用者之间的利益。法律规定的权利限制有广义和狭义之分。

对著作财产权进行限制的理由有:

(1) 由作品的社会性所决定。首先,作品的创作思想来源于社会,其中的知识大部分是由前人所创作;其次,作品是为社会服务的,作品只有回归到社会中才能实现真正的价值。所以,对作者的财产权只能给予有限制的保护,而不能给予绝对的无限制的保护。

(2) 制定《著作权法》是为了鼓励和促进文化事业的发展,激励和保护创作人员的积极性,而不是为了实施文化垄断。因此,既要给创作人员一定的权利,又不能使这种权利变成绝对垄断的权利,要保证全社会有获取知识和使用作品的机会。

(3) 从权利和义务的相对性来看,任何权利都伴随着一定的义务。著作权人享有著作权的同时应当承担相应的义务,社会公众尊重著作权的同时享有对作品一定的使用权,这两者如同一枚硬币的正反两面。

广义的著作权限制包括合理使用、法定许可、著作权穷竭、强制许可和公共秩序保留等,而狭义的著作权限制指的是合理使用和法定许可。本章主要对合理使用和法定许可进行讨论。

第一节　合 理 使 用

合理使用属于著作权限制的一种,是指自然人、法人或者其他组织为了个人欣赏、评论、新闻报道、教学与学术研究以及公益事业等目的,根据著作权法的规定,可以不经过作者同意而使用其已经发表的作品,且不需要向其支付报酬。合理使用的对象是已经发表的作品。合理使用应尊重作者的人身权,应当指明作者姓名、作品名称,并且不得影响作品的正常使用,也不得不合理地损害著作权人的合法权益。合理使用成立的条件都是由法律予以规定的。

以 WIPO 主持制定的国际公约和 WTO 框架内以《TRIPs 协议》为代表的著作权国际公约对合理使用的规定直接影响了各国(地区)的域内立法。WIPO 制定的国际公约包括《伯尔尼公约》和互联网条约。《伯尔尼公约》对著作权限制的规定集中在第 9 条至第 11 条,采取的模式是原则规定加具体列举。著作权限制的判断原则体现为《伯尔尼公约》第 9 条第 2 款,即“本联盟成员国法律有权允许在某些特殊情况下复制上述作品,只要这种复制不致损害作品的正常使用也不致无故危害作者的合法利益”。在第 9 条第 2 款原则规定的基础上,《伯尔尼公约》具体列举了四种合理使用,分别是引用、为教学目的以解说方式使用、新闻报道中的使用和临时录制。其后由 WTO 制定的《TRIPs 协议》吸收了《伯尔尼公约》中的原则性规定,将合理使用确定的原则概括为“三步检验法”,具体表现为第 13 条的规定,即:“各成员应将各种专有权的限制或例外局限于某种特殊情形,而这些情形是与作品的正常利用不相冲突,并且不会不合理地损害权利持有人的合法利益的。”随着数字技术和互联网技术的发展,网络应用而导致的著作权问题日益突出。WIPO 在 1996 年通过的互联网条约中也试图将上述国际公约所确立的著作权限制制度延伸适用至互联网环境,《世界知识产权组织版权条约》(WCT)第 10 条第 1 款中规定:“缔约各方在某些不与作品的正常利用相抵触、也不无理地损害作者合法利益的情况下,可在其国内立法中对依本条约授予文学和艺术作品作者的权利规定限制或例外。”

在上述国际公约的协调下,各国(地区)对于合理使用的规定可以大致分为两种类型,即要素主义与规则主义。要素主义的立法模式以美国《版权法》第 107 条为代表。依据该条规定,判定某一使用是否合理,应当通过以下四个标准的检验:(1) 使用的目的与性质;(2) 享有著作权的作品性质;(3) 同整个作品相比,所使用部分的数量和质量;(4) 使用不得影响作品的潜在市场和价值。规则主义的立法模式则为法律明确规定合理使用的情形,符合这些情形的行为就构成合理使用。中国采规则主义的立法模式,对合理使用没有规定一般的判断标准,只是在《著作权法》第 22 条中列举了 12 种具体的类型,对于邻接权的限制也适用有关著作权合理使用的规定。

一、个人目的的使用

《著作权法》规定,为个人学习、研究或者欣赏,可以合理使用他人已经发表的作品。这是一种比较常见的合理使用形式,通常又被称为“个人使用”。首先,个人使用例外不适用于未发表的作品,因为未发表的作品意味着作者的发表权尚未行使,如果不经作者许可而使用,会侵犯作者的发表权。其次,这种使用应限定在个人范围内。合理使用的“个人”是仅限于使用者自己,还是可以适度扩展?实际上,在其他国家立法中,不乏将“家庭”或其他类似范围使用纳入合理使用范围的情况。如日本《著作权法》第 30 条规定:“为了在个人、家庭或者其他类似的有限范围内使用(以下称为私人目的),除了下列情形之外,使用者可以复制作为著作权客体的作品。”埃及《知识产权法》(著作权部分)第 171 条规定:“在不损害作者的著作人身权的情况下,根据本法规定,在作品发表之后,作者不得禁止第三人实施下述行为:第一,在家庭成员或者教育机构的学生聚会上表演作品,只要该表演不存在直接或者间接的对价……”韩国《著作权法》第 30 条规定:“使用者可以为了个人、家庭内或类似的使用而在有限范围内复制他人已经发表的作品,但不得在公用复印机上进行复印。”俄罗斯《联邦民法典》(著作权部分)第 1273 条是从反面规定合理使用的情形的:“公民为个人目的复制作品的,准许其不征得作者或其他权利人的同意,并不支付报酬,下列情形除外:……(六) 利用非家庭条件下使用的职业设备复制视听作品的。”

在家庭关系如此紧密的我国,如果将家庭范围的研究、学习也列为非合理使用,在实践中将难以实行,就连举证也存在很大难度。因此,“个人”扩充解释为“家庭”或类似范围是比较可行的,超出家庭或类似范围的使用即属于侵犯他人著作权的行为。

特别法有规定的应优先适用特别法,比如对计算机软件的合理使用,《计算机软件保护条例》对计算机软件的个人使用规定了更为严格的条件。该《条例》第 17 条规定:“为了学习和研究软件内含的设计思想和原理,通过安装、显示、传输或者存储软件等方式使用软件的,可以不经软件著作权人许可,不向其支付报酬。”

二、介绍、评论和说明目的的使用

为介绍、评论某一作品或者说明某一问题,在作品中适当引用他人已经发表的作品,在《著作权法》中作为“合理使用”的情形之一。“对他人作品的引用”法律没有进行量的规定,在 1991 年颁布的《著作权法实施条例》中对适当引用作了三点限定。该《条例》第 27 条规定:“适当引用他人已经发表的作品,必须具备下列条件:(一) 引用目的仅限于介绍、评论某一作品或者说明某一问题;(二) 所引用部分不能构成引用人作品的主要部分或者实质部分;(三) 不得损害被引用作品著作权人的利益。”这一条文在 2002 年修订的《著作权法实施条例》中被删除,但实践中仍有参考价值。

何为“适当”,是一个复杂问题。对此,多数国家是由法院加以判定或由仲裁机关予以仲裁,这要结合使用目的来判定。在“中国社会科学院语言研究所、商务印书馆与王同忆、海南出版社著作权侵权纠纷案”中[①],北京市高级人民法院认为,被告在其《新现代汉语词典》《现代汉语大词典》词条编辑中使用原告作品并非是为了评论或说明某问题,所使用他人作品的数量也相当大(超过 10%),其所谓“注明了原告《现代汉语词典》作者姓名、作品名称的方式”也不符合《著作权法》的规定,其使用实际上已经构成了将他人作品当成自己作品来使用的方式,不构成合理使用。

三、时事新闻报道的使用

《著作权法》将“为报道时事新闻,在报纸、期刊、广播电台、电视台等媒体中不可避免地再现或者引用已经发表的作品”界定为“合理使用”的一种。新闻时事的特点是简明扼要、时间性强,它是向社会报导最新事件或事实的主要手段,在报道过程中不可避免地存在引用他人作品的情况。相关使用行为必须同时符合“报道时事新闻”和“不可避免地再现或者引用”两个要件,才能构成对著作权的合理使用。

四、时事性文章的刊登或者播放

《著作权法》将“报纸、期刊、广播电台、电视台等媒体刊登或者播放其他报纸、期刊、广播电台、电视台等媒体已经发表的关于政治、经济、宗教问题的时事性文章”界定为“合理使用”的一种。但是,《著作权法》2001 年修改时将原《著作权法》相应条款中的“社论和评论员文章”限定为关于政治、经济、宗教问题的时事性文章,而且必须是作者没有声明不许刊登、播放的。这就缩小了合理使用的范围。因为有些社论和评论员文章是非官方性质的,内容上也可能超越政治、经济、宗教等问题,允许进行合理使用将不利于此类型作品著作权的

---

① 参见北京市高级人民法院(1997)高知终字第 25 号民事判决书。

保护。

五、公众集会讲话的刊登或者播放

在公众集会上发表的讲话一般不是为了营利而进行的,其目的在于宣传讲话者自己的观点。而就大部分讲话者而言,总是希望自己的观点被更多人接受。报纸转载其讲话是与讲话者的意图相一致的。因此,《著作权法》将"报纸、期刊、广播电台、电视台等媒体刊登或者播放在公众集会上发表的讲话"界定为"合理使用",但允许讲话者以声明的方式排除媒体对其在公众集会上发表的讲话的合理使用行为。此处所谓"公众集会",指的是公开性的政治集会、庆祝活动或纪念性集会等。讲话者在这些场合发表讲话,就是为了能够达到广泛传播、扩大影响的目的。在讲话者未声明不许刊登、播放的情况下,刊登或者播放讲话,实质上是加速了讲话的传播,扩大了其宣传和影响力。

六、课堂教学或科学研究的使用

为了促进公益性事业的发展,《著作权法》第 22 条第 1 款第 6 项将"为学校课堂教学或者科学研究,翻译或者少量复制已经发表的作品,供教学或者科学人员使用"界定为"合理使用"的一种。

该项规定的"课堂教学或科学研究的使用例外"有四个限制条件:

(1) 为学校课堂教学或者科学研究。此处所指的"学校"应限于依据《教育法》和《高等教育法》等法律设立的全日制学历教育学校,如幼儿园、小学、中学、大学等。一些虽然有"学校"的名称,但不是进行全日制学历教育的,则不属于此列,如"烹饪学校""电视大学"等。所谓"课堂教学"的含义在相关法律中并不明确。在"国家广播电影电视总局电影卫星频道节目制作中心与中国教育电视台侵犯著作权纠纷案"[①]中,被告中国教育电视台未经原告——《冲出亚马逊》的著作权人的允许,在其《周末影院》栏目中播放了该电影。法院认为,《著作权法》第 22 条第 1 款第 6 项所规定的学校课堂教学,应专指面授教学,不适用于函授、广播、电视教学,故即使认定中国教育电视台的播放行为是一种教育教学行为,该行为亦不在《著作权法》第 22 条所规定的 12 种合理使用的情形之内。

(2) 使用行为仅限于翻译或者少量复制。为课堂教学而对已发表作品进行翻译,并无数量限制;若进行复制,则只能是少量的。如何确定"少量",应视具体情况而定,实践中,应以不影响作品的潜在市场价值为限,不得损害作品的正常利用,不得无故损害著作权人的合法权益,同时一定是使用他人已经发表的作品进行少量的复制。大量复制他人作品或者对作品复制进行销售,无疑会冲击他人作品在市场上的正常销售,损害著作权人的合法权益,使用者即使是为教学、科研目的或者执行公务,也不属于合理使用。

(3) 供教学或科研人员使用。即限定了使用人员的范围。如果是用于企业员工培训,实际使用的人员是具有营利目的的企业员工,则不应属于合理使用。

(4) 不得出版发行。如果将其翻译的材料用于出版发行,其行为就不是合理使用,应取得著作权人的许可,否则构成对著作权人翻译权的侵犯。

---

① 参见北京市第一中级人民法院(2006)一中民终字第 13332 号民事判决书。

七、执行公务

国家机关为了执行公务，可以在“合理范围”内使用他人的作品。所谓“合理范围”，是指使用应当以满足公务执行需要为界限，这种使用不得影响作品的正常利用，也不得无故损害著作权人的利益。《著作权法》第22条第1款第7项所规定的“执行公务”，是指执行与国家机关的法定职能直接相关的事务。

在“胡浩波诉教育部考试中心”案[①]中，原告胡浩波称教育部考试中心在2003年高考全国卷语文考卷中引用了其《全球变暖——目前和未来的灾难》一文，并作了增删和调整，但从未通知原告，也未署名及支付报酬。法院认为，考试中心在组织高考试卷出题过程中使用原告作品的行为，无论从考试中心高考出题的行为性质来讲，还是从高考出题使用作品的目的以及范围考虑，都应属于国家机关为执行公务在合理范围内使用已经发表的作品的范畴，应适用《著作权法》第22条第1款第7项的有关规定，可以不经许可，不支付报酬。就署名问题而言，虽然《著作权法》第22条规定应指明作者姓名和作品名称，但因为作者署名仅作为一般的原则性规定，实践中在某些情况下，基于条件限制、现实需要或者行业惯例，亦容许特殊情况下的例外存在。如《著作权法实施条例》第19条规定：“使用他人作品的，应当指明作者姓名、作品名称；但是，当事人另有约定或者由于作品使用方式的特性无法指明的除外。”考试中心在本案中未给予胡浩波署名权即属于特殊情况下的例外情况。

八、陈列或保存版本的使用

图书馆、档案馆、纪念馆、博物馆、美术馆等肩负着知识传承的重要使命，本质上属于服务社会的机构，是为公众学习、欣赏作品提供方便的场所。为保存收藏作品版本而复制的行为同时也意味着对优秀文化遗产的保存和延续。因此，《著作权法》第22条第1款第8项认为，这些场馆为陈列或保存版本的需要而复制本馆收藏作品的行为是一种合理使用行为。这种保存版本的收藏的前提是对本馆存有资料做的复制，不适用于对他馆收藏作品的复制。

九、对已发表作品的免费表演

免费表演，是指非商业性的表演。这种表演有两个限定条件：一是表演者本人不收取表演费，二是观众不必交费便可观看。目前存在几种容易被误解为免费表演的情况：(1) 观众不交费，但表演者从主办者手中获得报酬。这是一种变相收费，不能视为免费表演。(2) 义演。目前义演名目繁多，例如以基金会的名义举行的义演，为帮扶残疾人、赈灾举办的义演等。这些义演都不是免费表演，因为尽管其表演者不获得报酬，但观众需要为观看表演支付一定的费用，演出的收入无论支援哪个单位或个人，都视为表演者的赠与行为，实际上是表演者对其收入在享有所有权的基础上行使了财产的支配权，义演视为表演者的一种营利活动。

十、公共场所艺术作品的使用

公共场所艺术作品的使用例外，是指对设置或者陈列在室外公共场所的艺术作品进行

---

① 参见北京市第一中级人民法院(2008)一中民终字第4505号民事判决书。

临摹、绘画、摄影、录像,可以不经著作权人许可,不向其支付报酬。设置或者陈列在室外社会公众活动处所的雕塑、绘画、书法等艺术作品,其目的就是为了让公众观看和欣赏,对这些艺术作品的临摹、绘画、摄影、录像,只要不影响该作品的正常使用,也没有损害著作权人的合法利益即应视为合理使用。但是陈列在公共场所的艺术品依然享有著作权,不能等同于公有物品。

十一、汉语言文字作品的翻译

《著作权法》第22条第1款第11项所规定的"将中国公民、法人或者其他组织已经发表的以汉语言文字创作的作品翻译成少数民族语言文字作品在国内出版发行",是一种合理使用行为。中国少数民族文化发展相对落后,此规定有助于加强民族间的文化交流,促进各民族文化的共同繁荣。

十二、已发表作品的盲文出版

《著作权法》第22条第1款第12项规定,使用人可以将已经发表的作品改成盲文出版。盲人是社会的弱势群体,从人道主义出发,帮助残疾人是每个公民应尽的义务,也是中国所倡导的社会公德。

《著作权法》第22条第2款规定的上述合理使用的情况适用于对出版者、表演者、录音录像制作者、广播电台、电视台的权利的限制。

第二节 法定许可与强制许可

一、法定许可

法定许可,是指法律规定使用他人已发表的作品时,不需要征得著作权人的同意,但需要向著作权人支付报酬的一种制度。世界各国著作权法对此都有规定,但相关规定中都没有附加任何条件,而中国《著作权法》在规定法定许可使用时附加了一个但书条款,即"著作权人声明不得使用的除外"。因此,中国关于法定许可使用的条件有:(1)被使用的作品必须是已经发表的作品;(2)使用人需向著作权人支付报酬;(3)著作权人没有发表"不能使用"的声明;(4)尊重作者的著作人身权。

各国之所以规定法定许可,主要是基于以下几个原因:(1)已经发表的作品是已向社会公开的作品。为了扩大作品的宣传面,法律鼓励以多种渠道传播。多数情况下,这与作者的创作意图是一致的。(2)法定许可是为了全社会大多数人的利益,对作者个人的权益只是稍加限制,这种规定可以防止形成文化垄断。(3)为了简化获得作品使用许可的手续,节省时间、人力、物力,减少不必要的纠纷。

法定许可与合理使用有着相似之处,但又有根本的不同,其主要表现在:(1)法定许可需向著作权人支付报酬,合理使用是免费使用。(2)前者规定了附加条件,后者则是无条件的使用。(3)在使用目的上,前者具有商业性目的,而后者只限于非商业性目的。

《著作权法》第23、33、40、43、44条对法定许可的情况作了明确的规定。中国的法定许可制度具有以下特征:(1)使用者多为作品传播者。法定许可的设立是为了减少著作权交易费用,促进作品广泛、迅速的传播,因而法定许可的受益者主要是专事传播的表演者、录音录像制品制作者、广播电视组织和出版者。这些使用者需要大量而频繁地使用作品,如果每一次使用都要得到著作权人的同意,势必阻碍作品的顺畅传播。法定许可的设立为传播者使用作品提供了便利,从而有利于满足社会公众对作品的需求。(2) 规定了著作权人的保留权。中国各项法定许可都规定了著作权人的“保留权”,即著作权人可以声明排除法定许可。如果著作权人事先声明不许使用其作品的,使用者应当尊重著作权人的意愿;著作权人未声明不得使用的,使用者可以自由使用。这实际上不是完全意义上的法定许可,有学者称之为“准法定许可”。

(一) 报刊转载的法定许可

《著作权法》第33条第2款规定:“作品刊登后,除著作权人声明不得转载、摘编的外,其他报刊可以转载或者作为文摘、资料刊登,但应当按规定向著作权人支付报酬。”该项法定许可为优秀文学作品的传播提供了法律上的便利,避免了每次转载都需要获得权利人的许可,从而提高了效率、降低了成本。实践中,一些专门进行转载、摘编的报刊——如《读者》《文摘报》、中国人民大学《报刊复印资料》《中国社会科学文摘》等——都是因为享有报刊转载法定许可权才合法存在的。在“中国法制出版社与栾兆安等侵犯著作权纠纷上诉案”[①]中,法院认为:《著作权法》第33条中的“转载”“摘编”通常适用于报纸、期刊上发表的作品,且仅以转载或者作为文摘、资料的形式进行刊登,其与以图书出版方式使用作品并不相同。因此,中国法制出版社将约定作品的部分内容进行摘录并加以编辑重新出版图书的行为不属于法定许可的范围。

(二) 录音制品的法定许可

《著作权法》第40条第3款规定,录音制作者“使用他人已经合法录制为录音制品的音乐作品制作录音制品,可以不经著作权人许可,但应当按照规定支付报酬;著作权人声明不许使用的不得使用”。在此需要注意的是,只有录音制品适用法定许可,对于录像制品则不适用,必须征得作者同意方能制作录像制品。同时,从《著作权法》第40条第3款的文义来看,该项法定许可仅仅涉及“制作”,并不涉及对所制作的录音制品进行复制、发行,否则都构成侵犯作者权利的行为。但在最高人民法院对“王海成等诉三峡公司、大圣公司、广州音像出版社、联盛公司、南昌百货大楼侵犯著作权纠纷案”[②]的判决中,最高人民法院认为:“……《著作权法》第39条第3款(现第40条第3款)设定了限制音乐作品著作权人权利的法定许可制度,该规定虽然只是规定使用他人已合法录制为录音制品的音乐作品制作录音制品可以不经著作权人许可,但该规定的立法本意是为了便于和促进音乐作品的传播,对使用本案中这类音乐作品制作的录音制品进行复制、发行,同样应适用《著作权法》该款法定许可的规定。经著作权人许可制作的音乐作品的录音制品一经公开,其他人再使用该音乐作品另行制作录音制品并复制、发行,不需要经过音乐作品的著作权人许可,但应依法向著作权人支付报酬。”这显然体现了对《著作权法》条文较为宽松的解释。

(三) 广播电台、电视台的法定许可

广播电台、电视台播放他人已发表的作品,可以不经著作权人许可,但应当支付报酬。

---

① 参见北京市第一中级人民法院(2011)一中民终字第560号民事判决书。

② 参见最高人民法院(2008)民提字第57号民事判决书。

需要注意的是,根据《著作权法》第46条的规定,电视台播放他人已经发表的视听作品和录像制品时,必须取得权利人的许可并支付报酬,不可适用法定许可。

另外,根据《著作权法》第43条第2款的规定,广播电台、电视台播放已经出版的录音制品,可以不经著作权人许可,但应当支付报酬。依据此款规定,国务院制定了《广播电台电视台播放录音制品支付报酬暂行办法》,明确了此类情况下向著作权人支付报酬的标准和方法。

(四)教科书编写和出版的法定许可

《著作权法》第23条第1款规定,为实施九年制义务教育和国家教育规划而编写出版教科书,除作者事先声明不许使用的外,可以不经著作权人许可,在教科书中汇编已经发表的作品片段或者短小的文字作品、音乐作品或者单幅的美术作品、摄影作品,但应当按照规定支付报酬,指明作者姓名、作品名称,并且不得侵犯著作权人依照本法享有的其他权利。教科书出版的法定许可同样适用于邻接权人。《著作权法》规定的有关教科书出版的法定许可中,有两项具体的限制:(1)将教科书的用途限定于九年制义务教育和国家教育规划之内。(2)教科书的出版者必须按规定支付报酬。

二、强制许可

强制许可,是指在著作权人无正当理由而拒绝与使用人达成使用作品的协议时,被拒绝人可以向法定部门申请并获得授权使用作品的许可。但是强制许可应当尊重著作权人的人身权利,并且支付报酬。世界上大多数国家的著作权法都规定有强制许可的条款。《伯尔尼公约》和《世界版权公约》也规定了这一制度。根据其规定,成员国的国家版权当局在一定条件下可以将外国人的作品强制许可本国公民或法人使用,但应当支付报酬。这种情况下的使用主要是翻译和复制行为。中国《著作权法》没有明确规定强制许可制度。但是中国已经加入《伯尔尼公约》和《世界版权公约》,因此,依照公约,强制许可制度在中国可以适用。

第三节 数字环境下著作权限制的特殊问题

数字技术和互联网技术的产生和发展使著作权法律制度中的占有规则和传播规则渐次发生着变化。在互联网环境中,面对频频发生的侵权行为,权利人要求立法者加强权利保障。但是,私权保护的增强对于著作权法律制度中的利益平衡构成一定影响,社会公众对于作品的获取能力因私权的扩张而呈现出削弱的趋势。因此,立法者试图创设互联网环境中的权利运用和限制条款,以维持权利人与社会公众之间的利益平衡。中国数字环境下的著作权限制制度主要体现在2006年颁布实施的《信息网络传播权保护条例》中。该条例具体规定了如下的权利限制制度:

一、数字环境下的合理使用

《信息网络传播权保护条例》第6条规定了数字环境下作品的合理使用制度。在法律规定的以下情形中,通过信息网络向他人提供作品,可以不经著作权人许可,不向其支付报酬:

(1)为介绍、评论某一作品或者说明某一问题,在向公众提供的作品中适当引用已经发表的作品;

(2) 为报道时事新闻,在向公众提供的作品中不可避免地再现或者引用已经发表的作品;

(3) 为学校课堂教学或者科学研究,向少数教学、科研人员提供少量已经发表的作品;

(4) 国家机关为执行公务,在合理范围内向公众提供已经发表的作品;

(5) 将中国公民、法人或其他组织已经发表的、以汉语言文字创作的作品翻译成少数民族语言文字作品,向中国境内少数民族提供;

(6) 不以营利为目的,以盲人能够感知的独特方式向盲人提供已经发表的文字作品;

(7) 向公众提供在信息网络上已经发表的关于政治、经济问题的时事性文章;

(8) 向公众提供在公众集会上发表的讲话。

除了第6条的规定外,该《条例》第7条第1款对图书馆等五馆对于馆藏作品的数字化合理使用情形作出了规定。具体是指:“图书馆、档案馆、纪念馆、博物馆、美术馆等可以不经著作权人许可,通过信息网络向本馆馆舍内服务对象提供本馆收藏的合法出版的数字作品和依法为陈列或者保存版本的需要以数字化形式复制的作品,不向其支付报酬,但不得直接或者间接获得经济利益。当事人另有约定的除外。”与第6条规定不同的是,《条例》第7条允许当事人对于五馆的使用行为作出另外约定。

综上,《条例》中对于数字环境下作品的合理使用作出的规定,是根据数字环境的特点,对建立于传统出版技术和模拟技术基础上的著作权合理使用制度进行必要更新后形成的。这些规定需要法院根据案情具体适用。

二、数字环境下的法定许可

《信息网络传播权保护条例》在第8、9条规定了两类法定许可制度,包括:

(1) 远程教育的法定许可。根据《条例》第8条的规定,为通过信息网络实施九年制义务教育或者国家教育规划,可以不经著作权人许可,使用其已经发表作品的片段或者短小的文字作品、音乐作品或单幅的美术作品、摄影作品制作课件,由制作课件或者依法取得课件的远程教育机构通过信息网络向注册学生提供,但应当向著作权人支付报酬。

(2) 针对农村地区公众扶贫的法定许可。根据《条例》第9条的规定,为扶助贫困,通过信息网络向农村地区的公众免费提供中国公民、法人或者其他组织已经发表的种植养殖、防病治病、防灾减灾等与扶助贫困有关的作品和适应基本文化需求的作品,网络服务提供者应在提供前公告拟提供的作品及其作者、拟支付报酬的标准。自公告之日起30日内,著作权人不同意提供的,网络服务提供者不得提供其作品;自公告之日起满30日,著作权人没有异议的,网络服务提供者可以提供其作品,并按照公告的标准向著作权人支付报酬。网络服务提供者提供著作权人的作品后,著作权人不同意提供的,网络服务提供者应当立即删除著作权人的作品,并按照公告的标准向著作权人支付提供作品期间的报酬。依照《条例》第9条的规定提供作品的,作品提供人不得直接或间接获得经济利益。

第七章

著作权的取得与保护

第一节　著作权的取得

著作权基于作品的创作而产生,但它毕竟不同于民法中的人身权或财产权。民法中的人身权随着人的诞生而自然产生,是无条件的;财产权亦通过先占、添附等途径而起的。著作权的获得依不同国家著作权法的赋权方式,有不同的获得原则。

一、自动获得原则

著作权自动获得原则,是指作品创作完毕,不需要履行任何手续,作品本身也不需要载有任何标记,便自动地无条件地享有著作权。自动获得原则是大陆法系国家所奉行的原则,也被《伯尔尼公约》所确认。其基本精神是:各成员国在提供著作权保护时,不得要求被保护的主体履行任何手续,也不得要求被保护的客体上一定要附带任何特有标记。

中国《著作权法》实行的是自动保护原则。中国公民、法人或者其他组织的作品,不论是否发表,均依法享有著作权。对于外国人的作品,则强调首先在中国发表,但并不要求履行登记手续。对于外国人在外国发表的作品,如果其所属国与中国签有双边协议或共同参加某一国际条约,其著作权亦受中国法律保护,不论作者所属国是否要求履行登记手续。

确定作品创作完毕与否是判断享有著作权的关键。就文学作品而言,一部小说可以作为一个整体出版,也可以分集出版。如分集出版,各集便具有相对的独立性,每一集均可视为已完成作品,分别受著作权法保护。确定艺术作品创作完毕与否则比较复杂。如一件美术作品,作品的构思已形成,框架已绘制完毕,且已朦胧可见作品的形状,只需完成着色工序,此时的作品能否予以保护要具体分析。总的原则是:只要达到了能表现作品所要表达的思想,创造性劳动已基本完成,即可以享有著作权。

自动保护原则的优点在于简便易行。实行这一原则的不便之处是确定创作完成时间和计算作品保护期限有一定困难。所以,为明确著作权的归属,在发生著作权纠纷时,作品的登记也可作为初步证据,这对作品的使用也提供了便利。国家版权局曾于 1994 年 12 月 31 日发布《作品自愿登记试行办法》,实行作品自愿登记制度。实行作品自愿登记制度并不改变《著作权法》规定的自动保护原则。

二、注册登记原则

注册登记(简称“注册”)制度的理论基础为:著作权是一项民事权利,民事权利可以放弃,也可以转让;著作权的登记是作者对于自己权利的主张,如不进行登记,则意味着放弃权利,这由作者自由选择。英国1709年《安娜法》采用了著作权登记管理的办法。实行这一制度的国家又分为三种情况:(1) 登记是获取著作权的先决条件;(2) 登记为著作权合法转让的必要条件;(3) 登记为行使起诉权和请求法律制裁侵权的先决条件。

采用登记制会使著作权的保护更加明确。因为著作权发生纠纷时,取证是一件很困难的事情,如果实行了登记手续,在诉讼证据的认定上,若无相反证明,即可将登记内容作为著作权产生和归属的证据。

三、作品加注著作权标记的原则

作品加注著作权标记的原则,是指在作品上印有某一标记,以示著作权专有,并由此获得著作权法的保护。这一原则实质上也是自动保护原则的一种,作者不需要履行任何登记手续,只要在作品载体上印有规定的标记,便可享有著作权。

为了调解自动产生著作权的国家与登记产生著作权的国家之间的矛盾,《世界版权公约》对《伯尔尼公约》的规定作了变通,要求在作品上标有一定的标记,就相当于履行了登记手续。这一标记有三项内容:第一,标有符号"©","C"是英文"Copyright"的第一个字母;第二,表明著作权享有者的姓名;第三,作品首次出版的时间。这三项内容对于确定著作权人、确定保护期限具有重大意义。

实行著作权标记也存在不足之处。其缺点在于:著作权标记是以出版为条件的,作品只有出版才能印有标记。而对于实行自动产生著作权的国家而言,作品一旦创作即享有著作权,不需等待作品出版,如果出版时未加注标记,反而要丧失著作权。

此外,加注标记只能在可出版的作品上使用,在美术作品或建筑艺术作品上则无法使用。随着世界范围的著作权保护水平的提高,许多原来采用登记或者标记制度的国家为了与《伯尔尼公约》保持一致,纷纷修改本国著作权法,采取自动保护原则。美国也在1989年取消了作品必须加注著作权标记制度。

第二节　著作权的保护期限

一、著作权的保护期限

《著作权法》对于不同权利和不同类型的作品所规定的保护期有所不同:

(1) 作者的署名权、修改权、保护作品完整权的保护期不受限制。

(2) 自然人的作品,其发表权、著作财产权的保护期为作者终生及其死亡后50年,截止于作者死亡后第50年的12月31日。发表权不同于其他人身权,如果规定发表权永远受保护,则不利于作品的利用。发表是作品公诸于众的手段,发表权与财产权有着密不可分的关系。从作品传播角度看,无发表则无财产权的实现。因此,法律规定其保护期与财产权一致。如果是自然人合作作品,其保护期为作者终生及最后死亡的作者死亡后第50年的12月31日。

(3) 法人作品和职务作品,其发表权、著作财产权的保护期为50年,截止于作品首次发表后第50年的12月31日,但作品自创作完成后50年内未发表的,《著作权法》不再保护。

（4）电影作品和以类似摄制电影的方法创作的作品、摄影作品，其发表权、著作财产权的保护期为50年，截止于作品首次发表后第50年的12月31日，但作品自创作完成后50年内未发表的，《著作权法》不再保护。

在超过上述保护期限之后，作品便进入公有领域，任何单位或个人可任意使用而不须征得原作者同意和支付报酬。当然，由于著作人身权的保护期限不受限制，作品已过保护期只意味着著作权人不可再行使发表权和财产权，但署名权、修改权和保护作品完整权仍受法律保护，任何单位或个人在使用作品时不得侵害上述权利。

二、邻接权的保护期限

（1）表演者对其表演者身份和保护表演形象不受歪曲的权利的保护期不受限制；对其财产权利的保护期为50年，截止于该表演发生后第50年的12月31日。其财产权包括：许可他人从现场直播和公开传送其现场表演；许可他人录音录像；许可他人复制、发行录有其表演的录音录像制品；许可他人通过信息网络向公众传播其表演。

（2）录音录像制作者，对其许可他人复制、发行、出租、通过信息网络向公众传播并获得报酬的权利的保护期为50年，截止于该制品首次制作完成后第50年的12月31日。

（3）广播电台、电视台有权禁止将其播放的广播、电视节目转播，或者将其播放的广播、电视节目录制在音像载体上以及复制音像载体许可他人播放、许可他人复制发行，该权利的保护期为50年，截止于该广播、电视节目首次播放后第50年的12月31日。

第三节　著作权侵权行为的认定

依照《民法通则》的规定，行为人因其实施的行为需要承担民事责任或出于违约或源自侵权。如果有违约行为的存在，应依照《民法通则》《合同法》等有关法律规定承担民事责任。就一般的侵权责任而言，其法定构成要件有四点：侵权行为的存在、损害结果的发生、侵权行为与损害结果之间的因果关系以及侵权行为人的主观过错。不过，在特殊情况下，有些侵权责任的构成，并不以行为人是否有主观过错为条件，即在归责原则上实行无过错责任原则。《著作权法》中的侵权责任承担，从承担责任的形式上看，一般原则为：对停止侵害，当事人承担无过错责任；对损害赔偿，当事人承担过错责任。①

《著作权法》第47、48条规定了两种类型的侵犯著作权的行为。其中，第47条规定了承担民事责任的侵权行为；第48条规定了承担民事责任、行政责任或者刑事责任的侵权行为。以下分别论述：

一、承担民事责任的侵权行为

依照《著作权法》的规定，有下列侵权行为的，应当根据情况，承担停止侵害、消除影响、赔礼道歉、赔偿损失等民事责任：

（1）未经著作权人许可，发表其作品的。

这种情况现实中并不常见，因为如果能发表作者未发表的作品，必须是有机会接触作品

① 李顺德、周详：《中华人民共和国著作权法修改导读》，知识产权出版社2002年版，第161页。

的人,这些人一般是特定的,如与作者关系较近的人、冲印照片的人等。这里的发表指的是首次发表。如果是第二次使用,则不属于此种行为之列,而是转载。

(2) 未经合作作者许可,将与他人合作创作的作品当做自己单独创作的作品发表的。

这实质上属于侵吞他人劳动成果的行为。一旦当做自己的作品发表,就必然不会署其他作者的姓名,这意味着把整个劳动成果据为己有。

(3) 没有参加创作,为谋取个人名利,在他人作品上署名的。

在此首先应澄清什么是“创作”。仅提修改意见,或者报刊、图书责任编辑等对作品进行修改,都不属于创作。创作必须是付出了创造性劳动,如形成作品的思想、规划乃至执笔等。其次,现实中可能存在非创作人经作者同意而在作品上署名的情况。这种行为如果不违反社会公共利益,并不必然违法。因此,法律强调必须具备“为谋取个人利益”的要件。

(4) 歪曲、篡改他人作品的。

这一般是指在使用他人作品时断章取义,不顾原作的真实面貌,而根据自己的需要去任意取舍作品,以致使作品失实,从而歪曲了作者的形象,侵犯了作者的名誉。歪曲,是指错误地曲解作品的原意;篡改,则是改动作品,随意添补自己的思想。它们都侵犯了作品的完整权。

(5) 剽窃他人作品的。

剽窃一般有两种情况:一是以略加改变其形式或内容的方法,将他人作品的全部或部分内容作为自己的作品发表;二是并不仅限于形式上相似这一种情况,用新的文学或艺术表达方式,将他人作品的内容加以改编,然后冒名当做自己创作的作品,也是剽窃。

(6) 未经著作权人许可,以展览、摄制电影和以类似摄制电影的方法使用作品,或者以改编、翻译、注释等方式使用作品的。

这些行为分别侵犯了著作权人的展览权、摄制权、改编权、翻译权等权利。但是,如果这些行为符合《著作权法》“对著作权的限制”的有关规定,例如“合理使用”等,则不构成侵权。

(7) 使用他人作品,应当支付报酬而未支付的。

这类行为包括未按规定支付报酬的行为以及未按约定支付报酬的行为。前者多发生在著作权法定许可场合;后者实际上是违约行为。

(8) 未经电影作品和以类似摄制电影的方法创作的作品、计算机软件、录音录像制品的著作权人或者与著作权有关的权利人许可,出租其作品或者录音录像制品的。

(9) 未经出版者许可,使用其出版的图书、期刊的版式设计的。

(10) 未经表演者许可,从现场直播或者公开传送其现场表演,或者录制其表演的。

这是对邻接权中表演者权的侵犯。根据《著作权法》的规定,现场直播或者公开传送他人的现场表演,或者录制其表演,需要征得表演者的同意,否则便是侵权。

(11) 其他侵犯著作权以及与著作权有关的权益的行为。

二、承担民事责任、行政责任或者刑事责任的侵权行为

除法律另有规定外,实施下列侵权行为的,应当根据情况,承担停止侵害、消除影响、赔礼道歉、赔偿损失等民事责任;同时损害公共利益的,可以由著作权行政管理部门责令停止侵权行为,没收违法所得,没收、销毁侵权复制品,并可处以罚款;情节严重的,著作权行政管理部门还可以没收主要用于制作侵权复制品的材料、工具、设备等;构成犯罪的,依法追究刑

事责任：

（1）未经著作权人许可，复制、发行、表演、放映、广播、汇编、通过信息网络向公众传播其作品的。

这些行为分别侵犯了著作权人的复制权、发行权、公开表演权、播放权、汇编权和信息网络传播权。责任的承担并不以上述侵权行为是否有营利目的为条件。

（2）出版他人享有专有出版权的图书的。

享有专有出版权的人一般是通过与作者订立出版合同而获得作品的专有出版著作权。因此，其他人（包括作者在内）如果另行出版作品，就构成了对专有出版权的侵害。构成侵权的人可以是他人，也可以是作者本人。

（3）未经表演者许可，复制、发行录有其表演的录音录像制品，或者通过信息网络向公众传播其表演的。

（4）未经录音录像制作者许可，复制、发行、通过信息网络向公众传播其制作的录音录像制品的。

（5）未经许可，播放或者复制广播、电视的。

（6）未经著作权人或者与著作权有关的权利人许可，故意避开或者破坏权利人为其作品、录音录像制品等采取的保护著作权或者与著作权有关的权利的技术措施的。

所谓技术措施，是指著作权人和邻接权人为应对计算机以及网络带来的数字化侵权问题而在技术上采取的自我保护措施。技术措施的采用，提高了侵权的难度。对这种技术措施提供法律保护，有助于进一步保护作品不受非法扩散。一些国家以及国际公约都对技术措施提供法律保护。中国《著作权法》在2001年修订时也增加了这一规定，并在《信息网络传播权保护条例》中对技术措施的概念进行了明确："技术措施，是指用于防止、限制未经权利人许可浏览、欣赏作品、表演、录音录像制品的或者通过信息网络向公众提供作品、表演、录音录像制品的有效技术、装置或者部件。"

（7）未经著作权人或者与著作权有关的权利人许可，故意删除或者改变作品、录音录像制品等的权利管理电子信息的。

根据WCT第12条第2项的规定，权利管理信息是指"识别作品、作品的作者、对作品拥有任何权利的所有人的信息，或有关作品使用的条款和条件的信息，和代表此种信息的任何数字或代码，各种信息均附于作品的每件复制品上或在作品向公众进行传播时出现"。权利管理信息为追究侵权责任提供了更加有力的证据。中国《著作权法》2001年修订时根据数字环境下著作权保护的特点增设了这一规定。《信息网络传播权保护条例》中将"权利管理电子信息"定义为："说明作品及其作者、表演及其表演者、录音录像制作者及其制作者的信息，作品、表演、录音录像制品权利人的信息和使用条件的信息，以及表示上述信息的数字或者代码"。

（8）制作、出售假冒他人署名的作品的。

从理论角度看，假冒他人署名，实际上侵犯的只是他人的姓名权，而非他人的署名权。因为署名权基于作品而生，假冒他人署名的作品不是被侵权人创作的作品，之所以将其列为著作权侵权行为之一，除了姓名权与署名权有着极其密切的关系外，也出于维护著作权管理秩序的需要。现实中，大量赝品的制作发行不仅侵害了他人的姓名权，更重要的是侵犯了他人对于自己所拥有作品的经济权利，侵犯了他人的名誉，扰乱了人们对于名家作品的鉴别，从而扰乱了著作权管理秩序。

三、著作权侵权认定原则分析

由于著作权的取得不依赖于任何审批手续，亦由于认定作品原创性(独创性)有一定难度，侵权行为的认定在著作权法中显得比较复杂。

司法实践中，常用的著作权侵权认定原则有：

(一) 思想与表达两分法

将作品的“思想”(idea)排除在著作权法的保护范围之外，这是著作权法原理的基本要求。《伯尔尼公约》第9条第2款明确规定：“著作权保护延及表达，而不延及思想、过程、操作方法或数字概念本身。”国家版权局于1998年1月8日提交的《著作权法修正案(草案)》第5条增设了“著作权法保护表达，不保护思想、概念、发现、原理、方法、体现和过程”的条款，但该款规定在2001年正式通过的《著作权法修正案》中并未被最高立法机关采纳。所以，在现行《著作权法》中并没有明确涉及思想与表达两分法的概念，而是在司法实践中由法官根据个案考量。

在一般作品中，思想与表达可以清楚地区分，但在计算机软件作品中，其界限并不明朗。特别是对用机器语言编写的计算机程序，其表达和思想基本混为一体。多数情况下，对技术公示的表达是唯一的。也有观点认为：计算机程序中的逻辑、组织和顺序，即所谓的SSO，属于“思想”，而根据同一SSO用不同语言编出相同功能的程序属于“表达”，由此，计算机程序也有二分法问题。

此外，对于那些具有客观唯一性的表达，不在著作权保护范围之内。

(二) 接触+实质相似原则

在分离思想与表达、公有领域与私权领域之后，如果两部作品实质相同或相似，可以通过两部作品的作者是否有接触或者作品有无接触的痕迹来判断是否构成抄袭。

如果权利人的作品与被告的作品相同或类似，而被告方没有提供证据证明其创作未进行模仿而是独立完成的，侵权即告成立。在此，举证责任的承担发生了倒置，即由被诉作品的作者证明自己没有接触过原告作品，否则即可推定存在着接触。

在判断两部作品是否相同或者相似上，有所谓“实质部分”(substantial part)的说法，即被诉作品模仿了权利人作品的“实质部分”。然而，到底什么是作品的“实质部分”，怎样判断“实质部分”，仍然是见仁见智的问题，也要司法实践根据个案认定。

第四节　著作权侵权责任

一、民事责任

著作权是一种民事权利，对侵犯著作权的行为可以按民事法律的规定处理。《民法通则》第118条规定：“公民、法人的著作权(版权)、专利权、商标专用权、发现权、发明权和其他科技成果权受到剽窃、篡改、假冒等侵害的，有权要求停止侵害，消除影响，赔偿损失。”依据《民法通则》的规定，《著作权法》对侵犯著作权的行为规定了“停止侵害、消除影响、赔礼道歉、赔偿损失等民事责任”，并对相关民事责任的适用进行了明确规定。

权利人在向人民法院起诉时,须遵守民事诉讼时效的规定。《最高人民法院关于审理著作权民事纠纷案件适用法律若干问题的解释》第28条规定,侵犯著作权的诉讼时效为2年,从著作权人知道或应该知道侵权之日起计算。权利人超过2年起诉的,如果侵权行为在起诉时仍在持续,在该著作权保护期内,人民法院应当判决被告停止侵权行为;确定侵权赔偿数额时,数额应当自权利人向人民法院起诉之日起向前推算2年计算。

此外,《著作权法》还规定了著作权人和邻接权人的诉前保护措施,包括:(1)有证据证明他人正在实施或者即将实施侵犯其权利的行为,如不及时制止将会使其合法权益受到难以弥补的损害的,可以在起诉前向人民法院申请采取责令停止有关行为和财产保全的措施;(2)为制止侵权行为,在证据可能灭失或者以后难以取得的情况下,可以在起诉前向人民法院申请保全证据。

(一)停止侵害

停止侵害,是指对已经开始并正在进行的不法侵害行为勒令立刻停止,而不论这一行为进行到何种程度。这是最大限度地减少著作权人损失的一种保全措施。如果侵权人是无意识地侵权,通过这一司法决定可以告知侵权人,阻止侵权行为的继续发生。如果其是有意识的,更应当立即执行该司法决定,以减少对著作权人的侵害,而后视侵权情况严重程度,再施以其他处罚。著作权人一旦发现他人侵权,应立即予以警告并诉请司法机关作出停止侵害的决定。

(二)消除影响

消除影响,是指消除侵权人因侵权行为而给著作权人造成的不良影响。消除影响的方式和范围,根据侵权行为的方式和范围而定。侵权人可以通过报刊杂志发表公开声明,也可以在一定的范围内进行口头声明,总之应达到消除人们误解的程度。

(三)赔礼道歉

这是向被侵权人承认错误的一种方式,也是为了向世人表明作品的真正著作权人,从而恢复著作权人的名誉。赔礼道歉必须是公开性的,应使广大公众有所了解。其公开范围根据侵权行为影响范围而定。如果侵权人私下找著作权人进行赔礼道歉,则不具有公开性,不属于法律上的强制措施,不属于民事责任的形式。一般情况下,赔礼道歉与消除影响可以结合使用。

(四)赔偿损失

侵权行为给著作权人造成经济损失的,由侵权行为人给予经济补偿。这种补偿性的民事责任不带有惩罚性质。有关计算赔偿数额的原则,《著作权法》第49条第1款规定:"侵犯著作权或者与著作权有关的权利的,侵权人应当按照权利人的实际损失给予赔偿;实际损失难以计算的,可以按照侵权人的违法所得给予赔偿。赔偿数额还应当包括权利人为制止侵权行为所支付的合理开支。"此外,权利人的实际损失或者侵权人的违法所得不能确定的,应"由人民法院根据侵权行为的情节,判决给予50万元以下的赔偿"。侵权行为的情节,主要指作品类型、合理使用费、侵权行为性质、后果等。

二、行政责任

对著作权的侵害不仅侵害了作者的民事权利,也侵害了社会的公共利益,侵害了国家的行政管理秩序。因此,对于《著作权法》第48条规定的侵权行为,如果侵害了社会的公共利益,则不仅要承担民事责任,还要接受行政机关的行政处罚。

《著作权法》规定的行政处罚主要有:

(一) 没收非法所得

侵害著作权的目的是为了营利,因此,没收非法所得就是不让侵权人获取经济利益,对其侵权行为所带来的所有经济收益,一律予以没收,上交国库。在此应注意,确定非法所得数额时,应与侵权人自己的投资划清界限。

(二) 没收、销毁侵权复制品

没收、销毁侵权复制品的目的主要是为了防止其再次流入市场,影响著作权人的合法权益、扰乱著作权管理秩序。

(三) 罚款

罚款是对侵权者更进一步的经济处罚。一般而言,如果有非法收入,应首先予以没收,然后根据情节轻重考虑是否予以罚款。罚款金额不能从非法所得中支付,程序上应是先没收,再罚款。

对于罚款数额,《著作权法实施条例》第36条规定:"有著作权法第48条所列侵权行为,同时损害社会公共利益,非法经营额5万元以上的,著作权行政管理部门可处非法经营额1倍以上5倍以下的罚款;没有非法经营额或者非法经营额5万元以下的,著作权行政管理部门根据情节轻重,可处25万元以下的罚款。"

(四) 没收主要用于制作侵权复制品的材料、工具、设备等

这是针对情节严重的侵权行为所采取的行政处罚。依照《著作权法实施条例》的规定,进行行政处罚的机关,一般情况下是地方人民政府著作权行政管理部门;对于全国有重大影响的侵权行为,则是由国务院著作权行政管理部门进行行政处罚。

当事人对行政处罚不服的,可以自收到行政处罚决定书之日起3个月内向人民法院起诉。期满不起诉又不履行的,著作权行政管理部门可以申请人民法院执行。

三、刑事责任

侵犯著作权的刑事责任,是指侵权行为情节严重,构成犯罪,因而处以刑事处罚。刑事责任在所有的违法行为制裁中是最严厉的,它不仅涉及对被告人的财产的处置,而且包括了对被告人的精神权、名誉权、政治权利、自由权乃至生命权的惩罚。

中国最初制定的《著作权法》并没有规定侵犯著作权的刑事责任。1994年7月5日,第八届全国人民代表大会常务委员会第八次会议对《刑法》作出补充规定,即《全国人大常委会关于惩治侵犯著作权的犯罪的决定》。该决定将严重侵犯著作权的行为规定为犯罪。1997年《刑法》明确了侵犯著作权的刑事责任,规定了"侵犯著作权罪"以及"销售侵权复制品罪"两个罪名。

第八章

计算机软件的著作权保护

第一节 概 述

一、计算机软件的概念

1991年《著作权法》中明确将计算机软件(以下简称“软件”)作为作品给予著作权法律保护,之后在1991年6月4日国务院发布的《计算机软件保护条例》将计算机软件定义为计算机程序及其有关文档。软件必须由开发者独立开发,并已固定在某种有形载体上。

(一)计算机程序

《计算机软件保护条例》对计算机程序作了如下定义:“计算机程序,是指为了得到某种结果而可以由计算机等具有信息处理能力的装置执行的代码化指令序列,或者可以被自动转换成代码化指令序列的符号化指令序列或者符号化语句序列。”

计算机程序包含的种类很多,按其表现形式划分,可分为源程序和目标程序。同一计算机程序的源程序和目标程序为同一作品。源程序,是使用计算机高级语言(ALGOL、COBOL、FORTRAN、BASIC等)编写的程序。这种语言要通过汇编过程处理成机器语言。源程序是编制计算机软件的最初步骤,它如同从事发明创造、创作作品一样,要消耗大量的人力、物力,是一种艰苦的智力劳动。目标程序,是使用机器语言编制而成的一系列直接用于计算机的数字或符号。目标程序是源程序的另一种形式,二者的功能与作用是相同的。

(二)文档

《计算机软件保护条例》对文档的定义是:“文档,是指用来描述程序的内容、组成、设计、功能规格、开发情况、测试结果及使用方法的文字资料和图表等,如程序设计说明书、流程图、用户手册等。”文档是为程序的应用而提供的服务性文件,是用人可识别的自然语言编辑的,它能够被非软件设计专业人员所使用,通常也包含有许多软件设计人的技术秘密(Know-how),具有经济、技术价值。

二、软件的保护形式

许多国家都十分重视软件保护的立法,一些国际组织也制定了示范条例。由于软件的特殊性质,各国对软件的法律保护形式也具有多样性。有采用商业秘密法、合同法、著作权法、专利法保护计算机软件的,也有采用专门立法予以保护的。中国《著作权法》第3条明确将计算机软件作为一种作品列入著作权法的保护范围。但在实践中,许多软件与硬件结合已取得了专利保护。软件还可以根据反不正当竞争法作为技术秘密加以保护。此外,采用商标法、技术许可合同也能够达到部分保护软件的目的。

第二节　软件著作权

计算机软件中的程序从表现形式上看与文字作品相似。程序可以说是用代码或符号表示的文字作品,程序又同文字作品一样易于复制。文档本身就是一种文字作品。由于用著作权法保护计算机软件具有一定的合理性,世界上许多国家都对软件提供著作权保护。

一、软件著作权的产生

著作权的产生分为自动获得原则和登记获得原则。中国《著作权法》采取的是自动获得原则。计算机软件是《著作权法》保护的作品之一,自然也应适用这一原则。《计算机软件保护条例》第5条第1款所规定的"中国公民、法人或者其他组织对其所开发的软件,不论是否发表,依照本条例享有著作权"即体现了这一原则。

1991的《计算机软件保护条例》第24条曾规定:"向软件登记管理机构办理软件著作权的登记,是根据本条例提出软件权利纠纷行政处理或者诉讼的前提。"这一规定违反了中国在著作权取得上采取的自动保护原则,对此,当时的司法解释曾指出,根据《民事诉讼法》第108条的规定,不进行软件著作权登记,亦可以向法院提起诉讼。《计算机软件保护条例》2001年修改时取消了将软件著作权登记作为纠纷解决前提的规定。现行的计算机软件登记仅是一种备案性质,不是一种权利的认定。

二、软件著作权人及其权利归属

软件著作权人,是指对软件享有著作权的自然人、法人和其他组织。确定软件著作权归属的一般原则是"谁开发,谁享有著作权",即软件著作权归软件开发者。所谓软件开发者,是指实际组织开发、直接进行开发,并对开发完成的软件承担责任的法人或者其他组织;或者依靠自己具有的条件独立完成软件开发,并对软件承担责任的自然人。《计算机软件保护条例》也规定了若干特殊情况:

(一)合作开发

合作开发,是指由两个以上的自然人、法人或者其他组织合作开发软件。合作开发的软件,著作权的归属由合作开发者签订的书面合同约定。无书面合同或者合同未作明确约定,合作开发的软件可以分割使用的,开发者对各自开发的部分可以单独享有著作权;但是,行使著作权时,不得扩展到合作开发的软件整体的著作权。合作开发的软件不能分割使用的,其著作权由各合作开发者共同享有,通过协商一致行使;不能协商一致,又无正当理由的,任何一方不得阻止他方行使除转让权以外的其他权利,但是所得收益应当合理分配给所有合作开发者。

(二)委托开发

一方受另一方的委托而开发的软件,称委托开发软件。接受他人委托开发的软件,其著作权的归属由委托人与受托人签订书面合同约定;无书面合同或者合同未作明确约定的,其著作权由受托人享有。

由国家机关下达任务开发的软件,著作权的归属与行使由项目任务书或者合同规定;项目任务书或者合同未作明确规定的,软件著作权由接受任务的法人或者其他组织享有。

(三) 职务开发

自然人在法人或者其他组织任职期间所开发的软件有下列情形之一的,属于职务开发:(1) 针对本职工作中明确指定的开发目标所开发的软件;(2) 开发的软件是从事本职工作活动所预见的结果或者自然的结果;(3) 主要使用了法人或者其他组织的资金、专用设备、未公开的专门信息等物质技术条件所开发并由法人或者其他组织承担责任的软件。职务开发软件的著作权由法人或者其他组织享有,法人或者其他组织可以对开发软件的自然人进行奖励。

(四) 非职务开发

与开发者的本职工作无关,同时又未使用单位的物质技术条件而开发的软件,称非职务软件。非职务软件作品的著作权归开发者享有。

三、软件著作权的内容

软件著作权与一般著作权一样,包括人身权和财产权。人身权是指发表权、署名权、修改权;财产权是指复制权、发行权、出租权、信息网络传播权、翻译权以及应当由软件著作权人享有的其他权利。

(1) 发表权是指软件著作权人决定软件是否公之于众的权利。"公之于众",是指在公开场合下,向不特定的多数人宣讲、展览、演示、使用。发表不意味着出版。软件著作权人可以充分行使发表权,即决定何时发表、何地发表、以何种形式发表以及不予发表等。

(2) 署名权,是表明开发者身份、在软件上署名的权利,即署名、署假名、不署名等。著作权法意义下载计算机软件上的署名权仅涉及开发者身份的标注,不是对程序员的署名。

(3) 修改权是指对软件进行增补、删节,或者改变指令、语句顺序的权利。有市场价值的软件需要不断更新、升级,著作权人保留这项权利才能保证软件的利益。

(4) 复制权是指将软件制作一份或者多份的权利。包括在线复制和离线复制。

(5) 发行权是指以出售或者赠与方式向公众提供软件的原件或者复制件的权利。这里强调的是向公众发送软件的行为,如果是私人之间的发送则属于复制权范畴。

(6) 出租权是指有偿许可他人临时使用软件的权利,但是软件不是出租的主要标的的除外。这种情况是指专门用于软件出租,而不是在硬件设备出租中包含软件的情况。

(7) 信息网络传播权是指以有线或者无线方式向公众提供软件,使公众可以在其个人选定的时间和地点获得软件的权利。

(8) 翻译权是指将原软件从一种自然语言文字转换成另一种自然语言文字的权利。

此外,软件著作权人可以许可他人行使其软件著作权,或者可以全部或者部分转让其软件著作权,并有权获得报酬。

四、软件著作权的限制

同传统著作权一样,软件著作权的专有性是相对的,权利人在行使时会受到一定的限制。不过,现行的《计算机软件保护条例》提高了软件保护的水平,删除了原条例中有关强制许可和法定许可的规定。

(一) 软件的合理使用

《计算机软件保护条例》规定，为了学习和研究软件内含的设计思想和原理，通过安装、显示、传输或者存储软件等方式使用软件的，可以不经软件著作权人许可，不向其支付报酬。这是对软件著作权人复制权的一种限制。

(二) 软件的"权利用尽"

《计算机软件保护条例》规定，软件合法复制品的所有人享有下列权利：(1) 根据使用的需要把该软件装入计算机等具有信息处理能力的装置内；(2) 为了防止复制品损坏而制作备份复制品，这些备份复制品不得通过任何方式提供给他人使用，并在所有人丧失该合法复制品的所有权时，负责将备份复制品销毁；(3) 为了把该软件用于实际的计算机应用环境或者改进其功能、性能而进行必要的修改；但是，除合同另有约定外，未经该软件著作权人许可，不得向任何第三方提供修改后的软件。

五、软件著作权的保护期限

软件著作权自软件开发完成之日起产生。自然人的软件著作权，保护期为自然人终生及其死亡后50年，截止于自然人死亡后第50年的12月31日；软件是合作开发的，截止于最后死亡的自然人死亡后第50年的12月31日。法人或者其他组织的软件著作权，保护期为50年，截止于软件首次发表后第50年的12月31日，但软件自开发完成之日起50年内未发表的，则不再保护。

软件著作权属于自然人的，该自然人死亡后，在软件著作权的保护期内，软件著作权的继承人可以依照《继承法》的有关规定，继承除署名权以外的其他权利。软件著作权属于法人或者其他组织的，法人或者其他组织变更、终止后，其著作权在法定的保护期内由承受其权利义务的法人或者其他组织享有；没有承受其权利义务的法人或者其他组织的，由国家享有。

第三节　软件著作权纠纷及解决

一、侵权纠纷

软件是一种有价值的知识财产。软件极易复制，且具有较大的经济效益，这使软件侵权非常普遍，给软件著作权人带来了重大损失。

《计算机软件保护条例》对承担民事责任的软件著作权侵权行为进行了规定：(1) 未经软件著作权人许可，发表或者登记其软件的；(2) 将他人软件作为自己的软件发表或者登记的；(3) 未经合作者许可，将与他人合作开发的软件作为自己单独完成的软件发表或者登记的；(4) 在他人软件上署名或者更改他人软件上的署名的；(5) 未经软件著作权人许可，修改、翻译其软件的。该《条例》同时规定如下侵权行为将承担民事责任、行政责任或刑事责任：(1) 复制或者部分复制著作权人的软件的；(2) 向公众发行、出租、通过信息网络传播著作权人的软件的；(3) 故意避开或者破坏著作权人为保护其软件著作权而采取的技术措施的；(4) 故意删除或者改变软件权利管理电子信息的；(5) 转让或者许可他人行使著作权人的软件著作权的。

软件著作权侵权人应承担停止侵害、消除影响、赔礼道歉、赔偿损失等民事责任;同时损害社会公共利益的,由著作权行政管理部门责令停止侵权行为,没收违法所得,没收、销毁侵权复制品,可以并处罚款;情节严重的,著作权行政管理部门并可以没收主要用于制作侵权复制品的材料、工具、设备等;触犯刑律的,依照刑法关于侵犯著作权罪、销售侵权复制品罪的规定,依法追究刑事责任。

《计算机软件保护条例》对"善意侵权人"的法律责任进行了规定:"软件的复制品持有人不知道也没有合理理由应当知道该软件是侵权复制品的,不承担赔偿责任;但是,应当停止使用、销毁该侵权复制品。如果停止使用并销毁该侵权复制品将给复制品使用人造成重大损失的,复制品使用人可以在向软件著作权人支付合理费用后继续使用。"此外,《计算机软件保护条例》第28条规定了特定情形下被控侵权人的举证责任倒置:"软件复制品的出版者、制作者不能证明其出版、制作有合法授权的,或者软件复制品的发行者、出租者不能证明其发行、出租的复制品有合法来源的,应当承担法律责任。"

对于软件复制品的合法持有人,如果超出法律规定的"装入权""备份权"以外的使用也有被指控侵权的风险。

二、违约纠纷

计算机软件著作权合同的当事人不履行合同义务或者履行合同义务不符合约定条件的,应当按照《民法通则》和《合同法》的相应规定承担民事责任。

实践中常见的计算机软件合同有开发合同、一般许可使用合同、拆封许可合同和点击许可合同。软件开发合同属于一般的技术开发合同,这类合同纠纷的主要问题是权利归属、对软件后续的修改更新权利归属等;计算机软件销售合同往往是一种使用许可合同,软件著作权并没有发生转移。《合同法》第137条规定:"出卖具有知识产权的计算机软件等标的物的,除法律另有规定或者当事人另有约定的以外,该标的物的知识产权不属于买受人。"这类合同中最容易发生的纠纷是买受人超出许可安装的范围进行软件使用;拆封合同和点击合同都属于格式合同,前者常用在软件产品的包装上,后者用在互联网提供的服务上。

拆封合同(shrink-wrap contract)的出现是计算机软件大规模销售的产物。当计算机软件最初出现时,对软件销售商(著作权人)来说,其产品的销售对象主要是为数不多的计算机用户,普通形式的合同足以保障商家本身的利益。然而,随着计算机的迅速普及,软件的开发与销售已经成为一个规模庞大的产业。普通用户可以在市场上轻易地买到软件产品,当软件产品转移到用户手中后,软件的极易复制性又使得任何一个用户都可以拥有该软件成千上万个复制品。这些复制品在不同用户之间的无偿或低价转移给软件销售上带来了巨大的损失,销售商对软件著作权失去控制。作为著作权人,除寻求法律途径保护其权益之外,通过当事人之间的约定以维护自身的权益成为一条可行之路。计算机软件的拆封合同就是在这样的环境下诞生的。拆封合同通常的表现方式是合同条款印刷在软件的外包装套上,如果用户打开该软件的外包装套(一般以封条封好),就意味着用户同意接受该合同的条款,这些印刷在外包装套上的文字构成了拆封合同的内容。自拆封合同诞生之日起,对其合同效力一直存在有争议。对软件销售商而言,拟出一种可以针对不同用户、条款完备的拆封合同意味着找到了一种保护著作权人利益的新方法,他们极力支持这种合同的法律约束力;对用户来说,在购买和使用软件时,要耐心的阅读一份繁琐冗长、充满法律术语的合同(在购买软件时往往忽视这些条款),然后要求按照拆封合同上的约定去使用软件,用户认为这是一种强加于用户的负担,特别是当其中还有一些不公平的条款时,用户更不应有义务去遵守。

击点合同(click-wrap contract)与拆封合同非常类似,用户在线接受网络服务商提供的服务时点击表示接受的按钮即意味着接受了服务商提供的格式合同。出于维护自身利益的天性,网络服务商提供的击点合同,往往更多考虑自身的权利,也会出现一些损害用户利益的条款,比如,提供电子邮箱空间的服务商一般会约定服务上可以在其认为必要的时候删除用户邮箱中的信息;在提供即时通讯的服务中,服务商约定其可以收集用户个人注册信息和通讯信息等,而用户在寻求网络服务时,很少注意到这些不利条款,击点合同的纠纷频繁发生。

一旦发生软件著作权合同纠纷,双方当事人可以依据合同中的仲裁条款或者事后达成的书面仲裁协议,向仲裁机构申请仲裁。当事人没有在合同中订立仲裁条款,事后又没有书面仲裁协议的,可以直接向人民法院提起诉讼。

三、权属纠纷

在软件所有权归属上发生的纠纷一般分为职务软件和非职务软件纠纷、合作开发软件中各合作者之间的纠纷、委托开发软件中委托方和受托方之间的纠纷。依据《计算机软件保护条例》对职务软件的规定:在有明确雇佣关系的情形下员工开发的软件按照下列情形归其雇佣的单位所有:"(一) 针对本职工作中明确指定的开发目标所开发的软件;(二) 开发的软件是从事本职工作活动所预见的结果或者自然的结果;(三) 主要使用了法人或者其他组织的资金、专用设备、未公开的专门信息等物质技术条件所开发并由法人或者其他组织承担责任的软件。"第一种情况比较清晰,实践中的纠纷较少,多数纠纷发生在第二种情况和第三种情况。在第二种情况下,对于"从事本职工作活动所预见的结果或者是自然的结果"的判断存有很多主观因素,对于一名软件工程师来说,可以简单理解为与本职工作有关的软件开发活动,也可以理解为一切与软件开发有关的活动。为了避免这类纠纷,许多单位在签订劳动合同时就约定了"在本单位工作期间开发的所有软件归于单位"的条款,这样,当日后发生纠纷时权利归属的判断就变得较为简单,完全依据劳动合同来界定即可。对于第三种情况,"使用单位的资金和未公开的信息"比较好认定,较为模糊的是何谓"专用设备",例如,单位购买的计算机硬件、软件、调试机器等是否都属于"专用设备",如果员工没有使用单位的资金和其他物质技术条件,仅是在上班时使用了单位的计算机是否认为是使用了单位的"专用设备"。实践中对于"专用设备"的定义一般采用狭义理解,即:专用设备一般是指本单位所拥有的,在社会上不能自由获得使用的专门设备,比如大型医疗设备、风洞实验设备等。

软件权属纠纷多发生在员工流动后,原单位与原雇佣的员工及新单位之间对计算机软件的使用权、修改权的行使上。很多单位为了减少这类纠纷,不仅在劳动合同中明确约定了员工开发软件的权利归属于单位,还通过"竞业禁止"条款,禁止离开单位的员工在一定期限内从事相同的软件开发工作。发生软件的权属纠纷,可以请求软件著作权行政管理机关进行调解,也可以直接向人民法院起诉。

第九章

著作权国际条约

19世纪下半叶,欧美各国先后制定了著作权法,用以保护本国国内作者的权利。随着文化艺术的国际交流和传播技术的发展,著作权保护的地域局限性越来越突出,一些优秀的作品通过不同的渠道传播到世界各国,而作者却不能因此而获益,国内著作权法对此无能为力,作品的保护需要超越国界。为此,一些国家开始订立双边协议和多边的著作权公约,以使各国在统一标准下互相保护著作权作品。

第一节 《保护文学艺术作品伯尔尼公约》

1886年,比利时、法国、德国、英国、海地、意大利、利比里亚、西班牙、瑞士、突尼斯等十个国家在瑞士的伯尔尼正式签订了《伯尔尼公约》。之后,《伯尔尼公约》于1896年、1908年、1914年、1928年、1948年、1967年、1971年和1979年进行了几次重大修改。现行的《伯尔尼公约》被认为是著作权保护水平最高的国际公约。中国于1992年7月10日加入了该《公约》。1992年10月15日起,《伯尔尼公约》在中国正式生效。至2012年3月,《伯尔尼公约》已有165个成员国。

一、公约的基本原则

《伯尔尼公约》作为第一个著作权方面的国际公约,其所确立的基本原则为后续著作权国际公约的订立提供了重要参照。这些原则包括:

(一) 国民待遇原则

《伯尔尼公约》第5条第1款规定:"就享有本公约保护的作品而论,作者在作品起源国以外的本同盟成员国中享有各该国法律现在给予和今后可能给予其国民的权利,以及本公约特别授予的权利。"起源国一般为作品首次出版国,公约对如何确定起源国作出了若干规定。

根据《伯尔尼公约》的规定,下列作者能享受该公约的国民待遇:

(1) 作者为本同盟任何成员国的国民者,其作品无论是否出版,都受到保护;

(2) 作者为非本同盟任何成员国的国民者,其作品首次在本同盟一个成员国出版,或在一个非本同盟成员国和一个同盟成员国同时出版的,都受到保护;

(3) 非本同盟任何成员国的国民但定居于一个成员国国内的作者,与本国的国民同样对待;

(4) 对于电影作品制片人,如果其办事机构或定居地在本同盟成员国的任何一个国家中,制片人权利受本公约国家的著作权保护,不管作者是不是本同盟国国家的公民;

(5) 对于建筑在某一成员国国内的建筑物或构成本同盟某一成员国国内建筑物一部分的绘画和造型艺术作品的作者,受各成员国著作权法的保护。

国民待遇的内容,指的是享受国民待遇的本国以外的作者,同本国公民享受同等的著作权待遇。若该国的保护水平低于《伯尔尼公约》之规定,应按公约规定执行,亦即比本国公民享受更高的保护。

对于作品起源国的保护由该国法律规定。但若受保护的作者不是作品起源国的国民,他在该国仍享有同本国作者相同的权利。

(二) 自动保护原则

《伯尔尼公约》第5条第2款规定:“享有和行使这些权利不需要履行任何手续,也不论作品起源国是否存在保护。因此,除本公约条款外,保护的程度以及为保护作者权利而向其提供的补救方法完全由被要求给予保护的国家的法律规定。”不过,尽管公约有这样的规定,有的成员国的著作权法仍要求履行一定的手续,如注册登记、寄付样书等。对此,根据通行的惯例,履行手续的要求只适用于本国公民,而对其他成员国的公民不具有约束力,即外国公民的作品无须到该国进行登记,即享有与该国公民同样的权利,这就与公约规定不相矛盾了。

《伯尔尼公约》虽然没有要求履行手续才能获得著作权,但要求作品必须具有一定的固定形式,即“将作品固定在有形物上”,这就把无载体的作品排除在公约保护范围之外,如口述作品。

(三) 著作权独立原则

著作权独立原则,是指对作品提供保护的成员国,在满足公约最低限度保护要求的前提下,依照自己国家的著作权法对应予保护的作品进行保护,而不受其他国家著作权法的影响。应特别强调的是,其亦不受作品起源国的著作权法的影响。

(四) 最低保护原则

最低保护,是指各成员国对于本国以外的成员国的公民的保护标准不低于《伯尔尼公约》要求的最低标准。也就是说,若某一成员国的某些保护标准低于公约的规定,则其可以适用于本国公民,但不能适用于外国公民。这一点在作品的保护期限上表现得尤为明显。《伯尔尼公约》规定,保护期限为作者有生之年加死后50年。若有的国家规定为作者有生之年加死后25年,那么在对其他国家的作品提供保护时,应按作者有生之年加死后50年予以保护。

二、公约的主要内容

(一) 公约保护的作品

公约保护的作品,是指作者所创作的文学、艺术作品。文学、艺术作品包括文学、科学和艺术领域内的一切作品,其表现形式有如下几种:

(1) 书籍、小册子和其他文字作品,如期刊、杂志等。

(2) 讲课、演讲、讲道和其他同类性质作品。根据该公约要求,凡作品须固定在一定的物质载体上。因此,此类作品也必须有固定形式,如讲稿、录音带等。口头即兴演讲不受保护。

(3) 戏剧或音乐戏剧作品。

(4) 舞蹈艺术作品和哑剧。

(5) 配词或未配词的乐曲。

(6) 电影作品和以类似摄制电影的方法表现的作品。

(7) 图画、油画、建筑、雕塑、雕刻和版画作品。

(8) 摄影作品和以类似摄影的方法表现的作品。

(9) 实用美术作品,如布料上有艺术品位的印花图案。

(10) 与地理、地形、建筑或科学有关的示意图、地图、设计图、草图和立体作品。

此外,公约还规定了上述作品必须以某种物质形式固定下来,方能受保护。

对于演绎作品,公约规定其可以得到与上述作品同样的保护。如翻译、改编、乐曲整理以及对某文学或艺术作品的其他变动。

对于文学或艺术作品的汇编,诸如百科全书和选集,凡由于对内容的选择和编排而成为智力创作的,应得到保护,但应以不损害原著作者的权利为前提。

对于立法、司法性质的官方文件以及这些文件的正式译本的保护由各国自己立法决定,公约不作统一规定。

关于实用美术作品以及工业设计和模型的法律适用范围,以及这些作品的保护条件,由各国国内法自行决定。

日常新闻或纯属报刊消息性质的社会新闻不属于受保护的范围。

(二) 公约保护的权利

公约既保护精神权利,又保护经济权利。关于精神权利,它只规定了作者的署名权和修改权,而没有规定发表权。关于经济权利,公约规定了翻译权、复制权、公演权、广播权、朗诵权、改编权、录制权和电影权。此外,公约还有关于“追续权”的规定,但并非最低保护要求,各成员国可以自行决定是否采用。

三、关于作品的保护期限

对于作品的保护期限,公约针对不同的作品作了不同的规定:

(1) 对于一般文学、艺术作品,公约给予的保护期为作者有生之年及其死后50年。这个期限为作品保护的最低期限。

(2) 对于电影作品,保护期从作品公映后50年期满。如果作品摄制完成后50年内未公开放映,那么这一作品受保护的期限自作品摄制完后50年期满。

(3) 对于匿名作品(没有署名的作品)和署笔名的作品,保护期为作品发表之日起50年。如果不署名或署笔名的作品在发表之后50年内公开了自己的身份,对其作品的保护期便适用有关一般文学、艺术作品保护期限的规定。

(4) 对于摄影作品和实用美术作品,保护期由各国法律自行规定,但最短不能少于作品完成后25年。

(5) 对于合作作品,适用上述各有关规定,但作者死后的保护期应从最后一位作者死亡时起算。

对于有的成员国规定了比上述期限短的保护期的情况,公约作了变通规定,即以1928

年6月2日罗马修订文本为界，如在该文本签署生效时本国法律已经作了规定的，该国有权保留这种期限。

四、对发展中国家的优惠规定

由于发展中国家的不断争取，在1971年修订《伯尔尼公约》时，公约最后确定了翻译权和复制权在教育和科研方面的优惠条款。

（一）关于翻译的强制许可

所谓翻译的强制许可，是指他国作品在出版3年内仍未以本国文字译出，本国之任何人可以申请许可证予以翻译而无须征得作者的同意。如果所欲翻译成的文字是英文、法文、西班牙文之外的文字，则不需要等到作品出版后3年，只需1年即可。

申请强制许可使用需遵守以下条件：

（1）申请人必须事先要求权利人给予翻译许可而未得到准许，或者经努力而未能找到权利人。

（2）申请人向主管当局申请强制许可的同时，还要将申请书的抄件寄给原出版者或所属缔约国著作权情报中心；若没有情报中心，则寄给联合国教科文组织下设的国际著作权情报中心。

（3）经过3年期限才能取得翻译强制许可的，需要经过6个月的补充期限才能颁发；而经过1年期限才能取得强制许可证的，要经过9个月的补充期限才能颁发。

（4）申请方应准确翻译作品，不得歪曲；翻译人需向作者支付报酬，付酬标准按照两国个人之间自由谈判的许可证通常支付版税的标准。支付必须用国际可汇兑的货币或其等值货币。

（5）译本只能在申请许可的国家内部销售，不能境外销售。

（6）一旦发现原作者以与强制许可翻译相同的文字译出或许可他人译出，无论在哪个缔约国译出，强制许可皆将无效。已经出版的，可以继续发行直到售完为止。

（二）关于复制的强制许可

根据《伯尔尼公约》的规定，复制自然科学类图书，须在该图书首次发表3年之后。这是因为，科技发展迅猛，将其以最快的速度应用到实践中去是科学技术所追求的目的。由于科技的更新速度快，长时间的保护也没有太大的意义。若复制小说、诗歌、戏剧、音乐和美术作品，则须在该作品首次发表7年后，其他作品需在5年之后，才能申请强制许可复制。申请强制许可复制与强制许可翻译所适用的条件近似。只有经努力争取著作权者的自愿授权而不被许可，著作权人又没有向发展中国家提供合理价格的复制本，当局主管部门才可以颁发强制复制许可证。如果作者已经收回其公开发行的作品，则不能再发放强制许可证。

另外，公约对广播的强制许可也作了规定，但条件比上述两种强制许可更复杂。

第二节　《世界版权公约》

《世界版权公约》（Universal Copyright Convention）是继《伯尔尼公约》之后又一个保护著作权的国际性公约。其建立宗旨是保证所有国家对文学、科学、艺术作品的著作权给予保护，补充而又无损于现行的各种著作权国际保护制度。《世界版权公约》于1952年9月6日在日内瓦签订,1971 年 7 月 24 日在巴黎进行了一次修订。中国于 1992 年 7 月 30 日加入该公约,1992 年 10 月 30 日公约在中国正式生效。

《世界版权公约》的签订,主要原因是美国没有加入《伯尔尼公约》。第二次世界大战之后,美国迅速崛起为发达国家,科学、文化、艺术等方面的发展,使其需要加入国际性著作权保护公约。但因本国著作权保护与《伯尔尼公约》的保护水平差距较大,美国不愿加入此公约。于是,在美国的要求下,联合国教科文组织于 1952 年主持签订了《世界版权公约》。从总体保护水平来看,《世界版权公约》比《伯尔尼公约》略低,但大部分内容是一致的。为防止《伯尔尼公约》成员国追求低水平保护而退出该公约,转向《世界版权公约》,《世界版权公约》规定《伯尔尼公约》的成员国可以加入《世界版权公约》,但不得退出《伯尔尼公约》,否则《世界版权公约》将不给予保护。下面就该公约与《伯尔尼公约》不同的内容加以介绍。

一、公约的基本原则

在保护原则上,主要有国民待遇原则、独立保护原则、最低保护原则。其自动保护原则与《伯尔尼公约》稍有区别,即规定只要在作品的出版物上印有“©”标记,并注明作者姓名和出版年月,便意味着履行了申请保护手续。这可认为是一种变相的自动保护。

二、公约的主要内容

就保护的作品而言,《世界版权公约》没有像《伯尔尼公约》那样,对作品的种类进行详细列举,但其内容与《伯尔尼公约》的规定基本相同。《世界版权公约》保护的对象也是文学、艺术和科学作品,具体包括文字、音乐、戏剧和电影作品,以及绘画、雕刻和雕塑。公约还保护从原著演绎而来的任何形式的作品。

《世界版权公约》与《伯尔尼公约》最大的区别在于:《世界版权公约》只保护经济权利,而不保护精神权利。该《公约》第 4 条之二第 1 款规定:“本公约所述权利,应包括保证作者经济利益的各种基本权利,包括准许以任何方式复制、公演及广播等专有权利。”在此需提及的一点是,在保护的主体方面,《世界版权公约》包括作者和其他著作权人,也包括法人。而《伯尔尼公约》只规定保护作者的权利,即从事创作活动的自然人的权利。

在对待追溯力的问题上,《世界版权公约》与《伯尔尼公约》也不同。前者不承认追溯力,成员国只保护加入公约后创作的作品,这也是许多发展中国家愿意加入《世界版权公约》的一个原因,因为可以避免对加入公约以前的大量作品予以保护。

三、关于作品的保护期

在作品的保护期上,《世界版权公约》与《伯尔尼公约》有很大不同,保护的最低期限为作者有生之年加死后 25 年。摄影作品和实用美术作品作为艺术作品进行保护时,保护期不得少于 10 年。作品保护期根据情况从作品首次出版之日或出版前的登记之日起算。

第三节 邻接权国际公约

一、《保护表演者、唱片制作者和广播组织罗马公约》

《保护表演者、唱片制作者和广播组织罗马公约》(Rome Convention for the Protection of Performers, Producers of Phonograms and Broadcasting Organizations,简称《罗马公约》)是由联合国世界劳工组织、联合国教科文组织和世界知识产权组织共同发起的,1961 年在罗马签订,1964 年 5 月 18 日生效。该公约中的“表演者”,主要是指演员、歌唱家、音乐家、舞蹈家和表演、歌唱、朗诵、演奏或以别的方式表演文学和艺术作品的其他人员;“唱片制作者”,是指首次将表演的声音或其他声音录制下来的自然人或法人。

《罗马公约》确定的“国民待遇原则”,是指任何一个缔约国对其他成员国的表演者、唱片制作者和广播组织的保护应给予与本国的上述主体的保护之同等的待遇。但是在国民待遇的具体实行上,公约对表演者、唱片制作者、广播组织作了不同的条件规定。在权利保护方面,对于表演者和广播组织,《罗马公约》没有要求必须履行某种手续;但对于唱片制作者则作了明确的要求,即受保护的录音制品的一切复制件上,都必须标有:(1)“ Ⓟ ”(P 是录音制品“Phonogram”的第一个字母);(2) 首次发表的年份;(3) 主要表演者及权利人姓名。

《罗马公约》确立的邻接权人所享有的权利包括:

(1) 表演者的权利。包括:① 未经表演者同意不能向公众传播其表演,但如果该表演本身就是广播演出或出自录像者的除外;② 未经表演者同意,不得录制表演者未曾录制过的表演。这里的录制既包括录音,也包括录像;③ 未经表演者同意,不得复制其表演的录音或录像。

(2) 录音制作者享有授权或禁止他人直接或间接复制其录音制品的权利。

(3) 广播组织的权利。包括:① 授权或禁止他人转播其广播节目;② 授权或禁止他人录制其广播节目;③ 授权或禁止他人复制其广播节目的录音或录像;④ 授权或禁止在收门票的公共场所转播电视节目。其中,“广播”,是指供公众接收的声音或图像和声音的无线电传播;“转播”,是指一个广播组织的广播节目被另一个广播组织同时广播。

《罗马公约》对上述权利所确定的保护期为至少 20 年。其起始日期为:① 对于唱片和录制在唱片上的节目,始于录制年份的年底;② 对于没有被录制成唱片的节目,始于表演年份的年底;③ 对于广播节目,始于开始广播的年份的年底。以上所述是指计算 20 年保护期的起算日期,但并不意味着年底之前的这一段时间不予保护。如唱片录制完成于 5 月,5 月至当年年底的这段时间,录制者的权利仍受公约保护。

《罗马公约》除了对邻接权人提供私权保护外,亦根据保护社会公众利益的需要确定了若干的权利例外制度,包括:(1) 私人使用;(2) 在时事报道中少量引用;(3) 某广播组织为了自己的广播节目、利用自己的设备暂时录制;(4) 仅为了教学和科学研究目的的使用。

加入《罗马公约》必须具备一个前提条件,即必须是参加了《伯尔尼公约》或《世界版权公约》的国家。

二、《保护录音制品制作者防止未经许可复制其录音制品公约》

《保护录音制品制作者防止未经许可复制其录音制品公约》(Convention for the Protection of Producers of Phonograms Against Unauthorized Duplication of Their Phonograms,简称《录音制品公约》)的签订使《罗马公约》所保护的权利得到更加广泛的承认。公约保护录音制品制作者的权利,有利于录音制品的表演者和作者。该公约于1971年10月29日在日内瓦签署,由世界知识产权组织负责管理。公约是针对日益普遍的作者、表演者,特别是制作者的权利遭受严重侵害的擅自复制录音制品的行为而制订的。该公约又称《唱片公约》。

《录音制品公约》在权利保护期限、要求履行的手续等方面与《罗马公约》是一致的。二者的区别在于:

(1)《录音制品公约》是出于保护录音制品制作者的利益,而且只采取国民标准,即制作者必须是公约成员国的公民。而《罗马公约》也可以采取"录制标准"和"发行标准"。

(2)《录音制品公约》所保护的录音制品制作者的权利比《罗马公约》有所增加,主要有:① 防止未经录音制品制作者同意而制作复制品;② 防止擅自制作的复制品进口;③ 禁止公开发行上述复制品。

(3)《录音制品公约》规定对公约不能有保留权,而《罗马公约》规定可以有保留权。

(4)《录音制品公约》是一个开放性公约,任何国家都可以参加。而《罗马公约》则要求必须是《伯尔尼公约》或《世界版权公约》的成员国方能加入。

中国已于1992年通过加入该公约的决定,1993年4月30日公约在中国正式生效。

三、《关于播送由人造卫星传播载有节目的信号的布鲁塞尔公约》

《关于播送由人造卫星传播载有节目的信号的布鲁塞尔公约》(Brussels Convention Relating to the Distribution of Programme-Carrying Signals Transmitted by Satellite,简称《卫星公约》)于1974年在布鲁塞尔缔结。该公约由联合国世界劳工组织、教科文组织和世界知识产权组织共同管理。

通过卫星传播节目信号主要有两种方式:一种是直接传播,一种是间接传播。直接传播,是指接收用户可以利用接收设备(如收音机、电视机)等直接收听、收看的传播方式。间接传播,则是指地面接收站接收到卫星传播的节目信号后,经过技术处理再转播出去,供公众收听、收看,而公众不通过接收站的转播无法直接收看。《卫星公约》所限制的就是第二种传播,亦即地面接收站的传播。《卫星公约》第2条第1款规定:"各缔约国保证采取适当的措施,防止任何播送者在该国领土上或从该国领土上播送任何发射到或通过人造卫星但并非为了提供给他们的、载有节目的信号。"

《卫星公约》所规定的保护方法与《罗马公约》及《录音制品公约》不同,它没有规定传播者应享有什么权利,而是规定了缔约国所必须履行的义务,通过履行义务来保护权利人的权利。另外,公约也规定了合理使用,如发展中国家为了本国的教学或者科学研究而转播,为时事报道而传播等都属于合理使用。

除上述三个公约外,邻接权国际公约还有1979年在马德里签署的《避免对版权使用费双重征税的多边公约》、1989 年在日内瓦签署的《视听作品国际注册条约》。

四、《视听表演北京条约》

《视听表演北京条约》于 2012 年 6 月 26 日在我国北京签署,是第一次以中国城市命名的知识产权国际公约。

条约对于视听作品表演者的权利进行了全面规定。“表演者”是指演员、歌唱家、音乐家、舞蹈家以及对文学或艺术作品或民间文学艺术表达进行表演、歌唱、演说、朗诵、演奏、表现或以其他方式进行表演的其他人员;“视听录制品”系指活动图像的体现物,不论是否伴有声音或声音表现物,从中通过某种装置可感受、复制或传播该活动图像。

条约赋予表演者的权利包括精神权利和经济权利。就精神权利而言,对于其现场表演或以视听录制品录制的表演,表演者有权 要求承认其系表演的表演者,有权反对任何对其表演进行的将有损其声誉的歪曲、篡改或其他修改。表演者的经济权利包括对如下内容的专有权:(1) 广播和向公众传播其尚未录制的表演。(2) 录制其尚未录制的表演。(3) 对其以视听录制品录制的表演进行复制(即复制权)。(4) 向公众提供其以视听录制品录制的表演的原件或复制品(即发行权)。(5) 以视听录制品录制的表演的原件和复制品向公众进行商业性出租(即出租权)。但这一条并非各缔约国的强制义务,除非商业性出租导致了视听作品被大量非法复制。(6) 通过有线或无线的方式向公众提供其以视听录制品录制的表演,使该表演可为公众中的成员在其个人选定的地点和时间获得(即提供已录制表演的权利)。(7) 广播和向公众传播其以视听录制品录制的表演(即广播权)。《视听表演北京条约》授予表演者的保护期自表演录制之年年终算起,至少持续到 50 年期满为止。

第四节 互联网条约

1996 年 12 月 2 日至 20 日,WIPO 关于著作权和邻接权若干问题的外交会议在日内瓦召开,并通过了两个条约:《世界知识产权组织版权条约》(WIPO Copyright Treaty,WCT)和《世界知识产权组织表演和录音制品条约》(WIPO Performances and Producers of Phonograms Treaty,WPPT)。其中,WCT 主要是为书籍、计算机程序、电影、音乐以及美术作品等的文学和艺术作品的作者提供保护;WPPT 为邻接权提供保护,主要是保护表演者和录音制品制作者的权利。

WCT 和 WPPT 两个条约的目的是对世界知识产权组织现有的关于著作权和邻接权的主要条约(《伯尔尼公约》和《罗马公约》)进行更新和补充,以适应新的技术和市场发展所带来的变化。在涉及著作权的各种新事物中,WCT 和 WPPT 着重强调了当今的数字技术所带来的挑战,尤其是在数字网络上受保护的材料的传播问题。因此,这两个条约经常被称为“互联网条约”。

这两个条约特别关注以下几个问题:

一、关于技术措施问题

对于作品的数字化使用,特别是互联网上的使用,保护著作权的技术措施十分必要,且已成为权利人保护权利的常用手段。在这种环境下,没有对技术措施的保护,任何权利都不可能得到充分行使。为此,需要适当的法律规定来规制规避技术措施的行为。根据 WCT 第 11 条的规定,缔约方必须提供"适当的法律保护和有效的法律救济,制止规避由作者为行使本条约规定的权利而使用的、对就其作品进行未经作者许可或未由法律准许的行为加以约束的有效技术措施"。WPPT 中的规定与此相同。

二、关于权利管理信息

按照 WCT 第 12 条第 2 款的解释,"权利管理信息"是指"识别作品、作品的作者、对作品拥有任何权利的所有人的信息,或有关作品使用的条款和条件的信息,和代表此种信息的任何数字或代码,各该项信息均附于作品的每件复制品上或在作品向公众进行传播时出现"。针对权利管理信息的保护,该条第 1 款规定:"缔约方应规定适当和有效的法律补救办法,制止任何人明知或就民事补救而言有合理根据知道其行为会诱使、促成、便利或包庇对本条约或《伯尔尼公约》所涵盖的任何权利的侵犯而故意从事以下行为:(i) 未经许可去除或改变权利管理电子信息。(ii) 未经许可发行、为发行目的进口、广播、或向公众传播明知已被未经许可去除或改变权利管理电子信息的作品或作品的复制品。"WPPT 中的相关规定与此相同。

三、关于临时复制

WCT 和 WPPT 两个条约都包含了一个内容相同的议定声明(而非条约的正式条款),对有关临时复制的问题作出了非条约义务性的规定。根据议定声明,《伯尔尼公约》所规定的复制权及其所允许的例外,完全适用于数字环境,尤其是以数字形式使用作品的情况。不言而喻,在电子媒体中以数字形式存储受保护的作品,构成复制。这样,一方面,数字环境下在电子媒体中以数字形式短暂地或临时地存储受保护的作品,即"临时复制"是否属于权利人复制权控制的范围,条约没有作出明确的规定;另一方面,有关临时复制是否应受复制权的控制交由条约成员国以域内法的方式加以解决。

四、关于公共传输权

WCT 专门设立公共传输权(right of communication to the public)针对互联网上的作品传输作出规定。WCT 第 8 条规定:"在不损害《伯尔尼公约》第 11 条第 1 款第 ii 项、第 11 条之二第 1 款第 i 项和第 ii 项、第 11 条之三第 1 款第 ii 项、第 14 条第 1 款第 ii 项和第 14 条之二第 1 款的规定的情况下,文学和艺术作品的作者应享有专有权,以授权将其作品以有线或无线方式向公众传播,包括将其作品向公众提供,使公众中的成员在其个人选定的地点和时间可获得这些作品。"但条约并不要求各国必须以公共传输权这种权利来规范作品在互联网中的传播行为,而是可以有自己的选择。公共传输权是一个范围较广的权利,原则上可以用于规范所有的作品传播行为。WCT 同时针对互联网上的交互传播行为特别规定了"向公众提供权"(right of making available),具体表现为第 8 条的后半句:"将其作品向公众提供,使公众中的成员在其个人选定的地点和时间可获得这些作品"。

五、关于向公众提供权

与 WCT 规定的“向公众提供权”相对应,WPPT 第 10 条和第 14 条也分别以“提供已录制表演的权利”和“提供录音制品的权利”为标题作了相类似的规定。互联网条约中新权利方面的规定被认为是国际社会在国际公约层面上为适应网络发展对传统著作权制度提出的挑战所作出的积极反应,它们与关于“技术措施”和“权利管理信息”的规定一起,构成了两个新条约最重要的内容。

博雅

第二编 | 专利法

第十章

专利制度概述

专利制度诞生于15世纪的威尼斯。此后数百年来,专利制度迅速在世界范围内被采纳。从蒸汽机时代、电气时代、信息时代,直至今日的互联网时代,在这些革命性的技术变革中,专利制度都发挥着巨大的推进作用。当今对国家或企业的科技、经济实力的评价体系中,专利拥有量已经占有举足轻重的地位。专利竞争已成为国际科技竞争和经济竞争的战略制高点,拥有专利的数量和质量,以及运用专利制度的能力和水平,已是衡量国家或地区综合实力的重要指标。

专利制度固然作用巨大,但并不是所有建立了专利制度的国家都能实现本国科学技术的高速发展。事实上,只有市场经济越发达,专利制度的制度设计目标才越有可能实现。而且,专利制度的利用,还存在国家、行业、企业等多层面、多角度的定位问题,有许多政策和战略层面的规则会影响专利制度实施的效果。一个结构完整的法律文本、一个与国际最新最高标准接轨的专利制度并不足以成为衡量一国专利制度优劣的标准,专利制度只有紧密地与本国科技发展水平、经济发展水平保持协调,并成为维护本国产业经济发展、促进产业技术水平提高的制度时,其为经济发展而存在的价值才能得到充分的体现。

对专利制度最形象的评价是美国林肯总统的一句话:“专利制度是在天才之火上添加利益之油”,这其中充分表达了专利制度对创新的保护最终是透过经济利益加以表现。

第一节 基本概念

一、专利

“专利”一词对应的英文为“patent”,最初是指由国王亲自签署的带有御玺印鉴的独占权利证书。在没有成文法的时代,国王的命令就是法令,只有国王才能授予独占权。所以,这种特殊的权利证书带有法律色彩。国王通过信件传递发布这种证书,这种信件不是像通常那样被密封,而是一种“敞开封口的证书信件”,所经之路上的任何人都可以打开看,其意义是希望所有看到这一证书的人都能了解所授予独占权利的内容。可以说,这种证书的内容是公开的,享有的权利是垄断的。因此,“patent”的本意即有“公开”和“垄断”双重含义。

“垄断”和“公开”构成了专利的两个最基本的特征。所谓垄断,就是法律授予技术发明人在一定时期内享有独占使用其技术的权利。权利人可以禁止其他人使用其专利技术,从而使包含了专利技术的产品以较高的价格出售,获得垄断利润。这种垄断利润即是对创新成本的补偿和回报。所谓公开,是发明人对法律授予其独占使用权的对价,即必须将自己的技术公诸于世,让世人能够充分知晓其专利技术的具体内容。这一方面是为了让他人知道这一垄断权的边界,防止侵权,也避免进行重复研发造成社会资源浪费,更为重要的是专利技术的公开增加了社会的知识存量。后来者的创新往往需要基于原有的知识,因此社会知识存量越大,后来者进行创新的可能性就越大,创新推动了社会的进步。除了"公开"和"垄断"这两个最基本的特征,专利权的产生还以"法定"作为前提,如果没有国王的授权,权利不会自然产生。现代专利权也是经过政府专利主管机构依法严格审查和授权发布才得以产生,并且哪些创新能授予专利权,也是法律明确规定的。从这一点看,专利权明显不同于普通财产权,它的法定性非常明显。

在不同的语境下,专利有不同的含义。法律意义下,"专利"一词即是指专利权。实践中"专利"一词有更广泛的使用。当讲到专利实施时,"专利"的含义是一种技术方案;当讲到专利检索时,"专利"的含义是专利文献;有时"专利"还可以是"专利证书"的简称。但是,"专利"最基本的含义还是法律授予的独占权,它同时具备"垄断"和"公开"两大基本特征。

二、专利法

专利法,是指调整因发明创造的产生、利用与保护等而发生的各种社会关系的法律规范的总称。

专利法调整的这种社会关系决定了专利法的调整对象:

(1)专利法调整因确认发明创造专利权而产生的各种社会关系。发明创造是一种智力劳动成果,属无形财产,应当受到法律的保护,但是并非所有人类的发明创造都当然能够获得专利保护。法律保护对象的确定、保护期限的长短、保护水平的高低都是由国家根据其经济技术发展状况确定的。根据发明创造性质的不同,专利法对于职务发明、非职务发明、合作发明和委托发明都规定了不同的权利归属原则。

(2)专利法调整因授予专利权而产生的各种社会关系。专利法的宗旨是保护发明创造专利权。围绕着如何进行专利申请、审查、授权,必然会产生诸多社会关系,这是专利法调整对象中最重要的一部分内容。

(3)专利法调整因利用专利权而产生的各种社会关系。对发明创造授予专利权,目的之一是鼓励权利人利用发明创造,使其最大范围地为社会所用。一项发明创造只有应用于实际生产,才能显示其价值,专利权人也才能从发明创造中受益。专利权的利用有多种形式,包括专利权的转让、许可使用、自行实施等。特别是在专利的许可使用中,专利权人可以通过有效管理与策略运用,谋求最大的许可利益。而专利法在调整因专利利用而产生的社会关系时,必须在考虑专利权人的利益的同时,以使用者和社会公众的利益为依归,防止专利权人滥用权利和限制公平竞争。因此,对专利权人权利行使进行法律限制同样是专利法的重要任务。

(4)专利法调整因保护专利权而产生的各种社会关系。保护专利权必须明确权利保护的期限、范围、内容及其权利限制,明确侵权的认定原则和承担的责任以及权利人采取法律救济的手段和途径等。由此产生的社会关系的调整决定着一部《专利法》保护水平的高低,保护力度的强弱。

专利法律关系的构成同其他法律关系一样,包括主体、客体、内容三要素。

专利法律关系的主体,是指法律关系的实际参加者,也就是在具体法律关系中享有权利并承担义务的人或组织。中国《专利法》赋予自然人、法人和其他组织取得专利权的主体资格;而社会上的任何单位和自然人也可以是专利应用过程中的行为主体。

专利法律关系的客体,是指行为主体的权利和义务指向的对象。在中国具体是指发明、实用新型和外观设计三类发明创造。尽管这三类专利的性质不同,将其放在《专利法》中统一保护在逻辑上不尽周延,但是,鉴于中国进行专利立法时的技术创新基础较弱,将这三类智力劳动成果作为专利保护对象是符合国情的。

专利法律关系的内容,是指权利主体依法享有的权利和承担的义务。专利法规定了发明人和设计人、专利申请人、专利权人应享有的各种权利,同时也规定了他们应尽的义务,这些权利和义务是专利法“既鼓励创新,又保护社会公众的利益”这一宗旨的具体化。

三、专利权

专利权是专利法的核心内容,它是国家专利主管部门依据专利法授予发明创造人或合法申请人对某项发明创造在法定期间内所享有的一种独占权或排他权。未经专利权人许可,他人不得利用该专利技术。具体来说,发明和实用新型被授予专利权后,任何单位或者个人未经专利权人许可,都不得实施其专利,即不得为生产经营目的制造、使用、许诺销售、销售、进口其专利产品,或者使用其专利方法以及使用、许诺销售、销售、进口依照该专利方法直接获得的产品。外观设计专利权被授予后,任何单位或者个人未经专利权人许可,都不得实施其专利,即不得为生产经营目的制造、许诺销售、销售、进口其外观设计专利产品。专利权的内容根据专利种类的不同在表述上有所区别。此外,专利权还包括转让权、许可使用权、标记权等内容。

专利权具有知识产权最基本的特性,这也是 WIPO 在其相关的知识产权的论述中给予确定的。

1. 专有性

专有性,也称排他性、垄断性。一方面,它是指对同一内容的发明创造,国家只授予一项专利权,即使是不同主体不谋而合产生的同一发明创造也只能授予一项专利权。从这一点上看,授予专利权并不是完全从公平角度出发,而是从鼓励抢先申请、激励竞争的角度出发。在先申请制度下,对那些完全是自己独立研发但未进行先申请的发明人而言,其不仅不能对其技术成果获得专有权,甚至丧失了使用自己研发技术成果的权利——因为被别人申请了专利,他的使用会构成侵权。专利一经授权,他人未经专利权人许可不得进行商业性利用,而经过授权,专利可以由多个主体同时利用并获得收益可见,专利权的“专有性”与有形财产的“专有性”是有区别的:(1) 专利权所指向的一个无形财产经过授权,可为多人同时利用并获得收益,专利的普通许可即为就同一项发明创造许可多人使用的情况,而对一个有形财产而言,同一时间内只能为某一主体占有和利用;(2) 相同的发明创造(如一种新能源汽车)只能被授予一项专利权,而对于物理上相同的有形财产(如两辆相同的新能源汽车)可以分别享有物权意义上的独占权,并不排斥不同的权利主体对物理上相同的有形财产的占有。

2. 地域性

专利权的效力具有地域性。一个国家授予的专利权,仅在该国地域内有效,在其他国家没有法律效力。专利权的地域性是由专利法的国内法性质决定的。一件发明创造若要在某一国家得到保护,必须依该国专利法提出专利申请并取得专利。显然,未在一个国家取得专利权的发明创造,不能得到这个国家法律的当然保护。从这个层面上讲,人们利用那些在国外取得专利权但是在本国没有取得权利保护的技术,不会产生侵权问题。但是,基于上述技术的产品出口到该技术受保护的国家就会有侵权的风险。同时,专利权人常常会利用专利的国际申请,在有市场应用价值的国家申请专利,所以某项发明创造在当时看来在某个国家没有申请专利,仍然存在日后出现"潜水艇"专利的可能。随着国际公约覆盖的国家和地区越来越广泛,《专利合作条约》(PCT)的实施以及《实体专利法条约》(SPLT)的推进,专利的地域性特征开始淡化,有些发达国家甚至主张建立世界专利体系。一旦该体系建立,专利的地域性将不再依本国法产生,而是依国际公约确定。即便未能建立世界一体的专利公约,如果几个主要国家的专利局之间达成合作,也极有可能覆盖世界上的主要贸易区,达到实质上的专利授权国际化。美国专利局、欧洲专利局和日本专利局正在推动三局专利审查标准的统一和授权效力的互相认可。可以说,随着互联网和国际贸易全球化,专利权的地域性在慢慢淡化。

3. 时间性

专利权有法定的保护期限,在保护期限内,专利权人享有专有权。法律对专利技术的垄断权给予时间限制,是为了平衡专利权人和社会公众之间的利益。在保护期内,专利权人可以最大限度地利用专利技术获取利益,从而保证专利权人对发明创造投入的回收。一旦期限届满或因故提前终止,该专利技术即进入公有领域,任何人都可以无偿利用其发明创造。世界各国均有大量超过保护期或因故提前终止的专利技术,它们可能仍然具有利用价值,事实上,它们是一种巨大的公共财富,为公众提供了一定的创新和发展空间。但是,随着企业专利战略的实施,部分企业开始利用专利制度固有的一些缺陷(例如审查过程中不可能进行完全检索,审查员、法官并非行业中的人员,对行业中的一些公知常识无法把握等),有意识地将产业技术中已有技术申请专利,达到阻碍竞争对手的目的。这导致其中创新性专利申请占有的比例减少。

企业一般对防御性专利不会轻易放弃,而是通过授权或者拍卖的方式来获得利益。可以说,对于有价值的专利——包括能够用于产品开发以及阻止竞争对手的专利,企业都不会提前中止;另外,对于特别有价值的专利,专利权人可能通过细化技术特征等方式,对原有的技术方案再次申请专利,达到延长保护期的目的。

除上述特性外,法定性也是专利权的一个重要特性,专利权依法产生。尽管有些技术成果符合专利授予的条件,但是如果不提出申请或者没有按照专利法的要求提出申请,也不能当然获得专利保护。专利法还将一些技术领域排除于专利保护之外,即使这些领域中的创新成果符合专利条件——比如动植物品种等也不能取得专利。而对于各自独立完成的相同的发明创造,由于法律不允许同时存在两个独立的专利,所以依据先申请原则,未先申请专利的人不能拥有专有权。从这些方面看,正是专利权的法定性决定了是否对发明创造给予保护,而不仅是因为发明创造具有创新性、具有财产属性、属于智慧劳动才给予法律保护。另外,专利权的取得还要履行严格的申请审批程序,并接受一些法定的限制。

值得注意的是,专利权的商品特性也变得越来越突出。虽然权利的有偿转让在其他财产中已有体现,但是随着贸易形式的演化和多样性,以专利权为标的的交易越来越成为国际贸易的主流。专利权的许可直接遵循商品的价值规律进入市场,专利许可证贸易几乎主导着高新技术领域的所有产品。专利权的转让也呈现多种形式,不再是简单地买与卖,有专门从事研发"生产"专利权的公司,他们不需要车间、厂房、设备、制造基地等生产资料,提供的产品是源源不断的专利许可证专利权交易;还有以收购专利和买卖专利为主要业务的专利贸易公司;至于"专利池"的经营模式,就更是一种极致的专利经营行为,这种联合经营专利权的商业模式已经成为技术标准中专利许可的趋势。专利权的商品特性完全不同于有形财产的商品属性,有形财产在同一时间内只能一物一价一次出售,专利许可证在同一时间内可以一物多价多次出售。此外,由于专利权只是一种"预先假定有效"的财产权(即专利一旦被授权,先假定为是符合专利法的要求的),授权之后还可能被无效。一旦无效成功,专利权就被认为自始不存在,但对无效之日前已经生效的转让和许可协议的履行没有溯及力。因此可以说,将专利权当成商品买卖时,由于这个"商品"不存在"退货"一说,促使专利权人怀有一种投机心理,即先入为主,因而导致"跑马圈地"性的专利占据越来越大的比例。

第二节 专利制度的产生与发展

一、专利制度的产生

专利法正式诞生于欧洲蓬勃兴起的工业革命时期,而对技术发明授予专有权在公元前雅典时代就已开始。到了中世纪,一些西方国家的君主为了发展经济,赋予商人和能工巧匠在一定时期内免税并独家经营某种新产品的特权。这些特权当时尚不在国家法律制度下授予,而只是君主的个人意愿,所以还不能称其为专利。如 1331 年英王爱德华三世授予佛兰德工艺师约翰·卡姆比在缝纫和染织技术方面"独有其利"的权利。[①] 对发明授予专利最早出现在 1449 年,亨利六世授予生于佛兰德的约翰一种玻璃制造方法 20 年的垄断权。[②]

1474 年 3 月 19 日,威尼斯共和国颁布了世界上第一部《专利法》。该法规定:在 10 年期限内,未经发明人的同意和许可,禁止他人再制造与该发明相同及相似的装置;若仿制,将赔偿专利权人金币百枚,仿制品也将立即被销毁。威尼斯《专利法》开启了历史上以立法形式取代君主赐予特权形式的时代。该法规定的三个基本原则,即"保护发明创造原则""专利独占原则""侵权处罚原则",为现代专利制度奠定了基础。

1624 年,英国制定了《垄断法》,又称《专卖条例》。该法规定了发明专利的主体、客体、取得专利的条件、专利的有效期限、专利权的限制以及宣告专利权无效的条件。该法虽然很简单,但反映了现代专利法的基本内容:(1) 专利授予最先发明的人;(2) 专利权人在国内有制造、使用其发明的物品和方法的专有权;(3) 专利不得引起价格上涨,不得有碍交易、违反法律或损害国家利益;(4) 专利有保护期。

英国专利法的制定,对当时的工业革命有巨大的推动作用,对其他国家专利法的制定也有很大影响。尽管最早的专利制度并非出现在英国,但是英国无疑是具备最悠久的专利传统的国家。也可以说,英国专利法是世界专利制度发展史上的第二个里程碑,是现代专利法

---

① 参见郑成思:《知识产权法》,法律出版社 1997 年版,第 228 页。

② 参见英国专利局对英国专利发展的介绍:Five Hundred Years of Patents: Origins, http://www.ukpats.org.uk/patent/history/fivehundred/origins.html, 2013 年 7 月 1 日最后检索。

的始祖。

英国专利制度是世界专利制度的基础。它在强调专利保护的同时,也对专利权的行使施加了限制,防止利用专利限制竞争。可见,现代专利法从开始就是与反垄断规制并行发展的。

二、专利法律制度的普遍建立

17、18世纪,资本主义经济迅速发展,现代化大生产出现,新技术的使用成为最有效的市场竞争手段。新技术的拥有者极力要求国家对自己的技术予以保护,专利制度也在世界范围内广泛发展起来。

美国于1776年独立,于1790年制定了第一部《专利法》。法国于1791年颁布了《专利法》。其后,俄国于1814年、荷兰于1817年、西班牙于1820年、印度于1859年、德国于1877年、日本于1885年都先后实行了专利保护制度。

专利制度形成初期,多数国家的专利法都采取"不审查原则",只要申请登记就可以获得专利证书。登记制度导致许多专利没有技术价值,影响了专利的质量,对专利法的实施产生了负面影响,这种登记制很快即被淘汰。20世纪初,多数工业发达国家采用了"审查制"或"早期公开、延迟审查制",这两种制度一直沿用至今。第二次世界大战后,在技术革命的冲击下,国际间的技术、经济交流空前发展。为适应国际形势的需要,各国又纷纷修订或重订专利法,在扩大专利保护的范围、严格授予专利的条件、确定职务发明(雇员发明)等方面都有了突破。同时,各国修改原有的国际条约,成立了专门的国际组织,专利制度出现了国际化的趋势。经过几百年的演变和充实,如今,专利制度已成为一项比较完善、系统的法律制度,是世界范围内最为广泛应用的制度之一。

专利法诞生于蓬勃兴起的欧洲工业革命时期,当时的技术发展和市场经济的需求呼唤这样的制度,而这一制度也进一步促进了市场竞争。换言之,专利制度是市场经济发展到一定阶段的产物,对于市场经济不健全和不发达的国家来说,专利制度往往是被动地接受,其促进科技进步的效果并不明显。

三、专利制度的作用

(一)激励创新,推动科技进步

专利制度最重要的作用在于通过授予创新者在一定期限内的排他专有权,使权利人可以通过转让、许可使用、实施生产等方式,获取经济利益,收回投资,这样权利人才有继续研究开发的积极性和物质条件保证,从而进一步激励革新。此外,权利人的同行或竞争对手要想取得专利许可,往往要付出高额费用;在很多情况下,权利人也有权不许可竞争对手使用。这就促使希望取得市场竞争优势的同行或竞争对手努力超越专利的限制,在已有专利技术的基础上进行再创新,并依法取得新的专利。这种站在现有技术上不断前进的循环往复,能够推动科技进步和市场竞争。

(二)创造无形财产,提升利益资源

专利许可证已经成为国际贸易的重要内容。几乎每一项货物贸易和服务贸易中都包含着知识产权的贸易,专利许可也经常与商标的许可捆绑在一起加入贸易之中。专利技术作为无形的财产可以给专利权人带来巨大的利益,专利许可证贸易已经成为企业收益及国家

经济的重要组成部分。

(三) 利用专利文献,提高创新起点

专利的两大特点是垄断与公开。专利权人获得垄断权的前提是必须将发明创造的全部内容向社会公开。这些公开的技术信息,对再创新具有极为重要的作用。人们在科学研究之前,可以充分利用这些信息,准确把握国内外的发展现状,避免重复研究,节约资源和费用。据世界知识产权组织介绍,全世界90%的新技术公开在专利文献中,专利文献是一个巨大的信息库。充分利用这一资源,可以提高研究与开发的起点和效率。

(四) 保护投资,提升市场竞争力

科学技术的发展需要有新的投入才能有新的突破。一项科技成果的取得,需要经过基础研究、应用研究、开发研究的复杂过程,需要大量的投入并付出艰辛的劳动。给予专利以专有权,会吸引投资者对那些研发周期长、市场风险大的技术领域进行研发投入。例如,一种新药从研制开发到生产,需要花费十几年的时间和几亿美元的经费。而这种在经济学上被称为"易逝财产"的科技成果极易被仿制,并难以控制。在信息时代的今天,这种现象越发严重,愈是有市场前景的智力成果,愈是容易被任意仿制或剽窃。因此,一个良好的专利法制环境可以保障投资人充分享有由此所产生的合法权益,维护有序的市场竞争态势。专利制度是规范产业竞争与利益分配的一种法律制度,也可以说是既得利益者保护其市场地位的工具。

(五) "先入为主",防御竞争对手

在经济全球化的模式下,拥有更多的专利成为跨国公司之间竞争的砝码。许多公司认为,专利的价值已不仅仅在于专利的许可获利,更重要的是,专利是与竞争对手抗衡的谈判砝码,是获得相关技术垄断地位的工具。在有些情况下,企业可以通过专利的交叉许可,化解与竞争对手的专利冲突,降低专利侵权风险。专利的先申请原则也被利用来部署防御性专利,而且防御性专利已经成为企业专利战略的重要组成部分。

四、对专利制度的讨论

专利制度可以促进发明创造,推动技术进步,提高企业在市场竞争中的优势,这已成为不争的事实,专利的竞争已是国际科技竞争和经济竞争的一个战略制高点。拥有专利权的数量和质量以及运用专利制度的能力和水平,已是衡量一个企业乃至一个国家或地区综合实力的重要指标,成为市场竞争地位的重要基础。

尽管专利制度对国家发展的巨大推进作用已被世界公认,但是在专利制度的发展历史上还是有很多不同的声音。英国和荷兰曾经出现过"放弃专利制度"的"回流"。许多著名的法学家对"专利制度促进社会发展"提出过置疑。他们认为,在激烈的市场竞争中,专利法确定的先申请原则、严格程序原则、法定排除保护原则、等同侵权原则等,会使在先的专利权人限制后续专利技术的应用,使专利法更多地起到排斥竞争对手、鼓励垄断的作用,反而起不到鼓励利用新技术的社会效果,因此不能简单地认为专利制度与国家发展存在因果关系。经济学家通常是批判性地看待知识产权制度,他们考虑更多的是"交易成本"问题。对于政府而言,建立专利体系的立法、执法机构成本昂贵,例如建立专利申请和审查机制、对侵权诉讼进行裁判、行政执法等;对于专利制度所服务的对象——企业来说,利用专利战略的成本也是昂贵的,需要配备专业法务人员、专项管理资金、专项研究队伍等。无论是从人力资源还是从财政资源看，有效运作专利制度的成本都是高昂的。并且，专利权保护必然带来限制竞争和一定的市场垄断，反而制约了市场经济的发展，同时可能伴随着对消费者和交易自由的损害。所以，一个社会在构建专利制度时，必须充分考虑其利弊所在，谋求最大限度的受益。

英国知识产权委员会在2002年的《知识产权与发展政策整合报告》中所引用的五位专家的观点具有代表性①：

艾迪斯·庞罗斯（Edith Penrose）1951年在《国际专利制度经济学》（*The Economics of the International Patent System*）一书中写到："任何国家，如果它在国内市场授予垄断特权，但却既不能提高供应商品的质量，也不能降低供应商品的价格，还不能发展本国的生产力或者至少在其他市场取得对等的权利的话，则在国际专利制度下，它必定是失败者。再多的'世界经济一体化'的废话，都不能隐藏以下事实：如果一个国家仅有很少的工业产品出口贸易，创新产品销售却很少或没有，那么除了在其他方面可以避免不愉快的外国报复之外，授予专利权给那些在外国已经实施、已经获利的技术发明，它自身并不能够获得任何好处。这类国家包括农业国，以及努力进行工业化但仍主要出口原材料的国家……无论专利制度对这些国家而言存在任何好处……都不包括与授予或获得技术发明专利权相关的经济利益。"

美国普林斯顿大学学者Fritz Machlup研究了美国的专利制度之后于1958年在《专利制度的经济学评论》（*An Economic Review of the Patent System*）一书中论述道："如果不知道一项制度……是好是坏，能给出的最安全的'政策结论'就是敷衍，即如果已经长期与之并存，就继续予以实施；如果以前并无这样的制度，就不予采纳。如果我们没有设立专利制度，就根据我们目前对于其经济学效果的知识而推荐建立专利制度，是不负责任的。但是，由于我们已长期实施专利制度，即根据我们目前的知识而推荐废除它，也是不负责任的。后一论断指的是如美国这样的大国——而不是一个小国，也不是一个典型的非工业国。"

经济学家Lester Thurow1997年在《哈佛商业评论》中撰文《需要：一个新的知识产权法律制度》（*Needed: A New System of Intellectual Property Rights*），写道："经济全球化需要一个全球化的知识产权制度，该制度既要反映发展中国家的需要，也要反映发达国家的需要。这一问题类似于在发达国家中何种类型知识仍应当处于公共领域的问题。但是，第三世界对获得低成本药品的需求并不等同于其对低成本CD的需求。任何不加区分、等同对待这两种需求的制度——如当前的制度这样——既不是一项好的制度，也不是一项有生命力的制度。"

法学家Larry Lessig 1999年在《工业标准》中撰文《专利的问题》（*The Problem with Patents*），论及美国的专利制度时指出："无疑，拥有专利制度比没有要好些。如果没有政府的保护，许多研究和发明就不会发生。然而，即使一定程度的保护具有良好的效果，也并不一定意味着更多的保护会产生更好的效果……（专利）这种国家赋予的垄断是否有助于诸如互联网这样快速发展的市场，学者们的怀疑越来越严重……经济学学者现在正质疑扩大的专利保护是否会产生积极的社会福利。当然，专利制度会使一些人变得非常富有，但这并不等

① 该报告英文原文见：*Integrating Intellectual Property Rights and Development Policy*: *Report of the Commission on Intellectual Property Rights*, London September 2002, http://www.iprcommission.org/graphic/documents/final_report.htm，最后访问时间：2013年3月20日。

同于促进整个市场经济……就我们的传统而言，它并不是要授予没有限制的知识产权，相反，它重视'平衡'，强调知识产权的过度保护必然导致危害。现在，知识产权保护似乎已经超过了'平衡'的限度，取而代之的是一种不断增强的疯狂——这不仅发生在专利制度领域，而是在整个知识产权领域……"

经济学家 Jeffrey Sachs 2002 年在《创新政策与经济》(*Innovation Policy and the Economy*)(第三卷)一书中提到："……现在有机会就世界贸易体制的知识产权制度对世界上最贫穷国家的关系进行重新审视。在乌拉圭回合谈判时，国际制药业努力推动专利的普遍保护，他们并不考虑知识产权制度对最贫穷国家的深远影响。很少有人怀疑 WTO 的'知识产权协定'会使最贫穷国家的消费者更难以获得关键性的技术，但是，我们却目睹了该协定对基本药物供应的冲击。WTO 成员国正在进行新一轮的多哈回合谈判，他们已经承诺，根据公众健康优先的原则重新考虑知识产权问题，这是明智的。强化知识产权保护很可能会减缓技术向世界最贫穷国家的扩散速度。因为，长期以来，世界上最贫穷的国家是通过仿制和反向工程获得技术扩散的。这一不应该受到侵犯的技术扩散途径正在不断受到阻缓，而技术扩散对最贫穷国家的效果或许已经不当地被妨害了。世界贸易体制的知识产权制度这一领域还需要进一步的深入观察、政策关注和持续的研究。"

除了英国的这份报告外，其他国家的研究也开始注意到专利制度中的问题。韩国科学与技术学会在《专利、创新与经济业绩》一文中重新审视了专利对国家发展的作用。该文在阐述专利与经济增长的关系时指出：(1) 专利保护发明者对于发明的经济权利，增强创新活动动机，促进创新，强化竞争，促进经济发展。(2) 专利作为企业进入市场的门票，促进市场竞争，强化市场效率，实现资源的有效配置，促进经济发展。(3) 当模仿成本低于研发成本，如果研发成果不受保护，则发明者会丧失市场竞争力，最终抑制了发明活动。(4) 当社会边际效益超过私人边际效益，需要提供一种补偿的体系，以鼓励发明活动。然而，专利制度可能导致过分的寻租行为，增加后继发明的成本，阻止新思想与专利发明的结合，强化专利制度增加了交叉许可和法律纠纷。

美国国会图书馆 2005 年提交国会的报告《专利改革：创新问题》中提到："随着知识产权对创新的重要性的增加，国会对专利政策以及可能的专利改革的兴趣与日俱增。专利权被看做是促进引起经济增长的技术改进的一种动机。然而，与日益增长的对专利的兴趣同在的还有人们对现有制度的公平和效率的持久关注。最近的多项研究，包括国家科学院和联邦贸易委员会的报告，都建议进行专利改革，这表现出他们感觉到现行专利制度的运作中存在不足。另外有专家认为，对现有法律进行大的改动是不必要的，而专利程序能够并且也正在逐步配合技术的进步。"[①]

经济合作与发展组织(OECD)在 2004 年题为《专利与创新：趋势和政策的挑战》的年度报告中提到："软件和服务是新的专利客体，尽管在不同的国家其范围有所不同。专利对于这两个领域的创新和知识传播的影响尚未有系统化的评估，而这样的评估是必需的。软件专利的新颖性和范围同样需要监控。专利局应当不断努力，系统化他们的经验和知识库。

---

① *Patent Reform: Innovation Issues*, CRS Report for Congress, http://www.opencrs.com/rpts/RL32996_20050715.pdf#search=%22CRS%20Report%20for%20Congress%20Patent%20Reform%3A%20Innovation%20Issues%22，最后访问时间：2013 年 7 月 1 日。

专利在开放源代码软件的扩张中所扮演的角色也需要进行评估。经济评估的结果显示,专利制度的改革方向是值得研究的。考虑到经济的基础,专利制度改革的措施包括:根据发明本身的不同特质——例如生命周期或者价值——提出一种新的能够适应个体差异的专利保护(与现行的不加区别的制度相对应);使专利费与受保护程度相称;如同在公共领域那样,发展出可选择的取得专利的方法。在不远的将来,专利体系将会面临比过去二十年更大的挑战,包括不断增长的全球化进程、因特网作为知识传播工具的广泛使用以及服务领域的不断膨胀的创新活动。我们需要适当的以及更加全球性的政策来应对这些新的挑战,从而使专利体系能够继续扮演鼓励创新和技术传播的角色。"①

目前,多数国家都已经认识到,诚如经济学家所说,建立专利体系的立法、执法机构对于政府来说成本昂贵,专利制度是强者和智者的竞争规则,如果要加入其中,必须有充分的实力:财力和智力。而这种智力一方面体现在研发实力上,另一方面则体现在对专利战略的高超运用技巧上。

实践中,拥有大量专利的企业也意识到复杂的专利系统带来了巨大的竞争风险,即使很有知识产权意识的公司也无法完全避免侵权。这些公司开始反思目前专利制度运行中存在的问题。专利权人作为"经济人"将大量的公开技术和过期专利进行专利再包装所导致的"问题专利",以及防御性专利申请的增多,为专利"混战"推波助澜。《知识产权:释放能量的经济》一书中提到:"根据一份对领先的日本公司的专利组合的分析表明,41%的专利申请是防卫性的,45%是为了防止竞争对手对于类似产品的制造和销售。"②目前人们意识到:企业专利战略的运行已经出现妨碍创新和限制竞争的现象。2006 年 5 月,IBM 公司在互联网上发起了一场知识产权大讨论,质疑目前各国专利局授权专利的质量,认为大公司申请专利不是为了许可,而主要是为了防御竞争对手。迫于"专利灌丛"影响了正常的市场竞争,IBM 公司实行的"开放专利"在某种程度上是对专利保护的一种变革。

鉴于技术基础的差距悬殊,专利制度对发达国家和发展中国家分别产生的社会效果是不同的。技术发达的国家认为,专利保护是刺激经济增长的必要因素,通过鼓励发明和新技术应用,能提高农业或工业的产量,促进国内和国外投资,促进技术转让以及提供充足的战胜疾病的药物。这些国家还认为,对于发达国家起作用的专利体系,没有理由不对发展中国家产生相同的作用。然而,发展中国家对于上述专利制度有巨大正面促进作用的观点表示怀疑。发达国家有相当多的学者也认为:由于缺少必要的人力和技术基础,专利制度对发展中国家所起的鼓励发明作用很小。专利制度不能有效地鼓励开发新产品以使穷人受益。因为即使产品研究出来,由于专利许可费使产品成本上涨,穷人还是买不起产品。同时,专利保护制度限制了发展中国家通过摹仿来学习技术的机会。获得专利权的外国公司可以通过直接输出专利产品到发展中国家的国内市场,而不在该发展中国家国内制造专利产品,以避免在发展中国家的国内竞争。而且,这些制度还提高了发展中国家基本药物和农产品进口的成本,极大地影响了穷人和农民的利益。

除了受到专利制度制约创新的直接影响外,发展中国家还可能受到发达国家专利保护

---

① Organisation for Economic Co-operation and Development, *Patents and Innovation: Trends and Policy Challenges*, OECD 2004, www.oecd.org. 最后访问时间:2006 年 4 月 30 日。

② 〔印〕甘古力:《知识产权:释放经济的能量》,宋建华等译,知识产权出版社 2004 年版,第 5 页。

体系的间接影响，比如被迫接受较高水平的保护、由于欠缺专利许可合同意识导致的技术引进和授权许可谈判时处于被动地位等。那些曾被先进工业国家统治过的殖民地，例如印度、马来西亚、菲律宾等，往往毫无选择地被动适用与遵守宗主国的专利制度。很多其他国家建立专利制度时，也受到外来势力的左右，发达国家的大公司常常在幕后推动弱小国家的政府，强迫他们制定或修订专利法，以巩固他们的市场支配地位。

专利制度是一把双刃剑。发展中国家如何运用这项制度适应本国经济发展，是专利制度实践的关键。从日、韩两国早期的专利弱保护和以"小专利"换"大专利"的外围专利战略，可以得到一些专利与国家发展相互关系的启示。

中国专利制度不是因内在市场经济发展需要的驱动而建立的，不像发达国家那样是基于社会经济发展到一定阶段时市场竞争的产物。中国在计划经济时代不需要专利制度，1978 年改革开放后，中国要开放国内市场，参与国际贸易，就必须按照国际规则行事。中国 1985 年实施《专利法》时，更多地是为了适应当时的技术引进和开放市场的需求。而在国内企业进行资本的原始积累时并不急需专利的保护，所以中国专利制度建立时并没有引起更多中国企业的重视，也没有得到企业的充分利用。当那些完成原始资本积累的中国企业走向国际贸易时，它们才开始认识到专利的重要性，萌发自身的保护需求。

中国目前还是发展中国家，专利技术的创新和运用能力都不是很强。在这样的情况下，不仅要考虑建立一套与国际接轨的专利保护制度，也要考虑制定相应的专利应用战略，实现《专利法》设定的"保护专利权人的合法权益，鼓励发明创造，推动发明创造的应用，提高创新能力，促进科学技术进步和经济社会发展"的立法宗旨。

专利制度建立在工业革命时代，人类进入信息社会后，专利制度的应用有许多新的发展和变化，各国也在反思专利制度在信息时代对促进技术创新的机理和作用，反思专利法运行的社会效果。诸如，专利保护的客体是否要扩大到电子商务和生物技术领域？全球贸易环境下公平的市场竞争需要的是更多的专利还是更少的专利？专利申请的动力是来自创新的激励还是市场垄断的欲望？防御性的专利授权加大了专利制度运行的社会成本和管理资源，大量潜在无效的专利增加了企业竞争的风险，专利权滥用危害到创新与发展、环境污染和人权，未来专利制度向何处发展等等。本书对专利制度的解读也只能从制度设计本身去学习和接受，要进行专利制度的改革还需要从经济学、社会学、法理学等多角度进行审视，还需要在市场经济实践中去检验已有制度的合理性。

第三节　中国专利法的历史演进

中国记载"专利"一词的历史可以追溯到两千多年前的《国语》[①]，但那并非是法律制度上的含义。从技术创新角度看，古代中国是当然的"创新大国"，"四大发明"——造纸、火药、指南针、活字印刷技术作为基础创新成果贡献给了全人类。但漫长的封建社会不可能诞生出市场经济的产物——专利法。

---

① 郑成思：《知识产权法》，法律出版社 1997 年版，第 231 页。

一、1949 年之前的中国专利立法

中国最早有关专利的法规是 1898 年清朝光绪皇帝颁发的《振兴工艺给奖章程》,其中规定,对于不同的发明新方法及新产品,可以给予 50 年、30 年、10 年的专利。辛亥革命后,工商部于 1912 年公布了《奖励工艺品暂行章程》,规定对发明或者改良的产品,除食品和医药品外,授予 5 年以内的专利权或者给予名誉上的褒奖。1932 年,一部比较完善的《奖励工业技术暂行条例》诞生了,该条例规定了奖励、审查、颁证的方式方法、条件、审查规定、承办机构等具体内容。1939 年修改时,该条例又增加了“新型”和“新式样”两种专利,相当于现在所说的“实用新型”和“外观设计”专利。

中国历史上第一部正式的《专利法》是 1944 年 5 月 29 日由当时的国民政府颁布的《专利法》。该法规定对发明、新型和新式样授予专利权,期限分别是 15 年、10 年和 5 年。这部《专利法》在新中国成立前并没有施行,后于 1949 年 1 月 1 日起在中国台湾地区施行。该法经多次修改,一直在中国台湾地区沿用至今。

二、1949—1985 年之间的专利制度

1950 年 8 月,中央人民政府政务院颁布了《保障发明权与专利权暂行条例》。该条例采用了苏联的发明证书和专利证书的双轨制。1954 年,政务院又批准颁布了《有关生产的发明、技术改造及合理化建议奖励暂行条例》,获得发明证书的,依条例颁发奖金。在 1953 年至 1957 年期间,国家共批准了 4 件专利和 6 件发明人证书。1963 年 11 月,上述条例被废止,国务院颁布了新的《发明奖励条例》,由发明奖励制度取代了发明保护制度。此后的 20 年内,中国在专利制度方面没有变化。

1979 年 3 月,为适应改革开放、技术引进形势的需要,中国开始专利立法的准备工作。1980 年 1 月,国务院批准了国家科委《关于中国建立专利制度的请示报告》,成立了国家专利局。1984 年 3 月 12 日,《专利法》经第六届全国人民代表大会常务委员会第四次会议审议通过,并于 1984 年 3 月 20 日公布。该法于 1985 年 4 月 1 日起正式施行。这部《专利法》的诞生,标志着中国专利制度的正式开始。

三、1985 年《专利法》及其特点

1985 年正式施行的《专利法》是新中国成立后的第一部专利方面的单行法律,它是改革开放和经济体制改革的客观需要。1985 年《专利法》借鉴了国外实行专利制度几百年的经验,同时也考虑了当时中国从计划经济向商品经济过渡的国情。这部《专利法》是一部既符合国际公约基本原则,又具有中国特色的专利法。

(1) 实行单一专利保护制度。当时,苏联及东欧社会主义国家大都采用与西方传统专利制度不同的双轨制,即发明人证书制和专利证书制。这种制度设计兼顾了社会主义公有制经济和市场经济的要求,但是不利于国际交流。为适应国际惯例,加强中国专利制度与《巴黎公约》的协调关系,尽管中国当时仍以公有制为基础,但没有采取发明人证书制,而采取了单一的专利保护制度,并分别规定职务发明和非职务发明的权利归属,兼顾了国家、集体和个人三者的利益。考虑到公有制国情,对于全民所有制单位完成的发明创造,《专利法》规定由完成单位“持有”,回避了所有权制度带来的问题。

（2）三种创新形式集于一法保护。1985年《专利法》规定的发明创造有三种：发明专利、实用新型专利和外观设计专利。将这三种创新形式集中于同一部法律之中给予保护，在国际上是不常见的。一般国家的专利法仅涉及发明专利。对于那些称作“小发明”的实用新型的保护一般单独立法，或者不称为专利。对工业品外观设计或者新式样的保护，有些国家放在专利法中，也有单独立法保护的。考虑中国《专利法》制定时，科学技术水平普遍比较落后，小发明、小革新的数量在相当长的一段时间内会很多，为调动和保护人们发明创造的积极性，将这三种形式都放在《专利法》之中，都称为“专利”，这是中国专利法的特色。但是，由于实用新型专利不需要经过实质性审查，权利取得比较容易，但又冠以“专利”之名，在实践中产生了许多问题。

（3）早期公开、延迟审查制和登记制并存。为使专利技术早日为社会所利用，使公众尽快地获取有关专利申请的信息，同时使申请人在申请过程中有一段时间考虑是否提出实质审查请求，减少专利局进行实质审查的工作量，中国专利法采取了德国专利法体系，对发明专利申请采取“早期公开、延迟审查制”，即自申请日起18个月内进行公开，然后由申请人提出请求，再进入实质审查程序；对实用新型和外观设计专利申请，采用“登记制”，只进行形式审查，通过后即授予专利权。这样，对小发明尽快为社会所用提供了方便，有利于专利技术的传播。

（4）计划许可与强制许可并存。考虑到当时全民所有制和集体所有制等多种公有制形式并存，对这些单位所产生的重大职务发明创造，有关主管部门可以根据国家计划指定其他单位实施，这是一种计划许可。对于那些具备实施条件的单位以合理的条件请求专利权人许可实施其专利，但未能获得许可的情况，专利局根据申请单位的请求，可以颁发强制实施许可证。计划许可是中国特色，强制许可是国际规则。计划许可与强制许可并存，既不违反国际公约，也维护了国家利益，防止了专利权的滥用，照顾了社会公众的利益。

（5）行政执法与司法共同处理专利纠纷。1985年《专利法》从中国的国情出发，考虑到由政府部门对专利纠纷进行处理有时比法院更为有效，所以在《专利法》中专门规定了专利管理机构的地位和职责，确立了专利管理机构的准司法地位。对于侵权行为，专利权人或利害关系人可以请求专利管理机构进行处理，也可以直接向人民法院起诉。1992年《专利法实施细则》对此还单列一章作了具体规定。这是中国专利法的一个突出特点，其他国家很少有这样的规定。

（6）既符合国情又具有国际化特点。我国的实用新型制度，给当时很多民间的发明人提供了一个快速、经济地获得权利的途径，这些非职务的实用新型专利在运用上也相对活跃。另外，中国专利立法主要以德国专利制度体系为参照，因为这一体系不仅吸收了各国专利制度的长处，而且适应发展中国家的科技发展水平，使专利制度既能保护发明人、专利权人的利益，促进发明创造的积极性，又能照顾国家与社会的利益。同时，中国专利保护的基本原则亦符合《巴黎公约》的规定。1983年中国加入《巴黎公约》，中国1985年《专利法》基本接受了《巴黎公约》的基本原则，适应了专利制度国际化的发展趋势。

由于中国改革开放前期国内市场经济体系尚未建立，企业缺少竞争意识和积极性，所以在1985年《专利法》实施初期，主要是大学和科研院所等事业单位以这部法律为指引申请专利。但这些事业单位既没有技术交易基础，也不参加市场竞争，因此，其申请的专利很多被束之高阁，后多被放弃，未实现专利应有的经济价值。

第四节 中国《专利法》的修改

一、《专利法》第一次修改

专利法的实践以及专利制度国际化的发展趋势,使中国《专利法》的修改工作应时而生。1988年,伴随着中美知识产权谈判,中国开始《专利法》的第一次修改工作。修改后的《专利法》于1993年1月1日起施行。修改的主要内容及涉及的条款如下:

(1) 增加了进口权的规定。专利权人有权阻止他人未经专利权人许可,为生产经营目的进口其专利产品或进口依照其专利方法直接获得的产品。多数国家的专利法都把进口权作为专利权的一项内容,但中国1985年《专利法》仅规定专利权人禁止他人制造、使用和销售的权利,对于他人进口专利产品的行为未做规定。修改后的1993年《专利法》补充规定了进口权,提高了专利保护水平。

(2) 将对方法专利的保护延及依据该方法直接获得的产品。1985年《专利法》对方法专利只规定了对方法专利的使用权,修改后的1993年《专利法》将使用或销售依据专利方法直接获得的产品也列为方法专利权人的一项权利。

(3) 扩大了专利保护的技术领域。1985年《专利法》第25条列举了7项不给予保护的技术领域,修改后的1993年《专利法》去掉了其中第4、5项,即将食品、饮料、调味品、药品和用化学方法获得的物质列为保护范围,使中国专利保护水平更接近国际标准。

(4) 增设本国优先权。1985年《专利法》只给予外国申请人在国外第一次申请后,又在中国提出的申请以优先权。1993年《专利法》增加了"申请人自发明或者实用新型在中国第一次提出专利申请之日起12个月内,又向专利局就相同主题提出专利申请的,可以享有优先权"的规定。即国内优先权。

(5) 重新规定专利申请修改的范围。将原来修改范围仅限于说明书扩大到说明书和权利要求书。

(6) 明确发明专利申请公布的时间,即自申请日起满18个月即行公布。1985年《专利法》规定在18个月内公布,公布时间不确定。对于申请人来说,在专利授权以前公开专利申请对其不利。既然1993年《专利法》规定的公开时间是满18个月,那么最理想的公开时间是第18个月的最后一日。

(7) 将授予专利权的时间提前。1993年《专利法》删除了审定公告程序,在实质审查后没有发现驳回理由的,即作出授予发明专利权的决定,发给发明专利证书,并予以登记和公告。

(8) 将授权前的异议程序改为授权后的撤销程序。异议程序的取消可以加快专利的审批,提高专利局的工作效率。增设撤销程序可以给社会公众更充分的监督专利权的有效性的权利。

(9) 增加专利复审的范围。对于专利局撤销或者维持专利权的决定不服的,可以请求复审。

(10) 延长专利权的期限。将发明专利从原来的15年保护期改为20年,实用新型和外观设计从原来的5年加3年续展的保护期改为10年,不再续展。

（11）对提出无效宣告请求的时间及无效宣告的效力作了进一步限制。1985年《专利法》规定，自专利授权后任何时间都可以提出无效请求。1993年《专利法》规定，只能在授权6个月后提出。这是因为增加了撤销程序，专利授权后的6个月属于撤销申请期。

（12）重新规定强制许可的条件。1985年《专利法》对强制许可证的发放时间和具体条件规定得较明确，1993年《专利法》借鉴了国际惯例，没有规定时间。

（13）重新规定专利侵权诉讼中举证责任转移的条件。1985年《专利法》规定，在方法专利发生侵权时，侵权方应提供其产品制造方法的证明；1993年《专利法》在产品前加了一个"新"字，即应提供新产品制造方法的证明，这虽然将方法专利举证责任转移的范围缩小了，但加强了对方法专利的保护。

（14）增加对冒充专利产品或者方法的处罚。1985年《专利法》只规定了对假冒专利的处罚，但实践中，有许多情况不仅仅是假冒他人专利，而是将不可能实施的技术或伪劣产品冒充专利技术、专利产品。为了对这种欺世盗名、坑害社会的行为给予严惩，1993年《专利法》增加了对冒充专利产品或者方法的处罚。

《专利法》第一次修改的主要动因来源于国际上的压力。中国当时正谋求恢复《关贸总协定》的缔约国地位，并于1991年12月与其他国家初步达成了《关贸总协定》中的《与贸易有关的知识产权协议》。中美两国为减少贸易摩擦，于1992年1月签署了《中美政府关于保护知识产权的谅解备忘录》，中国承诺开放对药品的专利保护等。当时，中国的企业仍然很少关注《专利法》的实施，《专利法》主要是在技术引进、设备引进过程中被外方应用。

二、《专利法》第二次修改

2000年8月25日，第九届全国人民代表大会常务委员会第十七次会议通过了《关于修改〈中华人民共和国专利法〉的决定》，于2001年7月1日起施行。从实质内容上看，这次修改主要是围绕着《TRIPs协议》的要求进行的。修改后的2001年《专利法》符合了《TRIPs协议》的基本要求。这次修改主要体现在：

（1）明确专利立法宗旨是"促进科技进步与创新"。

（2）引入合同优先原则，允许科技人员和单位通过合同约定发明创造的归属；明确对职务发明人应当给予"报酬"，而不仅仅是"奖励"。

（3）取消全民所有制单位对专利权"持有"的规定，国有企事业单位在转让专利申请权或专利权时不再需要经上级主管机关批准。

（4）加强对专利权的保护。专利权的内容增加了有关许诺销售权的规定。

（5）对善意使用或者销售侵权产品的，由原来的"不视为侵权"改为"不负赔偿责任"。

（6）增加了诉前临时措施。

（7）增加了关于侵权赔偿额计算的规定以及法定赔偿额的规定。

（8）简化、完善专利审批和维权程序。

（9）规定专利申请的复审和专利无效由法院终审，取消了专利复审委员会的终审权。

（10）取消了三种专利权的撤销程序。

（11）简化转让专利权和向外国申请专利的手续。

（12）与国际条约相协调。明确了提交专利国际申请（PCT）的法律依据。

上述修改内容的主要出发点是要与《TRIPs协议》的原则甚至文本保持一致，对于自

1993年《专利法》实施以来反映出的问题还未来得及被认真考虑。特别是中国入世后，企业在参与国际贸易竞争中遭遇到严重的专利壁垒，加之中国专利法制度设计本身尚存在问题等，《专利法》需要进一步完善。于是，2005年中国开始了第三次修改《专利法》的研究工作。

三、《专利法》第三次修改

《专利法》第三次修改的准备工作止于2008年。此次修改的出发点不再是应对外界压力，更多是满足中国经济和科技发展的内在需求，并契合中国当时正处于制定阶段的《国家知识产权战略纲要》所要实现的目标要求。此次法律修改的前期研究形成的认识有：

(1) 专利保护已经成为国际竞争中的关键因素之一。一方面，在《TRIPs协议》全面强化知识产权保护力度的基础上，发达国家正在极力推动知识产权国际规则的进一步变革，以维持和扩大其在知识产权保护方面的巨大优势；另一方面，广大发展中国家通过实施《TRIPs协议》以来的种种事实，越来越深切地感受到知识产权保护的非对等性以及与发达国家相比的不利地位。围绕知识产权国际规则的变革，发展中国家与发达国家之间的矛盾和利益冲突比以往更加突出和尖锐。为了维护中国主权，防止中国在专利保护的国际规则制定上被边缘化，我们不仅需要积极参与有关知识产权国际规则的制定和形成，还需要不断地完善国内的专利法律体系，建立优质高效、简捷方便、成本低廉、保护适度的专利制度，使之能够适应国际形势的发展，既充满活力，又具有吸引力和竞争力。

(2) 为了捍卫发展中国家在公共健康领域中战胜流行性疾病、拯救人民生命的权利，落实《多哈宣言》以及该宣言的主席声明，中国需要在《专利法》及其实施细则中将之予以体现。同时在遗传资源、传统知识和民间文学艺术的保护方面，中国在《专利法》及其实施细则中也有必要作出适当的法律规定，补充有关内容。

(3)《TRIPs协议》第7条规定的“目标”如下：“知识产权的保护和实施应当对促进技术革新以及技术转让和传播作出贡献，对技术知识的生产者和使用者的共同利益作出贡献，并应当以一种有助于社会和经济福利以及有助于权利与义务平衡的方式进行。”第8条规定的“原则”为：“各成员方在制定或修正其法律和规章时，可以采取必要措施以保护公共健康和营养，并促进对其社会经济和技术发展至关重要部门的公共利益，只要该措施符合本协议规定。”“可能需要采取与本协议的规定相一致的适当的措施，以防止知识产权所有者滥用知识产权或借以对贸易进行不合理限制或实行对国际间的技术转让产生不利影响的做法。”可以看出，这方面的内容与中国的利益密切相关，需要中国再次权衡，在《专利法》及其实施细则中补充有关规定。

(4) 加入WTO之后，中国企业频繁地遭遇知识产权纠纷，这使企业越来越深切地感受到知识产权保护的重要性和严峻性。中国目前主要是依靠产品价格上的优势进入市场，而在新产品开发，尤其是具有高技术含量的创新方面存在明显不足。要保障中国经济的可持续发展，就必须提升企业的专利拥有量和专利战略应用能力，全方位地提高企业在专利的产生、实施、保护和管理方面的综合水平。

第三次《专利法》修改主要体现在以下方面：

(1) 对立法宗旨进行完善。结合中国建设创新型国家的战略目标，强调了“鼓励发明创造，推动发明创造的应用，提高创新能力，促进科学技术进步和经济社会发展”的立法目的。

(2) 简化了专利申请及审批手续，取消了涉外代理机构的限制，并鼓励向国外提出专利申请。

(3) 将专利权的新颖性条件由原来的“混合性标准”改为“绝对新颖性标准”,符合国际趋势。

(4) 对于利用生物遗传资源申请的专利,增加了披露来源的义务。

(5) 完善了强制许可制度。对于涉及公共健康的药品专利、无正当理由未实施或者未充分实施专利的情况、影响公共利益以及妨害竞争的情况可以实行强制许可。

(6) 为了防止重复授权,解决了发明和实用新型专利的交叉问题,明确了一个技术或设计方案只能授予一种形式的专利权。

(7) 规范了外观设计专利的授权标准,提高了外观设计专利的授权门槛。

(8) 完善了专利侵权判断的标准,进一步明确了不视为专利侵权的情况。

(9) 加强了专利行政执法力度,进一步明确了地方行政执法机构的职责。

(10) 完善了专利侵权诉讼中的证据保全制度和诉前禁令制度。

(11) 新增了为行政审批需要,实施专利药品及医疗器械专利的情况下不视为侵权的规定。

《专利法》第三次修正案于 2008 年 12 月 27 日颁布,2009 年 10 月 1 日起实施。《专利法》的第三次修改适逢国家经济发展模式转变时期,从制造型经济向创新型经济模式转变更需要专利制度的保障。

第十一章

专利权的客体

专利权的客体,是专利权人的权利和义务所指向的对象。就中国专利法而言,是指发明创造,即发明、实用新型和外观设计。这三种专利在定义、构成要件上均有所不同。此外,专利法还明确规定了排除保护的对象。

第一节　专利的种类

一、发明

专利法所指的发明有特定的含义,它是指对产品、方法或者其改进所提出的新的技术方案。从发明的定义上看,它必须是一种技术方案。不能将自然定律的发现、抽象的智力活动规则等算作发明,如陈景润的数学发现、史丰收的速算方法等都不能申请专利,因为它们都不是一种技术方案。专利法所说的"技术方案"不一定要达到至善至美的程度,有些还没形成工业产品,或者在技术上仍未达到商用化程度,只要在理论上具备实施可能性、利用了自然规律,都可以成为专利保护的客体。所以,专利法上所指的发明与通常人们理解的广义上的发明是有区别的。

根据发明的定义,可以将发明分为以下两类:

(1) 产品发明。产品发明是指关于人类技术生产的物的发明,如机器、设备、仪表、化合物等。未经人的加工、属于自然状态的东西不能作为产品发明,如天然宝石、矿物质。产品发明取得专利后称为产品专利。产品专利只保护产品本身,不保护该产品的制造方法。但是产品专利可以排斥他人用不同方法生产同样的产品。

(2) 方法发明。方法发明是指为制造产品或者解决某个技术问题而实现的操作方法和技术过程。所说的方法,可以是化学方法、机械方法、通讯方法及工艺规定的顺序来描述的方法。方法发明取得专利后,称为方法专利。中国1985年《专利法》对方法专利的保护只涉及其方法本身,不延及使用该方法制造的产品。修改后的《专利法》把方法专利的保护延及到用该专利方法直接获得的产品,即未经专利权人许可,他人不得使用其专利方法以及使用、许诺销售、销售、进口依照该专利方法直接获得的产品。

从另一角度对发明进行分类,还可以将发明分为下列各类:

(1) 首创发明。首创发明又称"开拓性发明"。这是指一种全新的技术解决方案,在技术史上未曾有过先例,它为人类科学技术的发展开创了新的里程碑,如指南针、蒸汽机、白炽灯、电话、数字印刷等发明。在中国的创新体系中,有一种重要创新模式是“原始创新”,就是指在基础科学和前沿技术领域中的创新活动。“原始创新”可能产生出更多的首创发明或者核心技术专利。首创发明的权利要求保护范围大,权利要求层叠部署,专利内容较为复杂。从专利战略考虑,首创发明应当由一批组合专利构成。

(2) 改进发明。改进发明是指在现有技术的基础之上,在保持其独特性质的条件下,又改善了其性能、使之具有新功效的改进技术方案。人类的进步总是离不开前人的成功经验,科学的发展也使一项发明需要涉及的知识越来越广。所以,多数发明都属于改进发明,如各种霓虹灯就是在日光灯基础上的改进发明。中国创新体系中的“引进、吸收、消化、再创新”就属于改进创新的模式。改进创新产生出的改进发明可以构成新专利,但是在利用改进发明时,有些可能落入了原专利的保护范围,因而需要经过在先发明专利权人的授权。改进专利可以以交叉许可的形式获得在先权利人的许可使用,现代企业专利战略越来越多的是通过改进专利的部署来获得市场谈判地位。

(3) 组合发明。组合发明是指将已知的某些技术特征进行新的组合,以达到新的目的的一种技术解决方案。如将发动机、轮胎、车厢、方向控制装置组合在一起,构成一种新交通工具,使之产生与原来各个特征完全不同的技术效果。组合发明中的不同组件可能都是已知的公开技术,但是组合之后会产生新的功能和效果,从而具备可专利性。中国创新体系中的“集成创新”就属于这类发明活动,集成众多的新技术优化组合后的创新是后发企业创新和专利部署的捷径。

(4) 转用发明。它是指将某一技术领域的现有技术转用于其他领域的发明。这种新应用会产生意想不到的技术效果。应用发明多属于方法发明,一项应用发明的构成应当具备不同于现有应用的方法。如听诊器是用在人体上的诊断器具,如果某人将其用于树木的诊断,可以得知树木的年轮、病虫害等信息,即是人们意想不到的应用发明。应用发明可能对现有产品没有任何改变,仅是应用领域和使用方法不同。在药品和化学物质中经常会有应用发明的空间,特别是对于中草药来说,传统上都是经验应用,如果对其化学组成成分进行准确分析,得出不同的应用领域和方法,则完全可以获得应用发明专利。

(5) 选择发明。它是指从现有技术中公开的宽的范围中,有目的地选出现有技术中未提到的窄范围或个体的发明。这种发明一般在方法专利、化学和药物专利中较为普遍。例如,在有关配方含量、温度、压力等数值范围的专利技术中,由于专利权人在申请专利时希望获得较宽的保护,都会将数值范围写得很大,但又没有足够的实施例加以支持,所以很容易被他人在原发明的基础上作出选择发明。例如,在温度50℃～100℃时,A物质的产量通常是恒定增加,但若70.5℃时,A物质的产量有明显的大幅度增加,出现一个峰值,那么在这一点上可能构成选择发明。尽管其还是在原来专利保护的数值范围之内,但是效果有明显不同,可以构成新的专利。原来的专利发明人往往已经得知这个效果明显突出的一点,但不希望通过专利公开,而是采用技术秘密的保护方式将竞争优势留给自己。当他人通过研究找到这一点后作出选择发明,反而使原来的专利人丧失了优势。所以,对保护范围较宽的专利申请来说,存在着选择发明的威胁。

二、实用新型

专利法所称的“实用新型”,是指对产品的形状、构造或者其结合所提出的适于实用的新的技术方案。实用新型专利在技术水平上略低于发明专利,又被称为“小发明”或“小专利”。世界上对实用新型的保护始于19世纪的英国,但将其作为一种单独的工业产权保护形式源于德国。目前世界上对实用新型采取专利保护的国家不多。中国在专利立法之初,考虑到当时本国的科学技术水平还较低,所以对这种“小发明”给予专利保护。

根据实用新型的定义,它应具备以下两个特征:

(1) 它必须是一种产品,该产品应当是需经过工业制造的占据一定空间的实体。方法发明创造、用途发明创造,以及非经人制造的自然存在的物品都不属于实用新型专利的保护范围。

(2) 它必须是具有一定形状和构造的产品。产品的形状是指产品具有的、可能从外部观察到的空间形状。没有固定形态的物质,像气体、液体、面粉、砂糖等都不被视为具有形状。产品的构造,是指产品的各个组成部分的安排、组织和相互关系。

三、外观设计

专利法所称的“外观设计”,是指对产品的形状、图案或者其结合以及色彩与形状、图案的结合所作出的富有美感并适于工业应用的新设计。

根据外观设计的定义,对外观设计专利应作如下理解:

(1) 与产品相结合。产品是指任何可用工业方法生产出来的物品。外观设计申请时有专门的产品列表。不能重复生产的手工艺品、农产品、畜产品、自然物不能作为外观设计的载体。外观设计应是对产品外表所作的设计,它不是单纯的美术作品。

(2) 是关于产品形状、图案和色彩或其结合的设计。形状是指立体或平面产品外部的点、线、面的转移、变化、组合而呈现的外表轮廓。图案是指将设计构思所产生的线条、变形文字进行排列或组合,并通过绘图或其他手段绘制的图形。色彩是指用于产品上的颜色或者颜色的组合。产品的色彩不能独立构成外观设计,它必须与产品结构和图案组合。外观设计可以是立体的,也可以是平面的,但不能是明显属于平面印刷品的标识性设计。

(3) 富有美感。这首先意味着具有视觉可见性。至于何谓美感,由于不同人的生活环境、修养、爱好和习惯不同,其审美观也不同,故一般只要不违反社会公德,能为大家所接受即认为其具有美感。

(4) 适于工业上应用的新设计。外观设计是对工业产品的设计,不是艺术品,因此要求能够进行工业化批量生产。新设计是指该外观设计是一种新的设计方案,在现有技术中找不到与之相同或相近似的外观设计。

第二节　授予专利的实质性条件

一、发明专利和实用新型专利的授权条件

取得专利权的发明创造必须符合法定的形式条件和实质性条件。形式条件,是指获得专利所必须具备的程序、形式上的要件。实质性条件主要包括新颖性、创造性、实用性等。

(一) 新颖性

发明专利和实用新型专利的新颖性要求是相同的。新颖性,是指该发明或者实用新型

不属于现有技术;也没有任何单位或者个人就同样的发明或者实用新型在申请日以前向国务院专利行政部门提出过申请,并记载在申请日以后公布的专利申请文件或者公告的专利文件中。现有技术是指申请日以前在国内外为公众所知的技术。

新颖性的时间标准是以申请日划定的。凡是在申请日以前已经存在的相同的发明创造,由他人完成并公开或者发明人自己公开的,如在新闻发布会、科研鉴定会、展览会上披露了该发明创造的实质性内容的,都会丧失新颖性,不能再申请专利。但在申请日当天公开的技术内容不属于专利法所说的“现有技术”。

公开的方式可划分为下列四种情况:

(1) 出版物公开。这是指那些在正式出版物上已经记载了同样发明创造的情况。出版物公开的地域标准是世界范围,属于“绝对新颖性”,不论在世界哪个地方,只要在申请日以前找到相同发明创造在公开出版物上有过记载,该发明创造即不具有新颖性。这里所说的“出版物”具有广泛的内涵,它不仅指一般的书籍、杂志、专利文献、正式公布的会议记录和报告、报纸、产品目录及样本等纸质出版物,还包括缩微胶片、影片、照片、唱片、磁带、软盘、光盘等其他载体的出版物。对于一些标有“内部资料”字样的期刊,只要能为不特定的人获得,也被认为是公开出版物。

(2) 使用公开。由于使用导致一项或者多项技术方案的公开或者处于任何人都可以使用该技术方案的状态,这种公开方式称为“使用公开”。即使所使用的产品或者装置需要经过破坏才能得知其结构和功能,也仍然属于使用公开。使用公开的地域标准在《专利法》第三次修改后不仅限于中国国内,还包括在国外的使用公开,同样属于“绝对新颖性”标准。

(3) 其他方式公开。这是指那些能为公众所知的其他公开方式。它主要包括口头公开,如口头交谈、报告、讨论会发言、广播、电视播放,以及科研鉴定、科研总结、设计文件、图纸、橱窗展示、展览、展销广告等方式。在引入“绝对新颖性”标准后,这种方式公开的地域标准也不仅限于中国国内,在国外以这种方式公开同样会对新颖性构成威胁。

(4) 抵触申请。这主要是指任何人在申请日以前已经就同样的发明或者实用新型向国务院专利行政部门提出过申请,并且记载在申请日以后公布的专利申请文件或者公告的专利申请文件的情况。出现抵触申请时,视先申请案对后申请案构成抵触,故后一申请不具备新颖性。但如果前一申请没有公开而终止申请,则不属于抵触申请。抵触申请不仅包括他人向国务院专利行政部门提出的申请,而且包括申请人自己提出的申请。

(二) 创造性

发明专利和实用新型专利的主要区别在于创造性的要求不同。《专利法》规定:同现有技术相比,对于发明专利,应具有突出的实质性特点和显著的进步;对于实用新型专利,应具有实质性特点和进步。两种专利创造性的区别在于“实质性特点”是否突出以及“进步”是否显著。

对于发明专利,创造性的判断主要是指与现有技术相比,提出申请的技术方案应具有:

(1)“突出的实质性特点”,是指发明与现有技术相比具有明显的本质区别,对于发明所属技术领域的普通技术人员来说是非显而易见的,不能直接从现有技术中得出构成该发明全部的必要技术特征,也不能够通过逻辑分析、推理或者试验而得到。

(2)“显著的进步”,是指从发明的技术效果上看,与现有技术相比具有长足的进步。它表现在发明解决了人们一直渴望解决,但始终未能获得成功的技术难题,或者该发明克服了技术偏见，提出了一种新的研究路线，或者该发明取得了意想不到的技术效果，以及代表某种新技术趋势。

对于实用新型专利来说，其创造性标准比发明专利要低，只要与现有技术相比有所区别，即具备了实质性特点和进步，便可被认为具备创造性。

中国现行《专利法》关于创造性标准的规定方式与国际上普遍接受的规定方式有所不同，多数国家利用同领域的普通技术人员的“非显而易见性”来判断一项专利申请的创造性。国务院专利行政部门在审查指南中对创造性的实际判断采取了“非显而易见性”的判断标准，审查指南中规定创造性的判断首先要有一个“同领域的普通技术人员”的标准，然后依据这样一个“抽象的人”来判断专利申请是否为明显可预见。

（三）实用性

实用性，是指该发明或者实用新型能够制造或者使用，并且能够产生积极效果。一般具备下列条件即认为具有实用性：

（1）工业实用性。这里的“工业”是广泛的概念，它包括农业、矿业、林业、水产业、运输业、交通业等各个行业。一项发明或实用新型只要在任何一个工业部门能够制造或使用，即具有工业实用性。相反，在申请文件中缺少全部或部分实施该发明创造的必要技术方案，或违反自然规律的空想，便不具有这种实用性。

（2）重复再现性。这是指所属技术领域的技术人员根据申请文件公开的内容能够重复实施专利申请案中的技术内容。这种重复实施不依赖任何随机因素，并且实施结果是相同的。如南京长江大桥的整体建筑，这种在特定地理位置上的技术方案就不具有重复再现性。

（3）有益性。专利技术实施后应能产生积极效果，具有良好的技术、经济和社会效益。对社会明显无益、脱离社会需要、严重污染环境、严重浪费能源或者资源、损害人身健康的发明创造不具备实用性。

实用性标准是各国关于专利制度争议较大的问题，焦点在于是否应当通过实用性标准排除一部分商业方法和生物遗传技术获得专利权的可能性。这一问题与可专利性问题相关联。

（四）其他条件

中国是《生物多样性公约》（Convention on Biological Diversity，CBD）的成员国，并且是生物资源和遗传资源非常丰富的国家，保护遗传资源事关国家利益。为了贯彻《生物多样性公约》，中国规定了依赖遗传资源完成的发明创造的特殊条件，如果该遗传资源的获取或者利用违反有关法律、行政法规的规定，不授予专利权，申请人应当在专利申请文件中申明该遗传资源的直接来源和原始来源；无法申明的，应当说明理由。但披露来源仅仅属于初步审查和实质审查的范围，不作为授权后请求宣告专利权无效的理由。这是中国在专利制度上对遗传资源保护的一个初步的尝试和探索。

二、外观设计专利的授权条件

中国《专利法》第三次修改中提高了外观设计专利的授权条件，具体规定在《专利法》第23条，授权条件可概括为新颖性、区别性和在先性：

（一）新颖性

授予专利权的外观设计，应当不属于现有设计；也没有任何单位或者个人就同样的外观设计在申请日以前向国务院专利行政部门提出过申请,并记载在申请日以后公告的专利文件中。现有设计是指申请日以前在国内外为公众所知的设计。这一条件实际上要求的是外观设计必须具有新颖性,判断外观设计申请新颖性的时间标准是申请日。

(二) 区别性

授予专利权的外观设计与现有的外观设计和现有设计特征的组合相比,应当具有明显的区别。这一条件实际上涉及的是外观设计专利的创造性问题。

(三) 在先性

授予专利权的外观设计不得与他人在申请日以前已经取得的合法权利相冲突。这是《专利法》第二次修改后加入的内容。他人在先取得的合法权利,是指在外观设计专利申请日前,专利申请人以外的人已经取得了的合法权利。比如,专利申请人要把一件摄影作品申请为某产品的外观设计专利,那么这里的摄影作品的著作权对该专利申请而言,就是在先取得的合法权利。如果未经著作权人的许可使用其作品申请外观设计专利,则该外观设计申请就与他人在先取得的合法权利发生了冲突,根据《专利法》的规定,将不会授予这一外观设计专利权。《专利法》作这样的规定,是为了减少专利权与在先权利的冲突。

(四) 其他条件

获得授权的外观设计不得是对平面印刷品的图案、色彩或者二者的结合作出的主要起标识作用的设计。这是《专利法》第三次修改后加入的内容。这一规定主要是出于通过提高外观设计的授权标准来提高外观设计质量的考虑。从功能上看,主要起标识作用的设计与商品的包装、装潢存在一定的重叠,如果对之给予专利法的保护,实际上会形成双轨保护,造成法律对同一客体采取不平等的保护,容易引起法律适用上的混乱。

目前,国务院专利行政部门受理的外观设计专利申请的申请量已居世界第一,中国已经成为外观设计专利授权大国,外观设计专利权在中国的市场经济中发挥着重要作用。但是,关于外观设计专利的研究工作,相较于发明和实用新型专利的研究相对落后。通过多年的实践,关于外观设计专利的保护对象、能否对产品的部分外观提供保护、判断相同或者相似的参照基准、专利侵权判断的方式等问题,已经在中国引起了广泛的关注和讨论。特别是在外观设计专利中存在着许多“问题专利”,将已有的公知技术的产品外观申请专利的现象等已经影响到市场的公平竞争。另外,中国在外观设计的定位上,在相当长的时间内没有将其上升到为产品增添美感的销售效应上,而是局限于工艺美术或作为工程技术的装饰上,外观设计专利总体质量不高。因此,提高外观设计专利的授权标准,将有利于提高外观设计专利的水平,有利于促进创意产业的发展。

三、丧失新颖性的例外

上述三种专利的新颖性均以申请日作为时间划分的标准,但《专利法》对有些在申请日以前公开的情况,作出了不丧失新颖性的例外规定:

(1) 在中国政府主办或者承认的国际展览会上首次展出的发明创造,在展出之日起6个月内申请专利的,可认为不丧失新颖性。中国政府主办的国际展览会,包括国务院、各部委主办或国务院批准由其他机关或者地方政府举办的国际展览会。中国政府承认的国际展览会,是指《国际展览会公约》规定的由国际展览局注册或者认可的国际展览会。

(2) 在规定的学术会议或者技术会议上首次发表的发明创造,在发表后6个月内申请专利的,不丧失新颖性。这里说的学术会议或技术会议,是指国务院有关主管部门或者全国性学术团体组织召开的学术会议或者技术会议,不包括省以下或者受国务院各部委或者全国性学会委托或者以其名义组织召开的学术会议或技术会议。

(3) 他人未经申请人同意而泄露发明创造内容的,申请人于泄露之日起6个月内申请专利仍可被认为不丧失新颖性。他人未经申请人同意对发明创造所作的公开,包括他人未遵守明示的或者默示的保密信约而将发明创造的内容公开,也包括他人用威胁、欺诈或者间谍活动等手段,从发明人或者经发明人告诉而得知发明创造内容的任何其他人那里得知发明创造的内容而后公开。这些公开都是违反申请人意愿的行为,是非法的公开,应当给申请人以补救的机会。

第三节 专利保护的排除客体

并非所有符合新颖性、创造性和实用性要求的发明创造都能被授予专利,也并非像人们认为的那样,凡在科学技术方面取得重大进步的成果都可以取得专利权。事实上,没有一个国家对所有的发明都给予专利保护。中国《专利法》也规定了不授予专利权的情形。

具体来说,不授予专利权的发明创造可分为以下三类:

一、违反"公共秩序"的发明创造

《专利法》第5条第1款规定:"对违反法律、社会公德或者妨害公共利益的发明创造,不授予专利权。"违反国家法律、社会公德或者妨害公共利益,在法律上称为"公共秩序"问题。几乎所有国家的专利法都有类似的规定。中国《专利法》对有害于"公共秩序"的发明创造不授予专利权,是因为这些发明创造对社会没有进步作用,违背专利法的宗旨,有些甚至属于犯罪工具,对人民群众的生命财产构成重大威胁。如伪造货币的机器、赌博用具、盗窃用具等,尽管可能具备新颖性、创造性和实用性,但是专利法不保护这类发明创造。

在《专利法》第三次修改中,《专利法》新增加了有关遗传资源的规定。《专利法》第5条第2款规定:"对违反法律、行政法规的规定获取或者利用遗传资源,并依赖该遗传资源完成的发明创造,不授予专利权。"遗传资源是国家重要的生物资源,联合国《生物多样性公约》规定了遗传资源的国家主权原则、知情者同意原则和惠益分享原则。中国《专利法》通过该条款的规定,维护了生物资源的主权,也防止在生物技术开发中的权利滥用。

二、不属于技术方案的发明创造

有些科研成果不是技术方案,不属于专利法所说的发明创造,一般不具备《专利法》授予专利时要求的创造性或实用性。

(1) 科学发现。这是指对自然界中客观存在的未知物质、现象、变化过程及其特性和规律的揭示。虽然这也是一种智力劳动成果,但它属于人们对物质世界的认识,不具有发明创造必备的技术性,不是对客观世界的改造提出的一种技术方案。例如,哈雷彗星的发现、牛顿万有引力的发现等。

(2) 智力活动的规则和方法。这是人的大脑进行精神和智能活动的手段或过程,不是自然规律的利用过程,更不是一种技术解决方案。例如,速算法、游戏方案、生产管理方法、比赛规则、情报检索法、乐谱等都不能获得专利权。但是,实施这类智力活动的新设备、新工具、新装置,如果符合专利条件,是可以取得专利权的。计算机程序是一种为了得到某种结果而由计算机执行的代码化指令序列,是一种科学算法的表达形式的集合,它所体现的是一种智力活动的规则,因而纯粹的计算机软件不能授予专利权。但是,如果把计算机程序输入计算机,将其软件和硬件结合运行之后,构成一种技术方案,能够实现某种技术目的,达到某种技术效果,就可以授予专利权。

(3) 疾病的诊断和治疗方法。这是以有生命的人体或动物作为直接实施对象,进行识别、确定或消除疾病的过程,无法在产业上进行制造或使用,不具备专利法所说的实用性(工业再现性)。如西医的外科手术方法、中医的针灸和诊脉方法因人而异,都不属于专利法所说的发明创造,但是诊断和治疗疾病的仪器设备可以申请专利。

对于医疗方法的可专利性近年来在医学界有所讨论,特别是外科手术医生认为医疗方法不应被排除在专利保护范围外,对其进行专利保护是否会影响到公共健康的问题应该放在司法中去。现代外科手术方法也可以具备"工业再现性",可以在临床中重复使用。

三、某些特定技术领域的发明创造

在专利保护排除客体的确定上最能反映专利制度的产业政策论,当一个国家在某项产业领域处于薄弱地位时,国家可能不会对这一领域的发明创造授予专利权。中国 1985 年《专利法》第 25 条规定的不予以专利保护的技术领域比较多,共有四类:一是食品、饮料和调味品的发明;二是药品和用化学方法获得的物质;三是动植物品种;四是用原子核变换方法获得的物质。在专利立法之初,考虑到中国的经济和科学技术水平,为保证国家、产业和人民的最基本的利益,规定对这些领域的发明创造暂不给予保护是必要的。《专利法》的第一次修改扩大了专利保护的技术领域,将原来四种不予以专利保护的技术领域减少为两种,即放开了对食品、饮料、调味品、药品和用化学方法获得的物质等发明的保护,只有对动物和植物品种、用原子核变换方法获得的物质这两类技术领域的发明创造不予保护。

(1) 动物和植物品种。动物和植物品种是有生命的物体,对动植物品种不给予保护,主要基于"自然生成的动植物是大自然的产物,不属于人类的发明创造"的观点;人工培育的动植物品种由于必须经过较长时间的、几代的筛选品种的性状才具有显著性、稳定性,特别是植物,它们的繁殖受光照、温度、水土等自然条件的影响很大,专利审批困难,所以不适用专利法保护。国外一般采用专门法保护。1997 年 10 月 1 日起,中国开始实施《植物新品种保护条例》,由国务院农业和林业行政部门共同负责植物新品种保护权的申请受理和审查授予工作。但是,微生物品种以及动物和植物品种的生产方法,可以依照中国专利法给予保护。

(2) 用原子核变换方法获得的物质。用原子核变换方法所获得的物质,主要是指用加速器、反应堆以及其他核反应装置生产、制造的各种放射性同位素。对这类物质,不但中国《专利法》不给予保护,世界其他各国一般也都不给予保护。这主要基于两点理由:一是原子核变换方法如果缺乏安全生产手段,会给国家和人民利益带来危害,而且其也不具备专利法所要求的实用性;二是核物质可以用于制造核武器,直接涉及国家安全,为了发展本国的原子工业及防止原子武器的垄断,不宜对其给予专利保护。但是,为实现核变换方法的各种设备、仪器及其零部件等,均可以被授予专利权。

第四节 基因技术的专利保护

一、基因技术的可专利性

基因,是具有特定生理功能的DNA序列。无论是基因或是DNA片段,从本质上讲,实际上是一种化学物质。其中,从生物体中分离和提取得到的基因则属于天然物质。

人们从自然界找到以天然形态存在的基因或其DNA片段,仅仅是一种发现,根据《专利法》第25条第1款第1项“科学发现”的规定,不能授予基因专利权。但是,如果首次从自然界分离或提取出来的基因或DNA片段,其碱基的排列顺序是现有技术中不曾记载的,并能被确切地表征,且在产业上有利用价值,则该基因或DNA片段本身及其得到方法则可能被授予专利权。这类基因申请专利时往往以基因的功能作为保护目标,美国专利局曾授予大量功能基因专利权,但在其他国家有更为严格的要求。

由于一些基因技术常常会涉及高等动物(尤其是哺乳动物),特别是涉及人类基因、胚胎、克隆人等敏感问题,所以,在基因的可专利性上还要考虑是否符合《专利法》第5条第1款的规定:“对违反国家法律、社会公德或者妨害公共利益的发明创造,不授予专利权”。对于涉及基因技术的发明,如果其商业开发有悖于社会公德或者妨害公共利益,那么这样的发明将被认为是属于《专利法》第5条所规定的不授予专利权的发明。中国《专利审查指南》中较详细地规定了基因技术领域中一些违反社会公德或妨害公共利益的发明类型,被认为属于不授予专利权的发明有:

(1)克隆人的方法以及克隆的人;

(2)改变人生殖系遗传身份的方法;

(3)人胚胎的工业或商业目的的应用;

(4)可能导致动物痛苦而对人或动物的医疗没有实质性益处的、改变动物遗传身份的方法,以及由此方法得到的动物。

中国对于转基因动植物本身也不给予专利保护。转基因动植物是通过基因工程的重组、DNA技术等非传统生物学方法得到的动物或植物,属于《专利法》第25条第1款第4项规定的动植物品种,因而不能被授予专利权。中国将植物品种排除在专利保护范围之外,并非是因为植物新品种不属于发明,也不是因为这类发明不符合专利法实质性授权条件,而主要是为了避免双重保护。对于植物新品种,可以通过《植物新品种保护条例》给予保护。

二、基因专利的实质性条件

对于基因专利申请的新颖性和创造性的规定,与所有发明的要求基本上相同。只是由于生物技术专利保护的历史较短,在以往的专利文献中又较少有记载,所以一般基因专利的新颖性条件和创造性条件比较容易满足。早期在美、欧、日专利局授权的基因专利对新颖性和创造性的要求没有引起太多的争议。但是,经过20多年的发展,基因专利的申请和授权量在世界各国专利局都占有相当大的比例,基因领域的“基础专利”覆盖面已经很宽,对后申请的基因专利来说,未来在新颖性和创造性的审查上将会显现出更为严格的局面。

基因专利申请的实用性一直以来是各国争论的焦点。虽然仅从《专利法》上看不出对基因技术发明有何特殊要求，但对于基因技术专利申请，《专利审查指南》中却有更严格和具体的实用性要求。

为了平衡各方利益，世界各国倾向于对基因专利提出更高的实用性要求。欧洲专利局要求在专利申请中必须公开基因序列或部分序列的产业应用性。美国专利局要求申请人必须以“具体的、实质性的和可信的”方式阐明该发明在“现实世界”的有用性。日本专利局也要求基因专利具有一定的功能性，且规定仅基于同源性来推测功能是不充分的。中国在《专利审查指南》中从严规定了实用性的标准，对于第一次公开的基因，说明书至少应描述一种制备该基因的具体实施方案；对于涉及蛋白的申请，应公开至少一种制备该蛋白的具体实施方案。此外，还需要提供证明发明的技术方案可以达到预期目的或效果的实验室试验、动物试验或者临床试验的定性或定量数据。

正是由于基因专利申请的审查集中在基因技术的功能性和实用性上，“功能基因”的概念被提出，研发人员也刻意关注基因功能的发现和描述。

三、基因专利保护中的产业利益

世界各国对于是否给予基因（包括人体基因）专利保护以及提供保护的条件与范围始终存有争议。但是，就在技术专家和法律专家讨论基因技术法律保护的可能性和可行性时，企业已经迫不及待地提出了大量的基因专利申请。在国外，已有大量基因专利申请被授权；在中国，尽管已有国内企业申请了一些基因专利，但是大部分申请还是国外企业提出的，这是中国基因技术发展中较为严峻的现实。

基因技术是一个新的技术制高点。出于发达国家与发展中国家以及发达国家之间的利益考量，在基因专利保护问题上，国家的产业利益体现得尤为明显。

一种是以美国和欧洲专利局为代表，给予基因专利较宽的权利范围。欧洲专利局为了充分保护生物技术领域发明人的利益，常常批准相当宽的权利要求。例如，在“哈佛鼠”一案中，就批准了“除人类以外包括鲸在内的所有哺乳动物”的权利要求范围；美国专利局批准了许多权利要求范围很宽的基因技术专利。但是在2010年，美国开始在司法判例中否认基因的专利保护，认为，功能基因从一开始就不应受到保护。

另一种是以日本为代表，给予较窄的权利范围，一般只允许权利人将其权利要求限制在他们能够确实证明可以成功实施的技术方案的范围内。一方面，法院要求对权利作狭义的解释；另一方面，侵权诉讼中对所谓的“等同原则”作严格的限制运用。这一做法无疑对日本产业界有名的专利包围战略的实践起到推波助澜的作用。

中国在基因专利保护上一直处于较为保守的立场，这主要还是基于中国现有生物技术的研发现状。过早地对距离工业应用尚有较大距离的发明授予专利权，虽然可以促进基因技术的基础性研究，但却有可能阻碍其最终产品的产业化。这是由于基础专利多数由国外掌控，国内产业实施中的二次开发负担过重，导致企业放弃这种高风险投资。中国在生物技术领域与发达国家的差距仍然比较大，短时间内还无法与国外抗衡，在基因专利保护上可以依据专利保护的“产业政策论”制定适合中国国情的专利审查标准。

第五节　商业方法软件的专利保护

一、商业方法软件的可专利性

商业方法软件是商业方法和计算机软件两者结合的一类发明,它是否属于专利保护的客体,曾引起各国的讨论。专利法不保护自然法则、自然现象和抽象的思想,在建立专利制度的国家,这已形成共识。专利制度建立之初,各个国家几乎无一例外地排除了对商业方法和计算机软件的专利保护,认为在这两个领域中的智力成果不属于专利法意义上的新发明或技术方案,如果需要寻求保护的话,可以通过其他法律实现,比如著作权法、合同法、反不正当竞争法或商业秘密法等。

但是,通过其他任何一种法律来保护这两类客体都有其局限性,都不能使其拥有者享有像专利权那样强的独占权。所以,尽管可以从专利法中推论出这两类客体属于排除保护的对象,历史上还是有很多人试图在这两个领域内获得专利。不过,当时各国专利局的立场都比较坚定,始终没有打开这扇大门。

对商业方法软件适用专利保护,源于互联网时代电子商务的诞生。一方面,技术的发展便利了商业经营活动引入计算机系统;另一方面,软件的发展又为新商业模式的实现带来了可能性。将软件结合到商业方法中,是技术的进步。美国专利局率先打破了"商业方法除外原则"。在1998年的State Street Bank案中,美国法院的态度十分明确,对于商业方法的可专利性的判断彻底否定了以前确立的原则,法院认为这是认识上的错误。对于计算机软件的专利性判断,也彻底废止了以前确立的"Freeman-Walter-Abele测试分析法",法院认为该测试法只能用于判断申请中是否只包含了数学方法,而不能判断该发明是否具有实用性。State Street Bank一案的判决为各种不同类型的商业方法软件化的发明打开了可专利性的大门,从此结束了多年来拉锯式的争论。此后,欧洲专利局和日本专利局跟进这一做法,开始大量受理与计算机有关的商业方法专利申请。

"商业方法软件专利"还没有十分精确的定义。由于各国在专利分类上的差异,与商业方法有关的软件专利可能会被分到不同的类别中。所以,不可能将商业方法软件专利与其他专利严格地区分开来。一般认为,商业方法是涉及人与社会或金融之间关系的任何主题,具体可以包括以下内容:(1) 调查用户习惯的方法;(2) 市场营销方法;(3) 引导用户消费方法;(4) 商品及服务的方法;(5) 记账方法;(6) 开发新市场和新交易的方法;(7) 产品及服务的分配方法;(8) 产品与制作方法的利用(例如关于一种集装生产线的使用的想法、快速生产的方法等);(9) 在金融服务和与互联网有关的电子商务活动中的经营方法等。

单纯的商业方法要获得专利保护还有相当难度。目前所说的"商业方法专利"实际上大多是通过计算机系统实现、以软件的形式表现出来的,所以现在具有可专利性的应当是与软件有关的商业方法专利。商业方法专利应当是通过技术手段实现的商业方法发明。尽管美国专利商标局在1998年以后授予过一些纯粹的商业方法专利,但是2006年3月,美国专利商标局驳回了名称为"能源风险管理方法"的专利申请,这一申请接近于纯粹的商业方法,2008年10月,联邦巡回上诉法院也作出了维持驳回专利申请的判决。这一被称为In re Bilski的案件在美国掀起了新一轮关于商业方法专利保护的讨论,也引起了国际社会的关注,这一案件导致美国“纯粹商业方法专利”的终结。

二、中国对商业方法软件专利保护的规定

中国《专利法》没有直接涉及对与商业方法有关的发明是否给予保护的问题。根据《专利法》及其实施细则对“发明创造”的规定可以得出：专利保护的客体首先必须是一种新的“技术方案”，同时还不能落在《专利法》第25条“智力活动的规则和方法”这一客体的排除范围之中。

《专利法》对什么是“智力活动的规则和方法”没有给出明确的解释，但是在《专利审查指南》中给出了审查标准。对“涉及智力活动的规则和方法的发明专利申请”的审查原则是：(1) 如果一项发明仅仅涉及智力活动的规则和方法，亦即智力活动的规则和方法本身，则不应当被授予专利权。(2) 如果一项发明就整体而言并不是一种智力活动的规则和方法，但是发明的一部分属于智力活动的规则和方法，则不应当完全排除其获得专利权的可能性，需要具体分析。主要是看该发明的目的是否解决了技术问题以及在处理过程中是否反映了利用自然规律的技术手段。《专利审查指南》还采用了列举的方式，给出了属于“智力活动的规则和方法本身”的例子，其中涉及商业方法方面的例子有：组织、生产、商业实施和经济等管理的方法及制度；计算机的语言及计算规则；计算机程序本身。

上述规定仅列举了一些例子，没有任何规定直接提到“商业方法”的定义，仍需要审查员根据不同申请案，对涉及商业方法的专利申请进行个别判断，主要是按照“三要素判断法”（即“为解决技术问题、采用技术手段并获得技术效果”）来判断它是否属于“智力活动的规则和方法本身”。例如“通过互联网进行股票交易的方法”，如果始终以满足交易特征为主线，仅仅是关于交易规则的发明，没有解决任何技术问题、采用任何技术性的手段，尽管它表面上利用了网络，实质上还是一种单纯的商业方法，所以不在专利保护的客体范围之内。但对于那些属于在智力活动的规则和方法的部分之外，又利用了技术手段，其申请专利的主题（包括名称）主要是体现了智力活动的规则和方法的部分之外的技术处理方法，而不是“智力活动的规则和方法本身”，则该申请具有可专利性。但这时其专利申请主题名称已经发生了变化，表现为涉及该技术处理的方法，如“一种利用格式处理对网上文件进行数据转换的方法”，可使用户通过网络清晰地阅读网上资料，解决了原来因文件格式不符导致用户无法阅读网络资料的技术问题，其采用的是格式转换的技术手段并取得了技术效果，因此具有可专利性。

中国专利局对商业方法软件专利申请并不是一概排斥，只有那些属于“智力活动的规则和方法本身”的商业方法软件才不具备可专利性，而那些能够满足“三要素判断法”的商业方法软件，则具有可专利性，实践中已有大量的这类专利申请和授权。

三、商业方法软件的实质性条件

一般来说，一项申请要取得专利权，需要跨过两道门槛。第一道门槛是入门资格，即所谓的“可专利性”，或者说是否属于专利保护的客体；第二道门槛是条件资格，即所申请的标的是否符合专利法规定的具体条件，如新颖性、创造性、实用性等。第一道门槛把在本质上不具有可专利性的申请排除在外，第二道门槛则把创新程度较低的技术排除在外。第一道门槛必须坚守传统专利法的基础——技术性。具体地说，必须属于特定的技术领域（technical field）、具有技术性质（technical character）、可以解决某个技术问题（technical problem），并且必须具有技术特征（technical features）。抽象观念、自然法则、物理现象等不能获得专利，

艺术、图像、仅仅是数据和资料排列的数据库也是如此。从各国的实践看,无论是商业方法专利还是计算机软件专利或是两者的结合,都已从“技术性”向“实用性”方向转化。商业方法软件在专利法下已不存在“入门资格”问题,而是如何通过第二道门槛的问题。

商业方法软件实际上由两部分组成,即商业方法和计算机软件。由于以往这两类均不属于专利保护的对象,所以在专利文献以及“在先技术”(prior art)资料上比较缺乏。加上涉及软件的专利分类不统一,这些因素给商业方法软件能否通过专利“三性”审查带来很大的不确定性。将三性的判断究竟是落在商业方法上还是计算机软件上还是两者的结合,对于满足下述三种不同条件的专利申请,各国专利局有不同的标准:(1) 在计算机上被执行的商业方法申请,无论商业方法本身是否被公知和显而易见,整体方案均具有创造性;(2) 在计算机上被执行的商业方法申请作为一个物理整体不要求具有创造性,但商业方法本身是非显而易见的;(3) 在计算机上被执行的商业方法申请作为一个物理整体没有创造性,商业方法本身是公知的和显而易见的,但是将这个商业方法进行计算机软件化是以前没有的。

在美国专利局看来,符合上述(1)、(2)项条件的申请可以认为具有创造性,条件(3)是没有创造性的。欧洲专利局则认为,满足条件(1)的申请具有创造性,而条件(2)和(3)的情况是没有创造性的。德国专利商标局可能持有与美国专利局相同的观点。在日本专利局,条件(2)和(3)的情况是绝对没有创造性的,即使对条件(1)的判断,也要严格审查其在技术解决方案上的创造性贡献。

四、地域性和产业利益

由于互联网地域界限的模糊,任何商业方法软件专利权所覆盖的范围都大大超出了一国的本土。特别是在电子商务发展的初期,所授予的专利大多是基础专利,谁掌握了专利谁就掌握了全球电子商务服务潜在的市场利益。电子商务在互联网中生存要遵循一定的商务规则,而这些规则可能都是由商业方法软件专利构成的。一旦权利人将自己的技术形成事实标准,即可坐收全球专利许可费。正是互联网上潜在的经济利益和国家利益的驱动,才导致各国对商业方法软件专利授予大开其门。关于这一点,一位美国法官对 State Street Bank 案的评述中有句话颇能说明其实质:“从法官把专利看为一种有害的垄断而不屑一顾那天起,我们已经走了很长的一段路。今天,专利已成为大部分国家经济的支柱,而且从法院的判决来看,几乎所有事物都可被授予专利。”①

对国家利益或公共利益以及行业系统具有重大影响的技术领域给予专利保护,在发达国家历史上不乏灵活政策。在超导材料的研究进入特别阶段时,美国当时的总统里根就曾指示美国专利商标局以特别程序加快对超导材料专利申请的审查,这种典型的“干预”显示出特别审查程序的功能。而日本特许厅为了保护日本当时国内的集成电路产业的发展,充分地利用了“早期公开、延迟审查”制度,在30年后才批准美国得克萨斯仪器公司的集成电路发明专利权。

可以说,商业方法作为专利保护的客体不仅仅是一个法律问题,其背后潜藏着巨大的国家利益,产业发展是扩大商业方法软件专利保护的深层原因。

① Hughes Aircraft Co. v. United States, 148 F. 3d 1384, 1385—86 (Fed. Cir. 1998) (Clevenger, J. dissenting).

第十二章

专利权的主体及权利归属

第一节 专利权的主体

一、发明人与设计人

任何发明创造只能由有思维、有创造能力的自然人完成，这一自然人被称为“发明创造的完成人”。对于发明和实用新型专利来说，这一完成人称为“发明人”；对于外观设计专利来说，称为“设计人”。《专利法实施细则》第13条规定，对发明创造的实质性特点作出创造性贡献的人是发明人或设计人。在完成发明创造过程中，只负责组织工作的人、为物质条件的利用提供方便的人或者从事其他辅助工作的人，诸如管理人员、实验员、描图员等，不应被认为是发明人或设计人。发明人或设计人只能是自然人，不能是法人或其他单位。

发明人或设计人享有署名权、获得奖励权和获得报酬权。署名权是一种人身权，不能转让、继承，永远归属于发明人或设计人。发明人或者设计人有权在专利文件中写明自己是发明人或设计人。发明人或设计人也可以请求专利局不公布其姓名。

如果发明创造是由两人或两人以上共同完成的，那么这些人属于共同发明人或设计人。判断共同发明人或共同设计人的标准也是看其是否对发明创造的实质性特点作出了创造性的贡献。共同发明人或共同设计人的权利和义务是相等的，排名前后对权利的拥有和行使没有实质上的影响。

作为发明创造这一无形财产的创造者，发明人或设计人理应有权申请专利并获得专利权。但是，如果发明人或设计人的创造活动是在其为某个法人单位或其他组织履行职务的过程中完成的，则不具备专利申请人资格。发明人或设计人作为申请人是有条件限制的，只有非职务（或非雇员）发明创造的发明人或设计人才能作为专利申请人。

二、专利申请人

专利申请人是指就一项发明创造向专利局提出专利申请之人。一般情况下，发明人和设计人可以作为申请人，但如果属于职务发明、委托发明、合作发明时，专利申请人可能为发明人或设计人所在的单位或者根据合同约定确立。

自专利申请被提出之日起，专利申请人就具有了一系列法定的权利和义务。日后专利申请被批准，专利申请人自动成为专利权人。专利申请人可以被认为是准专利权人，但是其享有的权利是有限的。专利申请人可以将专利申请进行转让，也可以要求他人停止使用其申请的专利技术，但是没有绝对的禁止权，因为处于申请阶段的专利还不享有独占权，仅具有排除他人在后就同样发明创作进行专利申请的作用。根据发明创造的性质不同，专利申请人亦有所不同。非职务发明创造专利的申请权一般归发明人或设计人享有，职务发明创造专利的申请权一般由单位享有，合作发明专利的申请权由合作各方共同享有或者约定享有，委托发明一般由合同约定专利申请权的权属。专利申请人对其专利申请权进行转让的情况一般是在企业合资、兼并中发生，也可能存在普通的专利申请权的转让，但是受让方一般都要在合同中约定附条件履行条款或权利担保条款，一旦专利申请不能被授权，该专利转让合同就变为普通技术转让合同。

在中国开放的市场环境中，有许多在本地注册的外资研发机构，这些机构产生的发明创造的申请权应当由研发机构所有。但是，这些机构所属的境外投资公司或者母公司大都通过委托研究合同将专利申请权约定为其境外投资公司或者母公司所有。中国《专利法》第10条第2、3款分别规定："中国单位或者个人向外国人、外国企业或者外国其他组织转让专利申请权或者专利权的，应当依照有关法律、行政法规的规定办理手续。""转让专利申请权或者专利权的，当事人应当订立书面合同，并向国务院专利行政部门登记，由国务院专利行政部门予以公告……"在中国注册的外资研发机构应当属于中国单位，且其创新活动在中国境内完成，专利申请本应当以中国研发机构的名义首先在中国提出。但是，法律又规定委托研究可以约定权属，于是外资研究机构几乎所有的创新项目都与其母公司签订委托研究合同，从而不需要经过有关行政主管部门的批准和备案。这使得前述法律对向境外转让专利之法律约束形同虚设。

第二节　专利权的归属

一、非职务发明创造的权利归属

所谓非职务发明创造，是指在本职工作或者单位交付的工作之外，完全依靠自己的物质技术条件作出的发明创造。对于非职务发明创造申请专利的权利属于发明人或设计人。单个自然人完成的非职务发明创造，其申请权由发明人或设计人自由行使，共同发明或共同设计的，则必须由全体发明人或设计人提出申请。发明人或设计人也可以放弃或转让专利申请权。但共同发明人或设计人转让申请权，应征得其他共同发明人或设计人的同意。取得专利后，其中一人或数人可以转让他们在专利权中的经济收入的份额，这一份额也可以继承。

在中国设有经常居所的外国人在中国申请专利时，依照其所属国同中国签订的协议或者共同参加的国际条约，或者依照互惠原则，依中国专利法办理。无国籍的人不能在中国提出专利申请。

二、职务发明创造的权利归属

职务发明创造，也称为"雇员发明"，是指执行本单位的任务或者主要是利用本单位的物质技术条件所完成的发明创造。对这类发明创造来说，申请专利的权利不属于发明人或设计人，而是发明人和设计人所在的单位；但是他们发明人和设计人的地位不会改变。职务发明创造的发明人或设计人一般都与有权申请专利的单位存在劳动雇佣关系。

(一)"执行本单位的任务"的三种情况

(1) 属于本职工作范围内的发明创造。本职工作的判断可以参照劳动合同、工作人员的职务、责任范围和工作目标,一般不考虑所学的专业。例如,某人是学无线电专业的,现行职务是无线电厂的厂长,他的职责是工厂的经营与管理,不是进行产品设计,所以他设计出的电子类发明创造并不一定都属于本职工作范围,要根据具体情况处理;大学教师的发明也有类似的情况,大学教师的本职工作是教学,除非承担学校交付的任务,否则完成的与本人专业有关的发明创造应当属于非职务发明。

(2) 履行本单位交付的本职工作之外的任务所作出的发明创造。这一般是指单位短期或临时下达的工作任务,如合作开发、组织攻关、接受委托研究等。在完成这些工作任务过程中所产生的发明创造与单位的宏观指导、具体方案的制订、责任的承担以及必要的物质技术条件密切相关,所以应该属于职务发明创造。

(3) 退休、调离原单位后或者劳动、人事关系终止后1年内作出的,与其在原单位承担的本职工作或者原单位分配的任务有关的发明创造。实践中经常出现难以判断离开单位的时间以及难以判断发明创造完成的时间的情况。比如,某人从甲单位辞职到乙单位,提出辞职报告,但甲单位没有批准,该人不辞而别,到乙单位1年半后申请一件与原来在甲单位的工作任务相关的专利,但是甲单位在该人离开8个月后才将其除名。如果双方都不能证明该专利申请内容完成的时间,就只有将专利申请日视为完成日。于是,按照甲单位的除名时间计算,距离完成日不足1年,应当属于甲单位的职务发明;按照实际到乙单位工作的时间计算,则应当属于乙单位的职务发明。实践中判断是属于1年内还是1年外,还应根据发明创造完成的证据以及实际领取相应职务的工薪时间。在人才流动非常普遍的情况下,为了避免日后的纠纷,最好通过劳动合同明确约定相关条款。

(二)对"主要是利用本单位的物质技术条件"的理解

物质技术条件,是指资金、设备、零部件、原材料或者不对外公开的技术资料等。其中,不对外公开的技术资料包括技术档案、设计图纸、新技术信息等。单位图书馆或资料室对外公开的情报、资料不包括在内。上述物质技术条件应当是完成发明创造所不可缺少的条件。利用本单位对完成发明创造没有实质性帮助的物质技术条件,不应属于这种情况。对于利用物质条件达到什么程度,才算是对发明创造的完成起了"主要的"作用,还应根据具体情况作出判断。职工在研究开发过程中,如果全部或者大部分利用了法人或者其他组织的资金、设备、器材或者原材料等物质条件,并且这些物质条件对形成该技术成果具有实质性影响,此时应认定"主要利用"。利用法人或者其他组织提供的物质条件,约定返还资金或者交纳使用费,或者在技术成果完成后利用法人或者其他组织的物质技术条件对技术方案进行验证、测试,则不属此类。

除此以外,对于单位提供的学习、考察、进修机会等其他帮助,在实践中也应考虑它们是否与所完成的发明创造有直接关系,若无,则不应考虑。

如果仅仅使用了单位的物质条件,如实验室、仪器、设备等,但单位与发明人或设计人订有合同,对申请专利的权利和专利权的归属作出了约定的,应从其约定。如果发明人或设计人向单位交付设备使用费,也有可能排除职务发明的情况。

被授予专利权的单位可以与发明人、设计人约定或者在其依法制定的规章制度中规定专利的奖励、报酬的方式和数额。无约定也未规定奖励、报酬的方式和数额的，应当自专利权公告之日起3个月内发给发明人或者设计人奖金，且一项发明专利的奖金最低不少于3000元；一项实用新型专利或者外观设计专利的奖金最低不少于1000元。不仅如此，未约定也未规定的情况下，在专利权有效期内，实施发明创造专利后，每年应当从实施该项发明或者实用新型专利的营业利润中提取不低于2%或者从实施该项外观设计专利的营业利润中提取不低于0.2%的费用，作为报酬给予发明人或者设计人，或者参照上述比例，给予发明人或者设计人一次性报酬；被授予专利权的单位许可其他单位或者个人实施其专利的，应当从收取的使用费中提取不低于10%的费用，作为报酬给予发明人或者设计人。

三、合作发明与委托发明的权利归属

两个以上的单位或者个人合作完成的发明创造属于合作发明创造；一个单位或者个人接受其他单位或者个人委托所完成的发明创造属于委托发明创造。这两种情况一般应当在协议中约定申请专利的权利的归属。如果没有约定的，申请专利的权利属于完成或者共同完成的单位和个人，即属于对发明创造作出创造性贡献的一方或各方。

由于在合作研究和委托研究中权利的归属很大程度上取决于双方的协议，所以，一旦其中一方权利意识不强而在协议中忽视了权属条款，往往会导致获得专利的被动，甚至影响改进技术成果的专利申请和应用。

第十三章

专利权的取得

第一节　专利申请前的论证

专利申请提出后要经过一定的审查时间方能获得专利权,在这一过程中要缴纳各种专利费用,回答审查员的各种意见,专利授权后由专利局最后确定的申请文件要全部公开,也就意味着申请人要将其申请专利时的全部技术内容公诸于世。因此,专利申请人应当考虑到申请专利的各种利弊、期望取得的经济效益、申请时机的选择和公开后果等多种因素,进行充分的论证。

一、专利申请的必要性分析

一项智力成果完成后,是否采用专利形式来保护,要根据具体情况而定。一般来说,发明人申请专利主要有经济效益和社会效益两方面的考虑。如果一项发明创造经过分析,预测实施后有较好的市场前景,能够获得较大的经济利益,则应尽快申请专利;反之,尽管是一项具有专利性的发明创造,但现实的使用价值不大,难于产品开发和进行许可证贸易,取得专利权也得不到必要的收益。对于一些基础学科领域的研究成果,虽然暂时得不到经济效益,或者不能直接获得实施后的利润,但是其对社会进步有重大影响,对应用学科领域起到更新换代的作用,此时,社会应当承认发明人的贡献,发明人自己也希望获得精神利益,如发明权、名誉权等,在这种情况下,应及时申请专利,可以将权利要求范围请求得广泛一些,作为基础发明为日后的市场应用性专利部署做好准备。如果一项发明创造尽管可以申请专利,但因公开技术内容会使该发明创造的应用受到威胁或破坏,则应权衡利弊作出决定。对于有些涉及配方、工艺等不易从产品的“反向工程”获得的技术方案,与其申请专利公开技术秘密(kown-how),不如通过保密措施更有利于对该技术的保护。

二、专利保护形式的选择

专利有三种形式,如果发明人认为自己作出的是一件重大的发明创造,与现有技术相比,有突出的实质性特点和显著的进步,可以申请发明专利。发明专利的审批时间长,申请费用高,需经过严格的新颖性、创造性、实用性的审查。发明专利授权后,专利权的法律状态比较稳定,保护时间也较长。如果发明人认为自己作出的只是在现有技术之上的“小改革”“小发明”,可以申请实用新型专利。实用新型专利的审批时间短,费用低,容易获得专利权,但授权后被撤销和宣告无效的几率也高,法律状态不够稳定,保护的时间短,在国际上的认可度也不高。如果发明创造是对产品的外观作出的富有美感的新设计,可以申请外观设计专利,或者同时申请实用新型或者注册商标,对一些具有重大经济价值的实用美术作品,还可以采取著作权的保护方式,对于技术秘密也可以通过合同约定来保护。

三、申请时机的选择

专利保护期从申请日开始起算,一般情况下,越早申请对发明人越有利。但有些超前发明,先申请了专利,却不为社会所利用,还要缴纳专利申请费,及早申请也未必是上策。电视机原理的发明是20世纪20年代的专利,直到专利保护期过后的五六十年代才开始被利用,七八十年代才开始普及。对电视机原理发明的专利权人来说,其申请专利仅仅起到了为社会提供新技术的信息资源的作用,申请人并未获得经济利益的回报。

四、取得专利权可能性的初步判断

申请专利时,首先,应判断一下所作出的发明创造是否有违反法律规定的情况以及是否属于专利法保护的对象,否则,即使提出申请,也不会得到授权。比如,国家法律禁止赌博,如果申请专利的技术方案涉及一种赌博用具,则不可能取得专利权;专利不保护植物新品种,如果将一种新型植物申请专利也不能被批准。其次,应初步判断一下是否符合专利的三性标准。发明人对自己所从事的技术领域发展现状都比较了解,为防止重复申请,可以进行一下重新检索或调查一下同领域其他研究人员的研究状况,制定出对自己最为有利的专利申请策略,对于申请国外专利的情况,还要了解相关国际公约的要求以及相关国家专利法的规定。

五、市场预测

如果申请人想利用专利获取经济效益,应当事先对相关市场进行调研,看一下该领域内专利竞争、技术标准实施的状况,预申请专利的技术对自己产品的影响和潜在许可对象有哪些。一件专利从申请到保护期满要缴纳许多专利费用,在没有直接经济效益的情况下,申请人还应当考虑间接经济效益,即是否可以有阻止竞争对手的作用,通过获取独占权,迫使竞争对手"绕道而行"或者通过诉讼取得一定的专利收益。

对于打算进入国际市场的企业,应当依据进入国的市场前景决定专利申请的选择。一般情况下,应当提前3年左右的时间提出申请,刚好在专利授权后就可以在该国市场上销售相关产品。以我国市场为例,在我国提出加入WTO前期,许多欲到我国投资的跨国企业就开始进行了专利布局,在入世后的2—3年中,这些专利全部浮出水面,在中国市场上显示出其强大的竞争力。

第二节 专利申请原则

一、书面原则

专利申请必须以书面形式提交到国家专利局。不仅是申请,其后整个审批程序中的所有手续都必须以书面形式办理,不能以口头说明或提交实物来代替书面申请和对申请文件进行修改补正。书面原则还体现在申请人取得受理通知书必须提交合格的书面文件。对于发明专利和实用新型专利申请,必须递交请求书、权利要求书、说明书、说明书附图(有附图的);对于外观设计专利申请,必须提交产品的六面视图或照片。

二、先申请原则

同样内容的发明创造只能授予一项专利权。所以,两个以上的申请人分别就同样发明创造申请专利时,专利权授予最先申请的人。如果是在同一天申请的,申请人应当在收到专利局的通知后自行协商确定申请人。

申请日从专利申请文件递交到专利局之日起算。如果是邮寄的,以寄出的邮戳日为申请日。专利申请一旦被受理,专利局立即对该申请编制一个申请号,此号在专利授权后即作为专利号。“先申请原则”对于专利审查来说,可以节约时间和成本,但对商业竞争而言,却是一个很残酷的竞争制度。先申请原则首先考虑并保护先申请人的利益,而不考虑先发明人以及独立完成人的利益。在公平和效率的天平上,专利法更多地倾向于后者。如果由于没有及时提出申请而丧失获得专利的机会,企业可能会为此付出巨大代价。

三、优先权原则

优先权的主要内容是:申请人自发明或实用新型在外国第一次提出专利申请之日起 12 个月内,或者自外观设计在外国第一次提出专利申请之日起 6 个月内,又在中国就相同主题提出专利申请的,依照该外国同中国签订的协议或者共同参加的国际条约,或者依照相互承认优先权原则,可以享有优先权。这种优先权也称为“国际优先权”。申请人自发明或实用新型在中国第一次提出专利申请之日起 12 个月内,又向专利局就相同主题提出专利申请的,可以享有优先权,这种优先权称为“国内优先权”。优先权需经申请人请求才能产生,申请人如果要求优先权,应当在提起申请时提出书面声明,并且在 3 个月内提交第一次提出的专利申请文件的副本;未提出书面声明或者逾期未提交专利申请文件副本的,视为未要求优先权。第一次申请被放弃或驳回的,其优先权仍然存在。优先权的意义在于,以第一次提出专利申请日为判断新颖性和创造性的时间标准。第一次提出申请的日期称为“优先权日”;上述特定的期限称为“优先权期限”。优先权可以随专利申请权一起转让。为了方便中国申请人向国外申请专利以及外国人向中国申请专利,中国国家知识产权局与其他国家或者地区的专利局协商,签订了彼此通过电子方式传输优先权在线申请文件副本的协议,简化了申请优先权的手续。

四、单一性原则

单一性原则,也称“一发明一申请原则”,它是指一件发明或实用新型专利的申请应当限于一项发明或实用新型,一件外观设计专利的申请应当限于一种产品所使用的一项外观设计。由于专利分类极为详细,为保证审查质量,审查员分工也很细。不同的发明创造如果放在一件申请中提出,势必给审查工作带来极大的麻烦。而且办理申请、审批手续都需交费,把不同的发明创造作为一件申请提出,只缴纳一件的费用,显然是不合理的。

对于属于一个总的发明构思的两项以上的发明和实用新型或者用于同一类别并且成套出售或使用的产品的两项以上的外观设计,可以作为一件申请提出,称为“合案申请”。属于一个总的发明构思的两项以上的发明和实用新型应当在技术上相互关联,包含一个或者多个相同或者相应的特定技术特征,其中特定技术特征是指每一项发明或者实用新型作为整体,对现有技术作出贡献的技术特征。同一类别并且成套出售或者使用的产品的两项以上外观设计,是指各产品属于分类表中同一大类,习惯上同时出售或者同时使用,而且各产品的外观设计具有相同的设计构思。

专利局经审查认为专利申请不符合单一性原则时,申请人应在规定的期限内将其专利申请分案,即分为几个申请。分案申请保留原申请日,可以修改,但不得超出原申请记载的范围。

第三节　申请文件的种类及基本要求

广义的专利申请文件包括在专利授权以前向专利局递交的所有文件,包括各种申请表格、审查员的通知及往来信件。通常所说的“专利申请文件”是指狭义的申请文件,主要是指申请专利时向专利局受理处递交的文件。

一、发明和实用新型专利申请的基本文件

申请发明或者实用新型专利的,应当提交请求书、说明书及其摘要和权利要求书等文件。

(一) 请求书

请求书是申请人表示请求授予发明或实用新型专利的愿望,是启动受理专利的法律程序的基本法律文件。申请人在请求书中要写明发明创造的名称、发明人、申请人的姓名、地址,如有代理机构应写明代理人及代理机构名称。

发明创造名称应当简短,准确表明发明的技术主题,不应含有非技术词语,如人名、公司、名称、商标、代号、型号等,也不应有含糊不清的词语,如“及其他”“及其类似装置”等。发明创造名称不得超过25个字;特殊情况下,如某些化学发明,经审查员同意后可以增加到40个字。

发明人应当是个人,是对发明创造的实质性特点作出创造性贡献的人。

有共同发明人时应依次填写。

申请人可以是个人,也可以是单位。非职务发明的申请人是个人,应当使用本人真实姓名,不得使用笔名或假名。职务发明的申请人是单位,应当使用正式全称,不得使用缩写或者简称,申请文件中指明的名称应当与使用的公章名称一致。

委托专利代理机构办理的,应在代理机构一栏填写专利代理机构的全称、接受委托的具体专利代理人姓名及在专利局登记的编号。

请求书中涉及的地址应当符合邮件能迅速、准确投递的要求。

(二) 权利要求书

权利要求书是申请文件中最重要和最基本的文件。它的任务是指出发明创造中最关键的技术特征,是确定专利保护范围的依据。从权利要求书的名称上看,一项专利的保护范围最开始实际上是申请人自己请求的,专利授权后能取得多大范围的保护依靠权利要求书来确定。

一份权利要求书除了至少应包括一项独立权利要求以外,还可以包括从属权利要求。独立权利要求应当从整体上反映发明或实用新型的技术方案,记载为达到发明或者实用新型目的的必要技术特征。从属权利要求是对引用的另一项权利要求的进一步限定,指出要求保护的附加技术特征。

独立权利要求一般包括前序部分和特征部分,按照下列规定撰写:(1) 前序部分:写明要求保护的发明或者实用新型技术方案的主题名称以及与最接近的现有技术共有的必要技术特征;(2) 特征部分:使用"其特征是……"或者类似的用语,写明发明或者实用新型区别于最接近的现有技术的技术特征。这些特征和前序部分写明的特征合在一起,限定发明或者实用新型要求保护的范围。发明或者实用新型的性质不适于用前述方式表达的,独立权利要求可以用其他方式撰写。独立权利要求应写在同一发明或者实用新型的从属权利要求之前。

发明或者实用新型的从属权利要求应当包括引用部分和限定部分,按照下列规定撰写:(1) 引用部分:写明引用的权利要求的编号及其主题名称;(2) 限定部分:写明发明或者实用新型附加的技术特征。从属权利要求只能引用在前的权利要求。引用两项以上权利要求的多项从属权利要求,只能以择一方式引用在前的权利要求,并不得作为另一项多项从属权利要求的基础。

(三) 说明书

说明书是专利申请的核心文件,应当对发明或者实用新型作出清楚、完整的说明,以所属技术领域的技术人员能够实现为准。

说明书应当包括下列内容:(1) 技术领域:写明要求保护的技术方案所属的技术领域;(2) 背景技术:写明对发明或者实用新型的理解、检索、审查有用的背景技术;有可能的,并引证反映这些背景技术的文件;(3) 发明内容:写明发明或者实用新型所要解决的技术问题以及解决其技术问题采用的技术方案,并对照现有技术写明发明或者实用新型的有益效果;(4) 附图说明:说明书有附图的,对各幅附图作简略说明;(5) 具体实施方式:详细写明申请人认为实现发明或者实用新型的优选方式;必要时,举例说明;有附图的,对照附图。

(四) 说明书附图

附图是对发明或实用新型具体方案的图形描述,它可以是电路图、结构图、流程图、各种视图、示意图等。发明的技术方案如果足以用文字清楚、完整地描述,则无须附图,但实用新型专利申请说明书应当有表示要求保护产品的形状、构造或者其结合的附图。

(五) 说明书摘要

摘要是对整个发明创造的概述,应当简要说明发明或者实用新型的技术要点。它仅是一种供有关人员迅速获知发明或实用新型内容的情报检索性文件,不具有法律效力,也不属于原始公开的内容,不能作为以后修改说明书和权利要求书的根据,也不能用来解释专利权的保护范围。

说明书摘要应当写明发明或者实用新型专利申请所公开内容的概要,即写明发明或者实用新型的名称和所属技术领域,并清楚地反映所要解决的技术问题、解决该问题的技术方案的要点以及主要用途。

(六) 其他文件

申请专利委托专利代理机构办理的,应当填写专利代理人委托书,写明专利代理机构的名称和具体的专利代理人姓名、编号、委托权限。单位委托的，应当由法定代表人签字盖章；自然人委托的，应当由自然人签字或盖章。

要求享受优先权的，应递交优先权的有关证明文件，包括第一次提出申请的国别、日期、申请号、发明创造名称及申请文本。

要求申请费用减缓的，应当填写费用减缓请求书。单位申请减缓的，应出具上级行政主管部门关于单位的年收入及经费情况的证明。个人申请减缓的，应出具非职务发明证明。

发明专利如果在申请时就请求实质审查，还应填写实质审查申请书。如果希望提前公开，也可以提出提前公开请求。

对于特殊领域的专利申请，比如微生物菌种、药品的申请等，还要提供特殊文件。依赖遗传资源完成的发明创造，申请人应当在请求书中说明该遗传资源的直接来源和原始来源，并填写国务院专利行政部门制定的表格；申请人无法说明原始来源的，应当陈述理由。

二、外观设计专利申请的基本文件

申请外观设计专利的，应当提交申请书、该外观设计的图片或者照片以及对该外观设计的简要说明等文件。

（一）请求书

请求书中首先应填写使用外观设计的产品名称。该名称应准确地表明请求给予保护的产品。名称以2—7个字为宜，最多不得超过15个字。产品名称应符合下述要求：(1) 符合外观设计分类表中的产品名称；(2) 符合该外观设计的内容；(3) 避免使用人名、地名、公司名、商标、代号、型号或以历史时代命名的产品名称，避免使用概括、抽象、附有功能、构造的名称，不能使用附有产品规格、数量单位的名称。此外还应写明设计人、申请人的姓名、地址、代理人及代理机构等的情况。

（二）图片或照片

申请人提交的有关图片或者照片应当清楚地显示要求专利保护的产品的外观设计。申请人请求保护色彩的，应当提交彩色图片或者照片。申请人应当就每件外观设计产品所需要保护的内容提交有关图片或者照片。

（三）简要说明

简要说明是外观设计专利申请文件的一部分，并可以用于解释图片或者照片所表示的专利产品。外观设计的简要说明应当写明外观设计产品的名称、用途、外观设计的设计要点，并指定一幅最能表明设计要点的图片或者照片。简要说明不得使用商业性宣传用语，也不能用来说明产品的性能。

（四）其他规定

关于委托书等其他文件的要求与发明专利和实用新型专利的要求相同。

申请人就同一产品的多项近似设计提出一件专利申请时，应当指定一项基本设计。同一申请中包含的其他设计应当与该基本设计相近似，且相似设计的数量不得超过10项。

三、专利申请文件的提交、修改与撤回

专利申请人提交专利申请文件时，可以直接提交或挂号邮寄给国务院专利行政部门，也可以直接提交或挂号邮寄给国务院专利行政部门指定的专利代办处。如果发明创造涉及国

家安全或者重大利益,则需要依照《专利法》中有关保密的规定进行。另外,如果申请专利的发明涉及新的生物材料,而该生物材料公众不能得到,并且对该生物材料的说明不足以使所属领域的技术人员实施其发明的,申请人还必须按《专利法》的规定办理特定的手续。

申请文件提交之后,由于种种原因常常需要修改,其中包括由申请人主动提出的修改。但是,为了确保申请秩序的稳定,保护其他申请人的利益,法律对修改的范围和时间作了限制。其中,对发明专利申请文件的修改不得超出原说明书和权利要求书记载的范围,而且提出修改应该在提出实质审查请求或者在收到专利局发出的实质审查通知书中规定的期限内;提出修改外观设计或实用新型专利申请文件,应在申请日起两个月内,且不得超出原图片或者照片表示的范围,或原说明书和权利要求书记载的范围。

提交申请后,在被授予专利权前,申请人还可以随时撤回专利申请。撤回申请的声明应向国务院专利行政部门提出,并在其收到时生效。此时,国务院专利行政部门应当停止对该申请的审批工作。但是,撤回专利申请的声明如果是在国务院专利行政部门做好公布专利申请文件的印刷准备工作后提出的,申请文件仍予公布,只是撤回声明应当在以后出版的《专利公报》上予以公告。如果申请撤回时,技术已经公开,则会导致该技术丧失新颖性。

第四节　专利申请文件的撰写

专利申请文件是发明创造取得法律保护的基本条件。一方面它是向社会公众公布其发明内容的信息载体,另一方面它又是向国家专利局正式递交请求保护的文件。所以,专利申请文件的撰写在整个申请过程中占有重要地位。一份合格的申请文件可以加快专利审批速度,及早获得专利权,并可使申请人最大限度的得到应得的权利,而一份撰写质量低劣的申请文件,可能断送一项优秀的发明创造。

专利申请文件融技术、法律、情报、经济于一体,它不同于一般的学术论文、技术总结、产品说明书、科研成果鉴定书等,有特殊的法律要求。

一、权利要求书的撰写

(一)*以说明书为依据*

权利要求书的基本构成是独立权利要求和从属权利要求。一份权利要求书中至少应包括一项独立权利要求,有时可以有多项独立权利要求,这要视发明性质而定。如果是方法加装置或是产品加用途等发明,允许有两项以上的独立权利要求,在这种情况下应避免与单一性的要求相冲突,撰写时应慎重。在一份权利要求书中,一般都有从属权利要求,有时从属权利要求可多达十几项。不论有多少项权利要求,都应当得到说明书支持,即在说明书中对要求保护的必要技术特征有所表述。

"以说明书为依据"有两层含义:一是形式上的依据,即至少在文字上,权利要求中的用语应在说明书中有反映,可以是完全重复的表述。一般情况下,独立权利要求书与说明书中的技术解决方案的文字完全对应,从属权利要求与实施例中的文字完全对应。二是实质上的依据,即权利要求中记载的技术特征在说明书中有记载,尽管不是文字上的完全对应,但实质内容应当一致。此外,权利要求中提到的上位概念在说明书中至少要有两个下位概念支持,较宽的取值范围应有上、中、下三个实施例支持。例如,权利要求中使用了"活泼金属"

的上位概念，说明书中必须有具体的活泼金属的例证加以支持，否则，不得使用上位概念。

(二) 清楚、完整地表达请求保护的范围

第一，权利要求的类型要清楚。发明专利申请的独立权利要求可以是：

(1) 产品 + 产品，方法 + 方法；

(2) 产品 + 制造该产品的方法；

(3) 产品 + 该产品的用途；

(4) 产品 + 制造该产品的方法 + 该产品的用途；

(5) 产品 + 制造该产品的方法 + 实施该方法的专用设备；

(6) 方法 + 实施该方法的专用设备。

实用新型的权利要求可以是两项以上的产品权利要求。

在分清权利要求的类型后，应按照不同类型的权利要求撰写，不能在一项权利要求中既有产品特征又有方法特征。

第二，已知技术的特征(或称前序部分的特征)和特征部分的特征划界要清楚，应当使用"其特征是……"将两部分严格区别开来。

第三，保护范围的边界要清楚。产品发明应当用结构特征来限定，方法发明要用工艺流程、条件特征来限定，不能使用功能或效果来表述其要求保护的范围。如"一种电视机遥控装置，其特征是灵敏度高，体积小，使用方便"。这就是一种功能和效果的表述，这样宽泛的要求缺少必要的技术特征，不符合专利法的规定。

第四，权利要求保护范围的层次要清楚。独立权利要求应当有一个比较宽的保护范围，从属权利要求是对独立权利要求中所述的技术特征的进一步限定。如果有多项权利要求，应当从宽范围到窄范围逐渐具体化，层层限定。

第五，用语要准确、清楚。权利要求是专利保护范围确定的基准，它划定的范围应当是能够确定的，所以，在用语上应使用正面语言，是什么就写什么，不能使用"不是什么""非为某物""大约""左右""薄的""大的""节能的"等含糊不清的词。此外，也不能使用"如说明书所述""如图所示"等表述。每项权利要求只能有一个句号。

第六，完整地表达请求保护的范围是指应充分考虑到发明所具备的全部技术特征，包括现有技术特征和发明的必要技术特征，使之构成一个完整的技术方案。

(三) 权利要求书的撰写方法和步骤

一般的经验是先起草独立权利要求，独立权利要求应当从整体上反映发明或实用新型的技术方案，记载为达到发明或实用新型目的的必要技术特征。这种必要技术特征是通过独立权利要求的前序部分和特征部分反映出来的。

在起草独立权利要求之前，应当进行下述工作：

(1) 首先应分析技术方案，确定发明的技术领域和名称，找到发明原型或最相关的现有技术，研究共同特征，以确定权利要求的前序部分。前序部分应写明发明或者实用新型要求保护的主题名称和发明或实用新型主题与现有技术共有的必要技术特征。特别是，名称应当与请求书、说明书中使用的名称完全一致。如果是结构特征，还要写明各部件相互之间的位置关系或连接关系。

(2) 找出本发明的区别特征，确定特征部分。特征部分应使用"其特征是……"或者类似的用语，将欲申请的发明或实用新型的技术特征与现有技术特征区别开来，然后叙述本发明或实用新型的必要技术特征。也应注意各结构部件相互的关系。

特征部分的内容与前序部分写明的特征共同构成发明或实用新型的保护范围。

下面,通过一个发动机油缸的例子,看一下独立权利要求的撰写。

如下图所示,(a)为现有发动机油缸的结构示意图,(b)是发明技术的结构示意图,将两图进行对比,可以看出它们的共同特征和区别特征。

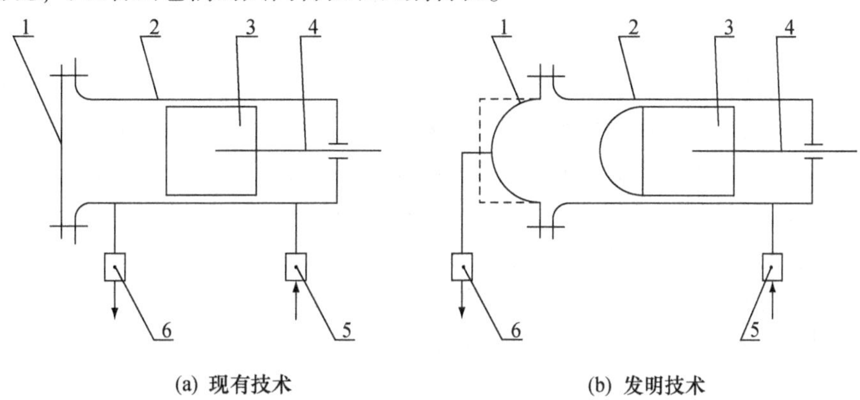

(a) 现有技术　　(b) 发明技术

共同特征:缸体盖 1、缸体 2、活塞 3、连杆 4、进油阀 5、出油阀 6。

区别特征:活塞 3 由平顶改为凸型头部、缸体盖 1 的内表面与活塞 3 相适应地采用凹面,出油阀 6 的位置在缸体盖 1 的顶部。

针对上述现有技术和发明点,找出发明的必要的技术特征,撰写独立权利要求如下:

1. 一种发动机油缸,由缸体盖(1)、在两端设置进油阀(5)及出油阀(6)的缸体(2)以及一个在缸体(2)内运动的活塞(3)和连杆(4)组成,其特征是活塞(3)制成凸型头部,缸体盖(1)的内表面与活塞(3)头部相适应地采用凹面。

对于比较简单的发明,尤以实用新型为多,仅有独立权利要求即可充分、完整地限定专利保护范围。但多数情况下,除独立权利要求外,还要有从属权利要求。从属权利要求就是引用在前的权利要求,记载发明或实用新型附加的技术特征,反映发明或实用新型的具体实施方案。在起草从属权利要求的时候最好根据独立权利要求中提到的特征部分进行一一限定。

从属权利要求的作用不容忽视:第一,它可以起到层层设防的作用。独立权利要求有一个较宽的范围,从属权利要求做进一步限定,一旦独立权利要求被驳回,从属权利要求可做"替补队员",改写后可上升为独立权利要求,不至于使发明或实用新型被全部驳回。第二,从属权利要求将最佳的实施例加以保护,起到了支持独立权利要求中上位概念的作用。

从属权利要求分为引用部分和特征部分。

(1) 引用部分写明被引用的在前的权利要求的编号,一般采用"如权利要求 × 所述的 ×××(发明创造的名称)"。被引用的权利要求可以是独立权利要求,也可以是从属权利要求。

(2) 特征部分写明发明或实用新型的附加技术特征,对引用部分的特征作进一步限定。

我们还以上述发动机油缸为例,看一下从属权利要求的撰写。

2. 如权利要求 1 所述的发动机油缸,其特征是活塞(3)头部制成球形,其曲率半径 r 与活塞体的半径 R 之比为 1:1。

3. 如权利要求1或2所述的发动机油缸,其特征是出油阀(6)安装在缸体盖(1)的中央部位。

4. 如权利要求3所述的发动机油缸,其特征是缸体盖(1)的外表面也可铸成平面。

上述权利要求2是对独立权利要求1中提到的活塞(3)凸型头部的一个具体实施方案,它起到对凸型这一上位概念支持的作用,根据效率最大原理,也可以计算出其他属于凸型的方案,比如抛物面形、球缺或球冠等。

权利要求3引用的是两项权利要求——权利要求1或2,这被称做是多项从属权利要求,即同时引用两项以上的在前权利要求。权利要求3是对缸体盖(1)和出口阀(6)的结构特征的进一步限定,由于缸体盖(1)的内表面采用了凹面,导致了出口阀(6)设置的改变。

权利要求4引用的是权利要求3,限定的是缸体盖(1)的特征,为了让发动机油缸方便放置,可以保持原来缸体盖的平面外形,如图(b)中虚线所示。

权利要求书的撰写方式还有许多,根据发明性质的不同有不同的写法,如综述式(上例),还有分述式写法等,不同技术领域发明创造的权利要求书的写法也有不同,如化学、医药领域对于配方权利要求的写法有很强的专业性。即使在同一类技术领域,也有许多撰写技巧,这里介绍的是最基本的撰写方法。

二、说明书的撰写

说明书有五个基本组成部分,在无特殊情况下,一般应按照五部分的顺序依次撰写:

(1) 所属的技术领域。应写明发明或实用新型所记载的技术方案的具体技术领域,不是广义的或较大的技术领域。例如,不应将“电视机显像管”的发明写成属于电子工业领域,而应写明是对有关电视机显像装置的改进这一具体领域。

(2) 背景技术。就申请人所知,写明与发明或实用新型最相关的现有技术的发展状况,引证对比文献,指出其缺点和不足,也是申请人自己作为发明起点的依据。也可以针对现有技术的不足和缺陷,用简洁的语言提出本发明或实用新型的发明目的。

(3) 发明创造的内容。清楚、完整地写明发明或实用新型的技术解决方案。这部分是说明书的核心部分,也是发明或实用新型实际公开的内容。如果这部分解释得不清楚、不完整,使所属技术领域的普通技术人员无法理解和实施,就可能由于该项专利申请公开不充分而导致被驳回。

在撰写这一部分时,可以与各项权利要求相对应,并作适当扩展,提供初步支持。一般按两个步骤去写。首先,使用与独立权利要求相一致的措词,即以发明的必要技术特征总和的形式阐明发明技术解决方案。然后,用诸个自然段采用记载与诸从属权利要求附加特征相一致的技术特征。在发明简单的情况下,若附加特征在第(5)部分实施例中有详细描述,也可以仅与独立权利要求相对应。其次,应对发明进行详细说明。说明每个技术特征的结构、取值范围。与权利要求相比,这部分应更详细、具体,有附图的应对照附图加以说明。

(4) 附图说明。发明或实用新型如果有附图,应在说明书中进行说明。附图只能单独列出,依序排在说明书后面,不能作为插图。说明书必须对附图进行简要说明,指出每幅图的主题,每一部件的名称,附图中不能有文字描述,只能用序号标出不同的组件。

(5) 具体实施例。本部分应详细描述本发明或实用新型的优选实施方案,可以对照背景技术说明发明或实用新型的有益效果,对权利要求做进一步支持。若独立权利要求使用上位概念,在实施例中至少应有两个下位概念加以支持;若独立权利要求有一个较宽的取值范围,在实施方案中至少有上、中、下三个取值点。此外,各下位概念或取值点还要与从属权利要求中的附加技术特征记载一致。对实施例的描述,应具有实施本发明或实用新型所需的一切条件、数据、材料、设备、工具以及必要的技术规格型号,使同领域的技术人员能够再现该发明或实用新型。

可用八个字概括说明书的撰写原则:清楚、完整、支持、实施。

(1) 清楚:充分公开、语言明了;

(2) 完整:八大部分缺一不可;

(3) 支持:与权利要求语言统一、内容支持;

(4) 实施:以同领域技术人员能够再现为准。

三、说明书附图和摘要

(一) 附图

附图是发明技术方案的最直观的描述,它可以是结构示意图、电路图、工艺流程图、化学式等。

附图的绘制要求清晰,能说明整体技术方案和每个具体的技术特征。图中除必要的关键词外不应有文字说明,每一结构部件应用一个阿拉伯数字标明。电路图不能只有逻辑框图,还要有具体的接线图。

附图应尽量垂直布置,如果图的横向尺寸明显大于竖向尺寸必须水平放置时,应将图的顶部置于图纸的左边。

(二) 摘要

摘要是整个专利技术的简要说明,它只是一种情报资料,没有任何法律效力,也不能对权利要求起到解释作用。

摘要应当包括:发明或实用新型所涉及的主题名称、所属技术领域、所需解决的技术问题、主要技术特征和用途以及与现有技术相比所具有的有益效果。

有说明书附图的,应当在其中选择一幅最有代表性的作为摘要附图。

摘要的文字不得超过300字。

四、关于 Know-how

申请人在申请文件中一般都不愿将发明全部公开,在能满足专利法要求充分公开的前提下,尽可能地将自己技术中最关键的内容保留下来,以防他人仅依据专利说明书即可实施最佳的专利方案,留下的这部分技术便成为了 Know-how。

所谓 Know-how,中文译法有很多,有译作“技术秘密”的,有译作“专有技术”的,还有译为“技术诀窍”的,它的基本含义是指具有使用价值的没有公开的技术。按专利法规定,在申请文件中没有公开的技术,不能得到保护,所以 Know-how 不受专利法保护。由于它确实也属于一种智力劳动成果,也具有使用价值,有时甚至具有重大的经济效益和社会效益,所以,他人在 Know-how 所有人不情愿的情况下,用不正当手段获得即属违法。我国将其列为商业秘密保护范围,在《反不正当竞争法》中给予保护。实践中,多通过采取保密措施来保护,可以是技术措施，也可以是法律措施，即在合同中规定保密条款。

在撰写申请文件时，如何将Know-how保留下来又不至于违反专利法充分公开的要求，涉及撰写技巧，应当视发明创造的性质而定。对于具有结构的产品专利，很难存在Know-how技术，只要将结构画出，技术方案便一览无遗。如果勉强留下一部分内容不公开，要么有公开不充分之嫌，要么专利权人在日后自己的专利产品上市后，他人很快就可以拆卸、测绘，然后仿造，而专利权人却不能对这一未在申请文件中公开的Know-how要求任何权利。对于组合物或化合物产品专利，可保留一部分Know-how，尤其是化学物质的成分和药品的配方，在能够实施的情况下，加上一种新组分可能会有明显效果，而这新组分的确定又是普通技术人员很难通过实验获得的，这时就可将这一新组分作为Know-how来保护。对于方法专利，尤其是工艺过程中温度、压力参数的选择，也有一个最佳值问题。如果这一最佳值通过一般实验很难得到，也可以作为Know-how保护。但是，在撰写中一定要保证原技术方案的完整、可实施性，不能为了保留Know-how而使专利申请遭到驳回。

第五节　专利申请的审批

一、发明专利申请的审批

我国发明专利采用“早期公开、延迟审查”制度。专利局收到申请文件后经初审合格，在18个月时即行公开其申请文件，然后再根据申请人的请求或者专利局的决定进入实质审查程序。这种审查制度与有些国家的完全审查制相对。比如美国采用的就是完全审查制。在完全审查制中，专利申请提交后即进入实质审查，直到授权才会公开其说明书和权利要求书。如果审查没有通过，专利申请文件不会公开，申请人完全可以根据自己的情况决定是否公开，也有可能通过know-how进行保护。

我国采用“早期公开，延迟审查”制，主要考虑以下三点：(1) 早期公开的专利申请文件可以让社会公众尽早得知发明创造的内容，有利于科学技术信息的交流，促进他人的再创造；(2) 可以给申请人自己作出选择取舍的机会，如果申请人认为申请的技术方案不是很完善，不想再维持这一申请，可以不提出实质审查请求，而采取申请改进专利，利用在先申请作为优先权获得的基础；(3) 给社会公众以监督审查专利申请的机会，一旦发现申请的发明创造不符合专利授权条件，可以尽早做好专利无效申请的准备，放心利用，不必担心日后构成侵权。当然，“早期公开，延迟审查”也有其弊端。对于专利申请人来说，一般在授权前不愿意提前公开其技术方案，如果不能被授权，还可以将其作为技术秘密加以利用，否则，这一技术方案就进入公有领域，任何人都可以无偿使用。早期公开的另一不利之处是让专利申请人的竞争对手得以通过专利跟踪制定竞争对策，或在专利申请的基础上进行改进发明，制约专利申请人。总之，任何一项制度都有利有弊，不同的群体在利用上都有不同的利益取舍，应当根据具体情况加以利用。

我国发明专利的审批流程如下：

受理申请→初步审查→公布申请（自申请之日起18个月内）→实质审查（自申请日起3年内）→授权公告→无效请求期及无效审查（自授权后任何时间）→专利权终止（自申请日起20年）

1. 受理申请

专利局收到发明专利申请的请求书、说明书(有附图的应包括附图)和权利要求书后,发出受理通知书,确定专利申请日,给予专利申请号。对于缺少上述必要文件或者有其他违反法律要求的,专利局不予受理或要求其在指定期限内补交或补正。

2. 初步审查

专利局收到申请文件后,首先对申请文件的格式、法律要求、费用缴纳等情况作形式审查:(1) 请求书中发明人、申请人的名称和地址是否填写清楚;(2) 发明主题是否明显属于专利法不给予保护的范围及明显不符合单一性的要求;(3) 是否明显不符合"三性"要求;(4) 是否违反保密审查规定;(5) 是否缴足申请费用。

初审不合格的,专利局发出通知,由申请人进行补正或陈述意见;如仍然不符合《专利法》要求的,予以驳回。初审合格后,进入公布程序。

3. 公布申请

发明专利申请初审合格后,自申请日起满 18 个月即行在《发明专利公报》上公布。申请人如果希望提前公布,可以填写《提前公开请求书》,要求早日公布其申请,专利局在初审合格后,立即公布。

为了及时监督和发现不符合法定授权的发明专利申请被授权,自发明专利申请公布之日起至公告授予专利权之日前,任何人均可以对不符合《专利法》规定的专利申请向专利局提出意见,并说明理由。这一程序的设立类似 1985 年《专利法》中的异议程序,不同的是,异议程序启动后,专利局中止正常的审查,而转入异议审查。现行法规定的"提出意见",仅供审查员参考。这样就可以防止原来利用异议程序推迟授权或滥用异议程序阻挠授权的情况发生。

4. 实质审查

发明专利申请自申请日起 3 年内,专利局可以根据申请人随时提出的请求,对其申请进行实质审查。启动实质审查的主动权完全在于申请人自己。申请人可以根据专利申请的市场价值、经济效益、防御竞争对手的作用等多方面的因素考虑在何时提出实质审查申请,甚至不提出。

实质审查的主要内容有:

(1) 对发明主题的新颖性、创造性、实用性进行审查。不符合"三性"要求的,书面通知申请人或代理人,在指定的期限内陈述意见,进行修改。

(2) 单一性审查。一件申请只允许涉及一项发明。只有在几项发明之间有一个总的发明构思相互关联的情况下才被允许合案申请。对于不符合单一性要求的,应通知申请人或代理人作分案处理。

(3) 对说明书和权利要求书的审查。说明书应当清楚完整地说明发明的主要技术特征,充分公开,使同领域的技术人员能够实施,同时,还要对权利要求给予支持。权利要求书应当符合法律规定的撰写要求。递交修改后的文本,不得超出原始申请文件公开的范围,否则,应陈述意见,进行补正。

如果申请人在 3 年之内没有提出实质审查请求的,该申请即被视为撤回。但由于不可抗力或其他正当理由没有及时提出实质审查请求的,可以出具证明,再提出请求。

5. 授权公告

在经过实质审查后,没有发现驳回理由的,专利局即作出授予发明专利权的决定,颁发发明专利证书,在《发明专利公报》上予以登记和公告。发明专利权自授权公告之日起生效。

二、实用新型和外观设计专利申请的审批

实用新型和外观设计的审批较发明简单,采用“初审登记制”,使这些实用技术、设计尽快为社会所用,进一步发挥专利的作用。而对于不符合《专利法》要求的实用新型和外观设计,可以通过事后的无效程序对这些“漏网之鱼”进行审查。专利法的立法本意就是用实用新型来保护那些创造性较低的发明。世界上不少国家对实用新型权利要求的数量作了限制,既提高了审批速度,也便于防止重复授权。

实用新型和外观设计的审批流程是:受理申请→初步审查→授权公告。其中每一流程中的工作内容与发明专利审批的相应流程相同,只是实用新型和外观设计授权公告的文件无须经过实质审查。

第十四章

专利的复审、无效及终止

第一节　专利申请的复审

一、请求复审的程序及审查

专利申请人对专利局驳回专利申请的决定不服的,可以自收到通知之日起 3 个月内,向专利复审委员会请求复审。专利复审委员会经审理后作出决定,并通知专利申请人。

请求复审采取书面原则并有规定的格式。向专利复审委员会请求复审应当提交复审请求书,说明理由,必要时还应当附具有关证明。专利复审委员会收到复审请求书后,应当首先进行形式审查,主要是对请求人的资格、请求期限、请求书的格式、缴纳复审费用等进行审查。请求人在提出复审请求或者在对专利复审委员会的复审通知书作出答复时,可以修改专利申请文件。但是,修改应当仅限于消除驳回决定或者复审通知书指出的缺陷。在完成形式审查后,复审委员会将受理的复审请求书转交专利局的原审查部门,进行前置审查。原审查部门根据复审请求人的请求,同意撤销原决定的,专利复审委员会应当据此作出复审决定,并通知复审请求人。

如果原审查部门经前置审查,坚持其原来的决定,这时,专利复审委员会应对复审请求进行审查,并根据新的审查作出决定。专利复审委员会进行复审时应当针对驳回决定所依据的理由和证据进行审查。

二、复审决定的效力

复审委员会作出的复审决定有以下三种类型:

(1) 复审请求的理由不成立,驳回复审请求,维持原驳回决定;

(2) 复审请求理由成立,撤销原驳回决定;

(3) 专利申请文件经复审请求人修改,克服了原驳回申请决定所指出的缺陷,在新的文本基础上撤销原驳回的决定。

如果请求人对专利复审委员会的复审决定不服的,可以自收到通知之日起 3 个月内向人民法院起诉。

第二节　专利权的无效

专利授权后并不意味着专利权的绝对稳定。实用新型和外观设计专利申请,由于不经过实质审查,很可能不符合专利实质性条件的专利也获得授权。而即使经过实质审查而被授权的发明专利,也有可能存在“漏网之鱼”。专利制度中设置无效程序,其意义在于给专利申请人以外的社会公众以监督权,用以启动对错误授权的专利进行再次审查的程序。

一、无效宣告请求的程序

按照中国《专利法》的规定,自专利局公告授予专利权之日起,任何单位或者个人认为该专利权的授予不符合《专利法》有关规定的,可以请求专利复审委员会宣告该专利权无效。

提出无效请求的法定时间是自专利局公告授予专利权之日起任何时间,即使专利权终止后,也可以提出无效宣告请求。

无效宣告请求人的资格没有限制,可以是任何单位和个人,但一般一份请求中只能有一个请求人。这是考虑到在无效审理过程中可能会有调解,而不同请求人接受调解的条件会有所不同;在专利复审委员会作出无效决定后,可能会有行政诉讼,而不同请求人就是否提出诉讼的考虑也可能不同。所以,就同一专利提出一份无效请求时,请求书中不能有多个请求人。

提出无效请求应当填写无效请求书,缴纳无效宣告请求费。

无效宣告请求人在专利复审委员会作出决定之前撤回请求的,无效宣告请求审查程序终止。但是,专利复审委员会认为在已有证据基础上能够作出宣告专利权无效或者部分无效的决定的,不终止审查程序。

二、无效宣告请求的理由

无效宣告请求的理由,是指被授予专利的发明创造不符合中国《专利法》第 2 条,第 20 条第 1 款,第 22 条,第 23 条,第 26 条第 3、4 款,第 27 条第 2 款,第 33 条或者《专利法实施细则》第 20 条第 2 款、第 43 条第 1 款的规定,或者属于《专利法》第 5 条、第 25 条的规定,或者依照《专利法》第 9 条规定不能取得专利权。具体包括以下理由:

(1) 不属于《专利法》所称的发明创造的;

(2) 在中国完成的发明创造,未经过保密审查即向国外申请专利的;

(3) 对于发明和实用新型专利,不符合专利条件的新颖性、创造性、实用性标准的;

(4) 对于外观设计专利,不符合新颖性、区别性标准,或者与他人在先合法权利相冲突的;

(5) 发明或者实用新型的说明书公开不充分,所属技术领域的技术人员不能实现;

(6) 发明或者实用新型权利要求书得不到说明书支持的,或者保护范围不清楚;

(7) 外观设计专利的图片或者照片不能清楚显示要保护的范围;

(8) 对申请文件的修改超出了原发明或者实用新型的说明书和权利要求书记载的范围;对于外观设计,超出了原图片或者照片记载的范围;

(9) 分案申请超出了原申请记载的范围;

(10) 属于重复授权的专利;

(11) 属于《专利法》第 5 条、第 25 条规定的不授予专利权的范围的。

三、无效宣告请求的审理

一般情况下复审委员会根据请求人的请求理由、范围和提供的证据进行审理，不承担全面审查专利有效性的义务。必要时，可依职权对请求人未提及的理由进行审理。

在充分听取双方当事人的意见陈述后，复审委员会可以作出审理决定，审理决定有如下几种：

(1) 宣告专利权全部无效；

(2) 宣告专利权部分无效；

(3) 维持专利权有效。

四、专利权无效宣告请求审理决定的效力

对专利复审委员会宣告专利权无效或者维持发明专利权的决定不服的，可以在收到通知之日起3个月内向人民法院提起行政诉讼，起诉的被告是专利复审委员会。

宣告无效的专利权视为自始即不存在。宣告专利权无效的决定，对在宣告专利权无效前人民法院作出并已执行的专利侵权的判决、调解书，已经履行或者强制执行的专利侵权纠纷处理决定，以及已经履行的专利实施许可合同和专利权转让合同，不具有追溯力。但是因专利权人的恶意给他人造成的损失，应当给予赔偿。如果不返还专利侵权赔偿金、专利使用费、专利权转让费，明显违反公平原则的，应当全部或者部分返还。

按照《专利法》的规定，对专利复审委员会宣告专利权无效或者维持专利权的决定不服而提起的诉讼为行政诉讼，同时法院应当通知无效宣告请求程序的对方当事人作为第三人参加诉讼。

五、无效宣告的撤回

请求人在无效宣告请求的审查程序中撤回其请求的，专利复审委员会应当终止审查程序；但现有的证据表明专利权无效或部分无效的，专利复审委员会可以继续审查。这符合设立无效宣告程序的立法本意，也维护了公众的合法利益。

第三节　专利权的终止

一、专利权终止的概念

专利权终止，是指专利权因某种法律事实的发生而导致其效力消灭的情形。专利权的终止有广义的专利权终止和狭义的专利权终止。狭义的专利权终止，是指一项有效专利权因某种法律事实的发生而导致其效力消灭的情形，不包括专利权因无效宣告而致使其被视为自始不存在的情形，也不包括因专利权的转让而导致原专利权人丧失专利权的情形。广义的专利权终止，不仅包括有效专利权效力的消灭，还包括上述的几种特殊情形。本节所论述的专利权终止为狭义的专利权终止。

二、导致专利权终止的法律事实

根据中国《专利法》的规定，以下几种情形可以导致专利权终止：

1. 专利权因期限届满而终止

一般而言，专利权的保护期限届满，专利权就终止其效力。《专利法》第42条规定，发明专利权的期限为20年，实用新型专利权和外观设计专利权的期限为10年，均自申请日起计算。

2. 专利权因放弃而终止

专利权是一种私权，法律允许专利权人依其意志对专利权进行处分。在专利权保护期限届满前，专利权人可以书面形式向专利局声明放弃专利权。根据《专利法》第44条的规定，专利权人以书面放弃其专利权的，专利权在期限届满前终止。专利权由两个以上专利权人共有的，放弃专利权的声明应当由全体权利人统一作出。部分专利权人声明放弃专利权的，并不能导致该项专利权终止，只能导致放弃声明人所享有的部分权利丧失，只需要变更著录事项即可。

对于符合《专利法》规定条件的放弃专利权声明，专利局应当予以批准，并将有关事项分别在专利登记簿上和专利公报上登记和公告。

3. 专利权因欠缴年费而终止

专利权被授予后，专利权人若想维持其专利权的有效地位，须依照法律规定按时足额地缴纳专利维持费，也称专利年费。根据《专利法》第43条的规定，专利权人应当自被授予专利权的当年开始缴纳年费。在专利权的保护期限内，专利权人若没有按照法律的规定缴纳专利年费，其专利权就将在下一年度到来时终止。根据《专利法》第44条第1款第1项的规定，“没有按照规定缴纳年费的”，专利权在期限届满前终止。

第十五章

专利权的内容与限制

第一节　专利权的内容

由于发明、实用新型专利权与外观设计专利权的属性不同,《专利法》第11条对不同类型权利的内容规定亦不相同。

对于发明和实用新型专利,如果属于“产品专利”,专利权人享有禁止他人制造、使用、许诺销售、销售、进口专利产品的权利;如果是属于“方法专利”,则专利权人的权利不仅包括禁止他人对该方法的使用,还包括禁止他人使用、许诺销售、销售、进口依照该专利方法直接获得的产品。未经专利权人的同意为生产经营目的利用专利产品或方法,即构成对专利权的侵犯。

对于外观设计专利,专利权人享有禁止他人制造、许诺销售、销售和进口的权利。未经专利权人许可,任何单位或个人,为生产经营目的制造、许诺销售、销售或进口其外观设计专利产品,都是对其专利权的侵犯。对外观设计专利权的规定,与发明和实用新型专利权的规定有两点不同:一是外观设计专利权人没有对专利产品的使用权,二是外观设计专利权人没有对方法或由该专利方法直接获得的产品的使用权。

专利权具有独占性,除非有法律特殊规定,专利权人有权禁止其他任何人为生产经营目的实施其专利技术。在此,“为生产经营目的”并不同于“营利目的”,因为一些非营利事业的经营,例如环境保护、公交维修、气象预报等,也包含在“生产经营”的范围内。在这些领域中,同样不能未经专利权人许可而实施其专利。

一、专利权人的权利

(一) 禁止他人制造的权利

专利权人拥有禁止他人生产制造专利文件中记载的专利产品的权利。只要他人未经许可而生产制造的产品与专利产品相同,不问使用什么设备装置或方法,也不管制造数量多少,只要结果相同,即构成侵权。对于制造类似的产品,如果其技术特征落入权利要求书中划定的保护范围,尽管产品看似不完全相同,也可能构成等同侵权。

(二) 禁止他人使用的权利

该权利包括禁止他人对产品专利使用的权利和禁止他人对方法专利使用的权利。一件产品可能有多种用途,所以使用的方式也就不同。如果专利产品是一种机器设备,可以用于生产;如果是一个部件,可以用于各种装置中。但是,这项权利有两种例外:(1) 专利权人自己制造或许可他人制造的产品,产品销售出后专利权人在这一特定的产品上禁止他人使用的权利就消失了,即所谓“权利用尽”;(2) 非为生产经营目的的使用,即使用并非为生产经营目的的,不属于侵犯专利权人的使用权。

禁止他人使用专利方法的权利,是指禁止他人对其专利方法的使用以及禁止他人使用、许诺销售、销售、进口依照该专利方法直接获得的产品的权利。我国 1992 年修改前的《专利法》对于方法专利权的保护仅限于专利方法本身,1992 年之后,扩展到对依照专利方法直接获得的产品。

(三) 禁止他人许诺销售的权利

专利法上的“许诺销售”(offering for sale)是指明确表示愿意出售某种专利产品的行为。“offering”的含义不仅仅是指合同法所指的“要约”,“offering for sale”除了指为了将来的销售而提出要约外,一些广告宣传、市场推广、展示等并不属于要约的行为,也属于“许诺销售”的范畴。赋予发明专利和实用新型专利的专利权人禁止他人许诺销售的权利是中国《专利法》根据《TRIPs 协议》第 28 条第 1 款的规定所作的修改。在实践中,一些企业制造或者从他人购得侵权产品后,为了销售这些产品,往往会进行一些销售前的推销或促销行为,如进行广告宣传、在展览会上展出等,这些推销或促销行为就属于许诺销售。在没有这一权利时,专利权人发现许诺销售情况后,只有等到侵权人实际销售该侵权产品后才能主张权利,这不利于及早制止侵权行为,防止侵权产品的扩散。为了充分保护专利权人的利益,《专利法》增加专利权人的许诺销售权是有必要的。《专利法》第三次修改后,外观设计专利也增加了关于许诺销售权的规定。

(四) 禁止他人销售的权利

专利权人享有禁止他人未经许可销售其专利产品的权利。销售专利产品的行为与通常意义的货物买卖一样,是将产品的所有权以一定的条件从一个单位或个人转移到另一个单位或个人。但要注意,不管是专利权人自己销售,还是许可他人销售,在专利产品首次售出后,在这一特定的专利产品上,禁止他人销售权穷竭,他人可自由使用或者转售该专利产品,专利权人无权再干涉该特定商品的流通。这也是前面所说的“权利用尽”的一种情况。按照专利权的地域性特点,禁止他人销售的权利应当限于本国地域范围之内。如果从某一国家的市场内购买的专利产品再进口到其他国家,则要视其在其他国家是否享有专利保护,如有的话在其他国家销售时同样存在销售权的问题,同时还要受到进口权的限制。

(五) 禁止他人进口的权利

禁止他人进口的权利,是指专利权人享有禁止他人未经允许、为生产经营目的进口由该专利技术构成的产品、包含该专利技术产品或由专利方法直接生产的产品的权利。进口权是《专利法》1993 年修改后增加的。给专利权人以进口权,强化了对专利权的保护,符合国际惯例。进口权的前提是专利权人在中国享有专利权,而不论其在其他国家是否享有专利权,也不论该专利产品在国外制造是否合法,只要其产品落入到中国专利保护的范围中,专利权人即有权制止。进口权明显体现出专利权的地域性。

(六) 许可实施权

许可实施权,是指专利权人(许可方)通过签订合同的方式允许他人(被许可方)在一定条件下实施其取得专利权的发明创造的全部或者部分技术的权利。

在很多情况下,专利权人不愿或不能自己实施专利,而通过许可他人实施来取得收益。

许可他人利用专利技术，并非是将专利权出售给他人，其本质上是有条件地允许被许可人实施前述（一）至（五）项权利中的一个或多个，专利的所有权并没有发生变化。

许可他人实施专利，应当按《专利法》的有关规定办理。《专利法》第 12 条规定："任何单位或者个人实施他人专利的，应当与专利权人订立实施许可合同，向专利权人支付专利使用费。被许可人无权允许合同规定以外的任何单位或者个人实施该专利。"

专利实施许可的种类有：

（1）独占许可。独占许可，是指在一定地域内，被许可方在合同有效期间对被许可使用的专利技术拥有独占的权利，许可方自己不能在该地域内实施其专利技术，也不得把该技术再许可第三方实施。但专利的所有权仍属于许可方。这种许可方式一般不轻易被专利权人采用，它对专利权人的限制过多。

（2）排他许可。排他许可，是指在一定地域内，被许可方在合同有效期间对被许可实施的专利技术享有排他的实施权，许可方不得把该专利技术再许可第三方使用，但许可方自己有权在该地域内使用该项技术。

（3）普通许可。普通许可，是指许可方允许被许可方在指定的地域内实施其专利技术，同时许可方自己有权在该地域内实施该技术，也可以许可第三方实施。

（4）分许可。分许可，是指许可方允许被许可方在指定的地域内实施其专利技术以及允许被许可方在一定条件下再许可第三方实施该技术。

（5）交叉许可。交叉许可也称"相互许可"，它一般发生在改进发明的专利权人与原专利权人之间。改进发明的专利权人若实施其技术，必须经原专利权人许可；原专利权人若实施新的专利技术，也必须经改进专利权人的许可。在这种情况下，双方一般采用相互交换专利实施权的方式来代替相互支付专利许可使用费。

（6）专利池许可。"专利池"是从英文"patent pool"翻译而来，它是指两个或两个以上的专利权人协议向对方或第三方许可一项或多项他们的专利。典型的专利池许可对于被许可人一般提供标准的许可合同。专利池许可基于一件产品涉及众多权利人的情况，往往体现在技术标准的实施中。"专利池"这一翻译词汇确实很形象地表达出集结专利、统一管理方面的含义，但它缺少企业作为专利权人联合，共同经营专利的意义。英语单词"pool"不仅有"池"的意思，还有"联营"的意思，即"公司之间为避免竞争而在价格或利润上订立协议的措施"之意，所以，"专利池"准确的含义应该是"专利联营"。

（七）转让权

转让权包括专利申请权的转让和专利权的转让。转让使权利主体发生了变更，从而使权利从原所有人转移到新所有人。这种权利转移的结果是原申请人或专利权人不再享有申请权或专利权。

转让有两种形式：一种是合同转让，比如因买卖、交换、赠与、技术入股而进行的专利权转让；另一种是继承转让，这是因法定原因而发生的，当专利权人死亡后，专利权依继承法的规定转移于有继承权的人。

转让必须履行法律规定的手续。《专利法》第 10 条规定："专利申请权和专利权可以转让。中国单位或者个人向外国人、外国企业或者外国其他组织转让专利申请权或者专利权的，应当依照有关法律、行政法规的规定办理手续。转让专利申请权或者专利权的，当事人应当订立书面合同，并向国务院专利行政部门登记，由国务院专利行政部门予以公告。专利申请权或者专利权的转让自登记之日起生效。”

（八）标记权

标记权，是指专利权人在其专利产品或者该产品的包装上标明或者不标明专利标记和专利号的权利。行使标记权，可以起到宣传作用，也可以起到警示作用。当然，专利权人不在专利产品或其包装上标明专利标记或专利号，并不意味着放弃专利保护。其他人仿造专利产品，仍负侵权责任，不知道一项发明创造已受到专利保护而实施该项专利的，不能免除侵权责任。

除上述权利外，专利权人认为自己不需要维持专利权时，可以书面声明放弃专利权，也可以不缴纳专利年费从而自动终止专利权。放弃专利权的专利技术进入公有领域，他人可以无偿使用。

二、专利权人的义务

权利与义务相对应存在，专利权人享有的权利，是在其履行义务的前提之下的。专利权人不履行其义务，将给自己带来不利的法律后果，甚至丧失专利权。

（一）缴纳专利费用

专利申请人在申请专利时要缴纳各种申请费用。在专利授权后，专利权人应当在专利局通知的日期内缴纳规定的年费。年费的数额按照专利类型的不同而不等。发明专利的年费数额较高，实用新型专利和外观设计专利的年费数额较低。专利权人履行缴纳年费的义务，主要作用在于通过收取年费督促专利权人选择尽早放弃已无实际商业价值的专利，作为一种经济杠杆调节专利权人与社会之间的利益关系。

专利权人不履行缴纳年费的义务时，将导致专利权提前终止。

（二）不得滥用专利权

专利权是一种合法的垄断权，如果发明创造已经被授予专利权，专利权人应促进专利技术早日为社会所用。具备实施条件的单位以合理的条件请求专利权人许可实施时，专利权人应该在合理的时间内给予许可。如果新专利技术的实施依赖于前一发明创造，则前一发明创造的专利权人更应该给予后一发明创造专利权人实施其专利的许可。拒绝许可可能构成专利权的滥用或者反竞争行为，导致专利被强制许可。此外，利用专利进行限制或排除竞争的行为，还将受到《反垄断法》的规制。

第二节 专利权的限制

专利权的独占性是相对的，法律对其权利行使加以了许多限制。首先，它受到时间的限制，即上述所讲的专利权只有在法定保护期限内有效力。其次，它受到空间的限制，即地域限制，只有在授权国国内才能行使专利权。此外，专利权的行使还依法受到国家利益、公众利益的限制以及国际惯例的约束。

专利权的限制还表现在其他几种专利保护的例外情况中，包括先用权、专利权用尽、临时过境利用、为科学实验而利用、药品和医疗设备的专利权保护例外等。这些对专利权的限制关系到专利权人利益和公众利益的合理平衡。

以下从专利的计划许可、强制许可以及合理使用来分析专利权的限制。

一、专利的计划许可

专利的计划许可，在有些国家的专利法中也称作"国家征用"，它是国家行政机构在全面考虑国家利益的情况下，对某些重大发明创造有目的、有计划地安排实施，以迅速推广先进的专利技术。

中国《专利法》第14条规定："国有企业事业单位的发明专利，对国家利益或者公共利益具有重大意义的，国务院有关主管部门和省、自治区、直辖市人民政府报经国务院批准，可以决定在批准的范围内推广应用，允许指定的单位实施，由实施单位按照国家规定向专利权人支付使用费。"这种计划许可有以下几种限制：(1) 不能随意决定，必须是重大的发明创造，而不是一般的专利技术；(2) 只适用于对国家利益或者公共利益具有重大意义的发明专利，不适用于实用新型和外观设计；(3) 计划许可须是国务院有关主管部门和省、自治区、直辖市人民政府报经国务院批准后决定，且推广使用的范围仅限于批准的范围，不是任何行政机关都有权调用专利；(4) 发放实施许可证是有偿的，获得许可使用权的单位应向专利权人支付使用费，但费用的金额不是双方协商确定，而是根据国家有关规定进行支付。

二、专利的强制许可

"强制许可"同"自愿许可"相对应。"自愿许可"是指专利权人自愿地允许其他单位或个人实施其专利。而"强制许可"是指由一定的国家行政机关在未经专利所有权人同意的情况下决定许可其他单位或个人实施该专利。这是违反专利权人意志的许可，所以，这种许可也称为"非自愿许可"。强制许可虽然是一种非自愿许可，但是有偿许可。法律规定，在实施强制许可时，专利的使用人要向专利权人支付相应的费用。强制许可的真正意义在于对专利滥用者构成一种法律威慑。

强制许可制度最早是在《巴黎公约》中确立的。在该公约中，强制许可是一项旨在防止专利权人滥用专利权、阻碍发明的实施和利用、继而阻碍科学技术的进步与发展的原则。TRIPs协议中也规定了5种可授予强制许可的情况：(1) 经被许可人合理努力请求，专利权人拒绝自愿授予；(2) 国家紧急状态或其他极端危急的状态；(3) 专利权人滥用私权构成不合理的垄断；(4) 公共非商业性使用；(5) 从属专利。除以上情况外，成员国还可自由判断哪些情况构成强制许可的理由。所以，强制许可的引用不以上述5种情况为限。成员国可以在国内立法中自行规定强制许可的适用条件，但需要遵守为保护专利权人合法利益的相关限制条件。

对于发展中国家来说，强制许可制度是普遍实行的限制专利权的制度之一。中国在1985年专利立法之初即对强制许可作了规定。后来随着专利制度国际化的趋势，三次《专利法》的修改都对实施强制许可制度的条件作了相应的修改和完善，进一步加强了这一制度的作用。

(一) 申请强制许可的条件

1. 专利权人不履行实施义务的强制许可

根据中国《专利法》第48条第1项的规定，如果专利权人自专利权被授予之日起满3年，且自提出专利申请之日起满4年，无正当理由未实施或者未充分实施其专利的，国务院专利行政部门根据具备实施条件的单位或者个人的申请，可以给予实施发明专利或者实用新型专利的强制许可。未充分实施专利是指专利权人及其被许可人实施其专利的方式或者规模不能满足国内对专利产品或者专利方法的需求。

此种情形下申请强制许可应具备的条件是:(1) 请求人必须具备实施条件,即具备生产、制造、销售专利产品或使用专利方法的基本条件;(2) 专利权人没有实施或没有充分实施该专利且无正当理由;(3) 自专利权被授予之日起满3年,且自提出专利申请之日起满4年之后才可以提出强制许可请求;(4) 申请强制许可的单位或者个人应当提供证据,证明其以合理的条件请求专利权人许可其实施专利,但未能在合理的时间内获得许可。在满足前述4项条件的情况下,国务院专利行政部门才能依据申请人的申请给予强制许可。

2. 消除或减少垄断行为影响的强制许可

尽管专利权是一种合法的垄断权,但是权利人行使专利权若产生限制或排除竞争的后果,就会造成权利人利益与公平竞争秩序之间的冲突。因此,如果专利权人行使专利权的行为被依法认定为垄断行为,为消除或者减少该行为对竞争产生的不利影响,国务院专利行政部门可根据中国《专利法》第48条第2项的规定给予具备实施条件的单位或者个人实施发明专利或者实用新型专利的强制许可。

3. 国家出现紧急状态或非常情况时的强制许可

中国《专利法》第49条规定:“在国家出现紧急状态或者非常情况时,或者为了公共利益的目的,国务院专利行政部门可以给予实施发明专利或者实用新型专利的强制许可。”这是一种特殊的强制许可,没有时间限制和其他附属条件。

4. 依存专利的强制许可

中国《专利法》第51条规定:“一项取得专利权的发明或者实用新型比前已经取得专利权的发明或者实用新型具有显著经济意义的重大技术进步,其实施又有赖于前一发明或者实用新型的实施的,国务院专利行政部门根据后一专利权人的申请,可以给予实施前一发明或者实用新型的强制许可。在依照前款规定给予实施强制许可的情形下,国务院专利行政部门根据前一专利权人的申请,也可以给予实施后一发明或者实用新型的强制许可。”可见,《专利法》中依存专利强制许可的条件是:(1) 前后两个发明创造是已经取得专利权的发明或实用新型;(2)“在后发明创造”同“在前发明创造”相比,具有显著经济意义的重大技术进步,而其实施又有赖于前一发明或者实用新型的实施;(3) 强制许可为国务院专利行政部门经专利权人的申请而给予。在这种情况下申请强制许可的,一般为“在后发明创造”的专利权人,因为后一专利的实施必须依赖于前一专利。一般来说,前一专利权人只有在自己的专利技术被强制许可给后一专利权人使用后,才能申请使用后一专利技术的强制许可。这样规定有利于先进技术的利用。

5. 药品专利的强制许可

中国《专利法》第50条规定:“为了公共健康目的,对取得专利权的药品,国务院专利行政部门可以给予制造并将其出口到符合中华人民共和国参加的有关国际条约规定的国家或者地区的强制许可。”这里所称“取得专利权的药品”是指解决公共健康问题所需的医药领域中的任何专利产品或者依照专利方法直接获得的产品,包括取得专利权的制造该产品所需的活性成分以及使用该产品所需的诊断用品。

2001年11月,WTO第四届部长级会议通过了《TRIPs协议与公众健康宣言》。宣言声称《TRIPs协议》不会也不应阻止成员方采取保护公共健康的措施。《关于TRIPs协议和公共健康的多哈宣言第六段的执行决议》规定,发展中成员和最不发达成员因艾滋病、疟疾、肺结核及其他流行疾病而发生公共健康危机时,可在未经专利权人许可的情况下,在其内部通过实施专利强制许可制度,生产、使用和销售治疗导致公共健康危机疾病的有关专利药品。虽然各国在不同程度上承认强制许可,但是很少真正启动强制许可。强制许可的意义更多表现为药品领域降低价格的手段。根据《修改 TRIPs 协议议定书》,在某些国家没有制药能力或者能力不足低下,可以给予为了出口目的的强制许可。所以,《专利法》在第三次修改后明确规定了对于公共健康问题的强制许可。在中国法律中肯定药品强制许可制度,是享受 WTO 赋予的权利的一种表现。

(二) 强制许可的效力

取得实施强制许可的单位或个人仅仅获得了该项发明创造的使用权,这种使用权不是独占性的,专利权人有权再许可第三方使用。强制许可实施人也不享有分许可权。

强制许可是有偿的,取得实施强制许可的单位或个人应当付给专利权人合理的使用费。使用费的数额可先由取得强制许可的单位或个人与专利权人协商确定;协商不成,由国务院专利行政部门裁决。

强制许可仅限于发明专利和实用新型专利,不适用于外观设计专利。值得提出的是,尽管一些国家出于本国利益而规定了强制许可制度,但很少发布强制许可证。中国自 1985 年施行《专利法》以来,尚未发布一件强制许可证。

(三) 强制许可的程序与救济

请求给予强制许可的申请人,应当向国务院专利行政部门提交强制许可申请书,说明理由并附具有关证明文件。国务院专利行政部门应当将强制许可申请书的副本送交专利权人,专利权人应当在国务院专利行政部门指定的期限内陈述意见;期满未答复的,不影响国务院专利行政部门作出决定。国务院专利行政部门在作出驳回强制许可请求的决定或者给予强制许可的决定前,应当通知请求人和专利权人拟作出的决定及其理由。国务院专利行政部门依照专利法作出给予强制许可的决定,应当同时符合中国缔结或者参加的有关国际公约关于为了解决公共健康问题而给予强制许可的规定,但中国作出保留的除外。

国务院专利行政部门作出的给予实施强制许可的决定,应当及时通知专利权人,并予以登记和公告。专利权人对国务院专利行政部门关于实施强制许可的决定不服的,专利权人和取得实施强制许可的单位或者个人对国务院专利行政部门关于实施强制许可的使用费的裁决不服的,可以自收到通知之日起 3 个月内向人民法院起诉。

(四) 关于技术标准中涉及的专利强制许可问题

传统上的标准技术是通用技术、公知技术、成熟技术、已被广泛使用的技术,专利技术是专有技术、创新技术、未经权利人许可不得使用的技术。一般情况下,标准组织在采集标准技术时希望尽量避免使用他人的专利。但是在技术更新较快的高新技术领域内制定技术标准时可选择的公知技术非常之少,高新技术的发明者和改进者都有着极强的专利保护意识,其技术成果几乎被专利技术完全覆盖。所以,标准化组织必然要同专利权人谈判,将专利技术作为标准技术使用。同时,专利权人在寻求利益最大化时,也非常看好通过标准实施获取专利的许可使用费。这样就造成了技术标准包含有大量专利技术。技术标准是公共产品,专利权作为私权,通过这一公共平台实施必然要受到标准化组织知识产权政策的限制。例如:专利权人应尽披露义务和禁止反悔义务;专利权人应在公平、合理、无歧视(FRAND)的条件下对技术标准使用者提供不可撤销的专利许可。而在技术标准实施后,一旦有违背专利政策的情况或者有劫持标准滥用专利权的情况发生,在司法审判程序中也可能颁发强制许可,其他人也可以依据《专利法》第48条、第49条、第50条的规定以维护公共利益、消除或减少对竞争的限制为由向国务院专利行政部门提出强制许可请求。

三、专利的“合理使用”

《专利法》规定了不视为侵权的情况:任何人不通过权利人的许可,都可以使用专利产品或技术,而不会构成侵权。这可以视为一种“合理使用”行为。

(一) 权利用尽

当专利权人自己制造、进口或者经专利权人许可而制造、进口的专利产品或者依照专利方法直接获得的产品售出后,专利权在这一特定的产品上就已经“用尽”,他人再使用通过分销、转卖或零售渠道获得该产品,都无须征得专利权人的许可。这一原则又称为“权利用尽原则”或“权利穷竭原则”,它只适用于合法投入市场的专利产品。“专利权用尽”理论的依据是:(1) 流通的保护。如果每次对专利产品进行流转时都必须取得专利权所有者认可的话,就会阻碍商品的自由流通,使专利产品无法顺畅销售,结果也会损害专利权人的自身利益,也违背了专利法的目的。(2) 禁止专利权人取得双重利益。专利权人在第一次出售专利产品时,已经取得了发明的公开代价或者收益,再次行使禁止权有违公平竞争。根据“权利用尽”理论,专利产品的购入者或者转让取得者在该产品的常识性寿命期间拥有不需专利权人许可使用和销售该专利产品的权利。“权利用尽”理论也存在争议,即应适用“国际穷竭原则”还是“国内穷竭原则”。由于专利权具有地域性、专利权人拥有进口权,在一国已经进入“权利用尽”状态的专利技术,其权利人在他国的权利不一定穷竭。这一点在平行进口问题上反映得比较突出。禁止专利产品平行进口的理论之一是“销售权国内穷竭原则”。

(二) 先用权人的利用

对于在专利申请日以前已经制造与专利产品相同产品的“先使用人”,或者使用相同方法或者已经做好制造、使用的必要准备条件的“先使用人”,他们可以在原生产规模范围内继续使用这一技术。“原有范围”包括专利申请日前已有的生产规模以及利用已有的生产设备或者根据已有的生产准备可以达到的生产规模。有下列情形之一的,人民法院应当认定属于“已经做好制造、使用的必要准备”:已经完成实施发明创造所必需的主要技术图纸或者工艺文件;已经制造或者购买实施发明创造所必需的主要设备或者原材料。

先用权可以转让,但不能脱离原来的生产实体单独转让。先用权人在专利申请日后将其已经实施或做好实施必要准备的技术或设计转让或许可他人实施,被诉侵权人主张该实施行为属于在原有范围内继续实施的,人民法院不予支持,但该技术或设计与原有企业一并转让或承继的除外。

(三) 临时过境的外国运输工具的使用

临时通过中国领陆、领水、领空的外国运输工具,为其自身需要在装置和设备中使用中国有关专利技术的,可以不经专利权人的许可,但这种使用仅限于与中国签有协议或者有共同参加的国际公约或者有互惠条约的国家的运输工具,并不面向所有国家。需要说明的是,在临时过境运输工具上载有仿制的专利产品货物的,不在此合理使用范围之内,而应视为侵权产品。

（四）非生产经营目的的利用

为科学研究和实验目的，个人及其他组织非为生产经营目的而使用专利技术的，可以不经专利权人的许可，不视为侵权行为。注意，“非为生产经营目的”使用不等同于“非营利目的”，学校为了教育目的使用他人专利技术制作的教学用具，即便没有盈利，也是为了生产经营的目的。

（五）医药审批的使用

为提供行政审批所需要的信息，拟制造药品或者医疗器械的单位或个人为制造专利药品或者专利医疗器械而使用他人专利的，不属于专利侵权。这是国际上通用的“药品和医疗器械实验例外”规则。该规则主要借鉴了美国的 Bolar 豁免规则。在 Roche 诉 Bolar 案中，Bolar 公司为了赶在 Roche 公司药品专利权到期时推出其仿制品，在专利到期前从国外获取专利药品进行实验，以收集仿制药品报批所需要的数据，法院认定其构成侵权。但也认为获可药品上市需要几年的时间，如果专利权届满后才允许仿制药厂的相关实验，会导致专利权人实际上获得超过法定期限的保护。这一判决结果最终促成美国国会通过《药品价格竞争和专利期限恢复法案》（Drug Price Competition and Patent Term Restoration Act），允许仿制药厂商在专利到期前进行临床实验和收集药品审批所需的数据，并不视之为侵权。

我国《专利法》在第三次修改中增加了“药品和医疗器械实验例外规则”，但在实践中如何适用存在许多争议之处，如：是否要规定一个提前使用他人专利的时间期限？是否应限制生产数量？是否允许专利届满前进行报道或宣传？国外法律一般规定以专利期满前 2—3 年为限，并且仅允许少量生产，只能在专利期满后才可进行商业行为。

第十六章

专利权的保护

第一节　专利权的保护期限

专利权的保护期,是指专利权人享有权利的合法期限。规定合理的保护期,一方面可以确保专利权人尽可能多地回收在开发、研制发明创造过程中的风险投资,取得相应的经济效益,从而鼓励发明人、专利权人发明创造的积极性。另一方面,也可以确保先进的技术能够在一定期间后进入公有领域,为社会公众所用,从而提高整体的社会福祉。

我国《专利法》规定:"发明专利权的期限为20年,实用新型专利权和外观设计专利权的期限为10年,均自申请日起计算。"1985年《专利法》把发明专利权的期限规定为15年,实用新型和外观设计专利权的期限为5年,期满后可以续展3年。1993年《专利法》延长了发明专利的保护期,是考虑到有些发明创造研究开发的时间长,投资高,从授权到产品投放市场需要花费大量的时间和费用,有些发明直到专利保护期满后才进入产品盈利阶段,比如药品专利,对这些发明来说,15年的时间太短,专利权人没有足够的时间收回研究和开发所耗费的资金,这将不利于调动这些技术领域的企业在创新投入上的积极性,也不利于这些领域的技术引进。

发明、实用新型和外观设计专利权的期限均自申请日起计算。但是,在申请日之后至申请文本公开之前,由于社会公众并不知晓专利权人主张保护的内容,他人在这段期间实施发明创造,专利申请人无权予以阻止。在申请文本公开之后至专利授权之前,发明创造在侵权纠纷中受到的法律救济也很弱,只能获得适当"补偿"。有些国家专利的期限自授权之日起计算,有些完全审查制的国家申请文本公布之日也就是授权日,这种专利权的保护期限比较明确,专利权的法律状态相对稳定。

第二节　专利权的保护范围

一、保护范围确定的依据

专利权的保护范围,是指专利权法律效力所涉及的发明创造的范围。

《专利法》第59条第1款规定:"发明或者实用新型专利权的保护范围以其权利要求的内容为准,说明书及附图可以用于解释权利要求的内容。"这就是说,权利要求是确定发明或者实用新型专利权保护范围的直接依据,处于主导地位,说明书和附图处于从属地位。一项技术特征如在权利要求中叙述不清,可以通过说明书和附图加以理解,必要时,可以依说明书和附图公开的内容去修改。但在权利要求中没有记载的技术特征,不能受到法律保护,说明书本身不能确定保护范围。

根据发明创造性质的不同,其保护范围也有所区别,或者说,专利权的效力也不同。对于产品发明,专利权的效力涉及具有同样特征、同样结构和同样性能的产品,而不问产品制造方法如何。对产品的保护不应局限于说明书所述的制造方法,任何通过其他方法制造的同样产品都属于侵权。对于方法发明,专利权的保护范围是使用该方法以及使用、许诺销售、销售或进口依该方法直接获得的产品。

实用新型都属于产品专利。

外观设计专利文件没有权利要求书和说明书,只有表明该外观设计的图片和照片。《专利法》第 59 条第 2 款规定:"外观设计专利权的保护范围以表示在图片或者照片中的该产品的外观设计为准,简要说明可以用于解释图片或者照片所表示的该产品的外观设计。"这就是说,专利保护的范围是根据申请人递交的外观设计图片或照片上记载的内容、模型、样品确定的,并仅仅限制在指定的产品类别上。照片或者图片仅用于说明产品的外观,如果涉及产品的内部结构或者内部装置,则不属于外观设计专利保护的范围,比如汽车的外观设计不包括从玻璃窗中看到的座椅、方向盘等内部设施。

二、保护范围确定的原则

在确定一项发明创造的保护范围时会有一些主观因素。站在不同的立场、依照不同的解释原则,保护范围的大小会存在差异。在《专利法》实施的不同历史阶段,曾经有过三种确立保护范围的原则。

(一) 中心原则

依照"中心原则",权利要求书是专利保护范围的依据,但是解释权利要求书时,应当以权利要求书表达的实质内容为中心,全面考虑发明创造的目的、性质以及说明书和附图,而不拘泥于权利要求书的文字记载。至于发明创造表达的技术方案的边界有多大,主要依靠同领域的普通技术人员的判断标准。而"同领域的普通技术人员"是一个抽象的人,实践中没有特指,这就带来很大的主观判断空间。"中心原则"给专利权人提供了充分的保护,有些技术特征在权利要求书中没有明确指明的,但是在说明书中提及或者"同领域的普通技术人员"可以联想到的,都可以落在专利保护范围之中。但对第三人而言,专利权的保护范围处在难以明确的状态,事先公开的法律文本存在扩大解释的可能,不利于公平竞争。

(二) 周边原则

该原则也称"字面原则",是指专利权的保护范围完全由权利要求的文字内容确定,权利要求的文字表述确定了严格边界范围,被控侵权行为必须重复再现权利要求中所记载的每一个技术特征,才被认为是落入到该权利要求的保护范围之内,若有任何不同,侵权指控就不成立。该原则要求严格依照权利要求书的字面记载进行解释,说明书和附图不能成为确定专利权保护范围的依据,只有在权利要求书不明确的情况下,才能用其来对保护范围作限制性解释。严格的字面解释对第三人有利,只要对专利技术略作改进,就可能逃出专利保护的范围。这种原则对权利要求书的撰写提出了很高的要求,但在专利申请实践中,在文字表达上寻求可以准确而恰当地界定保护范围的上位概念,是比较困难的。

（三）折中原则

上述两种原则都有偏颇之处，“折中原则”兼顾了专利权人和第三方利益。依照该原则，专利保护范围应根据权利要求所表示的实质内容加以确定，在对权利要求所表示的技术特征有疑义时，可以引用说明书和附图进行解释。该原则不局限于严格按照权利要求的文字来解释，也不仅仅是依据同领域的普通技术人员对发明技术方案的理解来确定保护范围。中国的专利立法采用了这一原则。折中原则确立的专利权范围介于依上述两种原则确立的专利权范围之间。虽然该原则兼顾了权利人和使用人的利益，但事实上的判定仍然存在不确定性和主观因素。原则性与灵活性向来是一对矛盾，实践中还需要法官的公平裁量。

第三节　专利侵权及其认定

一、侵权行为的构成

专利侵权行为，是指未经专利权人许可实施其专利的行为。这里的“实施”，是指制造、使用、许诺销售、销售、进口其专利产品或者使用其专利方法以及使用、销售、许诺销售、进口依该方法直接获得的产品。

侵权行为的构成必须具备下列条件：

（1）侵害的对象为有效的专利。构成专利侵权必须以有效存在的专利为前提，实施已经被宣告无效、被放弃的专利或者专利期限已经届满的技术，不构成专利侵权。

（2）必须有侵害行为发生，即存在未经专利权人许可实施其专利的行为。一般来说，侵权行为与损害结果相伴而生。在特殊情况下，例如许诺销售，虽没有损害结果发生，但是仍构成侵权。

根据最高人民法院《关于审理侵犯专利权纠纷案件应用法律若干问题的解释》，将侵犯发明或者实用新型专利权的产品作为零部件，制造另一产品的，应认定属于《专利法》规定的使用行为；销售该另一产品的，应认定属于《专利法》规定的销售行为。将侵犯外观设计专利权的产品作为零部件，制造另一产品并销售的，应认定属于《专利法》规定的销售行为，但侵犯外观设计专利权的产品在该另一产品中仅具有技术功能的除外。对于上述情形，被诉侵权人之间存在分工合作的，应认定为共同侵权。

（3）侵权行为人为生产经营目的而实施侵权行为。《专利法》第11条规定：“发明和实用新型专利权被授予后，除本法另有规定的以外，任何单位或者个人未经专利权人许可，都不得实施其专利，即不得为生产经营目的的制造、使用、许诺销售、销售、进口其专利产品，或者使用其专利方法以及使用、许诺销售、销售、进口依照该专利方法直接获得的产品。外观设计专利权被授予后，任何单位或者个人未经专利权人许可，都不得实施其专利，即不得为生产经营目的的制造、许诺销售、销售、进口其外观设计专利产品。”这里强调了侵权行为必须具有生产经营的目的。

（4）关于侵权行为人是否需要主观过错要件，在专利侵权理论的解释上有不同的观点。普遍认同的是，在专利侵权之诉中，专利权人无须承担被诉人具有主观过错的举证责任。依据《民法通则》，承担民事责任一般应该有主观过错，没有过错，只有在法律规定的特殊情况中才应该承担无过错责任。主观过错包括故意和过失。故意，指行为人明知侵权而为之；过失,则指行为人因疏忽或者自信而为之行为。由于专利授权文献是向全社会公开的,任何人都能够查阅,被控侵权人没有及时进行专利的检索,没有注意到自己的侵权风险,可以认为属于过于自信或者疏忽,没有尽到"充分的注意义务",应该在过错原则范围内适用一般民事侵权责任认定原则。但是,也有观点认为这应属于无过错原则。知识产权的时间性、地域性及无形性,使得他人无意闯入权利范围的可能性比其他民事权利大的多,由于无过错地给他人知识产权造成损害的情况具有普遍性、原告证明被告有过错存在困难以及被告易于证明自己无过错,专利侵权适用无过错原则是可以接受的。

专利侵权纠纷涉及实用新型专利或者外观设计专利的,人民法院或者管理专利工作的部门可以要求专利权人或者利害关系人出具由国务院专利行政部门对相关实用新型或者外观设计进行检索、分析和评价后作出的专利权评价报告,作为审理、处理专利侵权纠纷的证据。

二、侵权行为的种类

根据侵权行为是否由行为人本身的行为造成,将专利侵权行为划分为直接侵权行为和间接侵权行为。

(一)直接侵权行为

1. 未经专利权人许可实施其专利的侵权行为

不同性质的专利"实施"含义有所不同。对于发明和实用新型的产品专利,是指为生产经营目的的制造、使用、许诺销售、销售和进口。对于方法专利,是指对其专利方法的使用以及使用、销售、许诺销售、进口依照该专利方法直接获得的产品,不是直接用专利方法所获得的产品不属于此例。对于外观设计专利,是指为生产经营目的制造、许诺销售、销售、进口其外观设计专利产品。这里的"产品"仅指申请外观设计时所指定的产品。

直接侵权包括所谓的"善意侵权",它是指为生产经营目的使用、销售或者许诺销售不知道是未经专利权人许可而制造并售出的专利产品或者依照专利方法直接获得的产品的行为。善意侵权在中国1985年《专利法》中被规定为不视为侵权的情况,被称作"善意使用"。现行《专利法》认为其是一种"免除赔偿责任的侵权行为",即使用、销售或者许诺销售他人专利的,若能证明其产品的合法来源,则不承担赔偿责任,但应当停止其侵权行为。

2. 假冒专利

假冒专利是指在非专利技术产品上或广告宣传中标明专利权人的专利标记或专利号,使公众误认为是他人的专利产品的行为。具体行为类型如下:(1)在未被授予专利权的产品或者其包装上标注专利标识;专利权被宣告无效后或者终止后继续在产品或者其包装上标注专利标识;或者未经许可在产品或者产品包装上标注他人的专利号。(2)销售前述产品的。(3)在产品说明书等材料中将未被授予专利权的技术或者设计称为专利技术或者专利设计;将专利申请称为专利;或者未经许可使用他人的专利号,使公众将所涉及的技术或者设计误认为是专利技术或者专利设计。(4)伪造或者变造专利证书、专利文件或者其他专利申请文件。(5)其他使公众混淆,将未被授予专利权的技术或者设计误认为是专利技术或者专利设计的行为。

假冒专利的行为直接危害到专利权人的利益,欺骗消费者,搅乱了专利管理秩序,因此制裁措施比较严厉。《专利法》第63条规定:"假冒专利的,除依法承担民事责任外,由管理专利工作的部门责令改正并予公告,没收违法所得,可以并处违法所得四倍以下的罚款;没有违法所得的,可以处20万元以下的罚款;构成犯罪的,依法追究刑事责任。”查处假冒专利行为由行为发生地的管理专利工作的部门负责。

销售不知道是假冒专利的产品,并且能够证明该产品合法来源的,由管理专利工作的部门责令停止销售,但免除罚款的处罚。

专利权终止前依法在专利产品、依照专利方法直接获得的产品或者其包装上标注专利标识,在专利权终止后许诺销售、销售该产品的,不属于假冒专利行为。

(二) 间接侵权行为

《专利法》只规定了对专利直接侵权行为的法律制裁,没有对专利间接侵权行为加以规定。司法实践中有些专利纠纷案件已经作出认定专利间接侵权行为的判决。

间接侵权是指鼓励或诱使他人实施侵害专利权的行为,行为人本身的行为并不构成专利侵权。其常见的形态有:(1) 未经专利权人许可,以生产经营为目的制造、出售专门用于专利产品的关键部件或者专门用于实施专利方法的设备或材料;(2) 未经专利权人授权或委托,擅自许可或者委托他人实施专利。

间接侵权促使和导致了直接侵权行为的发生,行为人有过错,对专利权人造成了损害,与直接侵权人构成共同侵权。间接侵权一般应以直接侵权的发生为前提条件,在没有直接侵权行为发生的情况下,不存在间接侵权,或者说只有确定了直接侵权的事实后,才能确认间接侵权。由于没有明确的法律依据,间接侵权往往被认定为共同侵权。

三、侵权认定适用的原则

判断专利侵权是否成立,要考查被控侵权物或方法是否落入权利要求的范围。由于权利要求解释的弹性以及专利保护中的价值取向,司法实践中判断专利是否构成侵权有以下原则:

(一) 全面覆盖原则

在判断发明或者实用新型专利侵权时,法院应当将被控侵权产品或者方法和专利权利要求进行比较,如果被控侵权产品或者方法具备了权利要求里的每一项技术特征,专利侵权就成立。这是法院判定专利侵权的基本方法,称为“全部技术特征原则”或者“全面覆盖原则”。“全面覆盖原则”与权利要求的“字面解释原则”相对应,将专利保护的范围严格限制在文字表达确立的技术方案中。对独立权利要求与被控侵权产品进行比较时,多一个要素或少一个要素都不能称为“全面覆盖”。这一原则要求专利权人当初提交权利要求书时一定要考虑日后专利保护中出现的各种情况,以达到有效的保护。

(二) 等同原则

常见的侵权情况是对他人的产品或者方法及有关专利文件加以研究,对权利要求中的某些技术特征加以简单的替换或者变换。此时若严格按照权利要求字面的含义来确定专利权的保护范围,可能导致对专利权人的不公平,于是产生了“等同侵权判定原则”。

“等同原则”认为,将被控侵权的技术构成与专利权利要求书记载的相应技术特征进行比较,如果所属技术领域的普通技术人员在研究了专利权人的专利说明书和权利要求后,不经过创造性的智力劳动就能够采用等同替换、部件移位、分解或合并等替换手段实现专利的发明目的和积极效果的,并且与专利技术相比,在目的、功能、效果上相同或者基本相同的,则应当认定侵权成立。

我国在司法实践中也确立了这一原则。最高人民法院在2001年颁布的《关于审理专利纠纷案件适用法律问题的若干规定》第17条规定:"《专利法》第56条第1款所称的'发明或者实用新型专利权的保护范围以其权利要求的内容为准,说明书及附图可以用于解释权利要求',是指专利权的保护范围应当以权利要求书中明确记载的必要技术特征所确定的范围为准,也包括与该必要技术特征相等同的特征所确定的范围。""等同特征是指与所记载的技术特征以基本相同的手段,实现基本相同的功能,达到基本相同的效果,并且本领域的普通技术人员无须经过创造性劳动就能够联想到的特征。"其后,最高人民法院在2009年颁布的《关于审理侵犯专利权纠纷案件应用法律若干问题的解释》进一步规定:"判定被诉侵权技术方案是否落入专利权的保护范围,应当审查权利人主张的权利要求所记载的全部技术特征。""被诉侵权技术方案包含与权利要求记载的全部技术特征相同或者等同的技术特征的,应当认定其落入专利权的保护范围;被诉侵权技术方案的技术特征与权利要求记载的全部技术特征相比,缺少权利要求记载的一个以上的技术特征,或者有一个以上技术特征不相同也不等同的,应当认定其没有落入专利权的保护范围。"

一般情况下,运用"等同原则"判定诉讼之产品或者方法是否侵权有以下几种方式:

(1)部件移位。产品部件的简单移位或者方法步骤顺序的简单变换后,如果该产品或者该方法领域内的普通技术人员认为两者之间没有本质区别,与产生的专利技术基本相同,则基本可认定该产品或方法侵权。

(2)等同替换。如果权利要求书中记载有某个技术特征,在被控侵权的产品或者方法中也存在一个对应的技术特征,这两个技术特征在产品或者方法中所起的作用或者效果基本相同,并且所属技术领域内的普通技术人员一般都知道这两个技术特征能够相互替换,那么法院可以认定诉讼产品或者方法侵权。

(3)分解或者合并技术特征。分解,是以被诉侵权产品或者方法的两个技术特征代替被侵权产品专利的权利要求书记载的某一项技术特征;合并,是以被诉侵权产品或者方法的一个技术特征代替被侵权产品专利的权利要求书中记载的某两项技术特征。如果通过合并或者分解后,本技术领域的普通技术人员不经过创造性的劳动,就能够实现专利技术的积极效果,法院可认定为等同侵权。

一方面,适用"等同原则"的目的,是为了弥补权利要求的形式缺陷,给专利权人因其发明创造对现有技术的贡献所应享有的排他性权利予以实质上的、充分公平的保护,以激励更多的人投入更多的资源进行技术创新;另一方面,适用"等同原则"也不能不合理地将属于公共财富的公知技术"等同"到权利要求中去,侵害公共利益。此外,"等同原则"的适用不能违背权利要求对公众的公示功能,因为权利要求的范围只有明确无误地被公众所知晓,公众才有可能做到尊重权利,也才能在不落入权利要求的前提下进行相关技术的开发。

基于科技发展现状、经济基础、司法制度等方面存在着很大差异,各国对"等同原则"本身的价值、适用的范围以及限制条件等的规定各有不同。在提倡集成创新和改进创新的时候,更多企业是在现有专利技术的基础上完成创新,此时更应当慎重适用"等同原则"。

(三)禁止反悔原则

"禁止反悔原则"是对专利权保护范围的一种限定,也是对"等同原则"的一种限制。它主要是指在专利审批、撤销或无效宣告程序中,专利权人如果为确立其专利的新颖性和创造性,通过书面声明或者文件修改,限制或者部分放弃了权利要求的保护范围,并因此获得了专利授权。在专利侵权程序中,法院适用“等同原则”确定保护范围时,禁止专利权人将已被限制排除或者已经放弃的内容重新纳入专利保护范围。这一原则是“诚实信用原则”在专利侵权诉讼中的具体体现,并且已为多数国家的专利审判实践所采用。

(四) 多余指定原则

“多余指定原则”,是指在专利侵权诉讼中,法院把权利要求的技术特征区分为必要技术特征和非必要技术特征,在忽略非必要技术特征(多余特征)的情况下,仅以权利要求中的必要技术特征来确定专利保护范围,判定被控侵权客体是否落入权利要求保护范围的原则。“多余指定原则”与“全部技术特征原则”性质刚好相反。

在我国专利制度建立的早期,由于社会公众对专利制度的理解普遍较低,专利代理水平较差,撰写权利要求书时,常常发生只将对实现发明目的、效果不太重要的技术特征写入独立权利要求的情况。如果按照“全部技术特征原则”去判断侵权与否,只能得出不侵权的结果,这对专利权人不公平。因此在司法实践中曾经适用过“多余指定原则”,给专利权人以实质保护。但由于这一原则允许法院有意忽略掉一些技术特征,导致专利保护范围的扩大,与专利法的基本精神不符,目前这一原则已经不再适用。

(五) 公知技术抗辩原则

公知技术抗辩是指以公众可以自由使用的现有技术对抗专利权人的侵权指控。

《专利法》第三次修改后,我国从立法上确立了“公知技术抗辩原则”,即被控侵权人有证据证明自己实施的技术属于现有公知技术的,不构成侵犯专利权,无须向专利复审委员会提出复审申请,法院可以直接判定被控告侵权人不侵权。

“公知技术抗辩原则”是基于“自由公知技术已成为人类共有的财富,大家都可以无偿使用”这一自然法则而产生的原则。采用“公知技术抗辩”的方法来对抗专利侵权诉讼,可以解决行政机构授权、司法认定侵权中的机械执法带来的侵权案件拖延问题。利用公知技术抗辩成功仅意味着不构成侵权,至于专利是否有效,还需要启动专利无效程序予以确定。

四、诉前措施

为了更好地保护专利权,《专利法》和相应的司法解释依照《TRIPs 协议》规定了“诉前临时禁止措施”制度,即专利权人或者利害关系人有证据证明他人正在实施或者即将实施侵犯其专利权的行为,如不及时制止将会使其合法权益受到难以弥补的损害的,可以在起诉前或诉讼中向人民法院申请采取责令停止有关行为和财产保全的措施。

申请人请求颁布诉前临时禁令,在提出申请时,应当提交下列证据:(1) 专利权人应当提交证明其专利权真实有效的文件,包括专利证书、权利要求书、说明书、专利年费交纳凭证。提出的申请涉及实用新型专利的,申请人应当提交国家专利局出具的检索报告。(2) 利害关系人应当提供有关专利实施许可合同及其在国家专利局备案的证明材料。未经备案的应当提交专利权人的证明,或者证明其享有权利的其他证据。排他实施许可合同的被许可人单独提出申请的,应当提交专利权人放弃申请的证明材料。专利财产权利的继承人应当提交已经继承或者正在继承的证据材料。(3) 提交证明被申请人正在实施或者即将实施侵犯其专利权的行为的证据,包括被控侵权产品以及专利技术与被控侵权产品技术特征对比材料等。

请求诉前禁令的申请人提出申请时,应当提供担保;不提供担保的,驳回申请。法院应当自接受申请之时起48小时内作出裁定;有特殊情况需要延长的,可以延长48小时。裁定责令停止有关行为的,应当立即执行。当事人对裁定不服的,可以申请复议一次;复议期间不停止裁定的执行。申请人自人民法院采取责令停止有关行为的措施之日起15日内不起诉的,人民法院应当解除该措施。申请有错误的,申请人应当赔偿被申请人因停止有关行为所遭受的损失。

为有效制止专利侵权行为,在证据可能灭失或者以后难以取得的情况下,权利人可以在起诉前向人民法院申请证据保全,由法院出面取得、固定证据,加强了对专利权的保护。法院采取保全措施,可以责令申请人提供担保;申请人不提供担保的,驳回申请。法院应当自接受申请之时起48小时内作出裁定;裁定采取保全措施的,应当立即执行。申请人自人民法院采取保全措施之日起15日内不起诉的,人民法院应当解除该措施。

五、侵权的诉讼时效

专利侵权的诉讼时效为2年,从专利权人或利害关系人知道或应当知道之日起计算;对于发明专利公布前至授权之间使用他人专利未支付费用的,自专利权人知道或应当知道之日起计算,专利权人在授权前即已得知的,从其授权之日起计算。

侵权人基于连续并正在实施的专利侵权行为已超过诉讼时效进行抗辩的,法院可以根据原告的请求判令侵权人停止侵权,但侵权损害赔偿数额应当自原告向人民法院起诉之日起向前推算2年计算。实践中执行上述时效规定的出发点是为了保护专利权人的合法权益,但是也助长了专利权人通过懈怠行使权利实施"专利钓鱼"行为,即专利权人等侵权人的市场做大时再提起诉讼以获得最大利益赔偿,以及通过怂恿侵权培育市场。这属于滥用专利权的行为,也是一种不正当竞争行为,应通过其他法律加以调整。

如果自侵权人实施侵权行为终了之日起超过2年才提起诉讼的,专利权人将失去胜诉权。

六、侵权的法律责任

专利侵权的责任类型有民事责任、行政责任和刑事责任。

民事责任的方式主要有停止侵害、赔偿损失、消除影响。赔偿额的计算按照权利人因被侵权而受到的实际损失确定;实际损失难以确定的,可以按照侵权人因侵权所获得的利益确定。权利人的损失或者侵权人获得的利益难以确定的,参照该专利许可使用费的倍数合理确定。赔偿数额还应当包括权利人为制止侵权行为所支付的合理开支。权利人的损失、侵权人获得的利益和专利许可使用费均难以确定的,法院可以根据专利权的类型、侵权行为的性质和情节等因素,确定给予1万元以上100万元以下的法定赔偿。

《专利法》第三次修改后规定,专利侵权纠纷涉及实用新型专利或者外观设计专利的,人民法院或者管理专利工作的部门可以要求专利权人或者利害关系人出具由国务院专利行政部门作出的专利权评价报告。专利行政部门根据专利权人或者利害关系人的请求,对相关实用新型或者外观设计进行检索、分析和评价,作出专利权评价报告。专利权评价报告是人民法院和管理专利工作的部门判断专利权有效性的初步证据。

专利权人或者利害关系人可以请求管理专利工作的部门处理普通的专利侵权。管理专利工作的部门处理时,认定侵权行为成立的,可以责令侵权人立即停止侵权行为。

假冒专利的,除依法承担民事责任外,还要承担相应的行政责任,即由管理专利工作的部门责令改正并予以公告,没收违法所得,可以并处违法所得4倍以下的罚款;没有违法所得的,可以处20万元以下的罚款。

在专利侵权中,假冒他人专利属于较为严重的侵权行为,《专利法》规定,假冒专利严重的,应当承担刑事责任。《刑法》第216条规定:“假冒他人专利,情节严重的,处3年以下有期徒刑或者拘役,并处或者单处罚金。”

第四节　专利的行政管理

我国对专利权的保护实行司法和行政“两条途径,协调运作”的模式。专利行政执法具有程序简单、便捷高效的特点,尤其对于假冒他人专利、群体侵权等侵权行为更具有优势。但多年的实践证明,专利行政执法也有滥用公权力的问题,很多专利权人将行政执法程序作为后期启动司法程序的准备阶段,通过公权力部门取得证据,增强市场竞争的主动性,这已经背离了专利行政执法的初衷。

一、管理专利工作的部门的设立

管理专利工作的部门是一个行政机构,是指由省、自治区、直辖市人民政府设置的管理专利工作的部门。

随着专利管理工作的增多,在开放城市、经济特区以及各地、市、州、县政府也设立了这类机构。但是,具有行政执法权的管理专利工作的部门应当是指由省、自治区、直辖市人民政府以及专利管理工作量大且有实际处理能力的地区的市人民政府设立的管理专利工作的部门。管理专利工作的部门处理专利纠纷可通过调解和行政处罚两种渠道进行,所作出的行政处罚决定属于行政行为,要接受最终的司法监督。

二、管理专利工作的部门的职责

管理专利工作的部门具有执法和管理双重职能,这是中国专利制度的特色之一。其他国家专利制度中一般都不设立这种具有执法功能的行政机构。

管理专利工作的部门的职责是:

(1) 制定本地区专利工作规划和计划;

(2) 组织协调本地区的专利工作并进行业务指导;

(3) 处理本地区的专利纠纷;

(4) 管理本地区的许可证贸易和技术引进中有关专利的工作;

(5) 组织专利工作的宣传教育和干部培训;

(6) 管理本地区的专利服务机构;

(7) 筹集、管理和使用专利基金,扶植专利申请和专利技术的开发实施;

(8) 负责本地区个人向外国人转让专利申请权和专利权的审核,并办理报批手续。

专利制度的一个重要职能就是传播专利信息,通过专利信息的传播,可以提高发明创造和创新的起点,尤其是减少科研机构、企业重复进行研发活动,节约社会资源,同时也可以使企业在市场竞争中避免无意识地侵犯他人的专利权。从政府职能的角度来看,管理专利工作的部门更应当利用政府平台构建良好的专利信息公共服务平台,正确引导企业的专利工作。

三、管理专利工作的部门对专利纠纷的处理

管理专利工作的部门应当事人请求,对下列专利纠纷进行调解:(1) 专利申请权和专利权归属纠纷;(2) 发明人、设计人资格纠纷;(3) 职务发明的发明人、设计人的奖励和报酬纠纷;(4) 在发明专利申请公布后专利权授予前使用发明而未支付适当费用的纠纷。对于第(4)项所列的纠纷,专利权人请求管理专利工作的部门调解,应当在专利权被授予之后提出。

应当事人请求,管理专利工作的部门可以对假冒专利行为、冒充专利行为作出行政处罚。

当事人对专利管理机关的决定不服的,可以在收到通知之日起 3 个月内向人民法院起诉;期满不起诉又不履行的,管理专利工作的部门可以请求人民法院强制执行。

请求管理专利工作的部门处理专利纠纷的时效为 2 年,自专利权人或者利害关系人知道或应当知道相关事实之日起计算。

第五节　其他专利纠纷的处理

一、专利申请权纠纷

一件发明创造完成后,谁有权申请专利,要视发明创造的性质而定。

对于非职务发明创造,申请专利的权利归发明人或设计人。凡是对发明创造的实质性特点作出创造性贡献的人,都应成为发明人或设计人。如果不是发明人或设计人作为专利申请人提出专利申请,需要有申请权转让合同。

对于职务发明创造来说,申请专利的权利归单位所有,专利申请权纠纷主要发生在发明人委托研究或合作研究单位之间。

申请权纠纷最多的是关于职务发明创造和非职务发明创造的确定。实践中主要存下以下几种情况:(1) 本来属于职务发明创造,却被发明人以非职务发明创造申请了专利,然后许可或转让给其他单位实施。这种专利技术“漏泄”现象在科技人员的流动中和兼职服务中尤为普遍。(2) 单位不愿为在本职工作中完成的发明创造提供专利申请费用,放弃申请,发明人便申请了非职务发明创造。当该项专利取得经济收益后,原单位又主张是职务发明。(3) 非职务发明创造的完成人在申请专利之初,考虑到申请费用或与单位的关系,愿以职务发明创造申请,在以后专利实施收益分配上,发明人只能以奖励的形式得到一小部分利益。这时,发明人便要求重新确认申请权。

上述申请权纠纷只要事先严格按照专利法的规定,划清发明人、申请人之间的界限,在委托和合作研究合同中明确规定双方的权利义务,这类纠纷是可以避免的。

二、专利合同纠纷

专利合同纠纷,主要是指在专利申请权、专利权转让合同、专利技术许可实施合同、专利

技术中介服务合同中,各方当事人就权利义务的履行、合同条款的解释等发生的争议。

专利申请权、专利权转让合同和专利实施许可合同的纠纷一般在于专利权本身存在瑕疵(如权利归属处在不确定状态、权利已终止或无效),也可能是因为转让人不适格(如未经过其他共同专利人同意的转让)、合同条款含糊不清等而引起。由于这些合同都属于《合同法》中的技术转让合同,其纠纷的解决应直接适用技术转让合同的规定。

专利技术中介合同纠纷属于《合同法》中技术服务合同纠纷的一种。这种合同可以是三方共同签订或甲、乙双方分别与中介方单独签订。合同建立在甲、乙双方对中介方具有绝对信任的基础上,双方自愿通过中介机构进行实施活动。所以中介方应该对甲、乙双方各自的实际情况有充分了解,不能为了收取中介费而将虚假的技术推销给实施单位,或让不具备生产条件的单位接受专利技术,更不能进行欺骗或强迫性的中介服务。中介服务合同纠纷是甲、乙双方与中介方发生的纠纷,应按《合同法》中技术服务合同的规定来确定各自的权利义务及违约责任。

三、专利行政纠纷

专利行政纠纷,是指当事人对专利行政机关作出的决定不服而引起的争议。专利行政机关,是指国家专利局、专利复审委员会及管理专利工作的部门。对这些机构作出的决定不服的情况有:

(1) 专利申请人对国家专利局在专利申请过程中作出的决定不服的;

(2) 专利权人对国家专利局作出的强制许可的决定以及有关使用费的裁决不服的;

(3) 专利代理机构和专利代理人对国家专利局作出的有关代理工作的处罚不服的;

(4) 任何人对国家专利局作出的行政行为认为有侵犯其合法权益的;

(5) 对专利复审委员会作出的复审决定不服的;

(6) 对专利复审委员会作出的关于专利权无效、部分无效或维持专利权有效的决定不服的;

(7) 对管理专利工作的部门的行政决定不服的;

(8) 对各级专利行政机关工作人员徇私舞弊、严重失职的行为引起的纠纷;

(9) 对上述部门作出的其他行政决定不服的。

四、专利纠纷的解决

针对不同性质的专利纠纷,有不同的解决方式,双方当事人可以自愿选择。

(一) 调解

当事人之间的各种纠纷,都可以在双方自愿的基础上由第三方从中调停,促使双方当事人和解。调解依据第三者即调停人的身份不同,可分为民间调解、行政调解、仲裁调解和司法调解。

民间调解可以是任何人或任何单位充当调解人。行政调解一般是由管理专利工作的部门进行,只在本系统内对各方当事人进行调解。仲裁调解是仲裁机构在进行仲裁裁决之前的一种程序,如果双方当事人接受调解,可不再进行仲裁。司法调解是贯穿整个诉讼始末的一种法律程序。需要指出的是,仲裁调解和司法调解与民间调解和行政调解的性质不同,前者作出的调解协议书生效后具有法律约束力,当事人必须履行,否则另一方当事人可以请求人民法院强制执行。

（二）仲裁

仲裁，是指在当事人双方自愿的基础上，由仲裁机构以第三者的身份，依法对争议作出具有法律约束力的裁决。仲裁一般仅限于解决专利合同纠纷。

（三）行政处理

国务院有关主管部门或者地方人民政府设立的管理专利工作的部门对本系统内的专利权属纠纷、临时保护期使用费纠纷、对职务发明创造发明人或设计人给予奖励的纠纷可以作出行政处理决定。

（四）诉讼

依照《民事诉讼法》《行政诉讼法》和《刑事诉讼法》，专利纠纷可以通过司法途径解决。

1. 专利民事纠纷案件

专利权属纠纷、侵权纠纷和合同纠纷属于民事纠纷，这些纠纷引起的诉讼一般由各地的中级人民法院作为第一审法院，最高人民法院也可以根据实际情况指定若干基层人民法院作为第一审法院。人民法院依据有关法律规定，要求有关当事人承担停止侵害、消除影响、赔偿损失等民事责任。

2. 专利行政纠纷案件

因对国家知识产权局及专利复审委员会的决定或裁决不服引起诉讼的案件均由北京知识产权法院作为第一审法院，北京市高级人民法院为第二审法院。这类案件的诉讼性质属行政诉讼，被告为国家知识产权局或专利复审委员会。对于专利复审委员会作出的复审决定或国家知识产权局作出的裁决不服的，必须在收到通知之日起 3 个月之内向人民法院起诉，逾期起诉的，法院不予受理。

对各地方政府管理专利工作的部门所做决定不服的可以向当地有管辖权的法院提起行政诉讼。

3. 专利刑事案件

专利违法和专利侵权情节严重，构成犯罪的，应当承担刑事责任。承担刑事责任的情形有：(1) 假冒他人专利构成犯罪的；(2) 向国外申请专利泄露国家机密，构成犯罪的；(3) 从事专利管理工作的国家机关工作人员以及其他有关国家机关工作人员玩忽职守、滥用职权、徇私舞弊，构成犯罪的。

假冒他人专利的刑事责任依据《刑法》第 216 条的规定，处 3 年以下有期徒刑或者拘役，并处或者单处罚金。

第十七章

专利保护的国际条约

第一节　《巴黎公约》的相关规定

《巴黎公约》是保护工业产权最重要的国际公约，它于1883年3月20日在巴黎签订，到1992年1月已有103个国家参加了该公约。我国于1985年3月19日正式成为该公约的成员国。

《巴黎公约》共有30条,前12条是实质性条款,后18条是行政条款,适用于最广泛的工业产权。其保护对象有:专利(发明专利)、实用新型(少数国家的“小专利”)、工业品外观设计、商标、服务标志、厂商名称、产地标志或原产地名称和制止不正当竞争。在此仅对与专利保护有关的内容加以介绍。

一、国民待遇原则

公约规定,在保护工业产权方面,每一个成员国必须把给予本国公民的保护同等地给予其他成员国公民;非成员国的国民,如果在成员国内有住所或者真实、有效的工商营业所,也可以享有同成员国同样的待遇,得到同样的保护。根据这一原则,外国专利申请人或专利权人与本国国民享有同样的权利与义务。

二、优先权原则

成员国之间有义务给对方国民以优先权,即成员国的国民向另一个成员国提出专利申请后,在一定期限内(发明和实用新型专利为12个月,外观设计为6个月)向其他成员国又提出同样申请的,可以要求给予优先权,视后一申请是在第一个申请日提出的。

三、专利独立原则

这是指公约的一个成员国的国民就一项发明在数个成员国或非成员国取得的专利权,虽是同一发明,但是相互独立,受各自国家的法律保护并受其管理。专利法是国内法,一国批准的专利对于他国没有约束力。

四、强制许可原则

公约对于防止滥用专利权的问题作出了强制许可的规定,即自专利申请日起满4年,或专利批准日起满3年,取得专利的发明无正当理由而没有实施或没有充分实施时,各成员国国家专利局均可根据第三者请求，给予实施该发明的强制许可，取得强制许可者应给予专利权人合理的报酬。

五、其他共同遵守的规则

公约规定了各国都应遵守一定的专利宽限期，即专利申请费、维持费的缴纳至少给予6个月的宽限期。对于在临时过境的交通工具上使用他人专利技术的情形被视为合理使用。对于在本公约任一成员国领土内举办的官方认可的国际展览会展出的商品中的专利技术应在新颖性认定上给予宽限期。

第二节 《专利合作条约》(PCT)

《专利合作条约》的英文全称是 Patent Cooperation Treaty，简称 PCT，是继《巴黎公约》之后缔结的又一个重要的国际性专利条约。1970 年 5 月在华盛顿召开的《巴黎公约》成员国外交会议上，根据美国提出的“签订一个在专利申请案的接受和初步审理方面进行国际合作的条约”的建议，缔结了《专利合作条约》，旨在解决专利的“国际申请”问题。该条约于 1978 年 6 月 1 日正式生效。1994 年 1 月 1 日，我国正式成为该条约的成员国，中国国家专利局成为专利合作条约的受理局、指定局和选定局、国际检索单位及国际初审单位，中文成为该条约的正式工作语言。

一、PCT 的主要内容

PCT 由通则和八个章节，共六十九条构成。其程序分为第一章程序和第二章程序。

第一章程序包括国际申请、国际检索、国际公布等三大内容。

(1) 国际申请。作为缔约国的国民或居民的申请人，首先向主管国家的国家专利局、地区性国家专利局或国际机构提出专利申请。在申请中，申请人应使用一种指定的语言和统一的格式，并至少指定一个希望获得专利权的缔约国(指定国)。受理局在收到国际申请后，按条约和细则规定的格式对其进行格式审查，经审查认为申请文件和手续完备，即确定国际申请日，从而该申请在各指定国产生正规的国内效力。

(2) 国际检索。受理局在自国际申请受理之日起 1 个月内，将申请文件副本送交由 PCT 联盟大会委托的一个检索单位，按统一标准进行检索，同时送交 WIPO 国际局。国际检索单位在收到检索副本之日起 3 个月内或自国际申请日(或优先权日)起 9 个月内，按“PCT 最低文献量”检索后，提出检索报告，分别送交 WIPO 国际局和申请人。申请人在收到该报告后，可以决定撤回或维持国际申请，如果认为有必要，还可以对申请中的权利要求书进行修改。

(3) 国际公布。自国际申请日(或优先权日)起满 18 个月，WIPO 国际局对国际申请连同国际检索报告一起予以公布。公布后的国际申请在各指定国是否享有临时保护，由各指定国参照国内法而定。国际局在公布国际申请的同时，将国际申请和国际检索报告送交各指定国。如果申请人仅仅使用条约第一章，国际申请应在国际申请日(或优先权日)起满 20 个月后进入国内阶段。申请人到这时才需办理有关手续，委托指定国的代理人、缴纳该国的费用和提出用该国语言的申请译本等。国际公布是强制性的，所有缔约国必须对其予以承认和使用。

第二章程序是国际初步审查程序，是选择性的，每个缔约国可以声明不使用该程序。如果申请人是承认第二章的缔约国的国民或居民，他可以请求由受理局所确定的国际初步审查单位对其申请进行国际初步审查，并在承认第二章的指定国中至少选定一个使用国际初步审查结果的国家。国际初步审查单位认为该请求符合规定的要求，就予以受理，并将注明受理日期的请求书原件送交WIPO国际局，国际局在收到该文件后，将选定情况通知各选定国的国家专利局。

在国际初步审查的过程中，申请人可以与国际初步审查单位对话，并有权修改申请文件。国际初步审查单位根据条约和细则规定的统一标准，对构成国际申请主题的发明进行审查，并最迟在自国际申请日（或优先权日）起28个月内，提出国际初步审查报告。该报告对选定国是没有约束力的，它只说明权利要求是否符合新颖性、创造性和工业实用性，对发明创造是否可以在选定国获得专利权不表明观点。

申请人在使用第二章程序时，国际申请自国际申请日（或优先权日）起满30个月，才进入国内阶段。现PCT联盟大会指定的国际检索单位有：欧洲国家专利局、日本特许厅、美国专利与商标局、俄罗斯专利与商标委员会、澳大利亚国家专利局、瑞典专利与商标注册局、奥地利专利局、中国国家专利局。PCT大会指定的国际检索单位也是国际初步审查单位。此外，英国国家专利局也是国际初步审查单位。

二、条约的优点和局限性

PCT的宗旨在于简化向多国申请和审批专利的手续，所以，对于在几个国家就同一发明希望得到保护的发明人来说，具有以下明显的优点：

（1）申请人可以在本国国家专利局，用一种指定语言，按照统一的格式，提出一个在各指定国产生正规效力的国际申请，从而避免因分别在各国提出专利申请而造成的大量劳动。

（2）申请人在提交国际申请时，可以要求在《巴黎公约》成员国提出的在先申请的优先权。由于这种国际申请在本国提出，手续对申请人来说更为熟悉，申请人可以在优先权期限届满前的最后一刻，提出要求优先权的所谓“最后一分钟”申请。

（3）自申请日（或优先权）起20个月（或30个月）内，国际申请在指定国（或选定国）进入国内阶段。各指定国（或选定国）到这时才依照国内法对其进行最终的审批。同按《巴黎公约》规定的12个月的考虑时间相比，申请人多了8个月或18个月的考虑时间。在此期间，申请人可以借助国际检索报告和国际初步审查报告，正确地评估发明的技术价值和市场前景，决定申请是否进入国内阶段，由此可节省大量劳动和避免无谓开支。

PCT对各国国家专利局也有益处，因为国际申请进入国内阶段时，各国国家专利局不仅会收到国际申请译本，而且还会收到国际检索报告和国际初步审查报告，这大大减少了国家专利局的检索和审查工作，从而提高工作效率。对于那些没有技术或经济力量进行检索或者审查的国家，可以依赖国际检索单位的检索结果进行审查，这在客观上促进了各国国家专利局之间的交流与合作。

尽管《专利合作条约》有许多优点，但也有一定的局限性：

（1）虽然PCT简化了申请手续，但具体是否批准专利，还要依靠各成员国国内法而定。而不是“一次申请、一次审查、一次批准”。

（2）申请人在国际阶段所缴纳的费用，包括检索费、审查费、翻译费，不能取代国际申请在进入国内阶段后所应缴纳的国内费用。再加上其他额外费用，一件国际申请的费用很高。如果只想在少数国家申请专利，分别在各国单独申请所需费用可能比国际申请要少。

（3）PCT的第二章规定，选定国可以利用初步国际审查作出的审查报告。然而在实践中，只有进行这一审查的国家专利局才承认并利用这一审查报告，其他选定国的国家专利局仍然自行进行审查工作。初步国际审查中“初步”这个词本身已表明并没有很多PCT成员国愿意承认其他成员国的工作结果。

尽管PCT还未形成一个国际统一专利，在其实施过程中也有许多不便之处，但它在专利制度国际化方面所起的积极作用越来越明显，其地位也将日趋重要。

第三节　其他专利条约

一、《工业品外观设计国际保存海牙协定》（简称“海牙协定”）

《海牙协定》于1925年11月6日在海牙缔结，1928年生效时成立了“海牙联盟”。《海牙协定》建立了工业品外观设计国际申请和国际注册程序，对提交国际申请的权利、程序、国际申请的内容、国际注册的效力以及外观设计单一性的特别要求作出了明确的规定，为外观设计国际注册提供了便利，简化了手续，并减少了相应的费用。《海牙协定》的主要内容是：具有海牙联盟成员国国籍或在该国有住所或经营场所的个人或单位可以申请“国际保存”。申请人只要向WIPO国际局进行一次申请，就可在想得到保护的成员国内获得工业品设计专利保护。申请国际保存时，不需要先在一个国家的专利局得到外观设计的专利的批准，只通过一次保存，可以同时在几个国家取得保护。国际保存的期限为5年，期满后可以延长5年。《海牙协定》后来于1934年、1960年、1967年、1999年经过修改，最新的1999年文本在日内瓦缔结。

日内瓦文本包含导则、四章，共34条。第一章国际申请和国际注册规定了外观设计国际申请的基本程序和对提交文本的一些具体要求，并对优先权、申请日、公布、单一性、国际注册的效力、无效、期限等作了具体规定。第一章是《海牙协定》的核心部分。第二章行政规定对国际局、海牙联盟的成员资格、事务管理、财务等作了具体规定。第三章修订和修正对文本的修订方式进行了规定。第四章对条约的签署、生效问题作了规定。

二、《建立工业品外观设计国际分类洛迦诺协定》

该《协定》于1968年10月4日在洛迦诺签订，1971年起生效，只对《巴黎公约》成员国开放，是《巴黎公约》成员国间签订的专门协议之一。

该《协定》共15条，1个附件。附件是国际分类的大类和小类表。表中对32个大类和223个小类的不同类型产品建立了外观设计分类。它包括一个依字母顺序排列的商品的目录，并有商品所属分类的说明。该目录还包括对6,600个不同类型商品的分类说明。该《协定》规定，每个缔约国的主要机关必须在记载工业品外观设计备案或注册的官方文件中，和在该主管机关发行的有关备案和注册的任何出版物里，标上适用的国际分类号。

《洛迦诺协定》的参加国组成了“洛迦诺联盟”，在联盟的国家中，采用统一的工业品外观设计分类法。该联盟的执行机构是世界知识产权组织国际局。联盟除大会外,还设有一个国家委员会,定期修改国际分类法。1996 年 6 月 17 日,中国政府向世界知识产权组织递交加入书。1996 年 9 月 19 日,中国成为该《协定》成员国。

三、《国际承认用于专利程序的微生物保存布达佩斯条约》

该《条约》于 1977 年 4 月 28 日缔结,并于 1980 年 9 月 26 日修订。该《条约》是为了建立国际合作制度、解决涉及微生物发明专利申请中的特殊问题而签订的。它规定的国际合作制度使申请人只需向国际承认的一个保存机构提交微生物保存,就可以向条约的所有缔约国专利局办理专利申请,而无须向申请人希望得到保护的所有缔约国提交微生物保存。该《条约》仅对《巴黎公约》的缔约国开放,是巴黎公约成员就微生物专利保存问题的一个特别条约。1995 年 3 月 30 日,中国政府向世界知识产权组织递交加入书。1995 年 7 月 1 日,中国成为该《条约》的成员国。

《布达佩斯条约》由绪则、4 章共 20 条构成。其中第一章是实质性条款,主要规定各缔约国承认专利申请人在任一国际保存单位所做的微生物保存在其本国的效力,并对国际保存单位的资格、国际保存单位向其他缔约国发出存单副本、重新进行保存等具体问题做了规定。第二章的行政性条款对布达佩斯联盟的管理进行了相关规定。第三章对《条约》的修订与订正程序进行了规定。第四章规定了《条约》的签署及生效程序。

四、《国际专利分类斯特拉斯堡协定》

该《协定》于 1971 年 3 月 24 日在法国斯特拉斯堡签订,只对《巴黎公约》成员国开放,是《巴黎公约》成员国间缔结的有关建立专利国际分类的专门协定之一。

该《协定》的目的是为了建立一种国际普遍遵守的专利分类系统,以加强国际间的交流和技术合作。因此,它鼓励任何国家(无论是否是缔约国)使用它的分类体系。《斯特拉斯堡协定》将各种技术分为 8 个部和 69,000 个小类。每 1 个小类有 1 个标志符,由各国家或地区工业产权局标注。该分类系统每 5 年修订一次,只有参加《斯特拉斯堡协定》的巴黎联盟成员国才有权参与国际专利分类系统的修订工作。《协定》文本的内容主要是对如何管理该分类系统进行规定。1996 年 6 月 17 日,中国政府向世界知识产权组织递交加入书。1997 年 6 月 19 日,中国成为该《协定》成员国。

博雅

第三编　商标法

第十八章

商标法概述

第一节　基 本 概 念

一、商标

（一）商标的含义

通俗意义上理解，商标是在商品交易中使用的区别商品来源的标志（Trademark）。世界知识产权组织在其官方网站上对商标的定义是："商标是用以区分不同生产厂家或服务提供商所提供的相同或类似商品和服务的显著性标志。商标是受知识产权保护的一种工业产权。"对于将服务标志列入商标法保护的国家来说，商标不仅是商品标志，也包括服务标志，服务被看成一种特殊商品。

我国《商标法》没有对商标直接定义，通过《商标法》第 3 条、第 4 条可作如下理解：商标是自然人、法人或者其他组织在其生产经营活动中使用在自己的商品或者服务上的区别标志。

商标一般包含下述三层特定含义：(1) 商标的使用者是特定的，是指商品生产者或销售者，即必须是市场经营主体；(2) 被标志物是特定的，是商品或者服务而不是一般物品；(3) 使用标志的目的是特定的，是为了区别商品或者服务的提供者。上述三个特点必须同时具备，缺一不可。有些标志即便是使用在商品上，但不是为了区别商品来源的，如商品包装上的"质量安全""易碎"等认证标志和公共标志符号，均不是商标（见图 18-1）。

图 18-1

有一些标志专门起区别作用，但一般不用在商品或服务上，如军队、政党、社团、教会、慈善事业采用的标志，也不属于商标（见图 18-2）。

图 18-2

有一些起到提示作用的标志属于通用标志，不属于用在商品上的商业标志（见图 18-3）。

图 18-3

（二）商标的构成

商标通常由可以识别的要素构成。人类通过视觉、听觉、嗅觉对事物进行识别，所以可视性的文字、图形、字母、数字、三维标志、颜色及其组合都可以作为商标的设计要素，非可视性的要素如声音能起到识别作用，因此也可以作为商标的构成要素。但是对于嗅觉识别的要素，如气味等，目前很少有国家采用，主要是由于嗅觉要素构成的标识很难保存和审查。

由于商标的基本功能是识别作用，这就要求商标必须具有显著性。文字商标应易记、上口，富有联想、幽默的文字使商标更具魅力，如“百度”“蒙牛”“狗不理”等文字商标；图形商标应美观、鲜明、简洁，使人一目了然，印象深刻，如“海尔”的图形商标；音响商标中的音乐要简单明快，具有共鸣感，如手机特有的标准铃声、广播电台节目的开场曲等（见图 18-4）。一个好的商标设计会给消费者以深刻的印象。

图 18-4

（三）商标的特性

从商标的含义可以看出商标的如下特性：

（1）具有从属于商品的属性。商标依附于商品，没有商品，则谈不上商标，更谈不上树立商业信誉，没有与商品紧密联系的商标使用毫无意义。

（2）具有显著性。商标是商家在自己商品上的专用标志，目的是为了与他人的商品相区别，这就要求每一件商标都必须具有显著特征，能够起到识别作用。

(3) 具有排他性。商标关乎企业名声、信誉和评价,不允许出现混淆和误认,不允许别人仿冒和搭车,一个企业拥有的商标未经许可他人不得使用。

(4) 具有财产性。一个有良好信誉的商标可以给企业带来广阔的市场,而一个驰名商标更是企业一笔巨大的无形资产。

(四) 商标的作用

商标是区别商品来源的标志。有人将商标比喻为商家的脸,认为它象征着商品提供者的产品质量、信誉、服务和知名度,也有人将商标称为"不讲话的最佳推销员",这些都非常形象地概括了商标所起的如下作用:

(1) 标示商品出处。企业通过商标把自己的商品与他人的商品在市场上区别开来,人们只要熟悉了某种商品的商标,就可以知道其生产或经营厂家,消费者可以据此维护自己的权益。

(2) 帮助消费者认牌购货。商品的种类成千上万,同一种类的商品又五花八门,在质量、等级、规格、花色、特点和价值上均存在差别。有了商标,人们便可以通过商标区别不同商品,从而根据自己的消费习惯和经济条件挑选自己需要的商品。

(3) 促进企业竞争。信誉好的商标,竞争力强,其结果必然生意兴隆;信誉不好的商标,竞争力弱,其结果必然是生意萧条。企业为增强商品信誉,必定要开展市场竞争,提高商品质量,争创名牌。

(4) 广告宣传。商标的图形简单明了,容易记忆,本身就有广告的功能。在广告宣传中,如果把该产品的商标放在比较醒目的位置加以表现,可以增强广告的效果。宣传商标是企业提高其商品知名度的最佳途径。

二、商标法

商标法是规范商标注册、使用、管理和保护的专门法律。按照法律的一般定义,商标法是指调整因商标的确权、使用、管理及保护而产生的各种社会关系的法律规范的总和。

商标法规定的基本内容有:商标注册的原则和条件;商标注册的申请、审查和核准;注册商标的续展、转让和使用许可;商标的异议与争议的处理;商标使用的管理;商标权的保护;商标侵权的认定、法律责任等。商标法不仅是商品生产者和销售者使用商标时应当遵守的法律,也是维护消费者利益的法律,同时也是行政管理机关、司法机关管理商标、保护商标专用权的依据。

我国现行《商标法》于1983年3月1日实施,遵循保护商标专用权原则,任何商品和服务的提供者都可以自愿提出商标注册申请。

三、商标权

商标权是商标法的核心,是指商标所有人对依法确认并给予保护的商标所享有的权利。不同国家的商标法对商标权的取得、行使、商标权的期限、续展和终止、商标权的保护等问题的规定并不相同,以使用原则为基础的国家,其商标权产生于经营活动中的实际使用,以注册原则为基础的国家,商标权依注册申请被核准而产生。

商标权的基本内容包括商标专用权、续展权、转让权、许可使用权等。商标专用权是商标权中最主要的内容。没有商标专用权,商标权也就失去其存在的意义,"商标权"也可以认为是“商标专用权”的简称。

商标权除了具有知识产权的专有性、时间性和地域性的一般特征外，还有其自身的特征：

(1) 商标权中不包括商标设计人的权利。商标设计人的发表权、署名权等人身权在商标的使用中没有得到反映，该权利不受商标法保护。一般情况下，商标权人通过合同约定商标设计人享有的权利，对于没有经过设计人许可而使用其设计作品作为商标的，可以通过著作权法及合同法等相关法律来保护，与产品外观密切的图案还可以通过申请外观设计专利而利用专利法保护。

(2) 商标权时效上的相对永久性。尽管商标法中规定了商标权的保护期限，但商标权期满后可以续展，且续展的次数不限，这实际上意味着商标权可以得到永久保护。这与专利权和著作权有重大区别，专利权和著作权的保护期由法律明确规定，期限届满后不能续展，相关的智力创造成果进入公有领域，社会公众可自由使用。商标权与商业经营活动密切相关，商标权必须经过企业的使用方能产生信誉的积累，使用的时间越长商标越有知名度，商标权也就越有价值。商标的保护期限可以根据企业发展需要相对长期的拥有，法律鼓励“驰名商标”和“百年老店”的延续。

第二节　商标保护制度的历史发展

一、商标及商标法的产生

在自然经济初期，生产劳动的目的主要是自给自足，其产品不用于出售，也就没有必要使用作为交易用途的商业标记。即使有的产品加刻一些铭文、年号，也只是起到表示私有权、装饰或纪念的作用。随着商品生产、交换的出现和发展，有些标记便起到了区别商品生产者的作用。

汉唐时期，中国通商贸易繁荣，在商品上使用标记已十分普遍，出现了许多具有吸引力的牌号、标记。如“借问酒家何处去，牧童遥指杏花村”中的“杏花村”酒，“何以解忧，唯有杜康”中的“杜康”酒，这里的“杏花村”“杜康”都是当地有名的酒的牌号。

宋元时期，商品经济进一步发展。行商坐贾增多，钱庄、邸店、集市十分普遍，许多商号和牌记随之而生。在孟元老写的《东京梦华录》中，追述北宋都城东京开封府城市风貌时提到的“丑婆婆药铺”“曹婆婆肉饼”“郑粉子”等商号，可以看出此时的商品标记已由简单符号发展到工匠名称、店铺名称，再演变成图形、文字或图文并茂的标记。

中国最早发现的较为完整的商标是北宋时期山东济南刘家功夫针铺所用的“白兔商标”，它基本上具备了现代商标的全部特征。该商标的中心图是一只白兔，左右两边刻有“济南刘家功夫针铺”“认门前白兔儿为记”等文字。白兔下方写有文字：“收买上等钢条，造功夫细针，不误宅院使用，转卖兴贩，别有加饶，请记白。”这个印刷铜牌现陈列在中国历史博物馆，是世界商标史上最珍贵的文物之一(见图18-5)。

清代以后，诸如“同仁堂”“六必居”“泥人张”等店铺名称已小有名气。这些店铺名称可以被认为是现代意义上的商号或者商标。

关于外国商标的起源有多种说法，但至少在3500年前的古埃及金字塔出土的文物中已

图 18-5

经开始有了在陶器上标有陶工的姓名的记载。古希腊、罗马时期的陶器、金器、灯具上也刻有文字或图形标记，但这些标记主要是便于官方征税，并不能说是商业性标记。西班牙在游牧部落时期开始使用烙印在牲畜身上作标记，以便与他人的牲畜相区别。今日英语中的“商标”一词有时用“烙印”(brand)代替，即源于此。

13 世纪，欧洲行会开始盛行，行会要求加入者必须在其产品上刻有一定的标记，个体工匠和商人也必须在商品上刻上自己的标记。那时，标记的目的已不仅是为了区别生产者和所有者，也是为了对产品实行质量监督，同时也为保持行会的对外垄断。

16、17 世纪时期，行会几乎成了欧洲经济的支柱，商品标记的使用变得十分普遍，并体现了其重要的商业作用。

随着商标的广泛使用和商业竞争的加剧，仿制商标的行为日益增多。为了维护经济秩序，制止仿冒欺骗行为，保护商品生产者、销售者和消费者的合法权益，各国对商标的使用纷纷给予法律保护。

世界上最早的商标法是 1803 年法国制定的《关于工厂、制造场和作坊的法律》，这是世界上最早的商标保护成文单行法。该法把假冒商标比照私自伪造文件罪处理。1857 年，法国又制定了《关于以使用原则和不审查原则为内容的制造标记和商标的法律》，这是在全国范围内统一实施的关于商标的专门法律，被看作是商标发展到成熟阶段的标志。此后，英国于 1862 年、美国于 1870 年、德国于 1874 年、日本于 1875 年相继颁布了商标法。目前，世界上多数国家和地区都实施了商标法，明确把商标作为一种工业产权加以保护。

商标作为现代经济生活中不可缺少的组成部分，不仅为各国法律所保护，而且受到国际组织、国际条约的约束。世界知识产权组织《保护工业产权巴黎公约》，WTO/《TRIPs 协议》对商标的法律保护都作出了明确规定。商标保护已经成为国际贸易中的重要组成部分。

二、中国商标保护制度的历史

(一) 1949 年以前的商标立法

中国的封建社会延续了两千多年，商品经济很不发达，因此，也无商标立法的社会需要。鸦片战争以后，在清末变法的历程中，清政府于 1904 年制定了《商标注册试办章程》，这是中国在半封建半殖民地的历史条件下制定的第一部商标法规。此后，北洋政府于 1923 年根据上述试办章程重新制定了《商标法》。1930 年，国民政府在前述法令的基础上加以修订，公布了新的《商标法》。这些法律多是迫于对外国商人在华贸易的保护需求而立。

在中华人民共和国成立之前，解放区人民政府为了促进生产发展，制定了一些商标管理办法。例如，1946年苏皖边区政府的《商品商标注册暂行办法》、同年晋冀鲁豫边区政府的《商标注册办法》、1949年陕甘宁边区政府的《商标注册暂行办法》等，但这些法规只在局部地区实行。

（二）1949—1982年的商标保护

1950年，中央人民政府政务院批准公布了《商标注册暂行条例》，政务院财政经济委员会公布了《商标注册暂行条例施行细则》，这是新中国成立后的第一个商标保护法规。由于当时多种经济体制并存，国家采用了商标自由注册的原则，凡是注册的商标，国家保护其专用权，不注册的商标不给予法律保护。

1963年，国务院颁布了《商标管理条例》和《商标管理条例施行细则》。这一时期，在经济成分中只存在单一的社会主义公有制经济，于是国家采取了"商标全面注册"原则，规定所有企业的商品都必须使用注册商标。该《条例》主要强调商标注册的质量监督作用，没有将商标作为专用权加以保护，对商标争议程序和评定程序以及违反《商标法》的罚则都未作明确规定。

"文化大革命"期间，商标注册机构被撤销，外国来中国申请注册的商标以及中国出口商品的商标由国际贸易促进委员会办理，国内注册商标下放到各地工商行政管理部门管理，实际上属于无人管理状态。

1978年改革开放之后，商品经济复苏，国家恢复法制建设，商标的使用、管理和保护被提到日程，国家开始进行商标法的制定。

（三）1983年《商标法》

1980年我国加入了世界知识产权组织，1982年8月23日第五届全国人民代表大会常务委员会第二十四次会议通过了《中华人民共和国商标法》，并于1983年3月1日起正式施行，同年3月10日，国务院又颁布并实施了《商标法实施细则》。这部法律是我国真正实施保护商标权的开始，也是在我国法制建设中较早颁布实施的法律之一，它甚至早于《民法通则》，足可以看出它与经济发展的密切关系。

这部法律基本上体现了现代商标法的主要原则：(1) 保护商标专用权原则；(2) 保护合法竞争原则；(3) 保护消费者利益原则；(4) 注册原则；(5) 申请在先和使用在先互补原则；(6) 自愿注册和强制注册并用原则；(7) 审查原则。

三、《商标法》及其实施细则的修改

（一）《商标法》的修改

1983年《商标法》实施后，随着国内市场的发展和中国相继加入《保护工业产权巴黎公约》《商标国际注册马德里协定》等国际公约，1993年2月22日，第七届全国人民代表大会常务委员会第三十次会议通过了《关于修改〈中华人民共和国商标法〉的决定》，修正案于1993年7月1日起施行；同时通过了《关于惩治假冒注册商标犯罪的补充规定》。这是我国《商标法》实施后的第一次重大修改，进一步加强了商标专用权的保护。

这次修改的内容有：

(1) 增加了对服务商标的保护；

(2) 对地名商标作了进一步的限定，明确规定县级以上行政区划的地名或者公众知晓

的外国地名不得作为商标；

（3）增加了商标被许可人的义务：经许可使用他人注册商标的，必须在使用该注册商标的商品上标明被许可人名称和商品产地，以保护消费者利益；

（4）对侵权行为作补充规定：确定“销售明知是假冒注册商标的商品”的行为及“伪造商标标识、销售伪造商标标识”的行为均属侵权行为；

（5）加强了制止侵权的行政执法力度；

（6）加强了商标侵权的刑事责任：将假冒注册商标罪的主体扩大到任何人，并把最高刑期从3年提高到7年；此外，还规定了伪造、擅自制造他人注册商标标识以及销售明知是假冒注册商标的商品的行为的刑罚内容。

2001年10月27日，为适应我国加入WTO的进程，第九届全国人民代表大会常务委员会第二十四次会议通过了《关于修改〈中华人民共和国商标法〉的决定》，新修正案于2001年12月1日起施行。这是中国第二次修改《商标法》。此次修改幅度和深度都大大超过了第一次，使《商标法》与《TRIPs协议》的保护水平完全一致。

这次修改的主要内容体现在：

（1）扩大了权利主体范围，修正案在第4条明确规定，自然人可以申请商标注册；在第5条规定了商标共有的情形，即“两个以上的自然人、法人或者其他组织可以共同向商标局申请注册同一商标，共同享有和行使该商标专用权”。

（2）扩大了商标保护的客体范围，具体表现为：将商标的构成要素扩大为可视性标志，这些要素包括文字、图形、数字、字母、三维标志和颜色组合，以及上述要素的结合；增加了有关集体商标和证明商标的规定，在修正案中明确规定了上述商标的定义，并授权国务院工商行政管理部门对注册和管理的特殊事项作出规定；增加了有关地理标志的规定，地理标志是指“标示某商品来源于某地区，该商品的特定质量、信誉或者其他特征，主要由该地区的自然因素或者人文因素所决定的标志”。

（3）放宽了商标显著性的构成条件，除固有显著性外，对仅有本商品的通用名称、图形、型号的，仅仅直接表示商品的质量、主要原料、功能、用途、重量、数量以及缺乏显著特征的文字和图形可以通过使用取得显著性。

（4）进一步加强了商标保护力度，具体表现为：增加有关驰名商标保护的条款，规定禁止他人复制、摹仿或者翻译他人未在中国注册的驰名商标，而且已在中国注册的驰名商标可以享受跨类保护；在先使用并有一定影响的商标可以受到保护，禁止他人恶意抢注此类商标；在商标侵权行为中增加有关“反向假冒”的规定；商标权人可以要求人民法院采取诉前证据保全、责令停止侵权及财产保全的措施；在侵犯商标权的民事责任部分，商标权人可以要求侵权人承担为制止侵权行为所支付的合理开支。

（5）增加了对商标权人的限制：在先权利人可以对抗商标注册人。

（6）规定了司法终审权，根据《TRIPs协议》的规定，增加规定司法机关有权对商标局和商标评审委员会作出的决定进行司法复审。

2006年，国家工商行政管理总局商标局开始启动《商标法》第三次修改工作。经历八年时间，2013年8月30日第十二届全国人民代表大会常务委员会第四次会议通过了《关于修改〈中华人民共和国商标法〉的决定》，修改后的《商标法》于2014年5月1日正式实施。这次《商标法》的修订主要是为了解决商标确权程序繁琐、商标注册周期长；恶意抢注、异议滥用;商标侵权处罚力度不够、驰名商标保护中的问题等,同时将音响商标、单一颜色纳入可注册商标范围;加强对商标代理机构管理等。主要修改之处有:

(1) 扩大了商标注册范围,允许把声音、单一颜色注册成商标,取消了原商标法要求商标具有可视性的条件。

(2) 全面开放了电子申请方式,允许申请人通过互联网提交商标注册的申请文件。

(3) 允许"一标多类"的申请方式,即允许通过一份申请就多个类别的商品申请同一商标。

(4) 规定只有商标局、商评委及人民法院在具体案件中才能认定驰名商标,并明确驰名商标不能用于广告宣传、展览及其他商业活动。加大了对恶意抢注行为判定的范围,增强了商业竞争中的诚信义务。

(5) 解决了驰名商标与企业名称、域名的冲突问题,将他人驰名商标作为企业名称中的字号或者域名使用的侵权行为,驰名商标权利人可以要求责令停止使用该企业名称或者责令办理企业名称变更登记。

(6) 提高了商标侵权法定赔偿上限,由原来商标法规定的50万元提高到300万元。

(7) 加大了商标侵权处罚力度,对5年内两次以上侵权加重处罚。

本次修改还对商标代理组织的管理进行专门规定,解决了商标代理组织良莠不齐、欺骗和损害申请人利益的问题。在异议程序的修改方面,把异议主体限定为"在先权利人或者利害关系人"。

这次《商标法》的修改与前两次相比有更多企业、专家和作为消费者的社会公众参与,进一步体现了《商标法》在市场经济中的作用。

(二)《商标法实施细则》的修改

《商标法实施细则》自1983年施行以来,在1988年进行了第一次修订,主要在商标注册、审查程序、商标违法行为及其处罚方面作出了进一步的严格规定,并试行了商标代理制度。

《商标法实施细则》第二次修订于1993年,与《商标法》第一次修订同步进行。这次修改主要内容有:

(1) 取消了商标注册申请由工商局办理的二级核转制,实行商标代理制和申请人直接递交制;

(2) 明确了对集体商标、证明商标的法律保护;

(3) 对原实施细则中"注册不当"的行为作了具体规定;

(4) 进一步明确并加强了工商行政管理机关的职能。

1995年4月,《国务院关于办理商标注册附送证件问题的批复》颁布,一般认为,这是《商标法实施细则》的一次小规模修改。1999年4月,《商标法实施细则》再次修改。2002年9月顺应《商标法》的第二次修改,《商标法实施细则》修改并改名为《商标法实施条例》。此次修改自2002年9月15日起施行。之前的四次修订版本同时废止。

2014年5月1日,随着《商标法》第三次修正案的实施,《商标法实施条例》第五次修正案同日实施。

第十九章

商标权的主体

第一节　商标申请人

一、商标申请人的资格

商标权的主体即商标权人，是指依法享有商标权的自然人、法人或者其他组织，包括商标权的原始主体和继受主体，在采用商标注册申请制的国家，商标核准注册之后，商标申请人就成为商标权人。我国《商标法》最初制定时，要求商标申请人仅限于商品的生产者和经营者，包括企业法人、事业单位、社团、个体工商户、个人合伙、外国企业及个人，我国的自然人是不能作为商标申请人的。2001 年《商标法》修改时规定：“自然人、法人或者其他组织对其生产、制造、加工、拣选或者经销的商品，需要取得商标专用权的，应当向商标局申请商品商标注册。”“自然人、法人或者其他组织对其提供的服务项目，需要取得商标专用权的，应当向商标局申请服务商标注册。”从此，自然人可以作为商标申请人。从这一法律规定看，商标权的主体有三类：自然人、法人和其他组织。对商标申请人还有一定的资格限制，即必须要求这三类主体对其自己生产、制造、加工、拣选或者经销的商品有使用商标的需求才可以提出申请，所以，申请注册商标的时候需要提交经营执照或相关经营证明，自然人也就局限在个体经营者的范围。2013 年《商标法》修改时将这一规定做了调整：“自然人、法人或者其他组织在生产经营活动中，对其商品或者服务需要取得商标专用权的，应当向商标局申请商标注册。”从文字上看，取消了对“生产、加工、拣选或者经销”的具体要求，这意味着在商标申请的时候可以不用递交具体经营范围的证明，而仅是有生产经营活动即可提出申请。

二、商标权的共有

2001 年《商标法》增加了商标共有制度，即“两个以上的自然人、法人或者其他组织可以共同向商标局申请注册同一商标，共同享有和行使该商标专用权”，2013 年《商标法》保留了这一规定。商标共有人间的法律关系，可以直接依照《民法通则》关于财产共有的规定处理。依照《商标法》第 5 条的规定，企业或个人既可以单独申请商标注册，也可以和其他企业或个人共同向商标局申请注册同一商标，共同享有和行使该商标专用权。这就使当事人有了更多的选择，尤其在各方利益相持不下的时候，不至于陷入“双输”境地，在企业改制、分立时发生的商标共同使用问题可以得到解决。当然，商标的功能是区别商品来源，多个主体共有同一商标无法起到这一作用，商标共有共用往往是为了解决历史问题不得已的办法。一般情况下,商标共有是在转让和继承时发生的。我国《商标法》也允许共同提出申请,《商标法实施条例》第16条规定,共同申请注册同一商标的,应当在申请书中指定一个代表人;没有指定代表人的,以申请书中顺序排列的第一人为代表人。

三、外国申请人

外国人和外国企业,是指具有外国国籍的自然人和依据外国法律成立并在外国登记的法人,可以在中国申请商标注册并获得商标专用权。

在中国境内有经常居所或有营业场所的外国人或外国企业(包括在中国境内居住的外国人、外国驻我国的各种机构及中外合资企业、外商独资企业等),在我国申请商标注册时享有与我国国民同等待遇。

不在我国境内的外国人或外国企业在中国申请商标注册的,按其所属国和我国签订的协议或者共同参加的国际条约办理,或者按对等原则办理。

1. 根据申请人所属国和我国之间已达成的商标互惠协议办理

商标互惠协议是指申请人所属国和我国通过签约或者换文而达成的商标互相注册协议。除专门的商标互惠协议外,我国在与一些国家签订的友好通商或者贸易协定中,也包括了商标注册互惠原则及有关商标注册条款。按双边条约的规定,通常都给予申请人享受"国民待遇"。自我国加入《保护工业产权巴黎公约》及《商标国际注册马德里协定》和《商标国际注册马德里协定有关议定书》以后,双边协定则仅适用于没有加入这三个国际条约的国家。

2. 依据申请人所属国与我国共同参加的国际条约办理

我国已加入的有关商标方面的国际条约有:《世界知识产权组织公约》(1980年3月3日加入)、《保护工业产权巴黎公约》(1985年3月19日加入)、《商标国际注册马德里协定》(1989年10月4日加入)和《商标国际注册马德里协定有关议定书》(1995年12月1日加入)。根据《巴黎公约》的规定,任何一个成员国应在商标注册方面给予其他成员国国民以国民待遇,因此,《巴黎公约》的所有成员国国民在我国都可以享受商标注册的国民待遇,在注册条件、申请手续、步骤等方面享有与我国国民一样的待遇。

3. 按对等原则办理

对等原则是处理国与国之间关系经常采用的一项原则,在涉外商标注册时,就是要求双方按照同等方式来办理对方国家的公民或企业的商标注册申请。

此外,外国人或者外国企业在中国申请商标注册和办理其他商标事宜的,应当委托具有商标代理资格的机构代理,不能直接提出申请。

第二节 商标权人的权利与义务

一、商标权人的权利

商标注册申请经国家工商行政主管部门核准注册后,商标申请人即成为商标权人,依法享有商标权人的各项权利和义务。

商标权中不包括精神权利,也不包括商标设计人的权利,商标设计人的权利一般在商标权人的委托设计合同中加以解决,这一点不同于专利法中的发明人和著作权法中作者的权利,发明人和作者都享有署名权。

商标权人享有下列经济权利:

1. 商标专用权

商标专用权包含两重含义:首先,是商标权人的专有使用权,即商标一经核准注册,商标权人即享有在核定使用的商品或服务上使用核准注册商标的权利;其次,是商标权人禁止他人使用的权利,即他人未经许可不得在同一种商品或类似商品上使用该注册商标或相近似的商标,否则即构成侵权。《商标法》第56条、第57条分别规定了商标权人的专有使用权和禁止权。应当注意到,与专有使用权相比,商标权人的禁止权的范围更大,法律给予的保护扩大到"类似商品"与"近似的商标",可以说商标专有使用权的范围小于商标禁用权的范围。

2. 许可使用权

许可使用权是指商标权人将其注册商标许可他人使用的权利。依据签订的许可使用合同,商标权人可以保留自己的使用权,也可以放弃使用权,由被许可方独占使用或多家使用。但是,无论哪种情况,商标仍属于原商标注册人所有。商标权人许可他人使用其注册商标时,根据《商标法》第43条的规定,应当监督被许可人使用其注册商标的商品质量,而被许可人应当保证使用该注册商标的商品质量,并在相关商品上标明被许可人的名称和商品产地。许可人还应当将其商标使用许可报商标局备案并由商标局公告,未经备案不得对抗善意第三人。

3. 商标转让权

转让注册商标是指商标注册人依照《商标法》规定的程序将商标权转让给他人的法律行为。商标权转让后,原商标注册人的一切商标权利丧失,权利转移给新的商标权人。在商标权的转让问题上存在两种理论:其一,是连带转让主义,即注册商标必须和使用该商标的企业一起转让;其二,是自由转让主义,即商标权人可以自由选择是否将商标与使用该商标的企业一并转让。我国采取的是自由转让主义。

根据《商标法》第42条第1款的规定,商标的转让人和受让人应当签订转让协议,并共同向商标局提出申请。商标受让人应当保证使用注册商标的商品质量。

4. 商标续展权

商标续展权,是指注册商标权人向商标局申请延长商标保护期限的权利。我国注册商标的有效期是10年,需要继续使用的可以申请续展,商标权人可以在期满前12个月内申请续展。除在期满前申请续展外,法律也规定了6个月的宽展期,即商标权人在期满后6个月内还有机会提出续展申请。商标权人在上述期限内均未提出续展申请的,商标局将注销其注册商标。

二、商标权人的义务

(一) 使用注册商标的义务

商标只有在使用过程中才能显示其价值,体现其权利的存在。如果商标权人长期不使用注册商标,该商标就得不到消费者的认识,其商标权的行使也无从谈起。注册商标长期搁置不用,还将妨碍他人在同类产品上申请注册相同、相近似的商标,有造成商标权滥用之嫌。多数采用注册制度的国家,尽管在提出商标注册申请时不要求以实际使用或即将使用为先决条件,但在取得注册后若不使用该商标,超过一定期限该注册商标即被依法撤销。我国《商标法》第 49 条规定,商标注册后没有正当理由连续 3 年不使用的,任何单位或者个人可以向商标局申请撤销该注册商标。《商标法》所称的“商标使用”是指将商标用于商品、商品包装或者容器以及商品交易文书上,或者将商标用于广告宣传、展览以及其他商业活动中,用于识别商品来源的行为。具体表现为:

(1) 采取直接贴附、刻印、烙印或者编织等方式将商标附着在商品、商品包装、容器、标签等上,或者使用在商品附加标牌、产品说明书、介绍手册、价目表等上;商标直接使用于服务场所,包括使用于服务的介绍手册、服务场所招牌、店堂装饰、工作人员服饰、招贴、菜单、价目表、奖券、办公文具、信笺以及其他与指定服务相关的用品上。

(2) 使用在与商品销售有联系的交易文书上,包括使用在商品销售合同、发票、票据、收据、商品进出口检验检疫证明、报关单据等上;商标使用于和服务有联系的文件资料上,如发票、汇款单据、提供服务协议、维修维护证明等。

(3) 使用在广播、电视等媒体上,或者在公开发行的出版物中发布,以及以广告牌、邮寄广告或者其他广告方式为商标或者使用商标的商品进行广告宣传。

(4) 在展览会、博览会上使用,包括在展览会、博览会上提供使用该商标的印刷品以及其他资料。

(5) 许可他人使用注册商标,商标权人许可他人使用商标主要是通过签订商标许可合同的形式来实现,也是商标使用比较常见的方式。商标的许可使用在商标权的行使中占有重要地位,本书将单列一节讨论。

使用注册商标时,可以在商品、商品包装、说明书或者其他附着物上标明“注册商标”或者注册标记®,并且应当标注在商标的右上角或者右下角。尽管现行《商标法》已经不再将使用注册标记作为一种商标使用的义务而是作为商标权人宣示注册商标的一种权利,但是在使用规范上还必须符合法律的规定。

(二) 保证使用注册商标的商品质量

商标使用人应当对其使用商标的商品质量负责。各级工商行政管理部门应当通过商标管理,制止欺骗消费者的行为。商标许可人应当监督被许可人使用其注册商标的商品质量。被许可人应当保证使用该注册商标的商品质量。我国《商标法》对商标权人提供的商品或者服务质量的保证给予了比较严格的要求。这一点在理论和实践上是有不同观点的。商标的基本功能是区别商品或服务的来源,任何商标权人都希望得到消费者的认可,但是提供的商品或者服务是根据投入成本、销售对象等不同而有不同等级质量的,奢侈品牌和廉价品牌都有自己的销售市场,商标可以促使商品生产者和经营者、服务提供者保证其符合自己商标定位的质量,同一商标下所提供的商品或服务应保证质量标准的同一性。

第三节 商标许可及转让

一、商标许可

(一) 许可使用的概念

注册商标的许可使用是指注册商标权人将其注册商标通过签订许可使用合同,以一定条件许可他人使用其注册商标。在商标许可使用关系中，商标权人或授权使用商标的人为许可人，对应方为被许可人。被许可人仅享有该商标的使用权，注册商标的所有权仍然属于许可人，即商标注册人。

商标的许可使用方式被普遍采用，麦当劳联合快餐店的营业商标几乎遍布世界各地。商标所有人通过使用许可的方式，使其商标更加著名，产品市场快速扩张。

对于许可方来说，发放商标许可证是商标权行使中非常重要的方式，通过广泛的许可使用可以快速拓展市场、提高知名度、增加商标的价值。一个有长远发展战略的企业会努力寻求拓展其商标影响的机会，尽可能广泛发放许可证，但许可证发放也有严格的商标使用标准和质量监督机制，滥发许可会导致商标贬值。在商标许可使用过程中，商标许可人应当监督被许可人使用其注册商标的商品质量，被许可人应当保证使用该注册商标的商品质量的同一性。经许可使用他人注册商标的，必须在使用该注册商标的商品上标明被许可人的名称和商品产地。违反这一规定的，由工商行政管理部门责令限期改正；逾期不改正的，收缴其商标标识；商标标识与商品难以分离的，一并收缴、销毁。

对于被许可人来说，使用他人享有一定信誉的注册商标，扩大生产，比自创商标收益更快，更容易进入市场，但是长期贴牌，只能赚取较低利润，不能形成自己的商标信誉，最终会消失在市场竞争之中。一个有长远发展规划的被许可方应当尽可能保有自己商标使用的空间，不要在许可合同中将自己永远定位在贴牌企业的地位。以“可口可乐”为例，在改革开放初期由某集团引进中国，经过几十年的合作，该集团的资金主要用于在各地建厂，而可口可乐公司只提供商标许可使用权和原浆，并且在合资协议中明确限定该集团在合资合作期间不许生产任何属于自己品牌的饮料。所以至今该集团动用了自身强大的市场推动力，将可口可乐推到了每一个餐桌之上。可口可乐公司的商标许可战略可谓是成功典范。

(二) 许可使用的类别

商标许可使用很少通过签订独立的许可协议实现，普遍情况是体现在其他合同中的商标使用许可条款，如附随于技术转让、合资合作、特许经营等合同中的商标使用条款。

根据商标使用许可是否具有排他性的特点，可将注册商标使用许可分为独占使用许可、排他使用许可和一般使用许可。

1. 独占使用许可

独占使用许可是指商标许可人允许被许可人在约定的地区、时间和一定条件下独家使用注册商标。被许可人不仅获得注册商标的使用权，而且在约定的时间及地区范围内还享有排除他人使用的权利。在独占使用许可形式中，许可人不得再将同一商标许可给第三人，自己也不得在同一地区、同一时间内使用这一注册商标，被许可人的法律地位相当于“准商标权人”，当在所约定的地域和时间内发现商标侵权行为时，独占被许可人可以直接行使禁止权，以“利害关系人”的身份直接起诉侵权者，要求赔偿损失。

独占使用许可的使用费比其他许可使用方式的费用要高得多，所以，只有当被许可人从产品竞争的市场效果考虑，认为自己确有必要在一定区域内独占使用该商标时，才会要求得到这种许可，而商标权人也要慎重发放独占许可证，防止被许可人通过这种许可形式“雪藏”商标，阻止商标权人对商标的使用，导致商标在市场上的消失。我国市场中被“雪藏”的商标很多，如早年广州肥皂厂的“洁花”、广州洁银牙膏厂的“洁银”等商标在合资过程中确实作价许可或转让给了合资公司,但合资公司不再使用这些商标,导致这些原来在消费者中还享有一定知名度的商标逐渐被淡忘,最后消失。对于有很大品牌依赖性的日常消费品一旦在市场消失,不易"东山再起"。商标权的价值体现在商标的使用上,许可是为了更广泛的使用,如果许可之后反而使商标的影响力下降,即使许可费较为可观,也违背了许可使用的理念。

2. 排他使用许可

排他使用许可是指除许可人给予被许可人使用其注册商标的权利外,被许可人还享有排除第三人使用的权利。即许可人不得把同一许可再给予任何第三人,但许可人保留自己使用同一注册商标的权利。排他使用许可也称独家使用许可,即排除第三方在该地域内使用该商标,而保留商标权人和被许可人并行使用。在发生第三方侵权时,排他使用的被许可人可以和商标权人共同起诉,或者在商标权人不起诉的情况下自行提起诉讼。作为商标权人,一般采用排他许可方式要优于独占许可方式,因为这会给自己一个发展空间,防止商标被"雪藏"。

3. 一般使用许可

一般使用许可是指在一个地区内,允许两个以上的被许可人使用同一个注册商标,即许可人保留自己在该地区内使用该注册商标和再授予第三人使用该注册商标的权利。采用一般使用许可形式,对被许可人来说,其获得的商标使用权是非排他性的,因此被许可人不享有禁止其他被许可人使用的权利。如果有他人对该注册商标实施了擅自使用的侵权行为,被许可人也不得以自己的名义对侵权者起诉,而只能将有关情况告知许可人,并协助许可人查明事实,由许可人对侵权行为采取必要措施。这种许可方式多适用于被许可人生产能力有限或者产品市场需求量较大的情况下,许可人可以多选择几个被许可人,而每个许可证的售价相对较低,因而是一种"薄利多销"的方式。

三、商标权的转移

商标权转移,是指由于法定事实的发生,注册商标所有权在民事主体间发生转移。商标权转移后,原商标权人即丧失了对该注册商标的专用权。注册商标所有权的转移有三种渠道。

(一) 合同转让

合同转让,是指注册商标所有人通过与他人签订合同将商标转让给他人所有。商标转让必须由转让人与受让人共同向商标局提出申请,转让注册商标的申请手续由受让人办理。转让注册商标经核准后,商标局应予以公告,受让人自公告之日起享有商标专用权。转让行为在未经核准的情况下,不发生商标权转让的效力,但不影响当事人之间签订的商标权转让合同的效力。

商标权人享有自由转让其商标的权利,但由于商标权的使用涉及消费者的利益,注册商标的转让也受到法律的限制。《商标法实施条例》对商标权通过合同转让做了如下规定:(1) 相关商标是在同一种或者类似商品上注册的相同或近似的商标的,应当一并转让;未一并转让的,由商标局通知其限期改正;期满不改正的,视为放弃转让该注册商标的申请。(2) 对可能产生误认、混淆或者其他不良影响的转让注册商标申请,商标局不予核准。也就是说,如果商标权人拥有一组用于防御他人仿冒注册的"联合商标",在转让时应当一并转让。商标权的转让多在企业合资、兼并、收购过程中产生，一个具有很高信誉商标的企业一般也不会轻易将商标卖掉。

（二）因执法而转移

商标凝聚了企业的商业信誉，多年经营的商标是企业的无形资产。在企业破产、清偿债务时，可以将注册商标折价偿还债务。这种因执法而发生的商标权的转移，属于商标权的一种特殊转让形式，也应按《商标法》的规定办理转让手续。

（三）继承或遗赠转移

商标权还可以依《继承法》中的法定继承、遗嘱继承或者遗赠方式进行转移。继承人、遗赠人应向商标局提出转让申请。这种转移不需要与原商标权人签订合同，只需将继承事实报告商标局，经商标局认可后即生效。

上述"因执法而转移""继承或遗赠转移"属于注册商标专用权因合同转让以外的其他事由而发生的移转。根据《商标法实施条例》第 32 条规定，接受该注册商标专用权移转的当事人应当凭有关证明文件或者法律文书到商标局办理注册商标专用权移转手续。并且，注册商标专用权人在同一种或者类似商品上注册的相同或者近似的商标，也应当一并移转；未一并移转的，由商标局通知其限期改正；期满不改正的，视为放弃该移转注册商标的申请，商标局应当书面通知申请人。

第二十章

商标权的客体

商标权的客体,是指商标权人享有的权利和义务所指向的具体对象,是商标权的物化载体,具体包括注册商标和未注册的驰名商标。

第一节　商标的构成要素

商标的构成要素应依法律规定,不能自由选取。我国《商标法》对商标的构成要素作了明确规定,任何能够将自然人、法人或者其他组织的商品与他人的商品区别开的标志,包括文字、图形、字母、数字、三维标志、颜色组合和声音等,以及上述要素的组合,均可以作为商标申请注册。

一、文字商标

文字商标,是指以文字组成的商标。包括各种语言文字,不分形态。我国文字商标通常以汉字为主,也可使用少数民族文字,英、法、日、德等国文字,罗马拼音,阿拉伯数字等。汉字属象形文字,其独特的结构与外形本身就蕴涵着美感,加之各种美术字体的配合,因此纯文字商标的使用比较广泛,比如:“全聚德”“蒙牛”等文字商标(见图20-1)。

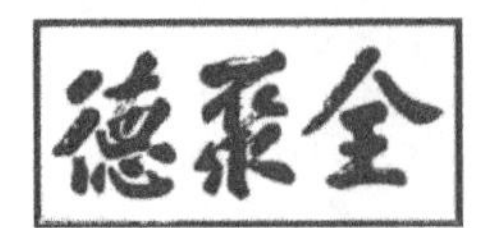

图 20-1

二、图形商标

图形商标,是指用平面图形构成的商标。这种图形可以是人物、动物、山川河流、天象地理、塔亭庙宇等,也可以是一些没有任何意义的几何图案。图形商标的优点是不受语言的限制,不论使用何种语言的国家和地区,人们只要懂得图形就会记住该商标。但是,仅有图形的商标也有其缺点,没有文字名称,不便于呼叫。下图20-2是凤凰卫视的图形商标和茅台酒的“飞天”图形商标。因为没有文字配合,不能称呼,只能识别。

图形商标的颜色不受限制,但使用颜色不能与他人商品上的商标图形的颜色完全一样或近似,特别是对于包装与装潢不易区分的香皂、香烟、酒类等商品,商标颜色的选择更要慎重。

图 20-2

三、记号商标

记号商标,是指由某种抽象记号或者符号构成的商标,如圆形、方形、椭圆形、三角形、菱形等。这种商标的特点是简单别致。记号商标也不能过于简单,如一条直线、曲线、三角或单个圆圈等,因不具备显著性特征,极易和产品包装上的其他标记混淆,在我国不能获准注册。从广义上讲,记号商标也属于图形商标的一种。下图 20-3 是通过使用后获得显著性的记号商标。

图 20-3

四、组合商标

组合商标,是指由文字、图形、字母、数字、三维标志和颜色组合,以及上述要素的组合构成的商标。仅以文字与字母组成的商标、文字或字母的变形构成的商标、图形与记号组成的商标不属于组合商标。在中国,由文字和图形组合的商标最多,特点是图文并茂、形象生动、引人注目、便于识别和呼叫。但使用这种商标,要注意做到文字结构简单,画面清晰,避免庞杂不堪。下图 20-4 是腾讯和华为公司的组合商标。

图 20-4

五、立体商标

立体商标,又称外形商标,是由三维要素组成的视觉商标,即以产品外形或产品的实体包装作为商标。如把产品的容器、饮料瓶、香水瓶以及与商品本身联系紧密的装潢作为商标。与平面商标相比,立体商标有更强的视觉冲击力,更能引起消费者的注意。

立体商标除了必须遵守一般商标注册原则以外,还有一些限制性条件:第一,商品自身性质产生的外形不能注册,比如水晶、冰糖等天然状态不能注册;第二,某些原料加工之后的状态也不能注册,比如钻石加工成下面小、上面大、有多个反射面的形状,因为这种加工是光反射需求的最佳效果;第三,商品的技术功能所决定的外形不能注册,有技术功能的商品外型不能注册的规定主要是为了防止对专利法的规避,因为纯粹功能性的外形应该由发明专利来保护,并最终进入公有领域,而不能允许将其注册为一个可以无限续展的商标。

六、声音商标

声音商标是以音符编成的一组音乐或以某种特殊声音作为商品或服务的标志。如同可视性的文字、图形商标一样,具有独特性的声音也能够起到区别作用,并且“未见先听”的效果可能会更好。一款独具特色的乐曲、歌曲或其他音响,在广告或者服务中反复播放,更能加深消费者印象。例如,一家银行把一口袋金币倒在光滑平面上发出的“哗啦”声音录下注册为商标,某广播电台将在广播前奏出的一段乐曲或钟声录音注册为商标等都属于声音商标。声音商标在核定注册上还有许多特别的检测技术和审查原则有待在实践中进一步明确。

七、其他商标

诱人的气味或富于魅力的数据传输标记也可以起到识别的作用,有些国家没有对商标的构成要素加以排斥,如果商标申请人能够提供充分的证据证明气味能识别商品出处,气味也可作为商标的构成要素,香水的特殊味道就可以作为有些国家的商标。我国目前不保护味觉商标。

第二节 禁用标志

具有符合法定商标构成要素是商标成立的前提,但并非所有符合这些要素的商标都能得以注册。我国《商标法》规定了某些标志禁止作为商标使用的情形。

一、与我国的国家标记相同或相似的不得注册

同中华人民共和国的国家名称、国旗、国徽、国歌、军旗、军徽、军歌、勋章等相同或者近似的,以及同中央国家机关的名称、标志、所在地特定地点的名称或者标志性建筑物的名称、图形相同的标志不得注册为商标。

为了维护国家的尊严,涉及国家标志的不能与市场上的商业标志混同,这些标志属于全体国民所有,也不能为某一市场主体独占。但是,由于历史原因,一些国有性质企业还是将一些相关标志作为商标使用,如“中国”银行、“中华”香烟、“中国国际航空”等商标。商人出于利益目的,总是希望能够搭上国家的便车推销自己的商品,使用各种“国”字头作为商标文字或者商品名称,如“国瓷”“国茶”等,这些都不能作为商标注册。

二、与外国的国家标记相同或相似的不得注册

同外国的国家名称、国旗、国徽、军旗相同或者近似的标志不得作为商标使用,但该国政府同意的除外。

出于对其他国家主权的尊重,对外国的国家标志也不应核准注册,但有些国家的国旗、国徽图形与公共标志接近,在没有严格禁止的情况下商标申请也可以得到核准,比如在某些商品上的“枫叶”图形商标与加拿大国旗相似,但如果没有贬损性使用,亦没有混淆搭车嫌疑,是可以作为商标图形的。将国旗元素作为商标注册的也很多,有些国家不排斥使用国家名称作为商标,如:用于洁具上的“美标”(American Standard)商标(见图20-5)。

图 20-5

三、与国际组织的标记相同或相似的不得注册

同政府间国际组织的名称、旗帜、徽记相同或者近似的标志不得注册,如世界知识产权组织(WIPO)和世界贸易组织(WTO)的简称及标志(见图20-6)。

图 20-6

政府间国际组织的标志禁止使用在商标上的理由也是考虑国际组织的尊严以及不能被商业滥用,但如果经该组织同意或者不易误导公众的也可除外。

四、与官方标记相同或相似的不得注册

与表明实施控制、予以保证的官方标志、检验印记相同或者近似的标志不得注册,但经授权的除外。

认证标志尽管也有区别作用,但是用来作为公共标记的,只有达到某一标准的才可以被赋予某种认证标记。认证标志的发放者往往是政府部门,如:“中国质量环保产品认证”标志,“中国国家级风景名胜区”标记(见图20-7)。

还有一些用来证明商品的质量、性能、获奖情况的标志也属于禁用范围。比如“国优”“部优”“省优”的获奖标志,都是经专业评审组织按照一定标准和要求给予确认的,这种标志不应被注册为商标。有些认证标志可能作为证明标志进行商标注册,如“绿色食品”标志

图 20-7

和纯羊毛标志。注册后的证明标志就变为了证明商标，其使用应当符合证明商标的使用办法。

值得说明的是，多数技术标准化组织的标志是有商标权的，如：ISO 是“国际标准化组织”的商标，WIFI 是“国际 WI-FI 联盟组织”的商标，尽管这些标志属于标准或印证标记，但这些组织都不是国家或政府机构，可以享有商标权，而中国国家标准的发布是官方行为，所以，国标的标记“GB”属于官方标记，他人注册商标不能与其相同或近似。

五、同“红十字”“红新月”的名称、标志相同或者近似的不得注册

这两个国际人道主义组织所使用的标志在全球通用并且在战时享有特别通行权，其标志不应被商业机构所使用。

实践中总有一些和医疗相关的机构尝试注册与“红十字”和“红新月”接近的图形，但在商标审查中不会被通过。瑞士军刀的红十字图形属于例外，因其已经成为驰名商标，不会引起混淆（见图 20-8）。

图 20-8

六、带有民族歧视性的标志不得注册

不同的民族有不同的信仰和禁忌，各民族应当相互尊重彼此的文化。从市场角度出发，某些标志可能在某个国家允许注册，但是如果有出口到另外一个国家这个标志可能会有民族禁忌的情况，此时所经营的商品也会受到排斥，所以选择商标标志的时候要慎重考虑民族习惯。比如“DARLIE”“DARKI 黑人”牙膏，是在外国注册的合法商标，当其牙膏产品在中国销售时，非洲国家大使曾提出交涉，认为其不符合中国《商标法》的规定，属于带有民族歧视性的商标，为此，国家工商局曾专门发文禁止进口和销售带有歧视性黑人图案和文字的牙膏产品，但是，近年来该商标又出现在了中国市场。随着时间的变化，某些文字含义也发生了变化，被赋予中性含义，可能早期被认为是歧视性标识，但后来不会产生误解，便获得了核准，如“黑妹”牙膏。

七、带有欺骗性、容易使公众对商品的质量、特点或者产地产生误认的标记不得注册

夸大宣传并带有欺骗性，是指商标对其指定使用商品或者服务的质量等特点作了超过固有程度的表示，容易使公众对商品或者服务的质量等特点产生错误认识，这类标志主要是直接表示产品的功能、质量、材料等，让消费者以为该商品具有这样的性能，如："标准"牌缝纫机，"天然"矿泉水等均因不符合《商标法》的规定被更名，但也有一些类似商标被保留下来，如"永久"自行车、"顶好"清香油，能否允许使用这类带来夸大表示的文字还是要看其是否有欺骗的可能性。

八、有害于社会主义道德风尚或者有其他不良影响的标记不得注册

"公序良俗"原则是我国民法确立的基本原则，体现为人们的行为应当符合"公共利益""经济秩序"和"社会公德"等普适性道德标准。公序良俗的界定没有严格标准，主要由商标审查机构根据商标所用的实际情况加以掌握。一些不雅、低俗的文字和图形是绝对禁止作为商标使用的，还有将一些公共事物或古代知名人物的名称和肖像使用在不合适的商品上也有限制。公序良俗标准会随社会的变化而改变，在我国《商标法》实施初期，像"老板""太太""小姐"等词都被认为是资本主义的称谓，不能作为商标注册，但在今天就不会有这样的认识，相应产品上的商标也被注册使用了。

九、县级以上行政区划的地名或者公众知晓的外国地名不得注册

地名属于公共物品，应当归所有在此区域内的人共同拥有，不应当被用作商标为私人所有，同时地名有指示作用，如果滥用会引起误认。但是，地名具有其他含义或者作为集体商标、证明商标组成部分的除外，比如："龙口"粉丝、"金华"火腿、"景德镇"瓷器等。在1993年《商标法》修订之前，没有地名商标的禁止规定，像"青岛"啤酒、"云南"白药、"上海"轿车等都为有效商标。1993年《商标法》修改后开始限制地名商标，但是已经注册使用的地名商标可以继续使用。县级以下的地名、其他地理区域的名称包括乡镇、街道、胡同、山川河流等和公众不知晓的外国地名还是可以注册的，所以，"稻香村"食品、"昆仑山"矿泉水、"银座"商场等商标也都被注册使用。对于地名具有多种含义，地名本身的含义并不突出，如凤凰、长寿等地名经长期使用后，已被消费者熟知，可以区别不同的商品和服务，具有了商标显著性的特征，也可以被注册。

第三节 商标的显著性

商标的显著性，又称为识别性、区别性，是指商标应当具备的足以使社会公众区分商品或服务来源的特征。显著性体现在《商标法》第9条第1款的规定，即"申请注册的商标，应当有显著特征，便于识别，并且不得与他人在先取得的合法权利相冲突"。缺乏显著性特征的商标申请在商标审查时会被驳回。

显著性主要是依主观对显著程度的判断，不同类型的标志所具有的被识别能力有程度上的差异。一般而言，一个标志所表现的含义与特定的商品或者服务本身的关联性越强，其显著性就越弱，就越难起到区别商品的作用。理论上根据标志与商品或服务之间的关联程

度,可以将标志区分为:臆造性标志、任意性标志、暗示性标志和描述性标志。前三类标志与商品或服务没有直接的联系,因具有固有的显著性可以获得商标注册,而描述性标志由于直接描述商品或服务的质量、功能、特征等,一般情况下不可作为商标注册。《商标法》规定“仅有本商品的通用名称、图形、型号”的标志、“仅仅直接表示商品的质量、主要原料、功能、用途、重量、数量及其他特点”的标志以及“缺乏显著特征”的标志不能作为商标注册。实践中,商家总是希望商标与商品的功能、特性相联系,以起到对商品的良好印象和广告作用,比如:用于药物的商标经常使用“康”“泰”“安”“克”等词表明药品的疗效好,而用于汽车上的商标喜欢用“奔”“驰”“腾”“飞”等词。这些描述性词语构成的商标很多,在“禁用”和“可用”的描述性词语的使用上以不夸大描述和不易使消费者混淆为前提。

显著性同时又是动态可变的。有些不具备显著性的标志,一旦经过实际使用获得了“第二含义”,就可以作为注册商标。“第二含义”是指原来不符合商标使用或注册条件的文字、图形或其组合,通常是采用了直接表达商品或者服务的通用名称、图形、型号、质量、主要原料、功能、用途、重量、数量、产地等特点的叙述性文字、图形等或其组合,经过长期使用后,产生了原叙述性含义以外的、具有标示商品或者服务特定来源功能的新含义。具有第二含义的商标实际上是由被禁止用作商标的叙述性文字或者图形等构成的商业标志。显著性是商标的本质特征,同商标固有的显著性相比,商标的“第二含义”一定是通过使用取得商标的显著性的。《商标法》第 11 条第 2 款规定:“前款所列标志经过使用取得显著特征,并便于识别的,可以作为商标注册。”这实际上体现了商标的“使用原则”,也体现了法律对市场的尊重。一个标志的显著性与否,往往取决于标志使用者的投入以及消费者群体的判断,承认经由使用而获得显著性的标志可以注册为商标,有利于保护厂商和消费者的利益。这类现象也比较普遍,例如:用于牙膏商品的“两面针”商标,其文字“两面针”就是一种中草药名称,也是这种牙膏中主要功能的原材料之一,当有人以“两面针”不具有显著性而提出撤销其商标时,商标评审委员会没有给予认可,而是以该牙膏商品在长期的市场销售中已经使得“两面针”三个字具有了第二含义而维持了该商标有效。同样,“永久”自行车、“五粮液”白酒、“浏阳河”白酒、“全球通”通讯服务等商标也都是因长期使用而获得了显著性,使得消费者在看到这些文字时,首先想到的是该文字代表的商品或服务(见图 20-9)。

图 20-9

一方面,商标“第二含义”的立法起源于“使用原则”国家,在这些国家中,商标的注册仅是国家给予的事后认可,商标权产生于对商标的实际使用。我国《商标法》尽管采用的是注册原则,但同时也赋予了商标实际使用对商标权取得的影响,在我国,具有“第二含义”的商标多是经过使用后,在他人提出异议或撤销时以“第二含义”作为“抗辩”的理由,进而保持了商标权。

另一方面,商标权人对其注册商标的不当使用,也可能使其商标演化为商品的通用名称,使原来具有显著性的商标变成不具有显著性的通用标志。一旦出现这种情况,商标权人可能不能再禁止他人使用。如“阿司匹林”“味之素”原本都是商标，由于在商业使用中特别强调其代表的商品的功能，久而久之就演化为商品的通用名称，失去了专用权。商标的知名度越高，商标演化成商品名称的可能性就越大，商标权人就越应当规范使用商标，特别是在广告中不要将其与商品的功能并列使用。

第四节　在先权利

申请注册的商标不得侵犯他人在先享有的合法权利，包括在先注册的商标，在先取得的商号权、外观设计专利权、地理标志权、著作权、姓名权等。如果申请注册的商标与他人在先取得的权利相冲突，在先权利人可以通过异议程序或撤销程序阻止该商标的注册。

一、不得与他人在先商号相冲突

商号，也称“厂商字号”，是企业名称中起到重要区别作用的组成部分。按照《企业名称登记管理规定》，企业名称应当由行政区划名称、字号、行业或者经营特点、组织形式四项基本要素构成。行政区划是指登记注册企业所在地区，行业或经营特点表明的是企业经营范围，组织形式是按照公司法规定的企业组织结构或责任形式确定的，只有字号是企业名称中区别于其他企业的重要标志。字号应当由两个以上的汉字组成，数字、图形、拼音、英文字母等都被排斥在外。字号也通常作为企业的简称，能够给消费者非常深的印象，也代表着企业的形象。一个有战略眼光的企业，会将商标和商号统一使用并分别进行注册，比如：北京百度网讯科技有限公司、北京搜狐新时代信息技术有限公司，其中最有显著性的标志就是“百度”和“搜狐”，这两家公司也都将自己的商号注册为商标。

但是有一些企业在企业名称登记时选择了一个字号，之后在不同的商品上使用不同的商标，此时如果企业字号知名度提升了，极易引起他人抢注企业字号或者抢注商标，比如：“蜜雪儿”商标和“蜜雪儿”字号之争，“蒙牛”乳业的奶制品商标被注册为“蒙牛”酒业的酒产品企业字号等，由于实践中企业名称登记和商标注册是两套行政机构负责，经常会发生商标注册中的文字与企业名称注册中的商号冲突，所以在《商标法》中规定了不得将他人在先注册的企业名称中的字号作为商标注册。

有些老字号由于历史久远，始终以商号形式使用，没有及时申请商标，而在之后的公私合营、企业兼并中对老字号使用权属界定不清晰，被他人注册商标的情况很多，如“稻香春”食品、“张小泉”剪刀、“王致和”豆腐乳等。也有一些商标由于知名度高，其他企业便将该商标用在企业名称上，这也会构成对他人在先权利的一种侵害，在企业名称登记中应被列为禁止范围。对商号的最佳保护是将其作为服务商标予以注册。

二、不得与他人外观设计专利权相冲突

外观设计，是指对产品的形状、图案、色彩或者其结合所作出的富有美感并适用于工业应用的新设计，是受专利法保护的一种工业产权。注册商标不得与他人的外观设计专利权相冲突是指不能使用那些在商标提起注册之前就已经获得专利权的外观设计。

外观设计与商标的根本区别是它们的使用目的不同。外观设计是为了装饰商品，使商品变得更加美观，对消费者更有吸引力。商标与外观设计受法律保护的条件也不同。就一

个美术设计来说,可以作为商标提出申请,也可以作为产品的外观设计申请专利,但两种权利行使的法律后果不同。外观设计专利权具有10年的保护期限,过此期限,就不再受专利法保护而进入公有领域,可以被社会上的任何人使用。商标权的保护期可以续展,只要商标权人依法办理续展手续,就可以得到相对的永久保护。美国"可口可乐"商标开始作为外观设计加以保护,后来外观设计权保护期满,则采用商标保护,至今已有百年的历史。值得注意的是,如果外观设计保护期已过,原所有人又不采用注册商标来保护,那么他人可以将其作为商标加以使用或注册,这对于那些已在商业上获得成功的外观设计所有人来说是一种损失。但是,如果将他人还有专利保护期的外观设计用于商标申请,则会侵害他人的在先权利,商标局不予注册,已经注册的也可以提出撤销申请。

三、不得与他人著作权相冲突

商标中的文字、图形、音乐都可能涉及作品问题,如果使用他人已经完成的书法、美术作品、音乐片段作为商标申请,必须经过这些作品的著作权人的授权并且签订书面协议,如果是委托他人做商标设计,也要和商标设计人签订著作权转让协议,否则易引起著作权纠纷。早期儿歌《娃哈哈》作者就曾以作品名称被用于商标而起诉过杭州娃哈哈集团,后法院认为作品名称不能独立受到保护而驳回了原告的诉讼请求,但是"米老鼠""唐老鸭""彼得兔"等卡通人物名称被他人注册商标时则受到了保护。著名画家刘继卣先生的组画"武松打虎图"被某酒厂用在其所生产的白酒酒瓶上,后又将该图案向国家商标局申请了商标注册,画家刘继卣的继承人认为酒厂的注册商标侵犯了画家的著作权的主张也得到了法院的支持。

当注册商标与其他的知识产权相冲突时,按照权利取得的先后顺序保护在先权利。著作权自创作完成后自动产生,商标权自注册登记产生,如果要主张在先著作权的保护,必须要有作品的创作完成时间早于商标申请注册时间的证明,否则,不能以在先著作权而禁止他人注册商标。

四、不得与地理标记相冲突

地理标志,也称为"产地名称",是指标示某商品来源于某地区,该商品的特定质量、信誉或者其他特征主要由该地区的自然因素或者人文因素所决定的产品特有名称。某些商品的质量确实与特定的地理气候条件有着不可分割的联系,离开了这一产地,商品就失去其特色。如:"龙口粉丝""金华火腿"等都属于地理标记,不应当被某一个企业注册为商标独占使用,而应当由这一地区的行业协会或者全体生产符合这一标准的企业共同所有。一般情况应当由某一个机构注册为证明商标统一进行管理,就像法国的"香槟"或"CHAMPAGNE"葡萄酒商标一样,由法国香槟酒行业委员会拥有该商标权并在全世界范围内维护其商标的使用。"茅台酒""景德镇瓷器""库尔勒香梨"等都属于地理标记,不在这一地区之内生产的产品,不应当使用这些标记。依据《商标法》及其实施条例,地理标志可作为证明商标或者集体商标申请注册。已经有相关地理标志的在先商标存在的,允许再将该地理标志注册为证明商标,但原来的商标使用受到地理限制。

在地理标志的保护模式上,我国目前有两套不同的保护体系。一是通过《商标法》保护,二是通过国家质量监督检验检疫总局有关《地理标志产品保护规定》进行认证。对这两套保护体系也存在学理上的不同认识。《商标法》保护地理标志的依据是:(1) 地理标志和商标的基本功能相同,均为区别商品来源的商业标记;证明商标除了标示来源之外,也有表示商品质量的作用,与地理标志尤其是原产地名称的作用完全相同。(2) 通过证明商标形式保护地理标志可以使现有商标法律制度充分发挥作用,且无须投入过多的资源,比建立一个新的制度容易得多。(3)《TRIPs 协议》强调知识产权的私权地位,而地理标志属于知识产权范畴,通过商标制度保护地理标志完全符合《TRIPs 协议》的要求。赞成通过技术质量监督体系保护原产地名称的理由是:(1) 原产地名称与商标的属性截然不同。原产地标志是地域的名称,属于这个地域共有,而不能由某个特定企业或个人独占;商标是私权,可由个人或单个企业所有。因此,以商标形式保护原产地标志无法解决产权归属问题。(2) 地理标志具有唯一性,不得转让和买卖,在时间上具有永久性;商标则可以自由转让,权利保护也有时间限制,《商标法》保护无法保证地理标志的唯一性和永久性。(3) 地理标志不仅仅是一个简单的识别标志,同时也是一种质量标准,《商标法》在管理制度和方法上无法保证产品的质量和信誉。对原产地名称的保护一方面是对标识的保护,但更重要的是对质量的监督和生产过程的控制。

不论采用何种保护手段,《商标法》遵循保护在先权利原则,被质量监督管理部门认定的产地名称不应当再作为商标使用,除非通过该区域行业协调以证明商标进行注册。

五、不得与他人姓名相冲突

他人的姓名包括本名、笔名、艺名、别名等,一般是指在世自然人的姓名。注册商标的文字或者图形不应当与他人的姓名相同、或者是他人姓名的翻译以及容易在社会公众认知中指向该姓名权人的标记。但是,由于姓名可能会有重名问题,所以在认定商标能否注册时还应当考虑该姓名人在社会公众当中的知晓程度。对于名人来说,其姓名权的保护要高一些。公众人物在相关公众中的知名度较高,其姓名一旦被他人注册为商标使用,则相关公众可能认为使用该商标的商品与该公众人物有某种联系,从而导致混淆误认。因此,他人将公众人物的姓名作为商标注册也被认为属于《商标法》规定的"有不良影响"的情形,不能被核准注册。如:"张学友""姚明""易建联""林书豪"这些名称被他人提起商标注册时都被驳回。

六、不得与商品的通用名称相同

商品的通用名称,是指在某一范围内约定俗成,被普遍使用的某一种类商品的名称,包括规范的商品名称、约定俗成的商品名称、商品的俗称和简称。注册商标不允许使用商品的通用名称,主要是考虑其不具备显著性。但是,有些名称属于某类商品的通用名称,但将其用在其他类别上不至于引起消费者混淆,具有识别性,比如"土豆""番茄""苹果"不能作为这些商品本身类别的商品或者服务的商标,但是可以跨类注册到其他商品或者服务上。

在商标的使用中,如果商标权人在产品宣传中忽视对注册商标的强调,往往会使消费者形成直接称呼商标而购买商品的习惯,久而久之,也可能会使该商标演变为商品的通用名称,一旦出现这种情况,原商标权人不得再禁止别人使用。如"阿司匹林""三九胃泰",原本是注册商标,现已演化为药品的通用名称,失去了专用权。商标的知名度越高,商标演化成商品名称的可能性就越大。所以,商标专用权人在宣传其商品时,应将商标与商品名称区别开来,更应注意不要用商标代替商品名称。

第五节 商标的分类

从不同的角度出发,用不同的标准划分,商标的分类形式有多种。

一、按商标的用途分类

(一) 商品商标

凡使用在商品上的商标都属于商品商标,它是与服务商标相对应的。《商标注册用商品和服务国际分类尼斯协定》(简称《尼斯协定》)将注册用商品分为三十四类,每一类又有若干种,几乎所有的商品类别都被包括其中,而所有使用在这些商品上的商标都可以称为商品商标。有时同一企业为了将自己生产的规格、品种、质量的商品和其他规格、品种、质量的商品区别开来,在自己生产的同类商品上使用不同的商品商标。如:“可口可乐”作为总商标,其旗下的不同产品使用不同的商品商标“雪碧”“芬达”等。

(二) 服务商标

服务商标是指提供服务的经营者,为将自己提供的服务与他人提供的服务区别开来而使用的标志。如饭店、保险公司、大学的名称等都可以成为服务商标。

服务商标与商品商标的功能是相同的,两者的区别在于:(1) 标的物不同,商品商标的标的物是商品,服务商标的标的物是服务,《尼斯协定》将服务划分为十一类。(2) 二者的使用方法不同。商品有具体形态,商品商标可以直接缀附于商品上,服务商标的使用不可能都缀附在行为上,而是通过服务场所、服务用品广告或其他方式使用。

一个生产型企业往往将商品商标和服务商标保持一致,比如“海信”商标,既是海信电器产品的商标,也是海信企业名称中的字号,同时也作为企业的服务商标。驰名的“狗不理”包子、“同仁堂”药店都是以企业名称作为其商品商标和服务商标的,其优点是商品与厂名、店名统一,便于记忆、呼叫。

在将服务视为特殊商品的国家中,《商标法》中不再区别商品商标和服务商标,而统称为商标。

(三) 集体商标

集体商标是指以团体、协会或者其他组织名义注册,供该组织成员在商事活动中使用,以表明使用者在该组织中的成员资格的标志。集体商标的作用是向消费者表明使用该商标的集体组织成员所生产的商品具有共同特点,集体商标的使用权和所有权不能转让,也没有向普通商标那样允许自由许可他人使用,集体商标只能在集体成员内部使用。集体商标的注册、使用及管理均应制定统一的规则,详细说明成员的权利、义务和责任以及管理费用的数额和用途并将之公诸于众,集体成员应相互遵守并受公众的监督,集体成员退出之后便不再享有使用权,在发生集体商标侵权时,注册人可以统一行使权利追偿每个成员受到的损失。“佛山陶瓷”“南海金沙五金”等都被授予了集体商标。

(四) 证明商标

证明商标是指由对某种商品或者服务具有监督能力的组织所控制,而由该组织以外的单位或者个人使用于其商品或者服务,用以证明该商品或者服务的原产地、原料、制造方法、质量或者其他特定品质的标志。证明商标通常为说明商品质量而使用,以吸引消费者。证明商标注册人一般不自己使用该商标,而是许可给那些商品达到规定标准的企业使用。未经商标权人认证,他人不得在经营活动中使用这些证明商标。

中国绿色食品发展中心拥有“绿色食品”商标权,对许可使用“绿色食品标志”的产品进行统一编号,并颁发绿色食品标志使用证书。国际羊毛局注册并管理羊毛制品对“纯羊毛标志”的使用(见图 20-10)。

图 20-10

二、按商标的构成要素分类

按商标的构成要素分类,可将商标分为文字商标、图形商标、记号商标、组合商标、立体商标、声音商标、气味商标等(见本章第一节)。

三、按商标的指示性分类

(一) 制造商标

制造商标又称生产商标,它是表明商品的生产、加工、制造者的商标。如果商品上仅有销售者的标记,没有“制造商标”,那么在商品开辟市场时,商品的制造者就会处于不利地位。为了与销售者竞争,企业、工厂使用制造商标必不可少,不要以为自己的产品属于机器零部件而忽视商标的使用,即使是农产品、矿石、原材料的生产者依然要有商标意识。

(二) 销售商标

销售商标是商业企业专为销售商品注册和使用的商标。这种商标通常在制造者力量薄弱、名气不大,而销售商实力雄厚、享有盛誉时使用。销售商标主要见于大型商场或者超市,一般以服务商标的形式使用。

(三) 等级商标

等级商标是指同一企业在同一类产品上因不同等级、质量而使用的系列商标。它强调的是商品质量、规格的等级、档次,消费者可以根据自己的经济条件、使用目的和习惯来选择购买合适的商品。比如中国移动提供的服务,根据其内容的不同分为:“全球通”“动感地带”“神州行”“随 e 行”;而蒙牛的“奶爵六特乳”“特仑苏”“新养道”“酸酸乳”“真果粒”“冠益乳”等系列产品也可以按照商标进行产品等级的分类。

四、按商标的防御性能分类

(一) 联合商标

联合商标也称“卫星商标”,它是指同一个商标所有人在核准注册的商品或服务上注册的几个近似商标或在核准注册的同类不同商品上注册的几个近似商标的总称。如享有盛誉的“全聚德”商标,其所有人同时又注册了“德聚全”“聚全德”“聚德全”“德全聚”“全德聚”

等商标。杭州的“娃哈哈”营养食品厂将“哈哈娃”“娃娃哈”“哈娃娃”也都作了商标注册,这样形成了一道相似商标防线,使他人无法“搭车”和恶意抢注。

（二）防御商标

防御商标是指同一个商标所有人为防止他人抢注将同一商标在非相同和非类似商品上注册的商标总称。一般情况,企业计划将该商标长久使用时才有必要注册防御商标,因为这些商标有潜在成为驰名商标的可能,如果被他人在其他类别商品上使用,会影响原始种类商标的信誉;同时,可能发生该商标的第一个注册人由于没有在其他品种的商品上进行注册,而被他人在其他类别商品上使用该商标,从而发生该商标的“淡化”问题。另外,将商标注册在其他类别上,但商标持有人如果在这些类别上并无业务,会造成商标连续 3 年不使用,有被撤销的风险。

第二十一章

商标注册的申请及审查

第一节　商标注册的申请

一、申请前的准备

(一) 商标查询

商标注册申请人可以自己或委托商标代理人到商标注册机关查询有关在先商标注册情况,以了解准备申请注册的商标是否与他人已经注册或正在申请注册的商标相同或相似。申请前的调查是申请商标注册的重要步骤,是商标注册能否被核准的先决条件。到国外申请商标注册,可查询各国发行的《商标公告》等资料,也可在各国商标主管机关设立的查询处查询。

(二) 按商品与服务分类提出申请

在办理商标注册申请时,商标申请人正确表述所要指定的商品或服务及其所属类别,代理人必须要充分了解商品和服务的分类。

各国普遍采用《商标注册用商品和服务国际分类尼斯协定》(《尼斯协定》)中的基本分类。我国将所有商品及服务共划分为45个类别,这与《尼斯协定》的"商标注册用商品和服务分类表"一致。如将"工业用油及油脂、润滑剂,吸收、喷洒和粘结灰尘用品,燃料(包括马达用的汽油)和照明剂,蜡烛,灯芯"等组合在一起,形成一个类别(第4类);又如,将"外科、医疗、牙科和兽医用仪器及器械,假肢、假眼和假牙、矫形用品、缝合材料"等组合在一起,形成另一个类别(第10类)。商标局的查询检索系统是按照商品及服务的类别设立的,《商标公告》按照类别编排,申请人申请商标注册也要按照类别提出,商标局发给注册人的商标注册证上也必须注明商品或服务及其所属类别。

申请商标注册时,按"商标注册用商品和服务分类表"的分类确定使用商标的商品和服务种类,还可以避免商标权适用范围的不正当扩大,有利于审查人员的核准。如"熊猫"商标既可以用在收录机上,又可以用在洗衣粉上。但是,允许在不同类别上注册相同或近似的商标会对日后驰名商标的保护带来障碍,企业担心和其他人"撞车",往往采取多类注册的办法阻止其他人在不同类别的注册。

二、申请原则

商标专用权的取得有两种基本原则:先使用原则和先申请原则。先使用原则是指按使用商标的先后来确定商标权的归属,即谁首先使用该商标即可享有商标权。采用这一原则的国家也办理商标注册申请,但履行注册手续只是从法律上对现存商标权的承认和声明,起不到确认商标权及确定商标权归属的作用,他人可随时以使用在先为理由对抗使用在后、注册在先的商标,并请求撤销其在先注册的商标。先申请原则是指按申请注册的先后来确定商标权的归属,即谁先申请商标注册,商标权就授予谁。根据这一原则,先使用商标的人如不及时申请注册,一旦商标被他人抢先申请注册,其便无法取得该商标专用权。

先使用原则使注册商标长期处于不稳定状态,不利于商标管理,一旦发生争议,也不易查明商标的在先使用人,不利于争议的处理。世界上多数国家的商标法都采取先申请原则,我国在 1983 年立法时采用的也是先申请原则。在先申请原则下,商标的注册申请成为商标专用权取得的关键,也导致了一些抢注他人商标的不正当竞争现象。为此,我国在先申请原则基础上也考虑了先使用的因素,可以认为是两种原则的综合运用。此外,我国商标申请也考虑自愿注册和强制注册相结合的原则以及诚实信用原则。

(1) 申请在先原则为主,使用在先原则为辅。《商标法》第 31 条规定:“两个或者两个以上的商标注册申请人,在同一种商品或者类似商品上,以相同或者近似的商标申请注册的,初步审定并公告申请在先的商标;同一天申请的,初步审定并公告使用在先的商标,驳回其他人的申请,不予公告。”依此,申请日不同的,以申请在先的商标优先注册;申请日相同的,则优先考虑首先使用该商标的申请人。如果申请日相同,又都没有使用过商标的,依照《商标法实施条例》第 19 条的规定,申请人可协商解决,不愿协商或者协商不成的,商标局通知各申请人以抽签的方式确定一个申请人,驳回其他人的注册申请。在这种情况下是不允许共同提出商标注册的。

(2) 自愿注册原则为主,强制注册原则补充。《商标法》第 4 条规定了自愿注册原则。自愿注册,是指商标使用人对其使用的商标注册与否采取自愿的原则。对于已注册的商标,法律给予商标专用权,不注册的同样可以使用,但不享有专用权保护。一些短期经营、试产试销的商品常常不使用商标注册,或者标注 TM 的符号以表明是未注册的商标。同时,《商标法》第 6 条规定:“法律、行政法规规定必须使用注册商标的商品,必须申请商标注册,未经核准注册的,不得在市场销售。”法律、行政法规规定的必须使用注册商标的商品目前包括人用药品和烟草制品。

(3) 诚实信用原则。2013 年《商标法》针对社会上商标抢注现象,在第 7 条中增加了:“申请注册和使用商标,应当遵循诚实信用原则。”诚信原则是对先申请原则弊端的一种弥补,即使有人在先提出了商标申请,如果侵害了他人的合法权益,违反了诚实信用,也不能获得商标注册。

三、申请文件

商标注册申请人可以委托商标代理机构办理或直接到商标局注册处自行办理商标申请,也可以数据电文的形式递交。商标申请人应按照法律规定提交商标申请文件。

(一) 商标注册申请书

商标申请人应提交商标注册申请书。填写申请书时,除正确写明商品名称外,还须将申请人的证件名称、证件号码、发证机关填写清楚或提供有效证件的复印件,按规定的商品分类表填报使用商标的商品类别和商品名称。商标注册申请人可以通过一份申请就多个类别的商品申请注册同一商标。这是2013年《商标法》修订后的规定，即不再需要遵守原来的“一件商标、一个类别、一份申请”的繁琐手续，可以在同一份申请中指定多个类别。

商品名称是整个商标注册的重要内容之一，它决定了注册商标保护的范围。因此，在申请商标注册时，必须指明具体的商品和服务名称。商品名称力求具体、准确、规范，以便明确该商标的保护范围。在《类似商品和服务区分表》中，每个类别均有注释，并将商品或服务项目分为不同群组。提出商标注册申请时，不能填写注释部分和群组名，例如2907奶及乳制品；4301提供餐、住宿服务。一般说来，一个商品在商品分类表中有正规名称时，应使用分类表中的规范名称。某些人们日常生活中约定俗成的商品称谓、商品型号或音译名称在申请商标注册时是不允许使用的。如“家用电器”，因为它包括的范围过大，涉及商品分类表中至少5个类别的商品，例如第7类的洗衣机、家用电动碾磨机；第8类的电动刮胡刀；第9类的电视机；第10类的电动按摩器；第11类的电冰箱、电热水器等。诸如此类的情况还有“塑料制品”“皮制品”等。

使用《类似商品和服务区分表》中规范的商品及服务名称，有助于加快商标的注册进程，确保申请人及时获得商标专用权。如果申请注册商标的商品名称在分类表中找不到，可以根据类似商品进行原则上的划分。确实不好划分的，比如一种全新产品，在商品分类表中没有类似的名称的，可以暂不填写，由商标主管部门最后确定后再填上，但申请人必须将商品的主要原料、用途等填写清楚。

（二）商标图样

以书面形式递交注册申请的，应当包括《商标注册申请书》1份，商标图样5份；指定颜色的，还应当提交着色图样5份、黑白稿1份。商标图样必须清晰、便于粘贴，用光洁耐用的纸张印制或者用照片代替，长或者宽应当不大于10厘米，不小于5厘米。以三维标志申请注册商标的，应当在申请书中予以声明，并提交能够确定三维形状的图样，以声音作为商标注册的，要递交能够记录和保留声音的载体。

（三）有关证明文件

自然人从事生产经营活动的可以提出注册申请，应当提交能够证明其身份及生产经营活动的有效证件的复印件，法人应当提交营业执照副本或登记机关颁发的证件。商标注册申请人的名义应当与所提交的证件相一致。此外，申请药品商标注册的，应附上省、自治区、直辖市卫生厅(局)发给的药品生产企业许可证或药品经营企业许可证。申请卷烟、雪茄烟和有包装烟丝的商标注册，应附上国家烟草主管机关批准生产的证明文件。申请注册集体商标、证明商标的，应当在申请书中予以声明，并提交主体资格证明文件和使用管理规则。商标为外文或者包含外文的，应当说明含义。

（四）商标代理人委托书

商标申请人如委托商标代理机构办理商标注册申请，应按商标局统一制定的文件格式填写商标代理人委托书，注明委托权项，经委托人签字、盖章后生效。涉外商标注册申请必须委托商标代理机构代理。

四、商标申请日的确定

确定商标申请日十分重要。由于我国采用先申请原则，一旦发生纠纷，申请日的先后就成为确定商标保护的法律依据。

商标注册的申请日期,以商标局收到申请文件的日期为准。申请手续齐备并按照规定填写申请文件的,商标局予以受理并书面通知申请人;如果申请手续不齐备、申请文件未按要求填写的,商标局不予受理,书面通知申请人并说明理由,申请日不予保留。手续基本齐备或申请文件基本符合规定,但需要补正的,申请人在被退回补正的期限内未补正的,视为放弃申请,申请日同样不予保留。

申请人有优先权请求的,优先权日为申请日。

五、优先权

优先权是指商标注册申请人自其商标在外国第一次提出商标注册申请之日起 6 个月内,又在中国就相同商品以同一商标提出商标注册申请的,依照该外国同中国签订的协议或者共同参加的国际条约,或者按照相互承认优先权的原则享有的权利。即申请人在外国第一次提出商标注册的申请日为优先权日,可以对抗之后在其他成员国提出的相同或近似的商标申请。

申请人主张优先权的,应当在申请商标注册的同时,提交书面声明,并且在 3 个月内提交第一次提出的商标注册申请文件的副本,该副本应当经受理该申请的商标主管机关证明,并注明申请日期和申请号。

此外,《商标法》第 26 条第 1 款规定:“商标在中国政府主办的或者承认的国际展览会展出的商品上首次使用的,自该商品展出之日起 6 个月内,该商标的注册申请人可以享有优先权。”要求享有优先权的应当在注册申请时提出书面声明,并且在 3 个月内提交展出其商品的展览会名称、在展出商品上使用该商标的证据、展出日期等证明文件。该证明文件应当经国务院工商行政管理部门规定的机构认证,但展出其商品的国际展览会是在中国境内举办的除外。

第二节 商标注册的审查

商标注册申请提出后,有些国家不经审查即给予注册。后如果有人对商标权的有效性持有异议,需经商标注册机构重新判断再以确定,这种做法使商标权极不稳定,随时有失效的可能。我国以及世界绝大多数国家都采用审查原则,即由商标主管机关对申请注册的商标是否符合法律规定进行审查,并依据审查结果决定是否授予申请人以商标专用权。审查的目的,是为了判断申请商标是否符合法律规定,是否违反禁用条款,是否与已注册商标在同一商品或类似商品上相同或者近似,是否与他人的在先权利相冲突等。实行审查原则,商标注册后相对稳定。当然,社会上的任何人如果发现已经注册的商标存在不应注册的理由也可以提出撤销注册商标的申请,我国《商标法》设置了这种社会公众审查监督的程序。

一、对申请文件的审查

商标局接受申请文件后首先对其文件的合法性进行形式审查:

(1) 审查申请书件、有关证明文件与费用是否齐全,所填写的内容是否符合要求。

(2) 审查申请事项是否符合申请原则,有无跨类或多报商标。

(3) 审查商标的申请日期,编定申请号。申请号是按商标局收到申请书件的日期先后依次排列的。申请日期以商标局收到书件的日期为准。

(4) 其他事项,如代理委托书等。

如果申请手续不齐备、申请文件未按要求填写,商标局则不予受理,书面通知申请人并说明理由;如果手续基本齐备或申请文件基本符合规定,但需要补正的,则退回补正。

二、对实质条件的审查

实质条件的审查是决定申请人的商标能否被注册的关键环节。它从五个方面对商标申请进行审查。

(一) 商标是否具备法定构成要素

《商标法》第8条规定,注册商标应当由法定构成要素构成,即文字、图形、字母、数字、三维标志、颜色组合和声音等以及上述要素的组合。除此之外,其他的任何要素都不能作为商标的构成要素。在《商标法》第三次修改中,我国商标注册的法定要素范围进一步扩展,除了气味和随机变换的电子图形不能注册外,其他无太多限制。

(二) 商标是否违反了禁用条款

审查是否违反《商标法》第10条规定的8项禁用条款以及其他法律规定不能作为商标的情况(参见第二十章第二节)。

(三) 审查商标是否具有显著特征

审查商标是否具有显著特征,主要依据《商标法》第11条第1款的规定进行,下列缺乏显著性的标志不予注册:"(1)仅有本商品的通用名称、图形、型号的;(2)仅仅直接表示商品的质量、主要原料、功能、用途、重量、数量及其他特点的;(3)其他缺乏显著特征的。"前述所列标志经过使用取得显著特征,并便于识别的,可以作为商标注册。

(四) 审查商标是否与他人注册在先或初步审定在先并公告过的商标相同或近似

在同一种商品或类似商品上使用两个或两个以上的商标,有下列情况之一的,被认为是相同商标:

(1) 名称相同但图形略有不同的商标。

(2) 名称不同图形相同的商标。

(3) 名称和图形都相同的商标。

(4) 多音字组成的商标。如"朝阳"(Zhao Yang)又可读"Chao Yang",两者被视为相同商标。

(5) 采用文字不同但呼叫相同或文字相同排列不同的商标。如"三五"与"555"、"三九"与"999"、"全聚德"与"德聚全"等都被视为相同商标。

对于近似商标的判定,一般包括下列几种情况:

(1) 图形近似的图形商标或组合商标。

(2) 图形不近似但名称相同或近似的组合商标。如"兰鸟"与"蓝鸟"商标尽管字义不同,但读音相同,不管识别或呼叫均难以区分。

(3) 拼法、写法近似或读音相同的由字母组成的商标。如"88"与"BB"属于近似商标。

(4) 音同字不同的文字商标,如"红星""鸿星""宏星"属于近似商标。

(5) 商标名称所表示的含义极其相近的商标,如"双蝴蝶"与"双蝶"属于近似商标。

(五) 审查商标是否与他人已失效(被撤销或注销)但未超过1年期限的商标相同或近似

《商标法》第50条规定:“注册商标被撤销、被宣告无效或者期满不再续展的,自撤销、宣告其无效或者注销之日起1年内,商标局对与该商标相同或者近似的商标注册申请,不予核准。”审查商标是否与他人已失效但未超过1年期限的商标相同或近似也是实质审查的一项内容。

从上述实质审查的内容看,商标设计很重要,虽然它本身只是一种工艺美术创作,但它运用到商品上作为商标使用后,就必须考虑其合法性及由此带来的法律后果。一件优秀的商标设计,不仅能使商标注册申请人顺利获得商标权,而且对商品的销售、商标被消费者广泛认知有重要影响。

三、初步审定公告及核准公告

《商标法》第28条规定:“对申请注册的商标,商标局应当自收到商标注册申请文件之日起9个月内审查完毕,符合本法有关规定的,予以初步审定公告。”初步审定公告的设置是为了让公众对正在注册的商标知晓并有提出异议的机会。初审公告的商标不能行使商标权,只能对抗他人的在后申请。初审公告发布在商标局编印的《商标公告》以及官方网站上,除了公告3个月异议期内的全部初步审定的商标外,《商标公告》还发布商标注册、续展、变更、转让、撤销、注销、异议、评审、商标使用许可合同备案、送达等公告信息。

对于初审公告的商标,自公告之日起3个月内,在先权利人、利害关系人和社会上的任何人依法可以向商标局提出异议,公告期满无异议的,商标局予以核准注册,发给商标注册证并再次公告,如果在异议期有提出异议申请的,则进入异议审查程序。

商标局核准注册的商标必须经过核准公告后商标注册人才享有真正的商标专用权。商标专用权自商标局核准注册之日起计算。实践中有核准注册后没有及时公告的情况,此时商标权人不能主张商标侵权救济。商标权是一种绝对权、对世权,其效力及于不特定的任何人。但是,成为绝对权的前提是权利状态必须以一定的方式为公众所知,否则客观上无法对抗他人的使用,《商标法》设置的商标公告制度即基于此,商标公告后,才能在法律上推定任何人应当知悉该商标权的存在,从而为对侵权人的主观状态的谴责获得正当性的依据。

第三节 商标的异议和复审

一、商标的异议

商标异议,是指在先权利人、利害关系人或者任何人对商标局初步审定的商标提出不同的意见、并要求商标局不予核准注册初步审定商标的一个程序。商标异议期限为初审公告之日起3个月内。

2013年《商标法》修订案根据商标异议的主体不同,规定了不同的异议理由:

在先权利人、利害关系人提出的异议理由有:认为违反本法第13条第2款和第3款、第15条、第16条第1款、第30条、第31条、第32条规定的,可以提出异议。这些条款涉及的是初步审定的商标与注册在先或申请在先的商标相同或近似或者涉及被公众广为知晓的商标。

社会上任何人提出异议的理由是：认为违反本法第 10 条、第 11 条、第 12 条规定的。这三个条款涉及的都是法律禁止注册商标的情形。

商标局收到商标异议书后，应当将其副本及时送交被异议人（即商标申请人），限其自收到商标异议书副本之日起 30 日内作出书面答辩。被异议人不答辩的，不影响商标局的异议裁定。商标局应当充分听取异议人和被异议人陈述事实和理由，经调查核实后，自公告期满之日起 12 个月内作出是否准予注册的决定，并书面通知异议人和被异议人。有特殊情况需要延长的，经国务院工商行政管理部门批准，可以延长 6 个月。商标局作出准予注册决定的，发给商标注册证，并予公告。异议人不服的，可以依照本法第 44 条、第 45 条的规定向商标评审委员会请求宣告该注册商标无效，而不是请求复审。商标局作出不予注册决定，被异议人不服的，可以自收到通知之日起 15 日内向商标评审委员会申请复审。商标评审委员会应当自收到申请之日起 12 个月内作出复审决定，并书面通知异议人和被异议人。有特殊情况需要延长的，经国务院工商行政管理部门批准，可以延长 6 个月。被异议人对商标评审委员会的决定不服的，可以自收到通知之日起 30 日内向人民法院起诉。人民法院应当通知异议人作为第三人参加诉讼。

二、商标的复审

复审分为三种情况，一是对商标局作出的异议裁定不服的由被异议人提出的复审，二是对商标局作出的驳回申请的决定不服的复审，三是对商标局作出的无效宣告决定不服的复审（有关无效的程序参见下一节内容）。

（一）被异议人对商标局的异议裁定不服提出的复审

被异议人对商标局的异议裁定不服，即商标局驳回注册商标的申请，申请人可以自收到通知之日起 15 日内向商标评审委员会申请复审。

商标异议复审的结果是被异议商标是否准予注册。如果当事人在法定期限内对商标局作出的裁定不申请复审或者对商标评审委员会作出的裁定不向人民法院起诉的，裁定生效。

对于商标局作出的异议裁定不服提出复审的只能是被异议人，也就是商标申请人，异议人对商标局驳回异议请求的裁定不服的不能提起复审，只能等待商标被核准注册之后提起无效请求。这样规定是出于遏制利用异议程序拖延商标注册的恶意行为。

（二）商标申请人对商标局驳回申请、不予公告的决定不服提出的复审

商标局在审查中认为应当驳回申请的必须书面通知商标注册申请人。商标注册申请人不服的，可以自收到通知之日起 15 日内向商标评审委员会申请复审。商标评审委员会应当自收到申请之日起 9 个月内作出决定，并书面通知申请人。有特殊情况需要延长的，经国务院工商行政管理部门批准，可以延长 3 个月。当事人对商标评审委员会的决定不服的，可以自收到通知之日起 30 日内向人民法院起诉，人民法院应当通知异议人作为第三人参加诉讼。

商标评审委员会进行复审时涉及在先权利的确定必须以人民法院正在审理或者行政机关正在处理的另一案件的结果为依据的，可以终止审查，待中止原因消除后再恢复审查程序。

（三）商标申请人对商标局作出的无效宣告决定不服提出的复审

商标申请人对商标局作出的宣告注册商标无效的决定不服的，可以在收到通知之日起

15日内向商标评审委员会申请复审。商标评审委员会应当自收到申请之日起9个月内作出决定,并书面通知申请人。有特殊情况需要延长的,经国务院工商行政管理部门批准,可以延长3个月。当事人对商标评审委员会的决定不服的,可以自收到通知之日起30日内向人民法院起诉。

第四节 注册商标的无效

注册商标的无效宣告,是对已经核准注册的商标依照法定程序使商标权归于消灭的制度。2013年《商标法》增加的注册商标无效宣告的程序取代了原来的商标争议程序。根据《商标法》第44条第1款规定:"已经注册的商标,违反本法第10条、第11条、第12条规定的,或者是以欺骗手段或者其他不正当手段取得注册的,由商标局宣告该注册商标无效;其他单位或者个人可以请求商标评审委员会宣告该注册商标无效。"可见,该条规定的无效宣告有两种情况,一是商标局发现核准注册的商标不符合法律规定主动宣告该商标无效,二是社会公众任何人认为核准注册的商标不符合法律规定可以请求商标局宣告该商标无效。在《商标法》第45条还规定了在先权利人和利害关系人包括注册商标使用许可合同的被许可人、注册商标财产权利的合法继承人等提出无效的情形。

一、无效宣告的理由

《商标法》第10条涉及的是绝对禁用条款,第11条涉及的是不具有显著性的不得注册的标志、第12条属于具有功能性的三维标志禁止注册的情形,违反这三条规定的"漏网商标"应当被宣告无效。对于以欺骗手段或者其他不正当手段取得注册的商标,要有充分的证据。特别是由社会上的任何人提出的无效请求,商标评审委员会收到申请后应当通知商标注册人限期答辩。商标评审委员会应当在9个月内作出维持注册商标有效或者宣告无效的裁定,并书面通知当事人。

《商标法》第45条还规定了其他仅由在先权利人、利害关系人提起无效的情形:(1)就相同或者类似商品申请注册的商标是复制、模仿或者翻译他人未在中国注册的驰名商标;(2)就不相同或者不类似商品申请注册的商标是复制、模仿或者翻译他人已经在中国注册的驰名商标,误导公众,致使该驰名商标注册人的利益可能受到损害的;(3)未经授权,代理人或者代表人以自己的名义将被代理人或者被代表人的商标进行注册的;(4)就同一种商品或者类似商品申请注册的商标与他人在先使用的未注册商标相同或者近似,申请人与该他人签订合同、有业务往来关系或者其他关系而明知该他人商标存在的;(5)商标中有商品的地理标志,而该商品并非来源于该标志所标示的地区,误导公众的,但是,已经善意取得注册的例外;(6)同他人在同一种商品或者类似商品上已经注册的或者初步审定的商标相同或者近似的;(7)两个或者两个以上的商标注册申请人,在同一种商品或者类似商品上,以相同或者近似的商标申请注册的;(8)已注册的商标损害他人现有的在先权利或者以不正当手段抢先注册他人已经使用并有一定影响的商标的。这八种由在先权利人或利害关系人提出的无效宣告申请是有时间限制的,一般情况是自商标注册之日起5年内,对于恶意注册的,驰名商标所有人不受5年的限制。所谓"恶意",是指注册人在注册时明知或者应当知道驰名商标存在的情况。

二、无效宣告的效力

《商标法》第47条对宣告商标无效的法律效力进行了规定:宣告无效的注册商标由商标局予以公告,该注册商标专用权视为自始即不存在,即无效决定一旦生效具有绝对效力。对宣告注册商标无效前人民法院作出并已执行的商标侵权案件的判决、裁定、调解书和工商行政管理部门作出并已执行的商标侵权案件的处理决定以及已经履行的商标转让或者使用许可合同不具有追溯力。但是,有违反公平原则的情况应当返还或者部分返还侵权赔偿金、商标转让费、商标使用费。

当事人对商标评审委员会作出的无效决定不服的可以自收到通知之日起30日内向人民法院提起行政诉,法院应当通知商标裁定程序的对方当事人作为第三人参加诉讼。在经历了行政诉讼一审、二审之后,才能最后确定该注册商标的有效性。在此种情况下,注册商标始终处于不稳定状态,商标注册人对商标的使用应当慎重。

第五节　注册商标的撤销与注销

注册商标的撤销,是指商标注册人因违反商标法的有关规定而受到的行政处理,这是商标局采取强制手段终止商标权的一种行政处分。注册商标的注销是指注册商标所有人主动放弃使用注册商标而申请商标局注销或者注册商标保护期满不再请求继续使用而被商标局注销的丧失商标权的情况。

一、撤销注册商标的理由

依据《商标法》第49条、第50条的规定,商标权撤销的法定事由主要包括:

(1) 已经演变为商品的通用名称的注册商标,任何单位和个人可以向商标局提出申请撤销该注册商标。

(2) 没有正当理由连续3年不使用的注册商标,任何单位和个人可以向商标局提出申请撤销该注册商标。

(3) 因商标权人的不当行为导致商标局撤销其注册商标。不当行为的具体表现:① 自行改变注册商标;② 自行改变注册商标的注册人名义、地址或其他注册事项。

商标权人在商标的使用过程中出现上述情形时,商标局有权作出撤销商标的决定。撤销商标的决定并非具有终局效力,当事人对商标局的撤销决定不服的,可以自收到通知之日起15日内向商标评审委员会申请复审,商标评审委员会应当自收到通知之日起9个月内作出决定,并书面通知申请人。有特殊情况需要延长的,经国务院工商行政管理部门批准,可以延长3个月。当事人对商标评审委员会作出的决定不服的,可以自收到通知之日起30日内向人民法院起诉。

二、撤销注册商标决定的法律效力

法定期限届满,当事人对商标局作出的撤销注册商标的决定不申请复审或者对商标评审委员会作出的复审决定不向人民法院起诉的,撤销注册商标的决定、复审决定生效。被撤销的注册商标,由商标局予以公告,该注册商标专用权自公告之日起终止。被撤销的商标和被宣告无效的商标的法律后果明显不同,被宣告无效的商标,其专用权视为自始即不存在,所以对于恶意注册的商标,在无效宣告之后,当事人还留有一部分追偿权,而被撤销的商标,其专用权自撤销公告之日起中止,这之前该注册商标的存在是合法有效的,他人不能因该商标被撤销而追溯之前的责任。

注册商标被撤销的,自撤销之日起 1 年内,商标局对与该商标相同或者近似的商标注册申请,不予核准。注册商标被撤销的,原《商标注册证》作废;撤销该商标在部分指定商品上的注册的,由商标局在原《商标注册证》上加注发还,或者重新核发《商标注册证》,并予以公告。

三、注册商标的注销

注册商标的注销有三种情况:商标注册人主动办理放弃商标权的登记手续而终止商标权;在商标有效期和宽展期内不提出续展申请;商标权主体的缺失。

《商标法实施条例》规定,商标注册人申请注销其注册商标或者注销其商标在部分指定商品上的注册的,应当向商标局提交商标注销申请书,并交回原《商标注册证》;该注册商标专用权或者该注册商标专用权在该部分指定商品上的效力自商标局收到其注销申请之日起终止。

商标注册人应当在有效期满前 12 个月内申请续展注册,在此期间未提出申请的,可以给予 6 个月的宽展期。如果宽展期满仍未提出续展注册申请的,商标局可以注销其注册商标。

商标注册人死亡或者终止,自死亡或者终止之日起 1 年期满,该注册商标没有办理移转手续的,任何人可以向商标局申请注销该注册商标。提出注销申请的,应当提交有关该商标注册人死亡或者终止的证据。注册商标因商标注册人死亡或者终止而被注销的,该注册商标专用权自商标注册人死亡或者终止之日起终止。

商标局办理注销,应在《商标注册簿》上注明,并刊登在《商标公告》上。经商标局注销的注册商标,其专用权随之丧失。为了保护消费者利益,以免产生误认,在注销 1 年之内,他人不得以相同或近似商标再进行注册。

第二十二章

商标权的保护

第一节　注册商标的期限及范围

一、注册商标的期限

注册商标的有效期是指商标所有人对注册商标享有法律保护的时间。《商标法》规定，注册商标的有效期为10年，自商标核准注册公告之日起计算。如果有异议提出，经裁定异议不能成立而核准注册的，商标注册申请人取得商标专用权的时间自初审公告3个月期满之日起计算。

注册商标保护期可以续展，商标权人为了不使自己在有效期届满后失去注册商标专用权，在规定期间内向商标局申请延续原注册商标的行为。注册商标需要续展注册的，在期满前12个月内向商标局提交商标续展注册申请书，商标局核准商标注册续展申请后，发给相应证明，并予以公告。这样，商标权人便可继续使用原注册商标，享有法律上的商标专有权保护，每次续展的有效期为10年，续展的注册商标的有效期自该商标上一次有效期满次日起计算，续展的次数不受限制。如果在续展期间未能及时提出申请，《商标法》还规定了一个宽展期，即在注册商标期满后6个月内还可以办理续展手续，但要按规定缴纳迟延费。

二、普通注册商标的保护范围

《商标法》第56条对商标权的保护范围作了如下的规定："注册商标的专用权，以核准注册的商标和核定使用的商品为限。"注册商标的保护，仅限制在核准注册的商标和核定使用的商品范围之内，不得任意改变或扩大保护范围。

第一，必须使用核准注册的商标。注册商标所有人不能擅自改变注册商标的各种要素，如文字、图形或其组合，而必须使用核准注册时的商标图案。如果在商标注册后，注册商标所有人需要局部修改或者改变颜色，不论变化大小，均应另行提出注册申请，或者申请商标局核准、备案，商标局将修改后的新商标图案贴在"商标注册证"上，发还商标注册人。否则，商标局将责令限期改正或撤销其注册商标。

第二，注册商标必须使用于核定类别的商品上。注册商标只能使用在核定使用的商品上，如果商标注册后，注册商标所有人又需要将注册商标扩大使用于同类商品的其他商品上，则应按商标注册程序另行提出注册申请。例如，某企业原在牙膏上申请使用某商标，注册后，又需要在化妆品上扩大使用同一注册商标，尽管牙膏与化妆品都属于商标注册国际分类《类似商品和服务区分表》中的同类商品,但仍应按照商标注册程序另行就化妆品商标提出注册申请。商标权人在牙膏商品上获得的专有使用权可以禁止他人在同类别的商品上使用,但这不意味着其可以以注册商标的名义在同一类别的商品上延展使用。

如果商标被核准注册后,注册商标所有人需要在不同类别的商品上使用同一商标,也可以再提出该商标的注册申请。但是,如果已经有人在该不同类别的商品上注册使用相同或者近似商标,则有可能得不到商标局的核准。

对于普通商标专有权人而言,其没有权利排斥他人在不同种类的商品上使用自己已注册了的商标,但是有权禁止他人在同类或类似产品上使用相同或近似的商标。所谓"商标相同",是指被控侵权的商标与原告的注册商标相比较,二者在视觉上基本无差别;所谓"商标近似",是指被控侵权的商标与原告的注册商标相比较,其文字的字形、读音、含义或者图形的构图及颜色,或者其各要素组合后的整体结构相似,或者其立体形状、颜色组合近似,易使相关公众对商品的来源产生误认或者认为其来源与原告注册商标的商品有特定的联系。商标权人若要求扩大保护范围,防止竞争对手滥用自己的商标,必须同时在希望保护的商品种类上申请商标注册。

三、未注册商标的保护

一件商标受法律保护的基本出发点是禁止商品来源发生混淆,也就是防止相关公众对商品和服务的来源产生混淆和误认。未注册商标经过使用具有识别功能,特别是具有一定知名度的未注册商标在消费者心目中已经具有了区别商品来源的功能,无论是从未注册商标属于基本的民事权益角度,还是从公平诚信原则以及对消费者权益的保护角度出发,都应当考虑对其给予一定的保护。我国《商标法》第 13 条第 2 款规定:"就相同或者类似商品申请注册的商标是复制、摹仿或者翻译他人未在中国注册的驰名商标,容易导致混淆的,不予注册并禁止使用。"《商标法》第 32 条规定:"申请商标注册不得损害他人现有的在先权利,也不得以不正当手段抢先注册他人已经使用并有一定影响的商标。"《商标法》第 58 条还规定:"将他人注册商标、未注册的驰名商标作为企业名称中的字号使用,误导公众,构成不正当竞争行为的,依照《中华人民共和国反不正当竞争法》处理。"从这些规定都可以看出《商标法》对于已经使用但是未注册的商标给予了一定保护,对于具有一定影响的未注册商标可以作为在先权利禁止他人抢注商标,对于驰名的未注册商标也具有禁止他人注册和使用的权利。

第二节 驰名商标的保护

一、驰名商标的定义

驰名商标(well-known mark)是指知名度高、商品销量大、信誉好、范围广、竞争力强的商标。最早提出驰名商标概念的是《巴黎公约》。现在世界上许多国家都确认了驰名商标的法律地位。中国工商行政管理总局 2003 年 4 月 17 日发布、并于同年 6 月 1 日生效的《驰名商标认定和保护规定》,其中第 2 条规定:驰名商标是指在中国为相关公众广为知晓并享有较高声誉的商标。其中所称"相关公众",包括与使用商标所标示的某类商品或者服务有关的消费者,生产前述商品或者提供服务的其他经营者以及经销渠道中所涉及的销售者和相关人员等,“广为知晓并享有较高声誉”是指商标的知名度高、商品销售量达大、信誉好、竞争力强,一般有地域范围限定。

我国《商标法》第 14 条第 1 款规定了驰名商标认定须考虑的因素,即:“……认定驰名商标应当考虑下列因素:(一) 相关公众对该商标的知晓程度;(二) 该商标使用的持续时间;(三) 该商标的任何宣传工作的持续时间、程度和地理范围;(四) 该商标作为驰名商标受保护的记录;(五) 该商标驰名的其他因素。”

各国对驰名商标的保护是通过确认其专用权的方式来实现的,一般分为相对保护主义和绝对保护主义。前者是仅在同类商品范围内保护驰名商标专用权,后者是禁止在任何商品上使用他人的驰名商标,其保护范围更广,专用权更具绝对效力。

对“驰名商标”概念的理解各国也不相同。美国无论是在商标法还是反不正当竞争法中都没有给出驰名商标的定义,其对驰名商标的界定主要是通过具体的判例体现,日本《商标法》将驰名商标界定为“在需要者之间广泛知晓”的商标,明确了驰名商标的知晓范围是“相关公众”。1999 年日本特许厅公布的《关于周知商标、著名商标的保护的审查标准》规定,保护驰名商标不以注册为前提,且该驰名商标的认定不以在该国驰名为必要条件。德国、法国等国家通过各国的商标法或反不正当竞争法对驰名商标进行保护,对“驰名商标”的概念也都没有作出界定,但是,从对驰名商标的保护实践看,这些国家的法律普遍把驰名商标界定为“在相关公众范围享有较高知名度的商标”。

在我国,除了驰名商标之外,还有 “著名商标”的提法。一般情况下,著名商标是省级工商局认定的省著名商标,表示在省内广泛知晓。“著名商标”并非法律概念,法律上没有规定认定标准和认定条件。

二、驰名商标的认定

驰名商标的认定在我国有一段曲折的发展历史。

1985 年我国加入《巴黎公约》,开始承认对驰名商标的保护,但是在 1983 年《商标法》中并没有驰名商标的概念,在 1993 年《商标法》修改中才加入了有关驰名商标保护的规定。所以,在 1985 年 4 月至 1993 年 6 月期间,驰名商标只能通过 “行政个案”保护。这期间在具体的行政案件中认定的基本上都是国外的驰名商标,数量有限。

伴随 1993 年 3 月的《商标法》修改,《商标法实施细则》中开始对驰名商标的保护问题有所涉及,增加了对“公众熟知商标”的保护条款。但“公众熟知商标”与“驰名商标”并不完全相同。1996 年 8 月 14 日,国家工商局颁布《驰名商标认定和管理暂行规定》,该规定确立了驰名商标认定以“主动认定为主,被动保护为辅”的原则,并规定国家工商局商标局是唯一有权认定驰名商标的机关,从此开始了驰名商标“行政批量认定阶段”,驰名商标认定的数量逐年逐级增加。由于采取主动认定,评选机构和企业双向寻租目的认定驰名商标现象严重。

2001 年 10 月,第二次《商标法》修订对驰名商标的认定条件和标准作了严格的规定。其后修订的《商标法实施条例》又对《商标法》的相关规定作了细化和补充。该条例同时明确了企业名称与驰名商标冲突的解决办法,规定“当事人认为他人将其驰名商标作为企业名称登记,可能欺骗公众或者对公众造成误解的,可以向企业名称登记主管机关申请撤销该企业名称登记,企业名称登记主管机关应当依照《企业名称登记管理规定》处理”。

2003年4月,工商总局颁布了《驰名商标认定和保护规定》,废止《暂行规定》,明确驰名商标认定的条件,确认了"被动保护,个案认定"的原则。

在个案认定的指导原则下,法院也在同时期内颁发一系列司法解释,确定了司法个案认定的标准。2001年《最高法院关于审理涉及计算机网络域名民事纠纷案件适用法律若干问题的解释》第6条规定:"法院审理域名纠纷案件,根据当事人的请求以及案件的具体情况,可以对涉及的注册商标是否驰名作出认定。"2002年《最高法院关于审理商标民事纠纷案件适用法律若干问题的解释》第22条规定:"法院在审理商标纠纷案件中,根据当事人的请求和案件的具体情况,可以对涉及的注册商标是否驰名依法作出认定。"2009年,最高法院连续出台了三个关于驰名商标审判实践的司法解释:《最高人民法院关于涉及驰名商标认定的民事纠纷案件管辖问题的通知》《最高人民法院关于审理涉及驰名商标保护的民事纠纷案件应用法律若干问题的解释》《关于当前经济形势下知识产权审判服务大局若干问题的意见》。从2001年开始,我国驰名商标的认定进入"行政与司法双轨认定阶段"。这也是驰名商标的认定最为混乱的时期,企业为了能够在个案当中被认定为驰名商标,不惜制造假案,在被认定为驰名商标后又大肆做广告宣传,在媒体上到处都能看到中国驰名商标的宣传。

在2013年《商标法》第三次修订案中,终于给驰名商标的乱象加上了法律的制约,明确规定了"生产、经营者不得将'驰名商标'字样用于商品、商品包装或者容器上,或者用于广告宣传、展览以及其他商业活动中。"这样的规定能够起到遏制驰名商标认定中的寻租行为的作用。

三、驰名商标的保护

《巴黎公约》第6条之二规定:"本联盟国家承诺,如果本国法律允许,可依据职权或有关当事人请求,驳回或撤销某一商标或禁止其使用,如果该商标已构成另一商标的复制、仿冒、或翻译,容易造成混淆,而后者已被注册或使用的国家的主管机关认为在该国已经驰名,且系本公约利益享受人所有并用于相同近似商品上者。以上规定对一项商标的主要部分构成上述驰名商标的复制或仿冒容易造成混淆者,也同样适用。"

《TRIPs协议》第16条第2款对此作了补充规定:首先,《巴黎公约》1967年文本第6条之二原则上适用于服务;其次,确认某商标是否系驰名商标,应顾及有关公众对其知晓程度,包括在该成员地域内因宣传该商标而为公众知晓的程度。此外,《TRIPs协议》第16条第3款规定:"《巴黎公约》1967年文本第6条之二原则上适用于与注册商标所标识的产品或服务不类似的商品或服务,只要一旦在不类似的商品或服务上使用该商标,即会暗示该商品或服务与注册商标所有人存在某种联系,从而注册商标所有人的利益可能因此受损。"这实际上确立了对驰名商标实行跨类保护的原则。

我国《商标法》第13条也确立了驰名商标的跨类保护原则:"为相关公众所熟知的商标,持有人认为其权利受到侵害时,可以依照本法规定请求驰名商标保护。就相同或者类似商品申请注册的商标是复制、摹仿或者翻译他人未在中国注册的驰名商标,容易导致混淆的,不予注册并禁止使用。就不相同或者不相类似商品申请注册的商标是复制、摹仿或者翻译他人已经在中国注册的驰名商标,误导公众,致使该驰名商标注册人的利益可能受到损害的,不予注册并禁止使用。"其中所说的"复制"是指系争商标与他人驰名商标相同。"摹仿"是指系争商标抄袭他人驰名商标,沿袭他人驰名商标的显著部分。"驰名商标的显著部分"

是指驰名商标赖以起主要识别作用的部分或者特征,包括特定的文字或者其组合方式及字体表现形式、特定图形构成方式及表现形式、特定的颜色组合、特定的声音及其组合等。“翻译”,是指系争商标将他人驰名商标以不同的语言文字予以表达,且该语言文字已与他人驰名商标建立对应关系,并为相关公众广为知晓或者习惯使用。“混淆”“误导”是指导致商品或者服务来源的误认。混淆、误导包括以下情形:(1) 消费者对商品或者服务的来源产生误认,认为标识系争商标的商品或者服务系由驰名商标所有人生产或者提供;(2) 使消费者联想到标识系争商标的商品的生产者或者服务的提供者与驰名商标所有人存在某种联系,如投资关系、许可关系或者合作关系。混淆、误导的判定不以实际发生混淆、误导为要件,只需判定有无混淆、误导的可能性即可。

相对于普通商标而言,驰名商标的保护强度主要体现在:

(1) 禁止注册方面。如果将与他人驰名商标相同或相似的商标在非类似商品上申请注册,且造成驰名商标注册人权益损害的,由商标局驳回申请或由商标评审委员会撤销注册商标。

(2) 禁止使用商品类别方面。如果将与他人驰名商标相同或相似的商标使用在非类似商品上,且会暗示该商品与驰名商标注册人有某种联系,从而可能造成驰名商标注册人权益损害的,由工商行政管理局予以制止。

(3) 驰名商标的保护还延伸到其他商业标志上,如商号、商品名称、企业名称或者域名等。例如,将与他人驰名商标相同或相似的文字作为企业名称的一部分使用,且可能引起公众误认的,工商行政管理机关不予注册;已注册的,驰名商标所有人可以请求工商行政管理机关予以撤销。

对驰名商标的扩大保护,是基于保护驰名商标所有人利益、维护公平竞争及消费者权益,对利用驰名商标的知名度和声誉,造成市场混淆或者公众误认,致使驰名商标所有人的利益受到损害的商标注册行为予以禁止,弥补实行注册原则可能造成不公平后果的缺失。

第三节 商标权的限制

如同其他知识产权一样,注册商标专用权的保护不是绝对的,其受到许多法律限制。广义上的商标权限制包括时间限制、地域限制等,狭义上的商标权限制是指被核准注册的商标不能行使商标权的情形,包括合理使用和权利用尽。

一、描述性使用

描述性使用属于商标的合理使用的情形之一。《TRIPs 协议》第 17 条规定:“各成员可规定商标权的有限例外,如说明性术语的合理使用,只要此种例外顾及了商标所有人及第三方的合法利益。”所谓“说明性术语词汇”,又称“叙述性词汇”,实践中常常涉及那些以表示商品质量、主要原料、用途等因素的普通文字或地名命名的商标。这些词汇本属于通用领域,虽然商标权人经过使用而使其获得了特别的显著性,但是公众仍可以善意正当的方式对其进行非商业性的使用。

我国《商标法》没有直接规定合理使用的情况。国家工商行政管理总局在 1999 年《关于商标行政执法中若干问题的意见》第 9 条中规定了使用与注册商标相同或者近似的文字、图形但不属于商标侵权的两种行为:(1) 善意地使用自己的名称或者地址;(2) 善意地说明商品或者服务的特征或者属性,尤其是说明商品或者服务的质量、用途、地理来源、种类、价值及提供日期。2013 年《商标法》第 59 条第 1 款规定:"注册商标中含有的本商品的通用名称、图形、型号,或者直接表示商品的质量、主要原料、功能、用途、重量、数量及其他特点,或者含有的地名,注册商标专用权人无权禁止他人正当使用。"由于商标使用的文字、图形和其他要素都是现有的文化资源,在商标权行使时必然不能排除他人的非商标用途的使用。

此外,新闻媒体以及文章中基于事实对商标进行的客观报道和评论,也属于描述性合理使用,商标权人无权禁止。实践中比较有争议的是在地图(电子地图)、商业指示说明、商标设计图册、二手商店的宣传、汽车维修服务、配件供应中对他人商标的使用是否也属于描述性使用,商标权人认为这些使用可能有"搭车"嫌疑的,往往要求行使"禁止权",而使用者认为是一种客观描述,这时主要是通过法院针对个案中的使用情况,即看是否有使公众"混淆""误认""淡化""搭车"等情形来决定。

二、功能性使用

功能性使用也属于合理使用的情况。《商标法》第 59 条第 2 款规定:"三维标志注册商标中含有的商品自身的性质产生的形状、为获得技术效果而需有的商品形状或者使商品具有实质性价值的形状,注册商标专用权人无权禁止他人正当使用。"具体而言包括:(1) 仅由商品自身性质产生的形状,是指为实现商品的固有功能和用途所必须采用的或者通常采用的形状;(2) 为获得技术效果而需有的商品形状,是指为使商品具有特定的功能,或者使商品固有的功能更容易地实现所必须使用的形状;(3) 使商品具有实质性价值的形状,是指为使商品的外观和造型影响商品价值所使用的形状。根据法律的规定注册商标权人无权禁止他人正当使用以上三类标志,但是《商标法》第 12 条中又规定了这三类标志不能作为注册商标,《商标法》第 44 条规定这三类商标也是被宣告无效的理由,这就意味着他人使用已经注册的这三类标志不存在合理使用的问题,而可以直接请求宣告无效。由此,法律的规定似乎有所矛盾,这里只能理解为只有这三类标志是通过使用具有一定知名度的驰名商标,才存在功能性使用的可能。

三、商标权用尽

"商标权用尽"也称"商标权穷竭",是指商标权人或其授权人将自己生产的商品首次在市场上销售后即失去对商标权的控制,带有商标的产品合法投放市场销售后或者经过商标权人许可及其他合法方式进入市场的商品,商标权人无权再禁止他人使用和销售该商品。"商标权用尽"的理论基础在于防止商标权人利用商标权进行市场分割,阻碍商品贸易的正常流通,获取不合理的垄断利润。"商标权用尽"理论有国际用尽原则和国内用尽原则的不同理解,由于商标权具有地域性,依本国法有效,所以在同一个国家内的商标权用尽没有争议,他人在第一个国家的合法市场上购买的商品进口到第二个国家销售,该商品的当商标权人如果在在第二个国家也取得商标权,则有权禁止他人未经授权的销售行为,此时商标权的用尽理论适用的就是"国内用尽"原则。尽管进口商认为其在第一个国家购买的商品属于合法购买,商标权人期望的市场利益已经在第一个国家的市场上得到回报,在第二个国家的销售行为纯属于销售商的市场营销策略问题,但是从对商标给予强保护的国家看,商标权人是有权禁止"真品的平行进口"的。如果商标权人在第二个国家没有取得商标权时，就谈不上"权利用尽"问题了。销售商进口和销售没有在该国享有商标权的商品不属于侵权行为。

理论上，真品平行进口对商标权人没有直接的利益损害，而是影响到其在第二个国家市场上的代理商的利益。或者说，商标权人主张平行进口的违法性，意在将商标权延伸至消费者的商品销售垄断权，这也可能会涉及商标权的滥用。特别是进入全球贸易时代以及电子商务的发展，在线交易、网络代购都使平行进口无法阻止。

对于进入市场中的商品，商标权人也并未全部丧失商标权控制力，他人如果将从市场上合法购买商品上的商标擅自去掉，换上另外的商标进行销售，则不适用"权利用尽"理论，此时商标权人有权禁止这种属于《商标法》第 57 条第(五)项的侵权行为(参见下一章内容)。《欧共体商标条例》第 13 条在规定"商标权利用尽"的同时，还规定，共同体商标权人有正当理由的，例如商品在投放市场后商品质量发生变化或者损坏的，可以反对商品的进一步流通。此外，如果商品被重新包装，也构成商标用尽的例外。

第四节　商标侵权的种类和认定

商标侵权行为，通常是指他人出于商业目的，未经商标专用权人的许可擅自使用他人已经注册的商标，或者把他人注册商标的主要部分用作自己的商标，并使用在相同或类似的商品上从而产生商标混同以欺骗消费者的行为。商标侵权认定的主要原则是"混淆理论"，只要造成消费者误认，侵权即成立。有些国家也将"搭车""淡化"作为侵权认定的因素，比如：有人使用"东门子"商标，"西门子"商标权人认为其搭借"西门子"商标的知名度和信誉，虽然消费者不会发生误认，但是能够引起消费者的联想，加深对"东门子"商标的印象，属于"搭车"行为；而在"可口可乐"和"百事可乐"早年的商标纠纷中，即使并没有引起消费者混淆的可能，但是对"可口可乐"整体商标发生了"淡化"，"可乐"已经演变为商品名称，对于商标权人来说也发生了商标损害。在我国，这两种行为可以通过《反不正当竞争法》加以保护，在商标侵权认定中没有涉及。

一、使用侵权

未经商标权人许可，在同一种商品或者类似商品上使用与其注册商标相同或者近似的商标属于商标侵权行为。具体可分为以下情形：

(1) 在同一种商品上使用与他人注册商标相同的商标；

(2) 在同一种商品上使用与他人注册商标相近似的商标；

(3) 在类似商品上使用与他人注册商标相同的商标；

(4) 在类似商品上使用与他人注册商标相近似的商标。

上述情形具有两个共同特点：一是商标相同或近似，二是商品相同或类似，二者缺一即不构成侵权。

认定商标相同或者近似遵循以下原则：

(1) 以相关公众的一般注意力为标准；

(2) 既要进行对商标的整体比对，又要进行对商标主要部分的比对，比对应当在比对对象隔离的状态下分别进行；

(3) 判断商标是否近似，应当考虑请求保护的注册商标的显著性和知名度。

认定类似商品与类似服务遵循下列标准：

(1) 类似商品，是指在功能、用途、生产部门、销售渠道、消费对象等方面相同，或者相关公众一般认为其存在特定联系、容易造成混淆的商品。

(2) 类似服务，是指在服务的目的、内容、方式、对象等方面相同，或者相关公众一般认为存在特定联系、容易造成混淆的服务。

(3) 商品与服务类似，是指商品和服务之间存在特定联系，容易使相关公众混淆。

(4) 认定商品或者服务是否类似，应当以相关公众对商品或者服务的一般认识综合判断，《商标注册用商品和服务国际分类表》《类似商品和服务区分表》可以作为判断类似商品或者服务的参考。

上述认定原则也被称为“混淆原则”，即以消费者对购买的商品出处是否发生混淆为依据。这种“混淆”包括事实上的混淆以及“混淆的可能”，我国《商标法》中没有明确规定“混淆”的概念，但在涉及贴牌加工的商标侵权案件中，有上述商标使用的情况无论是否构成事实上的混淆都认定为商标侵权。

二、销售侵权

销售侵犯他人注册商标商品的行为属于商标侵权。商标侵权产品只有通过销售才能获利，生产制造该产品的侵权人的目的才能实现。所以，不仅使用假冒注册商标属于侵权行为，销售假冒注册商标的商品给注册商标所有人带来的损失更为严重。这类侵权行为的主体是经销商，不论其行为人主观上是否故意，只要实施了销售行为即构成侵权。

如果销售者不知道是侵犯他人注册商标专用权的商品而进行了销售，同样属于侵权行为，只是在能证明该商品是合法取得并说明提供者的情况下，不承担赔偿责任，但应停止销售。“合法取得”是指通过公开的形式在合法的交易市场购得商品；“提供者”应当是真实存在并且能够寻找到的，这些都需要销售者提供合法的证明进行确认。

前述涉及的平行进口问题，在第一国家市场合法取得的商品不应当属于侵权产品，当其进口到第二国家时，仅是没有获得许可，是否构成此种侵权实践中存在争议。

三、制造、销售商标标识侵权

伪造、擅自制造他人注册商标标识或者销售伪造、擅自制造的注册商标标识的行为属于商标侵权。“商标标识”是指被核准注册的商标图样。“擅自制造”是指商标印制单位未经授权或无正当手续而制造商标标识，“伪造”是指故意制造假商标标识。制造和销售商标标识，必须按国家和地方的有关规定进行，严禁未经商标注册人委托授权而擅自制造和出售商标标识，更不允许伪造商标标识。商标的印制单位必须具有特许资质才能印制商标标识。

四、更换商标标识侵权

未经商标注册人同意，更换其注册商标标识并将该更换商标的商品又投入市场的行为属于侵权行为。这种情况也称为“反向假冒”行为，首次规定在2001年《商标法》修改案中。我国最早的有关反向假冒的案例是北京“枫叶”诉“鳄鱼”案。在该案中，“鳄鱼”经销商购进

"枫叶"牌西裤后,除去原有的"枫叶"商标,换上"鳄鱼"商标重新投入市场销售,这种行为造成对商品出处的误导,也妨碍了商标权人与最终消费者的接触,影响商标权人商誉的形成,因此构成商标侵权,同时也是一种不正当竞争行为。

五、其他侵权行为

这类损害行为主要包括:

(1) 在同一种或者类似商品上,将与他人注册商标相同或者相近似的文字、图形作为商品名称或者商品装潢使用,并足以造成误认的行为。这种侵权行为是在《反不正当竞争法》中加以规定的。

(2) 故意为侵犯他人注册商标专用权行为提供便利条件的或者帮助他人实施侵犯商标专用权的行为,包括为侵权产品提供仓储、运输、邮寄、隐匿等便利条件的行为。

《商标法实施条例》和最高人民法院司法解释还将下列行为视为其他侵犯商标权的行为:

(1) 将与他人注册商标相同或者相近似的文字作为企业的字号在相同或者类似商品上突出使用,容易使相关公众产生误认的;

(2) 复制、摹仿、翻译他人注册的驰名商标或其主要部分在不相同或者不相类似商品上作为商标使用,误导公众,致使该驰名商标注册人的利益可能受到损害的;

(3) 将与他人注册商标相同或者相近似的文字注册为域名,并且通过该域名进行相关商品交易的电子商务,容易使相关公众产生误认的。

第五节　商标侵权责任承担

因为侵犯商标权引起纠纷的,当事人可以协商解决;不愿协商或者协商不成的,商标注册人或者利害关系人可以向人民法院起诉,也可以请求工商行政管理部门处理。当事人对行政处理决定不服的,可以向人民法院提起行政诉讼;侵权人期满不起诉又不履行的,工商行政管理部门可以申请人民法院强制执行。工商行政管理部门还可根据当事人的请求,就侵犯商标专用权的赔偿数额进行调解;调解不成的,当事人可以向人民法院提起民事诉讼。

一、民事责任

商标权人及利害关系人对侵犯商标专用权的行为可以直接向人民法院起诉。按照《民事诉讼法》的规定,商标权人及利害关系人可以请求诉前临时措施、证据保全、损害赔偿等民事救济。"临时措施"指商标注册人或者利害关系人有证据证明他人正在实施或者即将实施侵犯其注册商标专用权的行为,如不及时制止,将会使其合法权益受到难以弥补的损害的,可以在起诉前向人民法院申请采取责令停止有关行为和财产保全的措施。"证据保全"是指为制止侵权行为,在证据可能灭失或者以后难以取得的情况下,商标注册人或者利害关系人可以在起诉前向人民法院申请证据保全。

法院在审理商标侵权案件涉及赔偿额确定的,按照权利人因被侵权所受到的实际损失确定;实际损失难以确定的,按照侵权人因侵权所获得的利益确定;权利人的损失或者侵权人获得的利益难以确定的,参照该商标许可使用费的倍数合理确定。对恶意侵犯商标专用权,情节严重的,可以在按照上述方法确定数额的一倍以上三倍以下确定赔偿数额。赔偿数额应当包括权利人为制止侵权行为所支付的合理开支。

法院为确定赔偿数额,在权利人已经尽力举证,而与侵权行为相关的账簿、资料主要由侵权人掌握的情况下,可以责令侵权人提供与侵权行为相关的账簿、资料;侵权人不提供或者提供虚假的账簿、资料的,人民法院可以参考权利人的主张和提供的证据判定赔偿数额;权利人因被侵权所受到的实际损失、侵权人因侵权所获得的利益、注册商标许可使用费难以确定的,由人民法院根据侵权行为的情节判决给予300万元以下的赔偿。

注册商标专用权人请求赔偿,被控侵权人以注册商标专用权人未使用注册商标提出抗辩的,人民法院可以要求注册商标专用权人提供此前3年内实际使用该注册商标的证据。注册商标专用权人不能证明此前3年内实际使用过该注册商标,也不能证明因侵权行为受到其他损失的,被控侵权人不承担赔偿责任。

销售不知道是侵犯注册商标专用权的商品,能证明该商品是自己合法取得并说明提供者的,不承担赔偿责任。

二、行政责任

对于商标侵权行为除了通过司法救济渠道解决,还可以通过县级以上工商行政管理部门依法进行行政查处。工商行政管理部门在查清事实后,对已构成侵权行为的,有权采取下列处理措施:(1) 责令停止侵权行为;(2) 没收、销毁侵权商品和主要用于制造侵权商品、伪造注册商标标识的工具;(3) 违法经营额5万元以上的,可以处违法经营额五倍以下的罚款,没有违法经营额或者违法经营额不足5万元的,可以处25万元以下的罚款。对5年内实施两次以上商标侵权行为或者有其他严重情节的,应当从重处罚;(4) 销售不知道是侵犯注册商标专用权的商品,能证明该商品是自己合法取得并说明提供者的,由工商行政管理部门责令停止销售;(5) 对于将“驰名商标”字样用于商品、包装或者容器上,或用于广告宣传、展览以及其他商业活动中的行为,地方工商行政管理部门责令改正,处10万元罚款。

对侵犯商标专用权的赔偿数额的争议,当事人可以请求进行处理的工商行政管理部门调解,也可以直接向法院起诉。

县级以上工商行政管理部门根据已经取得的违法嫌疑证据或者举报,对涉嫌侵犯他人注册商标专用权的行为进行查处时,可以行使下列职权:

(1) 询问有关当事人,调查与侵犯他人注册商标专用权有关的情况;

(2) 查阅、复制当事人与侵权活动有关的合同、发票、账簿以及其他有关资料;

(3) 对当事人涉嫌从事侵犯他人注册商标专用权活动的场所实施现场检查;

(4) 检查与侵权活动有关的物品;对有证据证明是侵犯他人注册商标专用权的物品,可以查封或者扣押。

在查处商标侵权案件过程中,对商标权属存在争议或者权利人同时向人民法院提起商标侵权诉讼的,工商行政管理部门可以中止案件的查处。中止原因消除后,应当恢复或者终结案件查处程序。

三、刑事责任

我国《商标法》第67条规定了三种构成商标犯罪的情形:(1) 未经商标注册人许可,在同一种商品上使用与其注册商标相同的商标,构成犯罪的,除赔偿被侵权人的损失外,依法追究刑事责任;(2) 伪造、擅自制造他人注册商标标识或者销售伪造、擅自制造的注册商标标识,构成犯罪的,除赔偿被侵权人的损失外,依法追究刑事责任;(3) 销售明知是假冒注册商标的商品,构成犯罪的,除赔偿被侵权人的损失外,依法追究刑事责任。

我国《刑法》第213条、第214条、第215条规定了这三种类型侵犯商标权犯罪的罪罚:

(1) 假冒注册商标罪,即未经注册商标所有人许可,在同一种商品上使用与其注册商标相同的商标,情节严重构成犯罪的,处3年以下有期徒刑或者拘役,并处或者单处罚金;情节特别严重的,处3年以上7年以下有期徒刑,并处罚金。

(2) 销售假冒注册商标商品罪,即销售明知是假冒注册商标的商品,销售金额数额较大的,处3年以下有期徒刑或者拘役,并处或者单处罚金;销售金额数额巨大的,处3年以上7年以下有期徒刑,并处罚金。

(3) 伪造、擅自制造他人注册商标标识或者销售伪造、擅自制造的注册商标标识,情节严重的,处3年以下有期徒刑、拘役或者管制,并处或者单处罚金;情节特别严重的,处3年以上7年以下有期徒刑,并处罚金。

上述刑事责任认定中涉及的关键问题是如何界定"情节严重"和"情节特别严重"以及侵权数额"巨大"和"特别巨大"。在2004年《最高人民法院、最高人民检察院关于办理侵犯知识产权刑事案件具体应用法律若干问题的解释》中作出了具体的解释:

"情节严重"是指:(1) 非法经营数额在5万元以上或者违法所得数额在3万元以上的;(2) 假冒两种以上注册商标,非法经营数额在3万元以上或者违法所得数额在2万元以上的;(3) 其他情节严重的情形。

"情节特别严重"是指:(1) 非法经营数额在25万元以上或者违法所得数额在15万元以上的;(2) 假冒两种以上注册商标,非法经营数额在15万元以上或者违法所得数额在十万元以上的;(3) 其他情节特别严重的情形。

"数额较大"是指明知是假冒注册商标的商品,销售金额在5万元以上的。

"数额巨大"是指销售金额在25万元以上的。

为了制止商标侵权的严重化,上述司法解释正在考虑修订中,拟降低量刑的标准。

商标侵权犯罪是商标侵权中较为严重和恶劣的情形,对于在正常市场竞争中产生的商标纠纷一般应按照民事纠纷处理,构成商标侵权犯罪的情形不涉及相似商标和类似商品的使用。

第二十三章

商标国际公约

第一节 《保护工业产权巴黎公约》

《保护工业产权巴黎公约》(Paris Convention on the Protection of Industrial Property,简称《巴黎公约》)共有30条,其中与商标国际保护有关的规定如下。

一、基本原则

(一) 国民待遇原则

在保护商标权方面,每一个成员国必须把给予本国公民的保护同等地给予其他成员国公民。非成员国的国民,如果在成员国内有住所或者真实、有效的营业所,也可以享有同成员国国民同样的待遇,得到同样的保护。

(二) 优先权原则

任何一个公约成员国的申请人首次在一个成员国提出商标申请后,在6个月内向所有其他成员国申请保护,可以享有优先权,即其他成员国应以该申请人首次向某一成员国提出申请的日期为申请日。《巴黎公约》第4条规定的优先权不包括服务商标。

(三) 商标独立原则

《巴黎公约》规定,商标的申请和注册条件,由各成员国法律决定。任何一个国家商标申请注册的结果,不影响其他成员国就同一商标的申请注册或商标处理,对其进行重新审核。这是因为商标法属国内法,各国实行的法律不一致,《巴黎公约》本着国际法中主权独立原则对这种不一致给予承认。

二、关于驰名商标

对于公约成员国的商标主管机关认定的驰名商标,不论在其他各成员国家是否注册,都应受到保护。如果有人伪造、模仿或翻译这一驰名商标,各成员国有义务不给予注册;如果已经注册或使用,商标所有人有权要求撤销或者停止使用该驰名商标。但是,如果他人将某一成员国驰名商标用于不同种类商品上加以申请注册,则该申请不应被拒绝。

在驰名商标的仿冒认定上,公约也规定了更为严格的条件,不仅全部仿冒构成侵权,主要部分仿冒也属侵权行为。

三、其他共同规则

（一）商标权转让与营业的关系

依某些成员国的法律，商标的转让必须连同该商标所属的企业同时转让，方为有效。对此，公约规定，在这些国家，转让人须将该企业在该国的部分连同商标一道转让，但不必包括这个企业在该国以外的部分。

（二）禁止用作商标的标记

公约规定，禁止在商标上使用缔约国的国旗、国徽、证章和官方检验印章以及政府间国际组织的旗帜、证章、缩写和名称。

（三）关于临时保护

《巴黎公约》规定，成员国按本国法律，对在任何一个成员国领土上举办的官方或官方认可的国际展览会展出的商品的商标，给予临时性保护。在以后申请注册时，申请人可主张商品在展览会开始展出的日期为优先权日。

（四）关于其他标志

《巴黎公约》规定，对服务商标、集体商标、厂商名称，必须给予保护。

第二节　《商标国际注册马德里协定》

《商标国际注册马德里协定》（Madrid Agreement Concerning the International Registration of Marks，简称《马德里协定》）于 1891 年 4 月 14 日在西班牙马德里签订。1989 年 10 月 4 日，中国正式成为该协定的成员国。《马德里协定》的主旨是解决商标的国际注册问题。

一、国际注册的申请条件

按照该《协定》，成员国国民在本国注册商标之后，可以向该《协定》的国际局（WIPO 国际局）申请国际注册。国际局审查批准后，即将该商标予以公布，并通知申请人要求给予保护的各成员国。被要求保护的成员国接到通知后，在 1 年内对是否给予保护作出决定，如果在 1 年内不向国际局提出驳回在该国注册的声明，即被视为该商标已在该国核准注册。《协定》还规定，商标国际注册的申请人，必须先在所属国注册，然后由所属国注册当局向国际局提出国际注册的申请。

以中国为原属国提出的国际申请，申请人应当在中国有真实有效的营业场所或住所，或者中国国籍。以中国为原属国提出的商标国际注册的后期指定、转让、删减、放弃、注销、变更、续展，可以通过中国商标局向国际局申请办理，也可以直接向国际局申请办理。

二、国际注册的申请文件

国际注册的申请文件必须按细则规定的格式提出，申请人所属国的注册机构应证明申请中的具体项目与本国注册公告中的具体项目相符合。申请人要求将颜色作为其商标的一个显著特征时，必须说明实际情况，并上交所述商标的色彩图样。

以中国为原属国提出申请的，应当递交符合国际局和中国商标局要求的申请书和相关材料，其指定的商品或者服务不得超出国内基础申请或者基础注册的商品或者服务的范围，要求优先权的,应当一并提出优先权申请。

三、国际注册的有效期

不管各国对注册商标的期限如何规定,《协定》对国际商标注册的期限统一规定为20年,期满可以请求续展,续展期每次为20年。在有效期满前6个月,国际局应发送非正式通知,提醒商标所有人或其代理人注意确切的届满日期。对于期满未续展的,可给予6个月的宽展期。

四、国际注册的效力

商标一经国际注册申请,即视为直接到指定保护的成员国进行注册申请,如果这些申请未遭到指定国驳回,即视为直接获得这些国家注册后的保护。有效期自国际注册日或者后期指定日起算。在有效期届满前,注册人可以向国籍局申请续展,在有效期内未续展的,可以给予6个月的宽展期。未续展的注销该国际注册商标。

五、国际注册与国内注册的关系

《协定》规定,从获准国际注册之日起5年以内,如果该商标在其所属国已全部或者部分不再享有法律保护,该商标的国际注册也随之全部或部分无效。但是,从获准国际注册之日起满5年以后,不管原注册商标在所属国的法律状态如何,均不影响该商标国际注册所产生的权利。

第三节 《有关商标注册用商品和服务国际分类尼斯协定》

《尼斯协定》于1957年6月15日在法国尼斯签订,于1961年4月8日生效。中国于1988年11月开始使用国际商标注册用商品分类法,并在1993年7月1日增加了对服务商标的保护,从而开始使用国际服务分类法。1994年5月5日,中国政府向世界知识产权组织递交了加入《尼斯协定》的《加入书》,1994年8月9日,中国正式成为《尼斯协定》的成员国。

《尼斯协定》主要规定的是商品与服务的分类。该分类既适用于成员国国内商标注册,也适用于国际商标注册。没有参加该协定的国家也可以将其商品与服务分类用于国内的商标注册。

依最新调整的第10版尼斯分类,按照类别排列的分类表将商品和服务分为45大类。该协定提供的统一的商品与服务分类,为商标检索、商标管理提供了很大方便。采用国际分类不仅有利于国内商标申请和核准,而且在商标制度国际化的今天,有利于企业对某一商标的国际状况作出正确的判断,从而在商标权保护上保持主动权。

商品与服务国际分类表中所列的商品与服务的名称,是说明构成该商品与服务大致所属范围的一般的名称。如果某一商品无法在分类表中明确找到描述,《尼斯协定》还指出了各项可行的标准,如按照功能、用途、原材料、主要原材料、容器及其所盛商品等标准。

博雅

第四编 | 其他知识产权的保护

第二十四章

集成电路布图设计权的保护

集成电路技术是信息产业的基础,其创新性主要体现在布图设计的工艺上,将已有的基于分离电路的技术方案集成在体积更小、可靠性更强的芯片中是其追求的目标,集成电路布图设计的工艺技术用专利法保护具有局限性。20 世纪 80 年代,美国、日本和欧洲大陆许多国家相继颁布法律,保护布图设计权,将集成电路布图设计保护法作为知识产权法中的一个新的部门。我国的集成电路技术起步较晚,法律保护也相对滞后。2001 年 10 月 1 日,国务院公布《集成电路布图设计保护条例》。

第一节　集成电路布图设计及其法律保护模式

一、集成电路布图设计的含义以及特点

集成电路(integrated circuit),又称为半导体芯片。《集成电路布图设计保护条例》中的集成电路是指半导体集成电路,即以半导体材料为基片,将至少有一个是有源元件的两个以上元件和部分或者全部互连线路集成在基片之中或者基片之上,以执行某种电子功能的中间产品或者最终产品。《集成电路布图设计保护条例》仅对半导体材料制成的芯片加以保护。随着科技的发展,集成电路中所集成的元件除了由半导体材料制成的电子元器件外,还有光电子器件、生物芯片等新的材料制成的元器件,但无论是发达国家的立法或者国际公约都将保护范围限定在“半导体”材料上。

集成电路布图设计,简称布图设计(layout design),是指集成电路中至少有一个是有源元件的两个以上元件和部分或者全部互连线路的三维配置,或者为制造集成电路而准备的上述三维配置。它实际上是将电子元件处理在传导材料上,以几何图形方式排列和连接用以制造集成电路。布图设计是制造集成电路产品中一个非常重要的环节,其特点有:

1. 有固定载体

布图设计可以被固定在掩膜或磁盘上,也可以被固定在集成电路产品中,掩膜、磁盘或集成电路是它的特定物质载体,布图设计本身可能用图纸表达或者计算机软件的电子显示表达,但是受法律保护的一定是固化在半导体芯片中的电路布图方案。脱离半导体芯片,这些布图设计可能成为著作权法保护的产品设计图纸作品,也可能成为发明专利的电路原理技术方案。

2. 受保护的布图设计的独创性高于作品、创造性低于专利技术

《集成电路布图设计保护条例》第4条规定:"受保护的布图设计应当具有独创性,即该布图设计是创作者自己的智力劳动成果,并且在其创作时该布图设计在布图设计创作者和集成电路制造者中不是公认的常规设计。受保护的由常规设计组成的布图设计,其组合作为整体应当符合前款规定的条件。"这里原创性的规定,显然是借鉴了著作权法对作品的要求,而非常规性的规定,类似专利创造性的要求,但在创造高度上不要求达到专利创造性的标准。因为,一种提高集成电路功能的元件布局安排,其创造性只体现在元器件的集成程度上,不涉及电路本身的技术方案,不要求具有专利法意义上的"突出的实质性特点和显著的进步"的创造性要求,更不是前所未有的布局安排。

3. 允许"反向工程"

布图设计的研究开发,往往需要投入大量的人力物力,研发成本很高,但是对布图设计进行"反向工程"后制造的芯片成本也不低,尽管通过拍摄集成电路的涂层可以轻易地获得布图设计原理,但是将其制作成功还有大量的工艺技术要求。因此法律给予的专用权保护将"反向工程"排斥在外,即允许他人对享有集成电路布图设计专有权的产品进行分析、破解并加以制造,这一点明显不同于对专利技术的保护,给予布图设计的专用权弱于专利权。

二、集成电路布图设计的法律保护模式

布图设计的特性使得单独用著作权法和专利法都无法对其加以有效保护。就著作权法而言,受保护的作品主要是文化、艺术领域作品,布图设计则具有很强的实用性,更接近于工业产权保护的客体。另外,作品自创作完成时自动取得保护,无须登记也无须经过审查,这无法适用于布图设计。著作权法提供给作品的保护期很长,这与集成电路产业快速更新换代的特点不相配,不利于促进整个产业的创新。就专利法而言,布图设计无法达到专利技术所要求的创作高度,难以符合专利法的新颖性、创造性要求,而且,专利申请审查时间比较长,同样不能适应集成电路产业快速更新换代的特点。各国在借鉴著作权法和专利法的基础上,多采用专门立法的模式保护布图设计。

第一个制定专门法律对布图设计加以保护的国家是美国。1984年11月,美国率先颁布实施《半导体芯片保护法》,该法属于美国版权法第九章,其保护的客体为"掩膜作品"(Mask Work)。随后日本在1985年颁布了《半导体集成电路的线路布局法》(Act Concerning the Circuit Layout of A Semiconductor or Integrated circuit),称其保护的客体为"线路布局"(Circuit Layout 和 Integrated Circuit)。此后,欧洲许多国家也相继制定了集成电路布图设计保护法。欧盟成员国包括英国、德国、荷兰、法国、丹麦、西班牙、奥地利、卢森堡、意大利、葡萄牙、比利时、匈牙利等称其为拓扑图(topographies)或集成电路(Layout Design)。

1989年5月26日,世界知识产权组织在美国华盛顿通过了《关于集成电路的知识产权条约》(以下简称《华盛顿条约》),对集成电路知识产权保护作了专门规定。尽管《华盛顿条约》至今尚未生效,但《TRIPs协议》吸收了有关的规定,在其第二部分"关于知识产权有效性、范围和使用的标准"第六节中明确要求保护布图设计。

中国在1989年成为《华盛顿条约》的首批签字国,2001年,中国正式成为WTO的成员,承担着实施《TRIPs协议》保护集成电路布图设计的国际义务,国务院于2001年10月1日公布并开始施行《集成电路布图设计保护条例》。

第二节　集成电路布图设计权及其保护

一、集成电路布图设计权的含义及内容

《集成电路布图设计保护条例》第7条规定，布图设计权利人享有下列两项专有权：

（1）对受保护的布图设计的全部或者其中任何具有独创性的部分进行复制；

（2）将受保护的布图设计、含有该布图设计的集成电路或者含有该集成电路的物品投入商业利用。

依此，集成电路布图设计权，是指布图设计的权利持有人对其布图设计进行复制和商业利用的专有权利，具体包括复制权和商业利用权。

所谓复制，依照《集成电路布图设计保护条例》的规定，是指重复制作布图设计或者含有该布图设计的集成电路的行为。因此，复制权，是指布图设计的权利人对布图设计的一部或者全部进行复制的权利。

所谓商业利用，是指为商业目的进口、销售或者以其他方式提供受保护的布图设计、含有该布图设计的集成电路或者含有该集成电路的物品的行为。其形式主要体现为进口、销售或者发行等商业行为。

权利人可以将上述权利进行抵押、许可他人使用，还可以转让给他人。转让布图设计专有权的，当事人应当订立书面合同，并向国务院知识产权行政部门登记。

二、集成电路布图设计权的主体及权利归属

布图设计权利人，是指依照《集成电路布图设计保护条例》的规定，对布图设计享有专有权的自然人、法人或者其他组织。

《集成电路布图设计保护条例》规定，布图设计专有权属于布图设计创作者，本条例另有规定的除外。这符合“谁创作谁受益”的原则。职务创作的布图设计是指由法人或者其他组织主持，依据法人或者其他组织的意志而创作，并由法人或者其他组织承担责任的布图设计，该法人或者其他组织是创作者。合作创作的布图设计，即由两个以上自然人、法人或者其他组织合作创作的布图设计，其专有权的归属由合作者约定，未作约定或者约定不明的，其专有权由合作者共同享有。委托创作的布图设计，其专有权的归属由委托人和受托人双方约定，未作约定或者约定不明的，其专有权由受托人享有。

三、布图设计的登记与保护期

布图设计专有权的取得有三种原则：登记原则、登记与使用结合原则、自动产生原则。登记原则类似商标注册，要求履行一定的法律申请程序，经过初步的审查之后予以公告。登记与使用相结合的原则又有两种情况：一是除了要求履行法定申请程序还要求实际使用，二是申请登记或者实际使用都可以产生专有权效力。自动产生的原则类似著作权的取得原则，自完成之日起自动产生。多数国家采用登记原则，但在《华盛顿条约》和《TRIPs协议》中，都没有将登记作为唯一取得布图设计专有权的条件。我国采用的是登记制度。《集成电路布图设计保护条例》第8条规定：“布图设计专有权经国务院知识产权行政部门登记产生。

未经登记的布图设计不受本条例保护。”

申请布图设计登记，应当向知识产权局提交下列文件：(1) 布图设计登记申请表；(2) 布图设计的复制件或者图样；(3) 布图设计已投入商业利用的，提交含有该布图设计的集成电路样品；(4) 国务院知识产权行政部门规定的其他材料。

《集成电路布图设计保护条例》第18条规定：“布图设计登记申请经初步审查，未发现驳回理由的，由国务院知识产权行政部门予以登记，发给登记证明文件，并予以公告。”这说明，我国布图设计的登记制度只是进行初步审查的注册制度，类似于注册商标的审查程序。

布图设计登记申请如果被驳回，当事人可以向国务院知识产权行政部门请求复审，对国务院知识产权行政部门的复审决定仍不服的，当事人还可以进一步寻求司法救济。

《集成电路布图设计保护条例》第12条规定：“布图设计专有权的保护期为10年，自布图设计登记申请之日或者在世界任何地方首次投入商业利用之日起计算，以较前日期为准。但是，无论是否登记或者投入商业利用，布图设计自创作完成之日起15年后，不再受本条例保护。”这与《TRIPs协议》的最低限度保护期一致，高于《华盛顿条约》的8年最低保护期。本条规定中的保护期依然是按照注册原则计算的，尽管可以按照首次商业使用利用之日起计算保护期，但是如果自首次商业利用之日起2年内，未向我国知识产权局提出登记申请的，知识产权局不再予以登记，也就无保护期的计算。

四、集成电路布图设计权的限制

(一) 反向工程(reverse engineering)

美国在其1984年制定的《半导体芯片保护法》中明确将反向工程规定为不侵犯其专有权的行为，作为对集成电路布图设计专有权限制之一，这一立法目的在于通过允许集成电路布图设计的反向工程有利于设计出功能相同而性能更优、尺寸更小、制造成本更低的半导体芯片。英特尔公司的法律顾问 Jr. Thomas Dunlap 当年在国会作证时说，开发一种新芯片要花三至三年半的时间，用反向工程重新设计要花一至一年半的时间，而直接复制只需花3至5个月的时间，一个花400万美元开发出来的芯片用反向工程重新设计要花100万美元。

从技术层面上看，直接复制与反向工程技术效果也不一样。直接复制制造集成电路在技术上没有创新，而反向工程制造的集成电路则往往在技术上会有创新。因此，《华盛顿条约》也吸取了同样的规定，此规定在《TRIPs协议》中亦得以确认(第35条)。

中国也采取同样的立场，《集成电路布图设计保护条例》第23条规定，下列行为可以不经布图设计权利人许可，不向其支付报酬：(1) 为个人目的或者单纯为评价、分析、研究、教学等目的而复制受保护的布图设计的；(2) 在依据前项评价、分析受保护的布图设计的基础上，创作出具有独创性的布图设计的；(3) 对自己独立创作的与他人相同的布图设计进行复制或者将其投入商业利用的。其中(1)、(2)项所述的，对他人的布图设计进行评价、分析，并在此基础上创作出具有独创性的新的布图设计的，是一种反向工程行为。为实施反向工程对布图设计进行复制，同样不构成侵权。不过，实施反向工程，不能仅仅出于商业目的，第(3)项规定目的在维护独立创作人的利益。但是，《集成电路布图设计保护条例》并没有进一步规定独立创作人权利行使的范围大小，以及具体如何协调在先登记人与独立创作人的利益冲突。

（二）权利用尽

集成电路布图设计专有权的“权利用尽”是指包含有布图设计的产品经权利人和利害关系人许可进入市场“首次销售”后，该布图设计专有权的商业利用权即告穷竭，他人再次商业利用的，可以不经布图设计权利人许可，并不向其支付报酬。在理解“权利用尽”时，须注意以下两点：

（1）权利用尽的只是其部分权利，而不是全部权利，其原则是排除权利人对该产品或物品再次利用的控制权，而不是剥夺权利人其他的专有权。对集成电路布图设计而言，权利用尽不包括复制权。因此，未经布图设计所有权人许可不得制造或者协助制造含有该布图设计的集成电路芯片。

（2）集成电路布图设计权利用尽不适用于未经权利人许可而制造的集成电路芯片。

（三）强制许可

《集成电路布图设计保护条例》第25条规定：“在国家出现紧急状态或者非常情况时，或者为了公共利益的目的，或者经人民法院、不正当竞争行为监督检查部门依法认定布图设计权利人有不正当竞争行为而需要给予补救时，国务院知识产权行政部门可以给予使用其布图设计的非自愿许可。”此处的非自愿许可即是强制许可，其原本是专利法中的一项防止权利滥用、阻止新技术应用的一种公共政策，考虑到集成电路布图设计也属于工程技术领域，亦应设置防止布图设计专有权被滥用的限制措施。强制许可制度是有偿使用制度，被授权使用的一方应当向权利人支付合理的报酬，其标准可以协商确定，也可以由法院判决决定。

国家知识产权局作出给予使用布图设计强制许可的决定，应当及时通知布图设计权利人。给予使用布图设计非自愿许可的决定，应当根据非自愿许可的理由，规定使用的范围和时间，其范围应当限于为公共目的非商业性使用，或者限于经人民法院、不正当竞争行为监督检查部门依法认定布图设计权利人有不正当竞争行为而需要给予的补救。非自愿许可的理由消除并不再发生时，知识产权局应当根据布图设计权利人的请求，经审查后作出终止使用布图设计非自愿许可的决定。

布图设计权利人对知识产权局关于使用布图设计非自愿许可的决定不服的，布图设计权利人和取得非自愿许可的自然人、法人或者其他组织对知识产权局关于使用布图设计非自愿许可的报酬的裁决不服的，可以自收到通知之日起3个月内向人民法院起诉。

（四）善意使用

《集成电路布图设计保护条例》第33条规定：“在获得含有受保护的布图设计的集成电路或者含有该集成电路的物品时，不知道也没有合理理由应当知道其中含有非法复制的布图设计，而将其投入商业利用的，不视为侵权。前款行为人得到其中含有非法复制的布图设计的明确通知后，可以继续将现有的存货或者此前的订货投入商业利用，但应当向布图设计权利人支付合理的报酬。”由于布图设计是高技术产品，普通买主很难辨认购买物是否为侵权物。因此，出于维护布图设计交易的正常进行的目的，必须规定不知情买主的免责条款。但是，如果善意买主在知情后想继续商业性地利用购买之物，则应向布图设计权利人支付合理的报酬。

五、法律救济

(一) 纠纷的解决途径

布图设计专有权纠纷的解决途径,除了当事人自行协商解决之外,主要有行政途径与司法途径。国家知识产权局设立集成电路布图设计行政执法委员会,负责处理侵犯布图设计专有权的纠纷,并对所涉及的赔偿数额进行调解。各省、自治区、直辖市的知识产权局可以协助、配合国家知识产权局开展集成电路布图设计行政执法工作。知识产权行政部门处理时,认定侵权行为成立的,可以责令侵权人立即停止侵权行为,没收、销毁侵权产品或者物品。当事人对该行政处理不服的,可以向人民法院提起行政诉讼。应当事人的请求,知识产权行政部门还可以就侵犯布图设计专有权的赔偿数额进行调解,调解不成的,当事人可以依照《民事诉讼法》向人民法院起诉。当事人也可以不通过知识产权行政部门直接到法院提起诉讼。实践中,因集成电路布图设计专有权侵权纠纷起诉到法院的比较少,在少有的判决中也很少有能够支持权利人的主张,这主要是由于集成电路布图设计的创造性很低,权利限制又较多。因此,权利人会尽可能用专利权保护,否则很容易在被告的抗辩中失利。

(二) 民事责任

集成电路布图设计侵权行为包括:(1) 复制受保护的布图设计的全部或者其中任何具有独创性的部分的;(2) 为商业目的进口、销售或者以其他方式提供受保护的布图设计、含有该布图设计的集成电路或者含有该集成电路的物品的。构成上述侵权行为主要以民事责任为主,法院应当判决立即停止侵权行为,并承担赔偿责任,赔偿数额为侵权人所获得的利益或者被侵权人所受到的损失,包括被侵权人为制止侵权行为所支付的合理开支。

依照《TRIPs 协议》和参照《专利法》的规定,《集成电路布图设计保护条例》第 32 条规定了诉前的临时措施,即"布图设计权利人或者利害关系人有证据证明他人正在实施或者即将实施侵犯其专有权的行为,如不及时制止将会使其合法权益受到难以弥补的损害的,可以在起诉前依法向人民法院申请采取责令停止有关行为和财产保全的措施"。

第二十五章

植物新品种的保护

基于发展农业、林业的需要，人们对植物的人工培育或者对发现的野生植物的研究开发增多，植物新品种随之产生。这些新品种，提高了农林作物的质量，为农林业的丰产丰收提供了巨大的推动力，植物新品种的研发成为一项极有价值的创新活动，其品种权的法律保护由此产生。有些国家通过专利法保护植物新品种，也有国家通过专门立法保护，我国《专利法》明确将动植物品种排除在保护范围之外，而制定了专门的《植物新品种保护条例》对其进行保护。

第一节　植物新品种及其法律保护模式

一、植物新品种的含义和特征

《植物新品种保护条例》第 2 条规定："本条例所称植物新品种，是指经过人工培育的或者对发现的野生植物加以开发，具备新颖性、特异性、一致性和稳定性并有适当命名的植物品种。"从上述定义看，新品种的范围，既可以是新育成的品种，也可以是对发现的野生植物加以开发所形成的品种。

新颖性，是指申请保护的植物新品种以前不能在市场上出售或者在市场上出售不能超过规定的时限。具体要求是，申请品种权的植物新品种在申请日前该品种繁殖材料未被销售，或者经育种者许可，在中国境内销售该品种繁殖材料未超过 1 年；在中国境外销售藤本植物、林木、果树和观赏树木品种繁殖材料未超过 6 年，销售其他植物品种繁殖材料未超过 4 年。

特异性，是指申请品种权的植物新品种应当明显区别于在递交申请以前已知的植物品种。品种保护突出特征特性（通常以外观形态为主），即要求新品种在诸如植株高矮、花的颜色、叶片宽窄、株型等一个或几个方面明显区别于递交申请以前的已知品种，或者在品质、抗性上与已知品种相比较差异显著。

授予品种权的植物新品种在生物学、形态学性状方面应当具备一致性和稳定性。一致性，是指申请品种权的植物新品种经过繁殖，除可以预见的变异外，其相关的特征或者特性一致。稳定性，是指申请品种权的植物新品种经过反复繁殖后或者在特定繁殖周期结束时，其相关的特征或者特性保持不变。

二、法律保护模式

世界上对植物新品种权主要有三种保护模式：(1) 专利保护模式，即授予植物新品种专利权，采用这种模式的国家不多；(2) 专门法保护模式，即针对植物新品种进行专门立法，例如德国；(3) 既提供专利保护又同时提供专门法保护，例如美国。

1961 年缔结的《国际植物新品种保护公约》(《UPOV 公约》)中，在关于"保护方式"第 2 条中规定："(1) 联盟各成员国可通过授予专门保护权或专利权，承认本公约规定的育种者的权利。但是，对这两种保护方式在本国法律上都予认可的联盟成员，对一个和同一个植物属或种，仅提供其中一种保护方式。(2) 对一个属或种内，以特定方式生殖或繁殖的品种或对某一最终用途的品种，各联盟成员国可以有限制地应用本公约。"依此，对同一个植物属或种，不能既授予专利权，又提供品种保护。也即，如果一国规定了可以授予品种权的植物品种名录后，该国不能再授予名录中的植物品种以专利权。

《UPOV 公约》历经数次修改，目前适用的是 1978 年文本。在《UPOV 公约》的基础上，形成了国际植物新品种保护联盟。

中国采用的是专门法保护模式。1997 年 3 月 20 日，国务院发布《植物新品种保护条例》，其第 3 条规定："国务院农业、林业行政部门按照职责分工共同负责植物新品种权申请的受理和审查并对符合本条例规定的植物新品种授予植物新品种权。"《植物新品种保护条例》于 1997 年 10 月 1 日实施。1999 年 4 月 23 日，中国正式加入《UPOV 公约》，成为其第 39 个成员国。2000 年 4 月，农业部和林业部分别公布了新品种保护的名录，共计有农业品种 19 属或种、林业品种 25 属或种。对法定名录内的新品种，提供植物新品种权的保护，对植物新品种保护名录之外的植物新品种，采用怎样的保护模式，现行法并未加以明确。《专利法》第 25 条规定，对植物新品种本身不授予专利权，但是对植物新品种的生产方法，则可以授予专利权。2013 年 1 月 31 日，国务院发布关于修改《中华人民共和国植物新品种保护条例》的决定，并于 2013 年 3 月 1 日起施行修正案，加强了植物新品种权的保护力度。

第二节　植物新品种权及其保护

一、植物新品种权的含义与内容

植物新品种权(品种权)，是指完成育种的单位或者个人对其授权的植物新品种享有的排他独占权。

依照《植物新品种保护条例》的规定，品种权独占性表现在其排他性使用上，即任何单位或者个人未经品种权所有人(以下称品种权人)许可，不得为商业目的生产或者销售该授权品种的繁殖材料，不得为商业目的将该授权品种的繁殖材料重复使用于生产另一品种的繁殖材料。法律赋予育种的单位或者个人以品种权，其保护的核心是对植物新品种权繁殖材料的保护。植物新品种的保护客体是育种者的新品种的繁殖材料，而不是品种种植者的收获物，更不是关于植物新品种的生产方法。植物新品种的生产方法，如果符合专利法规定的发明创造的新颖性、创造性和实用性条件，可以采用专利权的保护形式。

品种权主要涉及新品种的繁殖材料的生产和销售两个方面，具体有：

(1) 生产、销售权,即品种人自己为商业目的而生产、销售授权品种的繁殖材料的权利。

(2) 许可使用权,指品种权人可以为商业目的,许可他人将该授权品种的繁殖材料重复使用于生产另一品种的繁殖材料的权利。

(3) 转让权,指品种权人可依法转让品种权的申请权,以及生产或者销售该授权品种的繁殖材料的权利。

二、品种权的主体

品种权的主体可以是单位也可以是个人。由于植物新品种的申请权和品种权可以依法转让,所以品种权的主体可以是植物新品种的研发人,也可以是原始权利的合法继受人,如继承人、品种权转让合同的受让人等。

《植物新品种保护条例》对品种权的权利归属作出了类似于专利法的规定:对于职务育种,即执行本单位的任务或者主要是利用本单位的物质条件所完成的职务育种,植物新品种的申请权属于该单位;非职务育种,其植物新品种的申请权属于完成育种的个人,申请被批准后,品种权属于申请人。委托育种或者合作育种,品种权的归属由当事人在合同中约定;没有合同约定的,品种权属于受委托完成或者共同完成育种的单位或者个人。

三、品种权的取得及保护期

品种权的取得,必须向专门的审批机关提出申请,在我国依据不同的职务品种分别向农业、林业行政部门提出申请,经过初步审查和实质审查后公告取得品种专有权。特殊情况下,还要经过植物新品种复审委员会的复审,甚至司法机关的审查。

中国的单位和个人申请品种权的,可以直接或者委托代理机构向审批机关提出申请,并向审批机关提交符合规定格式要求的请求书、说明书和该品种的照片。如果提交的资料符合要求,审批机关应当予以受理,明确申请日,给予申请号,并通知申请人缴纳申请费。申请日一般为审批机关收到品种权申请文件之日;申请文件是邮寄的,以寄出的邮戳日为申请日。在申请日问题上,品种权也有关于优先权的规定。

申请人缴纳申请费后,审批机关对品种权申请的下列内容进行初步审查:(1) 是否属于植物品种保护名录列举的植物属或者种的范围;(2) 外国人申请的,是否符合《植物新品种保护条例》第20条的相关规定;(3) 是否符合新颖性的规定;(4) 植物新品种的命名是否适当。初步审查应当自受理品种权申请之日起6个月内完成。对经初步审查合格的品种权申请,审批机关予以公告,并通知申请人在3个月内缴纳审查费。对经初步审查不合格的品种权申请,审批机关应当通知申请人在3个月内陈述意见或者予以修正;逾期未答复或者修正后仍然不合格的,驳回申请。

申请人按照规定缴纳审查费后,审批机关对品种权申请的特异性、一致性和稳定性进行实质审查。这是授予品种权的实质审查程序。实质审查多为书面审查,也即主要依据申请文件和其他有关书面材料进行实质审查。但是,审批机关认为必要时,也可以委托指定的测试机构进行测试或者考察业已完成的种植或者其他试验的结果。由于审查需要,审批机关要求提供必要的资料和该植物新品种的繁殖材料的,申请人应当提供。

经实质审查符合《植物新品种保护条例》规定的品种权申请,审批机关应当作出授予品种权的决定,颁发品种权证书,并予以登记和公告。对经实质审查不符合《植物新品种保护条例》规定的品种权申请,审批机关予以驳回,并通知申请人。

对审批机关驳回品种权申请的决定不服的,申请人可以自收到通知之日起3个月内,向植物新品种复审委员会请求复审。植物新品种复审委员会应当自收到复审请求书之日起6个月内作出决定,并通知申请人。申请人对植物新品种复审委员会的决定不服的,可以自接到通知之日起15日内向人民法院提起诉讼。

品种权的保护期限自授权之日起计算,并且按照不同品种类型设定不同的保护期。藤本植物、林木、果树和观赏树木为20年,其他植物为15年。为维持品种权,品种权人应当自被授予品种权的当年开始缴纳年费,未按照规定缴纳年费,会导致品种权在其保护期限届满前终止。此外,品种权人以书面声明放弃品种权、品种权人未按照审批机关的要求提供检测所需的该授权品种的繁殖材料、或者经检测该授权品种不再符合被授予品种权时的特征和特性的,都会导致品种权在其保护期限届满前终止。

四、品种权的限制

(一) 合理使用

《植物新品种保护条例》第10条规定:利用授权品种进行育种及其他科研活动,或者农民自繁自用授权品种的繁殖材料的,可以不经品种权人许可,不向其支付使用费,但是不得侵犯品种权人依照本植物新品种保护条例享有的其他权利。

1. 科研目的的使用

任何组织和个人均可利用授权品种进行育种及其他科研活动。也就是说,可以将授权品种的繁殖材料用于培育新的品种,也可以将授权品种的繁殖材料用于其他科研活动。育种者的权利不涵盖上述两个领域。

2. 农民特权

在实施植物新品种保护的国家中,往往都规定,农民可以享有一定的权利,以满足他们对授权品种的基本需要。这也被称作农民特权。农民有权把授权品种的收获材料作为在自己土地上使用的繁殖材料。也就是说,农民有权利用授权品种自繁自用授权品种的繁殖材料。

(二) 强制许可

为了国家利益或者公共利益,植物新品种审批机关可以作出实施植物新品种强制许可的决定,并予以登记和公告。取得实施强制许可的单位或者个人应当付给品种权人合理的使用费,其数额由双方商定;双方不能达成协议的,由审批机关裁决。品种权人对强制许可决定或者强制许可使用费的裁决不服的,可以自收到通知之日起3个月内向人民法院提起诉讼。

五、对侵犯品种权的法律救济

(1) 未经品种权人许可以商业目的生产或者销售授权品种的繁殖材料的行为,品种权人或者利害关系人可以请求省级以上人民政府农业、林业行政部门进行处理,也可以直接向人民法院提起诉讼。省级以上人民政府农业、林业行政部门处理这类侵权案件时,可以责令侵权人停止侵权行为,没收违法所得和植物品种繁殖材料;货值金额5万元以上的,可处货值金额1倍以上5倍以下的罚款;没有货值金额或者货值金额5万元以下的,根据情节轻重,可处25万元以下的罚款。

(2)假冒授权品种的行为,由县级以上人民政府农业、林业行政部门依据各自的职权责令停止假冒行为,没收违法所得和植物品种繁殖材料;货值金额5万元以上的,处货值金额1倍以上5倍以下的罚款;没有货值金额或者货值金额5万元以下的,根据情节轻重,处25万元以下的罚款;情节严重,构成犯罪的,依法追究刑事责任。对于假冒授权品种的,由县级以上人民政府农业、林业行政部门责令停止假冒行为,没收违法所得和植物品种繁殖材料,并处违法所得1倍以上5倍以下的罚款;情节严重,构成犯罪的,依法追究刑事责任。

(3)销售授权品种而未使用其注册登记名称的行为,由县级以上人民政府农业、林业行政部门责令限期改正,可以并处1000元以下的罚款。

第二十六章

反不正当竞争法对知识产权保护的补充

第一节　概　　述

一、反不正当竞争法与知识产权保护的关系

反不正当竞争论是知识产权制度设计的重要理论之一，通过专利制度鼓励发明创造，鼓励使用新技术、新工艺，在创新中及时排除落后的企业，淘汰过时的方法和产品，其本身即为一种竞争机制。商标制度中反假冒、反商标淡化实质上体现的是诚实信用、公平竞争的原则。著作权制度中保护原创作品、制止抄袭、防止非法复制也体现的是尊重他人劳动的公平、诚信原则。可以说，整个知识产权制度都是建立在反不正当竞争的基本理论之上的。

但是，知识产权法属于民法体系已成通说，反不正当竞争法通常被归入经济法范畴。将知识产权法与反不正当竞争法联系在一起的首先是1883年《保护工业产权巴黎公约》。《巴黎公约》第10条规定：成员国保证为联盟成员国国民提供有效的保护以制止不正当竞争。具体是指反对所有违反工商业诚实惯例的竞争行为，特别予以制止的是混淆行为、诋毁商誉行为和令人误解行为。之后1967年《成立世界知识产权组织公约》以及WTO/《TRIPs协定》也规定了制止不正当竞争的内容。受国际公约的影响，各国国内立法多将反不正当竞争法作为知识产权法的组成部分。

知识产权法与反不正当竞争法的关联性主要体现在两者立法目的的相似性和基本原则的共通性上。反不正当竞争法的立法目的在于建立公平的竞争秩序，保护经营者、消费者的利益乃至社会的公共利益；知识产权法旨在保护企业、个人对其智力成果、商业标记及其他相关成果的财产利益和人身利益，最终也是为了维护企业的正当竞争和正常的市场秩序。诚信原则和利益平衡原则是两种制度共同的准则。正因此，在许多情况下，对于专门的知识产权法未能规制的行为，往往能够借助反不正当竞争法作为补充加以保护，所以，也形成了一种观点，认为《反不正当竞争法》是知识产权保护的兜底法律，在其他部门法保护不力或者依据不足时，可以寻求《反不正当竞争法》的加强保护。

知识产权法与反不正当竞争法在追求相同目标时选择了不同的途径。就本质而言，作为私权的知识产权属于私法，而反不正当竞争法属于竞争法范畴，从更高层面看，属于经济法和公法领域。两者之间也存在着许多差异，包括：(1) 两者的保护方式不同。知识产权法侧重于确认权利人可以行使权利，并为之提供积极保护；反不正当竞争法则侧重于禁止经营者的某些不正当竞争行为，是一种被动的限制。(2) 两者的侧重点不同。知识产权法在平

衡私权利与公共利益的同时，更侧重于保护权利人的利益；反不正当竞争法作为经济法的组成部分，更侧重于对整个市场竞争秩序的规范和调控。(3) 两者维权主体不同。依知识产权法权利人在自己权利受到侵犯时，通过民事、行政，乃至刑事途径保护自己的权利，尽管也有相关行政管理部门对侵权行为的主动查处，但知识产权作为私权，更主要的是由权利主体自行处分自己的权利，自主提出法律救济；反不正当竞争法则主要是行政部门对于市场秩序和市场主体的行为进行监管，国家机关在其中所发挥的作用更加积极。

概言之，反不正当竞争法和知识产权法之间具有亲缘关系，但又由于两种法律制度所调整的社会关系的侧重点的不同而存在差异。我国现行的知识产权制度的良性运行是知识产权法与反不正当竞争法共同作用的结果。

有鉴于此，继《专利法》《商标法》《著作权法》颁行之后，1993 年 9 月 2 日，第八届全国人民代表大会常务委员会第三次会议通过了《中华人民共和国反不正当竞争法》(以下简称《反不正当竞争法》)，并于同年 12 月 1 日实施。《反不正当竞争法》基于当时中国的实际情况，对不正当竞争行为和部分垄断行为作出了规制。《反不正当竞争法》的颁行对于保护合法市场参与者的权益和打击不法市场经济行为有着重要意义，对于知名商品包装装潢、特有名称、企业字号、商业秘密的保护，对域名、网页、新类型的智力成果的保护都得以通过该法实现，该法对加强知识产权保护的作用十分显著。

二、立法目的

《反不正当竞争法》第 1 条明确规定了该法的立法目的，包括：保障社会主义市场经济健康发展、鼓励和保护公平竞争、制止不正当竞争行为，保护经营者和消费者的合法权益。

(一) 保障社会主义市场经济健康发展

竞争机制是市场经济最基本的运行机制。如果社会经济生活中竞争遭到排斥或者削弱，市场经济秩序就会发生混乱，市场经济就不能顺利发展。因此，通过制定《反不正当竞争法》，维护和促进竞争，保障社会主义市场经济的健康发展十分重要。

(二) 鼓励和保护公平竞争、制止不正当竞争行为

竞争具有两重性，既可以产生积极的企业行为和社会效果，推动市场经济的健康发展，也可以在利益动机的影响下，产生消极的企业行为和社会效果，使得一些经营者企图不通过自己的正当努力和商业活动来获取市场中的竞争优势。

《反不正当竞争法》的制定和实施，规范了市场竞争行为，鼓励和保护公平竞争，制止惩罚各种不正当竞争行为，从制度上保障经营者在市场活动中公开、公平地进行竞争，鼓励诚实的经营者通过自己的努力取得市场优势，获得良好的经济效益，进而使市场活动始终保持竞争的公平性和有效性，使竞争始终成为企业发展的动力，带动整个社会生产力的不断提高。

(三) 保护经营者和消费者的合法权益

现实经济生活中的大量不正当竞争行为，不但扰乱、破坏了社会经济秩序，而且会给其他经营者和广大消费者的利益带来严重损害。《反不正当竞争法》的制定实施，在保护经营者的合法权益的同时，也起到了保护消费者权益的重要作用。

三、《反不正当竞争法》适用的主体

《反不正当竞争法》调整的是市场竞争中产生的社会关系，其适用的主体是市场中有相互竞争关系的经营者。所称经营者是指从事商品经营或者营利性服务的法人、其他经济组织和个人。这既是对不正当竞争行为主体范围的限定，同时也是对《反不正当竞争法》调整范围的规定。

商品经营是指商业企业通过一定购销形式和流转环节将商品从生产领域转移到消费领域的经济活动。营利性服务，指以营利为目的，以提供劳务为特征的经营活动。法人包括企业法人和实行企业化经营，依法具有从事经营活动资格的事业单位法人，以及从事营利性活动并依法取得经营资格的社会团体法人。其他经济组织则是指不具备法人资格，但依法可以从事营利性活动的社会组织。个人主要是指依法能够从事商品经营或服务的自然人，如个体工商户。只有满足上述条件的经营主体才适于《反不正当竞争法》的保护。实践中有一些行为也违背了诚实信用原则，但无法以不正当竞争为由主张权利。在《现代汉语词典》与《新现代汉语词典》案中，前者的著作权人很难以书名的搭车行为主张著作权和商标权，而按照《反不正当竞争法》，可以考虑通过主张《现代汉语词典》书名属于知名商品的特有名称来寻求保护，但是作为自然人的著作权人很难构成《反不正当竞争法》中要求的经营者主体资格，所以，在此案中，著作权人请求被告承担不正当竞争行为的责任的主张没有得到法院的支持，但如果是两本字典的出版社之间的诉讼，则符合主体资格的要求。涉及商业秘密的保护也是如此，个人之间的技术秘密被剽窃、抄袭、擅自公开也不适用《反不正当竞争法》。

第二节　反不正当竞争法的基本原则

市场交易的基本原则是对市场交易的基本规律的抽象和概括。它是所有市场交易活动必须遵循的根本准则。《反不正当竞争法》第 2 条第 1 款规定："经营者在市场交易中，应当遵循自愿、平等、公平、诚实信用的原则，遵守公认的商业道德。"竞争者违反这些原则的行为即属于不正当竞争行为。

据此，《反不正当竞争法》确定的基本原则包括：自愿原则、平等原则、公平原则、诚实信用原则以及遵守公认的商业道德原则。

一、自愿、平等、公平和诚实信用原则

这是我国《民法通则》中规定的民事行为基本原则。在民事法律关系中，当事人具有平等的法律地位，因而在进行具体的民事活动时，应尊重当事人的自主意愿；在发生财产上的关系时，应公平合理、等价有偿；在双方当事人设立和履行权利义务时，应遵循诚实信用的原则。这些原则所包含的内容互为补充，既不能以对方当事人出于"自愿"为由主张成立对他来说是显失公平或严重违反等价交换原则的权利义务关系，也不能对他方当事人进行欺诈、威胁或同他人恶意串通、侵犯对方合法权益。

自愿原则是指经营者在市场交易中遵守自愿协商的原则，也称为意思自治原则。经营者有权按照自己的真实意愿独立自主地选择、决定交易对象和交易条件，建立和变更法律关系，并同时尊重对方的意愿和社会公共利益，不能将自己的意志强加给对方或任何第三方。

只要进行交易活动双方的交易行为不违反法律规定,其他任何机关、团体、个人等第三方不能干涉。以欺诈、强迫、威胁等违背交易主体意志的不正当竞争行为,都为法律所禁止。其具体含义为:(1) 经营者有权自主决定是否参加某一市场交易活动。(2) 经营者有权自主决定交易的对象、交易的内容和交易的方式。(3) 经营者之间的交易关系以双方真实意思表示一致为基础。

平等原则是指在市场交易中经营者的法律地位平等,享有平等的权利能力。具体含义为:(1) 经营者之间不存在行政上的隶属关系,各自独立;(2) 经营者依照法律规定享有平等的民事权利;(3) 经营者之间权利义务的设定属于双方自愿协商、意思表示一致的结果。基于这一原则,在市场交易活动中,任何单位或个人都不能限定他人的商品交易行为,也不能滥用经济优势或依法具有的独占的经济地位排挤其他经营者的公平竞争。平等原则还意味着,市场对所有经营者是平等开放的,任何组织或个人不得以任何形式对市场进行分割和封锁。

公平原则是指经营者在市场交易活动中应以社会正义、公平的观念指导自己的经营行为、平衡各方的利益。具体含义为:(1) 凡是参与市场竞争的经营者都应依照公平规则行事。反对任何采取非法的或不道德的手段获取竞争优势的行为。诸如利用贿赂、回扣推销商品;不正当地获取、利用他人商业秘密,以及利用自己的经济优势不正当地阻碍他人参与市场竞争的行为都是不公平竞争行为。(2) 在市场交易关系中,经营者在享有权利和承担义务上不能显失公平,更不能一方只享受权利,另一方只承担义务。

诚实信用原则是指经营者在市场交易活动中应当恪守诺言,诚实不欺,遵守基本的商业规则。与公平原则一样,诚实信用原则也是社会公认的商业道德观念在法律上的体现。其基本含义为:当事人在市场活动中应守信,在追求自己利益的同时不损害他人和社会利益,在市场交易中任何企图不通过自己的诚实劳动,而是采取不正当的手段获得他人创造的有利条件,或者假冒他人注册商标,擅自使用他人的企业名称、字号等,以及对商品的质量、性能、产地等作虚假表示,使消费者产生混淆或误解的行为进行竞争的,都是与诚实信用原则相悖的、不正当的市场交易行为。

二、遵守公认的商业道德原则

商业道德是人们在长期的商业活动中所遵守的习惯,是约定俗成的。从行为的主观方面看,它不允许有任何主观恶意,不论在质量、价格、销售、服务等各方面的竞争都应符合良好的道德标准。从行为的客观方面看,它不能有损竞争对手和消费者的利益。但是,竞争本身就是争夺市场、争夺利润,一方盈利,必有另一方失利或少盈利,所以,只有那种不择手段地争取顾客、扩大销路的做法才属于违反商业道德的行为。

千百年来习惯法确立的是:惯例和习俗能确定什么是合理的。在缺乏强制性规则时,惯例和习俗发挥着规范经营者的作用。

有时,技术性协议也会形成行业上共同遵守的商业惯例,法院也会在司法实践中将其确立为具有法律效力的商业习惯法。在发生违约或者侵权案件时,在法律缺位的情况下,自愿性的规范和技术协议应当被倡导。

第三节 不正当竞争行为

《反不正当竞争法》对于不正当竞争行为的规定分为综述式和例举式。其第2条第2款规定："本法所称的不正当竞争,是指经营者违反本法规定,损害其他经营者的合法权益,扰乱社会经济秩序的行为。"这一综述式的定义属于原则定义,从这一规定可以看出不正当竞争行为包括以下三个特征:

第一,不正当竞争行为是《反不正当竞争法》规定的法定行为。仅指《反不正当竞争法》第二章专门列举的十一类行为,包括:(1)采用假冒或混淆等不正当手段从事市场交易的行为;(2)商业贿赂行为;(3)利用广告或其他方法,对商品作引人误解的虚假宣传行为;(4)侵犯商业秘密;(5)违反《反不正当竞争法》规定的有奖销售行为;(6)诋毁竞争对手商业信誉、商品声誉的行为;(7)公用企业或者其他依法具有独占地位的经营者限定他人购买其指定的经营者的商品,以排挤其他经营者公平竞争的行为;(8)以排挤竞争对手为目的,以低于成本的价格倾销商品的行为;(9)招标、投标中的串通行为;(10)政府及其所属部门滥用行政权力限制经营者正当经营活动和限制商品地区间正当流通行为;(11)搭售商品或附加其他不合理条件的行为。

第二,不正当竞争行为对其他经营者合法权益构成了损害。这反映了民事侵权责任的特征。也就是说,构成《反不正当竞争法》所规定的不正当竞争行为必须有证据证明其已经对其他经营者构成了商业利益上的损害。

第三,不正当竞争行为扰乱了社会经济秩序。不正当竞争行为制造了市场混乱,破坏了竞争的公平性,损害了社会一般消费者乃至整个社会公共利益。正是由于不正当竞争具有不同于一般民事侵权行为的社会危害性质,我国才专门制定《反不正当竞争法》,综合运用民事、行政和刑事的手段对其进行调整。

采用例举式定义的不正当竞争行为并非都与知识产权保护有密切关系,本章仅就与知识产权相关的问题进行讨论。

第四节 与商品有关的标识类权利的保护

《反不正当竞争法》第5条对四种所谓欺骗性交易行为进行了禁止性规定。其中前三种涉及与商品类有关的标识类权利的保护,分别是:假冒他人注册商标的行为,侵犯知名商品权的行为和侵犯企业名称权、他人姓名权的行为。

一、假冒他人注册商标

(一)假冒他人注册商标的行为

《反不正当竞争法》第5条第1项规定,经营者不得以假冒他人的注册商标为不正当手段从事市场交易,损害竞争对手。

商标是商品的生产者或销售者在自己的商品上使用的用于区别其他商品生产者或销售者商品的一种标志。它不仅起到识别商品的作用,也起到区别不同商品来源,标志企业信誉和形象的作用,还有利于维护正常的市场管理秩序。《商标法》为保护注册商标专用权提供了专门的法律依据,但假冒他人注册商标的行为,不仅侵害商标注册人的商标专用权,也损害消费者的利益,危害正常的市场经济秩序,其不正当竞争的恶性十分明显,因此,《反不正当竞争法》从维护市场竞争秩序的角度对此也作了规定。

该条规定的假冒他人的注册商标,是指《商标法》第57条规定的侵犯注册商标专用权的行为:(1)未经商标注册人的许可,在同一种商品上使用与其注册商标相同的商标的;(2)未经商标注册人的许可,在同一种商品上使用与其注册商标近似的商标,或者在类似商品上使用与其注册商标相同或者近似的商标,容易导致混淆的;(3)销售侵犯注册商标专用权的商品的;(4)伪造、擅自制造他人注册商标标识或者销售伪造、擅自制造的注册商标标识的;(5)未经商标注册人同意,更换其注册商标并将该更换商标的商品又投入市场的;(6)故意为侵犯他人商标专用权行为提供便利条件,帮助他人实施侵犯商标专用权行为的;(7)给他人的注册商标专用权造成其他损害的。此外,还包括《商标法实施条例》和相关司法解释中规定的各类侵犯商标权的行为,如:在同一种或者类似商品上,将与他人注册商标相同或者近似的标志作为商品名称或者商品装潢使用,误导公众的;将与他人注册商标相同或者相近似的文字作为企业的字号在相同或者类似商品上突出使用,容易使相关公众产生误认的;复制、摹仿、翻译他人注册的驰名商标或其主要部分在不相同或者不相类似商品上作为商标使用,误导公众,致使该驰名商标注册人的利益可能受到损害的;将与他人注册商标相同或者相近似的文字注册为域名,并且通过该域名进行相关商品交易的电子商务,容易使相关公众产生误认的。这些行为均构成《反不正当竞争法》所规定的假冒他人注册商标的行为。

(二)假冒他人注册商标行为的不正当性

假冒他人注册商标的行为属于不正当竞争行为,其不正当性主要体现在:

(1)行为人通过假冒他人注册商标,利用他人注册商标早已享有的信誉,推销自己的商品,属于"搭便车"行为。对经营者而言,商标是自己商品信誉的标志,通过提高产品质量,进行广泛宣传,以提高商品的知名度,这需要花费巨大的广告宣传和商品推销费用,应该计入商品成本,并反映在自己商品的价格上。"搭便车"行为省去了创立商标知名度所需的人力、物力的投入,在商品的成本核算中减少了开支,价格相对便宜,在市场竞争中占有价格优势,利用这种优势与被假冒者进行竞争显失公平,违反诚实信用原则。

(2)对被假冒者而言,假冒行为扰乱了消费者对自己商标的认识,使其产生误认。如果假冒的商品质量低劣,就会破坏被假冒者的商品信誉,使其失去市场竞争能力,给被假冒者造成商誉损失。

(3)消费者凭某一商品信誉选择商品,假冒商标行为使消费者无法辨别真假,从而上当受骗,损害消费者利益。对于未注册的商标,2001年《商标法》明确对未注册的驰名商标给予保护,由此,假冒他人未注册的驰名商标也属于不正当竞争行为。

但是《反不正当竞争法》没有直接对未注册商标进行规定,仅对知名商品的名称、包装、装潢等明确给以保护。商标是所有商品标志中最重要的一项,假如未注册商标的知名商品的名称、装潢受到侵害是一种不正当竞争行为,而假冒此种商品的商标不被认为是不正当竞争行为,这就比较难以理解。侵犯商标的危害性并不比侵犯其他标志的危害性轻,从这一点讲,《反不正当竞争法》尚需对未注册商标的保护作补充规定。

(三)假冒他人注册商标行为的法律责任

根据《反不正当竞争法》的规定,违反该法规定的假冒他人注册商标的经营者,所需承担的法律责任包括民事责任、行政责任和刑事责任。

《反不正当竞争法》确定的是市场经济条件下经营者竞争的基本规则,它着眼于解决市场竞争中的共性问题,是在各行各业、各类商品或服务的市场交易中均应遵守的共同规范。由于其他有关立法也对假冒他人注册商标行为的责任作出了规定,在法律规定发生竞合时,转致适用其他法律的规定处罚。

假冒他人注册商标的行为在《商标法》中已有明确规定,而《商标法》处于《反不正当竞争法》的特别法地位,其规定应当优先适用。根据2013年《商标法》第60条之规定,侵犯注册商标专用权行为引起纠纷的,由当事人协商解决;不愿协商或者协商不成的,商标注册人或者利害关系人可以向人民法院起诉,也可以请求工商行政管理部门处理。工商行政管理部门处理时,认定侵权行为成立的,责令立即停止侵权行为,没收、销毁侵权商品和主要用于制造侵权商品、伪造注册商标标识的工具,违法经营额5万元以上的,可以处违法经营额五倍以下的罚款,没有违法经营额或者违法经营额不足5万元的,可以处25万元以下的罚款。对5年内实施两次以上商标侵权行为或者有其他严重情节的,应当从重处罚。销售不知道是侵犯注册商标专用权的商品,能证明该商品是自己合法取得并说明提供者的,由工商行政管理部门责令停止销售。

根据《商标法》第67条之规定,未经商标注册人许可,在同一种商品上使用与其注册商标相同的商标,构成犯罪的,除赔偿被侵权人的损失外,依法追究刑事责任。伪造、擅自制造他人注册商标标识或者销售伪造、擅自制造的注册商标标识,构成犯罪的,除赔偿被侵权人的损失外,依法追究刑事责任。销售明知是假冒注册商标的商品,构成犯罪的,除赔偿被侵权人的损失外,依法追究刑事责任。根据《刑法》第213条的规定,未经注册商标所有人许可,在同一种商品上使用与其注册商标相同的商标,情节严重的,处3年以下有期徒刑或者拘役,并处或者单处罚金;情节特别严重的,处3年以上7年以下有期徒刑,并处罚金。

二、侵犯知名商品权

(一)侵犯知名商品权的行为

《反不正当竞争法》第5条第2项规定,经营者不得擅自使用知名商品特有的名称、包装、装潢,或者使用与知名商品近似的名称、包装、装潢,造成和他人的知名商品相混淆,使购买者误认为是该知名商品。这些与知名商品有关的商业标识权可以简称为"知名商品权"。

商品的名称、包装、装潢是商品的外表特征,在一定程度上反映了经营者的商业信誉和商品声誉。商品的名称、包装、装潢又是创造商品形象、开拓市场的重要手段,知名度较高的商品的名称、包装、装潢本身就会成为高声誉商品的象征。擅自使用他人知名商品特有的名称、包装、装潢,或者模仿他人知名商品特有的名称、包装、装潢,在市场上产生混淆,造成误认、误购的,均侵犯了他人特定的知识产权,属于危害竞争秩序的不正当竞争行为。

(二)侵犯知名商品权行为的构成要件

侵犯知名商品权行为的认定须衡量下述基本要件:

第一,名称、包装、装潢须为知名商品特有。知名商品是指具有一定的市场知名度,为相关公众所知悉的商品。在认定知名商品时,需要考虑的因素包括该商品的销售时间、销售区域、销售额和销售对象,进行宣传的持续时间、程度和地域范围,作为知名商品受保护的情况等。如知名的日常用品应在一般的消费者中有较高的知名度,而有特定交易对象的商品,如医疗器材、生产机械等商品应在可能购买、销售或特定使用该商品的单位或人员中考察它的知名度,而不应在一般的消费者中考察其知名度。

知名商品特有的名称、包装、装潢是指具有区别商品来源的显著特征的商品的名称、包装和装潢。这些商业标识经过长期使用具有了一定的显著性,也有指示商品来源的功能,应当属于经营者的无形财产,受到法律的保护。商品的特有名称是指商品独有的与通用名称有显著的区别的商品名称,但该名称已经作为商标注册的除外。判断商品的特有名称的要素有:(1) 该名称是否有某一特定的经营者首先使用;(2) 该名称作为一个整体是明显区别于其他同类商品的特定标识;(3) 特有名称是市场上使用后具有的特别指示作用,与注册商标的产生不同。

商品包装装潢,是指商品包装上的装饰。它与商标的区别在于:

(1) 商标是专用的,很少改变内容;装潢不是专用的,可以根据市场销售的需求随时对其加以变动和改进。例如,某品牌饮料,因饮料来自不同的制作原料,便在装有该原料的饮料的外包装潢上画出不同的原料图案,草莓型的画草莓图案,荔枝型的画荔枝图案,但使用的都是同一个商标。

(2) 商标的目的是区别不同来源的商品;装潢的目的在于说明、美化商品,刺激消费者的需求欲望。

(3) 商标重在标志,不能有夸大商品内容的作用;装潢着力渲染、夸张、美化商品,有时占据整个包装,给人留下深刻的印象。

(4) 商标一般不与商品的内容相同,但装潢往往与商品的内容一致。例如,不能用沙丁鱼作为鱼罐头的商标,但装潢上的鱼的图案则说明罐头内装的是鱼而不是其他食品。

装潢有时也与商标相统一。设计美观的商标,可以作为商品装潢的一部分。如"一得阁"牌墨汁,"一得阁"商标与装潢浑然一体;而"可口可乐"商标本身又兼做商品装潢;至于立体商标更是与装潢密不可分。

由经营者营业场所的装饰、营业用具的式样、营业人员的服饰等构成的具有独特风格的整体营业形象,也属于商品"装潢"。

第二,对他人知名商品特有的名称、包装、装潢,擅自作相同的使用或者作相近似的使用,致使与他人知名商品发生混淆。擅自使用是指未经所有权人的许可而自行使用其知名商品的名称、包装、装潢。这是构成违反本规定的不正当竞争行为的要件之一。所谓"造成与他人的知名商品相混淆,使购买者误认为是知名商品"是指足以使相关公众对商品的来源发生误认,包括误认为其与知名商品的经营者具有许可使用、关联企业关系等特定联系。

对不正当地利用他人知名商品的名称、包装、装潢从事市场交易的行为有两种情况:一是完全相同的使用,另一种情况是近似性使用。近似是指对知名商品的名称、包装、装潢做无实质性改变,沿袭其主要部分,致使与知名商品发生混淆,使购买者发生误认。这里所称的"主要部分"是指商品名称、包装、装潢最显著、最醒目、最易引起购买者注意的部分。判断是否作近似使用,须分析在客观上是否会使购买者施以普通的注意力有发生误认的可能,不以专业人员的注意结论作为衡量标准。

(三) 侵犯知名商品权行为的法律责任

《反不正当竞争法》第21条第2款对侵犯知名商品权行为的法律责任作了专门规定,即,经营者擅自使用知名商品特有的名称、包装、装潢,或者使用与知名商品近似的名称、包装、装潢,造成和他人的知名商品相混淆,使购买者误认为是该知名商品的,监督检查部门应当责令停止违法行为,没收违法所得,可以根据情节处以违法所得1倍以上3倍以下的罚款;情节严重的,可以吊销营业执照;销售伪劣商品,构成犯罪的,依法追究刑事责任。

据此,实施了侵犯知名商品权的行为所需承担的法律责任包括:

(1) 民事责任:经营者违反《反不正当竞争法》规定,给被侵害的经营者造成损害的,应当承担损害赔偿责任,被侵害的经营者的损失难以计算的,赔偿额为侵权人在侵权期间因侵权所获得的利润;并应当承担被侵害的经营者因调查该经营者侵害其合法权益的不正当竞争行为所支付的合理费用。

(2) 行政责任:经营者采用这类不正当竞争行为从事市场交易的,由监督检查部门责令停止违法行为,没收违法所得,可以根据情节处以违法所得1倍以上3倍以下的罚款;情节严重的,除给予上述处罚外,还可以吊销营业执照。

(3) 刑事责任:采用这种不正当手段销售伪劣商品,构成犯罪的,依法追究刑事责任,即以《刑法》生产、销售伪劣产品罪定罪处罚。

三、侵犯企业名称权、他人姓名权

(一) 企业名称权、他人姓名权的行为

《反不正当竞争法》第5条第3项规定,经营者不得实施擅自使用他人的企业名称或者姓名,引人误认为是他人的商品的不正当竞争行为,并借以进行市场交易,损害竞争对手。

姓名权是法律赋予的一种民事权利,《民法通则》规定,公民的姓名权、名誉权,法人的姓名权、名誉权都受法律保护。名称与姓名是法人和自然人的代表,现在很多服务业或新的专利产品都以开办者或发明人的名字命名,如"章光101毛发再生精"等,它表明了商品所特有的生产厂家。

在市场交易活动中,企业名称或者姓名是经营者的营业标志,是区别商品或服务来源的标志。企业名称或者姓名体现了经营者通过付出努力和资本获得的无形财产,保护企业名称或者姓名主要是保护附于企业名称或者姓名中的商业信誉。

(二) 侵犯企业名称权、他人姓名权行为的认定

企业登记主管机关依法登记注册的企业名称,以及在中国境内进行商业使用的外国(地区)企业名称,作为"企业名称"加以保护。具有一定的市场知名度、为相关公众所知悉的企业名称中的字号也可以认定为"企业名称"。

在商品经营中使用的自然人的姓名,应当认定为"姓名"。具有一定的市场知名度、为相关公众所知悉的自然人的笔名、艺名等,可以认定为"姓名"。

商业使用,是指将企业名称、姓名用于商品、商品包装以及商品交易文书上,或者用于广告宣传、展览以及其他商业活动中。

(三) 侵犯企业名称权、他人姓名权行为的法律责任

根据《反不正当竞争法》的规定,侵犯企业名称权、他人姓名权的行为主要承担民事责任和行政责任。

就民事责任而言，根据《反不正当竞争法》第 20 条第 1 款之规定，经营者违反本法规定，给被侵害的经营者造成损害的，应当承担损害赔偿责任，被侵害的经营者的损失难以计算的，赔偿额为侵权人在侵权期间因侵权所获得的利润；并应当承担被侵害的经营者因调查该经营者侵害其合法权益的不正当竞争行为所支付的合理费用。

就行政责任而言，根据《反不正当竞争法》第 21 条之规定，侵犯企业名称权、他人姓名权行为，需要依照《商标法》的规定进行处罚。而 2013 年《商标法》第 58 条规定，将他人注册商标、未注册的驰名商标作为企业名称中的字号使用，误导公众，构成不正当竞争行为的，依照《中华人民共和国反不正当竞争法》处理。两部法律相互援引，却又都没有作明确规定，这将导致对该行为的制裁难以实行。

第五节　商业秘密的法律保护

一、商业秘密的概念

商业秘密作为一种特殊的知识产权，其本质是一种信息。然而并非所有的信息均属商业秘密范畴。关于何为商业秘密，世界各国和国际条约均有界定，但迄今为止尚未形成统一的认识。

通说认为《TRIPs 协议》中的"未披露信息（undiscovered information）"即指商业秘密。《TRIPs 协议》第七节第 39 条规定，只要有关信息符合下述条件，则自然人和法人应有权禁止他人未经允许以违背诚实商业行为的方式，披露、获取或者使用处于其合法控制下的信息：(1) 该信息作为整体或作为其组成部分的确切构造或组合，未被通常从事该类信息工作的人普遍熟知或容易获得；(2) 因其属于秘密而具有商业价值；(3) 合法控制该信息的人根据情况采取了合理的保密措施。

世界知识产权组织公布的《反不正当竞争示范法》使用了"秘密信息（secret information）"一词，在第 6 条第 3 项对商业秘密的含义作出界定："就本条而言，具备下列条件的信息才被认为是秘密信息：(1) 作为一个整体或作为其组成部分的确切构造或组成，它未被通常从事该类信息工作的领域内的人们普遍知悉或者容易获得；(2) 由于是秘密而具有商业价值；(3) 权利人根据情况采取了合理措施以保持其秘密。"该规定与《TRIPs 协议》第 39 条的规定基本一致，只是表述略有不同。

在我国，《反不正当竞争法》第 10 条第 3 款规定："本条所称的商业秘密，是指不为公众所知悉、能为权利人带来经济利益、具有实用性并经权利人采取保密措施的技术信息和经营信息。"根据这一定义，商业秘密不仅包括凭技能或经验产生的、在实际中尤其是工业中适用的技术信息（如化学配方、工艺流程、技术秘诀、设计图纸等），还包括那些具有秘密性质的经营管理方法及与经营管理方法密切相关的经营信息（如管理方法、产销策略、客户名单、货源情报等）。

二、商业秘密的构成要件

从商业秘密的定义可以看出，商业秘密的构成要件包括秘密性、实用性和保密性。

（一）秘密性

秘密性是指构成商业秘密的技术信息和经营信息须不为公众所知悉。所谓“不为公众所知悉”是指有关信息不为其所属领域的相关人员普遍知悉和容易获得。而如果相关信息为其所属技术或者经济领域的人的一般常识或者行业惯例的，或者仅涉及产品的尺寸、结构、材料、部件的简单组合等内容，进入市场后相关公众通过观察产品即可直接获得的，或者已经在公开出版物或者其他媒体上公开披露的，或者已通过公开的报告会、展览等方式公开的，或者无须付出一定的代价而容易获得的，则不具有秘密性。例如，在公开发行物上介绍的某项药品配方，尽管注有“祖传秘方”字样，但已不再是商业秘密，因为公众都有可能知晓。

（二）实用性

实用性是指商业秘密能够为权利人带来经济利益，在实践中指有关信息具有现实或者潜在的商业价值，能为权利人带来竞争优势。例如，某项技术革新不但没有提高劳动生产率，降低生产成本，相反却降低了劳动生产率，提高了生产成本，这也不是商业秘密，因为它没有经济价值。

（三）保密性

相关技术信息和经营信息欲构成商业秘密须由权利人为防止信息泄漏采取与商业价值等具体情况相适应的合理保护措施。例如，经营者将有关信息资料（如自己掌握的客户名单、货源情报等）放在易为他人得到的地方，而不是妥善保管，严格保密，此时的这些信息就不具有保密性。权利人是否采取了合理保密措施必须根据所涉信息载体的特性、权利人保密的意愿、保密措施的可识别程度、他人通过正当方式获得的难易程度等因素进行判断。

所谓保密措施，是指权利人为防止信息泄漏所采取的与其商业价值等具体情况相适应的合理保护措施。下列情形可以认为权利人采取了保密措施：(1) 限定涉密信息的知悉范围，只对必须知悉的相关人员告知其内容；(2) 对于涉密信息载体采取加锁等防范措施；(3) 在涉密信息的载体上标有保密标志；(4) 对于涉密信息采用密码或者代码等；(5) 签订保密协议；(6) 对于涉密的机器、厂房、车间等场所限制来访者或者提出保密要求；(7) 确保信息秘密的其他合理措施。

三、侵犯商业秘密的行为

《反不正当竞争法》第10条第1款和第2款列出了四种侵犯商业秘密的行为，包括：

（一）以盗窃、利诱、胁迫或者其他不正当手段获取权利人的商业秘密的行为

欲谋取权利人的商业秘密的人可分为二种：第一种是权利人的竞争对手，这种人一旦获取对手的商业秘密，将对权利人的生产经营构成威胁；第二种是与权利人无竞争利害关系的经营其他商品的经营者，这种人可以将获取的商业秘密高价出售给权利人的竞争对手，同样会给权利人带来威胁。所以，不论属于哪一种人都可能成为侵权行为人。

获取商业秘密的手段各种各样，如盗窃、利诱、胁迫、互派工业间谍及其他手段等。其中：

(1) 盗窃，一般是指通过窃取商业秘密的载体而获取商业秘密。其主体既包括内部知情人员盗窃权利人的商业秘密，也包括外部人员盗窃权利人的商业秘密。

(2) 利诱，是指行为人通过向掌握或了解商业秘密的有关人员直接提供金钱、物品或提供更优厚的工作条件或对此作出某些承诺等，而从其处获取权利人的商业秘密。

（3）以胁迫手段获取权利人的商业秘密，是指行为人通过威胁、强迫掌握或了解权利人的商业秘密的有关人员，而从其处获取权利人的商业秘密。

（4）以其他不正当手段获取权利人的商业秘密，是指行为人除了采取上述手段外，采用其他不正当手段获取权利人的商业秘密。例如，通过虚假陈述而从权利人处骗取商业秘密，通过所谓“洽谈业务”“合作开发”“学习取经”等活动套取权利人的商业秘密等。所有这些行为，都是以不正当手段获取权利人商业秘密的不正当竞争行为，是为法律所禁止的。

如某化工厂生产某产品的工艺流程是保密的，厂内不许参观、访问，竞争对手无法进入厂内或利用厂内人员获取情报，于是，就利用直升机在该厂上空拍下了工厂全景，化工厂的实际生产流程一目了然。化工厂内不允许进入，但该厂上空属公有领域，可以飞行。这种就属于利用其他手段获得商业秘密的行为，这类行为的一个共同特性就是违背保密人的意志。在这里需强调的是，只要是利用了盗窃、利诱、胁迫等非法手段获取了他人的商业秘密就已构成不正当竞争行为，不论获取后是否使用或转作他用。

（二）披露、使用或者允许他人使用以上述非法手段获取的权利人的商业秘密的行为

披露，是指将其非法获得的商业秘密告知权利人的竞争对手或其他人，或者将商业秘密内容公布于众；使用，是指将自己非法获取的商业秘密用于生产或者经营；允许他人使用，是指允许他人将自己获得的商业秘密用于生产或者经营，包括有偿与无偿两种情况。“所述非法手段”是指以盗窃、利诱、胁迫或其他不正当手段。以这些手段获取的权利人的商业秘密，都是以不正当手段获取的。因此，获取者再向第三人披露、自己使用或允许第三人使用这些以不正当手段获取的商业秘密，自然也是不正当的，是为法律所禁止的。

披露或允许他人使用无疑是更广泛地侵害了权利人的权利，使权利人蒙受更大的损失，进一步扩大了参与不正当竞争主体的范围。这种行为主体多是企业内部的人员。企业的管理人员、工人、学徒等利用工作关系而得知的经营秘密或技术秘密在工作关系存续期间内，未经授权而向他人泄露该秘密，从而获利或存心伤害企业主。这种行为也严重地损害了企业的利益，企业有权要求出卖者承担法律责任。

对权利人来说，泄露其商业秘密的有两种情况：一种是权利人明确规定本单位工作人员有义务给予保密而泄密的；另一种是各种职务发明的发明人应该保密而将技术秘密披露出去的。

企业工作人员在调离、辞职、离退休后披露或使用以欺骗的方式得到的本企业商业秘密也属于非法行为。但是职务发明的发明人在脱离原单位后可以为了技术进步使用自己的发明或告知他人以诚实合理的方式使用该发明。

（三）违反约定或者违反权利人有关保守商业秘密的要求，披露、使用或者允许他人使用其所掌握的商业秘密的行为

这是指合法知悉商业秘密内容的人披露、使用或者允许他人使用商业秘密的行为，包括公司、企业内部的工作人员，曾在公司、企业内工作的调离人员、离退休人员以及与权利人订有保守商业秘密协议的有关人员。也就是说，在与权利人签订有保密协议或权利人对其商业秘密有保密要求的情况下，掌握或了解权利人商业秘密的人，应当遵守有关保密协议或权利人的保密要求，严格为其保密。如果违反上述协议或要求，擅自向他人披露、自己使用或允许他人使用其所掌握或了解的商业秘密，就不仅仅是一种违约行为，而且是一种侵犯商业秘密的不正当竞争行为，为法律所禁止。

对于商业秘密,特别是技术秘密,在经营者贸易往来中往往需要被对方所了解,以便于履行所签合同。对此,在合同中应签订保密条款,约定只许对方了解而不许对方使用己方的商业秘密,或不许第三人知晓,对方负有保密的义务。因此,擅自使用或泄露被自己知悉的他人的商业秘密也是一种不讲信用的行为。

(四) 第三人明知或者应知前款所列违法行为,获取、使用或者披露他人的商业秘密的行为

换言之,除直接侵犯商业秘密行为的人以外,其他人在明明知道或应当知道其所获取、使用或披露的他人的商业秘密是通过不正当手段获取的情况下,仍然获取、使用或者向外披露这些商业秘密的,也应当被认定为侵犯商业秘密行为,为法律所禁止。

在实践中,有两种行为通常不被认为是侵犯商业秘密。其一,《最高人民法院关于审理不正当竞争民事案件应用法律若干问题的解释》第 12 条规定,通过自行开发研制或者反向工程等方式获得的商业秘密,不认定为侵犯商业秘密行为。所谓“反向工程”,是指通过技术手段对从公开渠道取得的产品进行拆卸、测绘、分析等而获得该产品的有关技术信息。但如果当事人是以不正当手段知悉了他人的商业秘密,之后又以反向工程为由主张获取行为合法的,则其主张不能成立。其二,客户基于对职工个人的信赖而与职工所在单位进行市场交易,该职工离职后,能够证明客户自愿选择与该职工或者其新单位进行市场交易的,应当认定没有采用不正当手段,但职工与原单位另有约定的除外。所谓客户名单,是经营信息的一种,一般是指客户的名称、地址、联系方式以及交易的习惯、意向、内容等构成的区别于相关公知信息的特殊客户信息,包括汇集众多客户的客户名册,以及保持长期稳定交易关系的特定客户。

四、侵犯商业秘密的法律责任

鉴于侵犯商业秘密行为不仅会直接侵犯商业秘密权利人的合法权益,给权利人造成直接或间接的经济损失,而且还会破坏市场经济秩序,妨碍公平竞争机制应有作用的发挥,《反不正当竞争法》在原则规定受害人可依法就民事损害赔偿问题向人民法院起诉的基础上,又专门规定了侵权人所应承担的行政责任。此外,根据《刑法》的相关规定,侵犯商业秘密,给商业秘密权利人造成重大损失的,还需要承担刑事责任。

(一) 民事责任

经营者违反《反不正当竞争法》的相关规定,给被侵害的经营者造成损害的,应当承担损害赔偿责任,被侵害的经营者的损失难以计算的,赔偿额为侵权人在侵权期间因侵权所获得的利润;并应当承担被侵害的经营者因调查该经营者侵害其合法权益的不正当竞争行为所支付的合理费用。

根据《最高人民法院关于审理不正当竞争民事案件应用法律若干问题的解释》的相关规定,侵犯商业秘密的,需要承担的民事责任主要包括停止侵害和损害赔偿。停止侵害的时间一般持续到该项商业秘密已为公众知悉时为止。如果人民法院判决停止侵害的时间明显不合理的,可以在依法保护权利人该项商业秘密竞争优势的情况下,判决侵权人在一定期限或者范围内停止使用该项商业秘密。侵犯商业秘密所需承担的损害赔偿额的计算,可以参照确定侵犯专利权的损害赔偿额的方法进行。因侵权行为导致商业秘密已为公众所知悉的,应当根据该项商业秘密的商业价值确定损害赔偿额。商业秘密的商业价值,根据其研究开

发成本、实施该项商业秘密的收益、可得利益、可保持竞争优势的时间等因素确定。

（二）行政责任

根据《反不正当竞争法》第25条的规定，若经营者实施了侵犯他人商业秘密的行为，监督检查部门应当责令停止违法行为，可以根据情节处以1万元以上20万元以下的罚款。

这其中包括两层含义：其一，监督检查部门根据受害人的请求，或依职权，认定侵犯商业秘密行为确实存在的，应当责令侵权行为人停止侵权行为，以制止该侵权行为的继续，并保护权利人的合法权益免遭更大的损害。其二，对于侵犯商业秘密行为人，监督检查部门可以根据情节处以1万元以上20万元以下的罚款。这既是对侵权行为实施经济制裁的规定，也是对监督检查部门处罚权限的规定。监督检查部门可以综合考虑侵权行为人的主观过错、行为危害后果等情节，给予侵权行为人1万元以上20万元以下的罚款。

（三）刑事责任

《刑法》第219条规定，有下列侵犯商业秘密行为之一，给商业秘密的权利人造成重大损失的，处3年以下有期徒刑或者拘役，并处或者单处罚金；造成特别严重后果的，处3年以上7年以下有限徒刑，并处罚金：(1) 以盗窃、利诱、胁迫或者其他不正当手段获取权利人的商业秘密的；(2) 披露、使用或者允许他人使用以前项手段获取的权利人的商业秘密的；(3) 违反约定或者违反权利人有关保守商业秘密的要求，披露、使用或者允许他人使用其所掌握的商业秘密的。明知或者应知上述行为而获取、使用或者披露他人的商业秘密的，以侵犯商业秘密罪论处。

根据最高人民法院、最高人民检察院《关于办理侵犯知识产权刑事案件具体应用法律若干问题的解释》的相关规定，实施《刑法》第219条规定的行为之一，给商业秘密的权利人造成损失数额在50万元以上的，属于"给商业秘密的权利人造成重大损失"，应当以侵犯商业秘密罪判处3年以下有期徒刑或者拘役，并处或者单处罚金。给商业秘密的权利人造成损失数额在250万元以上的，属于《刑法》第219条规定的"造成特别严重后果"，应当以侵犯商业秘密罪判处3年以上7年以下有期徒刑，并处罚金。

商业秘密作为私权本应主要通过民事途径进行保护，目前在实践中越来越呈现出"泛刑化"的趋势，使得原本应通过"先民后刑"的途径进行处理的侵犯商业秘密纠纷，在许多情况下走上了"先刑后民"的路径。过度的商业秘密的刑事保护逐渐沦为经营者遏制竞争对手的工具。这种趋势也有悖于《反不正当竞争法》的立法目的。

第五编 | 反垄断法对知识产权保护的规制

第二十九章

反垄断法与知识产权法的关系

反垄断法被公认为是经济法领域的宪法,作为国家宏观调控的必要手段,反垄断法是公权力的象征,它承载着规制市场经济秩序、维护自由公平竞争的社会功能。知识产权法属于私法,是国家通过授予垄断权达到鼓励市场主体创新和竞争目的的重要法律制度。知识产权是私权已经被国际公约所确定,本着私权自治原则,国家授予给知识产权权利人在一定时期的垄断权不应当受过多干预,知识产权作为合法的垄断权,是作为反垄断法的适用例外而存在的。《中华人民共和国反垄断法》(以下简称《反垄断法》)第55条规定:“经营者依照有关知识产权的法律、行政法规规定行使知识产权的行为,不适用本法;但是,经营者滥用知识产权,排除、限制竞争的行为,适用本法。”从这一条可以看出,知识产权合法与否的边界确定除了知识产权各部门法的内部规定外,也离不开反垄断法对滥用知识产权,排除、限制竞争行为的外部规制。

从我国的法律实践看,对知识产权制度实施中出现的不正当竞争行为的规制也可以从《反不正当竞争法》中找到依据,但该法的作用更多的是对没有被列入知识产权专门法的权益进行的补充保护以及对滥用知识产权行为的规制,《反不正当竞争法》的功能有限,诸如违背诚信原则申请专利、抢注商标、恶意诉讼、阻止二次创新的垄断协议、限制OEM企业正当进入市场、企业兼并、合资合作中的知识产权不当限制、侵害消费者利益的知识产权许可条款等,这些知识产权制度实施中必然伴随的现象难以在《反不正当竞争法》中加以规制。从发达国家的法律体系看,对这些限制竞争行为往往是通过知识产权部门法之外的《反垄断法》加以解决,这些国家在知识产权制度设立之初就将《反垄断法》作为一把“达摩克利斯之剑”(The Sword of Damocles)悬在知识产权权利人头上,用来监视知识产权行使,使之不能“越雷池一步”,也告诉人们知识产权合法垄断权的边界所在。

第一节 反垄断法对知识产权规制的理论基础

一、知识产权权利限制的必要性

任何权利都可能被滥用,而以专有性为基本特征以垄断利益为追求目标的知识产权更为明显。知识产权的专有性,一方面具有类似所有权所具备的对世效力,同时也有别于所有权的垄断效力,知识产权人作为“先占”者,在其依法取得知识产权后就可以排斥他人对相同权利客体的占有。以专利权为例,即使在后的发明创造同样是独立完成的,只要与在先授予专利权的发明创造相同,也不能获得专利权的保护,《专利法》规定:相同的发明创造只能授予一项专利权,由此,知识产权专有性有别于普通财产权的特性。

知识产权制度的激励理论可以很好的解释知识产权的专有效力。亚当·斯密在其《国富论》中指出:“各个人追求自己的利益,往往使他能比在真正出于本意的情况下更有效地促进社会的利益。”[①]利己性是个人行动的原动力,知识产权制度从人的利己性出发,赋予知识产权权利人对其智力成果的专有权利,通过为其私有权利提供具有法律保障的垄断效力,控制无形智力成果的扩散传播,进而人为地制造出类似于有体物的稀缺性,使知识产权权利人拥有了能为其带来更大利益的市场资源,为人们进行技术研发和创新提供了强劲动力。在创新竞争中的胜出者获得对其智力成果的垄断权,这种垄断性形成了一种激励机制,使人们提高创造的效率,争取在竞争中获胜,成为唯一的合法垄断者。正是这种激励机制也导致了知识产权权利人私欲的过度膨胀,滥用知识产权,进而取得了反面的社会效果——限制创新和竞争。

知识产权滥用,是指知识产权权利人超出法律允许的范围或正当的界限,以不正当的方式行使其权利,进而损害了他人和社会公共利益。[②] 知识产权权利人利用其优势地位,滥用权利进行不正当竞争,压制打击竞争对手,阻碍技术传播和其他企业的市场准入,这与知识产权法鼓励创新和创作,维护公平竞争,平衡知识产权人利益与社会公益、促进社会经济文化发展的立法宗旨相背。因此,对具有极强垄断性的知识产权进行限制尤显必要。

二、知识产权限制的法理基础

(一)法哲学基础

(1)洛克的财产权劳动理论指出,任何人都对他自己的人身享有一种财产权,除了他自己,任何人对此都没有任何权利。他的身体所从事的劳动和他的双手所进行的工作属他所有。劳动使得一切东西具有不同的价值,最初,人们对原来共有的东西施加劳动,该劳动就产生财产权。洛克的财产权劳动理论指出了劳动是传统财产权的正当性基础,它同时也成为知识产权的正当性依据。[③] 如果非创造性的一般劳动可以成为劳动者正当占有某物并获得所有权的理由,那么具有更高质量的创造性劳动的付出者更应对其创造的技术成果享有合法的所有权。而财产权劳动理论同时指出,人们在取得财产权时必须留有足够多的同样的好东西给他人共有,同时以不造成浪费为限。[④] 就知识产权而言,这意味着每个人都有权对公有领域的知识进行创造性利用,产生智力成果,并据以对该成果享有所有权的权利。但知识产权的垄断效力剥夺了知识产权人以外的人的这种权利,它使得不同主体完成的完全相同的成果难以获得同样权利。如若不对这种垄断效力进行限制,他人的创造性劳动就不能得到尊重,也会使公有领域的知识技术逐渐转化为知识产权权利人的私有财产,从而导致公有领域内可以自由接触和利用的资源越来越少,技术创新难度越来越高,依赖技术创新发展的社会进步成本越来越高。

---

① 〔英〕亚当·斯密:《国富论》(下册),郭大力、王亚南译,商务印书馆1979年版,第27页。

② 王先林:《知识产权与反垄断法》,法律出版社2001年版,第21页。

③ 〔澳〕布拉德·谢尔曼、〔英〕莱昂内尔·本特利:《现代知识产权法的演进——1760—1911英国的历程》,金海军译,北京大学出版社2006年版,第24—27页。

④ Drahos: A Philosophy of Intellectual Property, 1996, Publishedby Dartmouth Publishing Company Ltd. England, p. 43.

（2）黑格尔的财产权自由意志理论认为，人之所以能够取得物的所有权，是因为其将自己的自由意志外化入该物之中，而这个过程是每个人的权利。在知识技术领域，人们同样可以通过将个人意志体现在智力成果之中，进而取得对该智力成果的知识产权。但自由意志是平等的，在先技术成果中体现的个人意志并不能排除后来者将自己的个人意志体现在同样的技术成果中。知识产权的垄断效力则排除了后来者通过将自由意志外化入智力成果的权利的表达，因此，有必要对知识产权的垄断效力予以限制，以确保知识产权权利人以外的其他人的自由意志。

（3）卢梭、康德的财产社会契约理论认为："每个人都把自己全部地奉献出来，所以对于所有民事人的条件都是同等的，而条件对于所有的人既都是同等的，便没有人想要使它成为别人的负担；转让既是毫无保留的，所以联合体也就会尽其可能地完美，而每个结合者也就不会再有什么要求了；每个人既然是向全体奉献自己，他就并没有向任何人奉献出自己。而且既然从任何一个结合者那里，人们就得到了自己所丧失的一切东西的等价物以及更大的力量来保全自己的所有。"[①]简言之，劳动只能产生占有的事实，不能直接产生所有权，所有权是通过社会契约产生的。每个人之间相互订立契约，交出自己的一部分利益，组成政府的权力，从而使得自然状态下的人转变为社会的成员、自然状态下财产权转变为私权抑或市民社会中的财产权。基于此，社会状态下国家、法律以及公民的权利都有了合理、合法的来源和依据。知识产权作为一项法定权利，亦是建立在社会公众认可的基础之上的。社会公意以国家立法的形式认可了知识产权的垄断效力，但同时为确保社会公众接近和利用智力成果的机会，防止智力成果私有化带来的社会进步成本的不必要增加，社会公意同时还要求对知识产权进行必要的限制。

（二）经济学基础

行为理性是经济学的基石。所谓行为理性，是指用有效率的手段达到所追求的目的。从经济学角度看，行为理性是人的特质之一。尽管并非每一个具体行为都完全合乎理性，但绝大多数人在绝大多数情况下的行为是理性的。人们在创设法律制度时，往往会将追求利益最大化的理性融入其中。而知识产权限制作为法律制度的有机组成，也是人们追求效率价值最大化的产物。

以发明创造为例，发明创造是个体劳动的产物，具有一定的排他性和私权属性。同时，由于发明创造的外部经济性、扩散性、无消耗性以及消费的无竞争性等特征，其又具备了公有的性质。由于发明人都在创新劳动中耗费了大量的人力物力，如果仅看到发明创造的公有性而采用完全的公有产权制度，将导致发明人因无法获得应有补偿而挫伤其创新的积极性，最终导致社会发明创造供给不足。反之，如果仅看到发明创造的私权属性而采用完全的私有产权制度，赋予发明人绝对的垄断权，虽然能实现个人利益的最大化，但这种垄断权将阻碍发明创造的传播和利用，大大增加社会利用发明创造的成本，最终阻碍社会技术进步。从经济学角度而言，对专利权限制最大的价值在于其通过承认发明创造的私权属性激励发明人的创造热情，通过对个人利益最大化的必要限制，保证发明创造供给的最大化，以及成果传播和利用的最大化。

---

① 〔法〕卢梭：《社会契约论》，何兆武译，商务印书馆 1980 年版，第 33 页。

（三）公共利益考量

智力成果的生产是个人创造性劳动和社会性劳动的结合，这也使得智力成果具有私人产品和社会产品的双重属性。一方面，智力成果是其创造者体力劳动和脑力劳动的结晶，并在一定程度上体现了创造者的人格，因此，智力成果是个人创造性劳动的产物。另一方面，任何智力创造活动都是在继承前人优秀文化的基础上进行扬弃的结果，可以说，任何智力创造活动都包含了社会性劳动，其因此也具有了社会产品的属性。而智力成果只有进入市场流转，才能实现其价值，因此，其价值的实现亦离不开社会性劳动。社会公共利益，是指"多数人的利益高于个人的利益，任何一个公民都应当为了全社会的共同利益而放弃个人利益"①。知识产权制度下，权利人对智力成果的垄断利益与社会公众对智力成果的需求利益之间存在矛盾。知识产权限制是知识产权制度在激励创新而赋予知识产权权利人必要的垄断性的私权利的同时，维护社会公共利益的必要手段，通过对知识产权进行必要的合理限制，最终实现社会收益与个人收益平衡状态下的双方利益的最大化。

三、知识产权限制的制度体系

知识产权限制的制度体系包括内部限制和外部限制。内部限制是指在《专利法》《商标法》《著作权法》等各个部门法内部明确地对专利权、商标权、著作权等各类知识产权进行的限制。而外部限制则是指宪法、民法、竞争法、程序法等对知识产权权利人滥用垄断权行为的规制。以专利权为例，《专利法》对专利权的限制包括：专利权行使中的限制，如《专利法》第 69 条规定的五种专利侵权例外的情形，《专利法》第六章规定的专利强制许可，《专利法》第 14 条规定的专利指定推广应用，《专利法》第 62 条规定的现有技术抗辩；专利权救济中的限制，《专利法》第 70 条规定的损害赔偿请求权的限制，以及尽管在法律中没有明确规定但在实践中均已发生的基于公共利益等因素的考量而对停止侵害请求权的限制；就外观设计而言，还包括发生与其他合法权利冲突时的限制。对知识产权的内部限制在本书前面各章讨论具体的专利权、商标权、著作权等内容时已经详细论及，本章主要探讨《反垄断法》对知识产权的外部限制。

第二节　反垄断法对知识产权规制

《反垄断法》作为解决知识产权滥用的法律手段，主要是基于两个方面考虑。一方面，知识产权法属于民法范畴，奉行意思自治原则，以任意性规范为主，知识产权权利滥用行为需要强制性规范加以规制，在知识产权部门法中过多对知识产权限制加以规范有悖于知识产权立法宗旨，而素有"经济宪法"之称的反垄断法则以强制性规范为主，通过政府专门机关采取主动干预的方法对解决知识产权权利滥用问题更为有效。另一方面，反垄断法与知识产权法的价值取向一致，都致力于促进社会公共利益，但两者实现该目标的手段不同。知识产权制度以牺牲市场一部分公平竞争为代价，促进科技和经济发展；反垄断法则是以限制各种垄断行为、促进市场参与者之间的有效竞争作为促进社会公共利益的手段。

---

① 郑成思主编：《规制知识产权的权利行使》，知识产权出版社 2004 年版，第 125 页。

一、知识产权法与反垄断法功能上的一致性

知识产权与反垄断法之间的内在统一性体现为二者功能和所追求的终极目标具有一致性。

第一,知识产权与反垄断法统一于与竞争的联系和对竞争的促进,从而推动创新和促进经济发展的目的和功能上。现代社会中,竞争促使经营者提供具有区别特征的产品供消费者选择,应当说,竞争能通过促进产品的差别化,影响经营者的市场集中度,遏制垄断的形成。而在有效竞争环境中,市场主体可以自由决定是否参与市场竞争以及与谁进行竞争等,进而有助于打破市场非均衡状态,优化市场结构。财产权的确认是市场竞争的前提,知识产权作为一种具有垄断性的财产权。知识产权制度可以使权利人对其技术开发和创新投资的经济回报有所预期,并鼓励其通过技术创新增强自己的市场竞争力。市场中竞争主体技术水平和竞争力的提高,势必将推动整个国民经济的发展和国际竞争力的提高。而这也恰恰是反垄断法所要达到的目的,因为对反垄断法而言,维护自由竞争秩序是其存在的根源和内在精神,促进有效竞争和经济发展是其目标和归宿。

第二,知识产权与反垄断法可以统一于对消费者的保护上。知识产权无论是通过鼓励创新、促进经济发展、在总体上增加消费者福利,还是通过对具体市场上侵犯知识产权行为的制止和制裁来使消费者免遭交易中的损害,都可达到保护消费者的目的。而反垄断法无论在哪个国家、哪个时期,也不论是更加突出公平还是更加突出效率,在保护消费者利益、增进消费福利方面是完全一致的,因此,可以说,知识产权与反垄断法都具有推动创新和增进消费者福利的共同目的。在没有知识产权的情况下,模仿者不支付补偿就可以利用创新者和投资者的努力成果。快速的模仿会减少创新的商业价值,并侵蚀对投资的刺激,最终将损害消费者的利益。反垄断法通过禁止可能损害有关服务消费者的现有的或新的方式的竞争行为,推动创新和增进消费者福利。

第三,知识产权保护中防止权利滥用原则与反垄断法的宗旨一致。知识产权的行使同时要受到民法的诚实信用、禁止权利滥用和公序良俗等原则的外部限制。在著作权法中的合理使用制度和法定许可制度,在专利法中的强制许可制度和权利穷竭,在商标法中的正当使用制度均源自于民法基本原则。国际层面上,《TRIPs 协议》第 7 条确定:“知识产权的保护和执法应当有助于技术创新以及技术转让和传播,有助于技术知识的创作者与使用者的相互收益并且是以增进社会和经济福利的方式,以及有助于权利和义务的平衡。”第 8 条第 2 款规定:“为了防止权利所有人滥用知识产权,或者采用不合理地限制贸易或对技术的国际转让有不利影响的做法,可以采取适当的措施,但以这些措施符合本协定的规定为限。”

作为反垄断的“适用除外”,知识产权的行使通常免受反垄断法的规制,只有当知识产权的行使超出其权利范围,构成权利滥用,并严重到影响了公平和有效的竞争时,该行为才落入反垄断法的规制范围。日本《关于禁止私人独占和维护公平交易的法律》第 23 条规定:该法不适用于正当行使专利法所规定的权利的行为。我国台湾地区的“公平交易法”第 45 条规定:“依照著作权法、商标法或专利法行使权利之正当行为,不适用本法之规定。” 以私法原则为主的知识产权法和以公法原则为主的反垄断法对竞争的关注与调整的角度和方式不同,但是它们在促进竞争、规制权利滥用方面殊途同归。

二、知识产权法与反垄断法之间的潜在冲突

知识产权的私权属性决定了权利人可能会为追求利益而忽视竞争法律，滥用权利，而知识产权的垄断性也在一定范围内限制了竞争。对于建立有效竞争的市场结构来说，《反垄断法》的公法性质使得其以维护社会公共利益和竞争秩序为己任，反对垄断，反对限制竞争，反对滥用市场优势地位，维护竞争性的市场结构。因此，两者在性质和功能上存在冲突。

一方面，两者的价值选择存在冲突。知识产权是个体的民事权利，是权利人对其智力成果及商业标识进行占有、使用、收益、处分的独占性权利，属于私权范畴。反垄断法属于经济法领域，以社会为本位，旨在维护社会公共利益和社会经济秩序，是典型的公法。即使知识产权权利人具有市场支配地位，只要是在合理的范围之内行使权利，并不违法，但当权利人利用其市场支配地位实施限制竞争的行为时，知识产权的行使就有可能违背反垄断法。二者价值选择的不同是由其内在矛盾决定的。

另一方面，实践中，反垄断法与知识产权的行使存在冲突。知识产权的取得，需要投入一定的经济成本和智力活动，并可能会有失败的风险，因此，有必要赋予知识产权权利人垄断权以收回投资。这种合理的垄断机制，将有助于激励知识创新，促进科技成果的传播与扩散。但知识产权的过度保护可能会导致垄断的形成，限制市场竞争，不利于市场经济的稳定健康发展，进而受到以保护公共利益为目的的反垄断法的规制。事实上，趋利性使得知识产权权利人的利己要求与反垄断法的利他要求必然会发生冲突。

三、知识产权与反垄断法之间冲突的协调

鉴于知识产权与反垄断法之间存在着潜在的矛盾和冲突，有必要采取措施对其进行协调和避免。知识产权的基本性质是民事权利，是私权，尽管它也有公益目标，但主要和直接的还是为了私益目标；反垄断法是以社会为本位的公法，主要为了社会公益目标，因此，两者的潜在冲突在实质上反映了个体权利与社会整体利益之间在特定情况下可能存在的冲突。尽管市场经济要求遵行民事权利的充分和一体保护的原则，但在社会个体行使民事权利与社会整体利益发生现实的冲突时，则要求个体民事权利受到一定的限制；因此，一般来说，当权利人在行使知识产权超出法定范围，与反垄断法通过保护竞争所要实现的社会整体目标（实质公平和社会整体效率）相冲突时，反垄断法应当优先适用，以对知识产权的行使行为加以必要的限制。这是符合反垄断法作为经济法的性质和宗旨的。

四、《TRIPs 协议》中的反垄断条款

反垄断法的精神在知识产权国际公约中也有体现，这足以说明两者结伴而存，相辅相成。《TRIPs 协议》第 40 条规定：

（1）各成员一致认为一些限制竞争的有关知识产权的许可做法或条件可能对贸易产生不利影响，并会妨碍技术的转让和传播。

（2）本协议的任何规定不应阻止各成员在其立法中明确规定在特定情况下可构成对知识产权的滥用并对相关市场上的竞争产生不利影响的许可做法或条件。如以上所规定的，一成员在与本协议其他规定相符的条件下可依据该成员的有关法律和规章，采取适当的措施来阻止或控制这类做法，包括诸如排他性反授条件，阻止对许可效力提出异议的条件和胁

迫性一揽子许可等。

(3) 每个成员应在任何其他成员的请求下，与其进行磋商，如果该任何其他成员有理由相信，作为被提出磋商申请的成员的国民或居民的知识产权所有人正在采取的行动违反了其关于本节内容的法律和规章，并希望在不妨害按法律采取任何行动以及不损害任何一方享有的作出最终决定的充分自由情况下使有关知识产权所有人遵守有关立法。被请求成员对提出请求成员的磋商要求应给予充分和同情的考虑，提供足够的机会进行磋商，并在遵守国内法和就提出请求成员保障其机密性达成相互满意的协议的前提下，在提供与该事项有关的公开的非机密资料和该成员所掌握的其他资料方面予以合作。

(4) 如一成员的国民或居民在另一成员内因违反另一成员有关本节内容的法律和规章而受到起诉，则应其请求，另一成员应按与第3款同样的条件给予其磋商机会。

这些条款旨在对合同许可中的反竞争行为进行控制，以避免知识产权权利人在许可合同的谈判中滥用专有权。这也是《TRIPs 协议》第8条所规定的公共利益原则和禁止权利滥用原则的具体化。

第三十章

反垄断法的基本原则及垄断行为

第一节　反垄断法的基本原则

各国反垄断法的基本原则多是在实践中逐步确立并完善的。学界对反垄断法基本原则的概括不尽相同,有学者认为反垄断法的基本原则包括合法原则和合理原则。[①] 有学者从维护竞争和提高经济效益的角度出发,认为反垄断法的基本原则应包括适度自由原则、实质公平原则和整体效率优先原则。[②] 也有学者认为竞争法基本原则应包括有效竞争原则、促进竞争原则、公平竞争原则和合法有序原则。[③] 还有认为反垄断法的基本原则包括适度竞争原则、政策补充原则、效力普适原则和规则分析和经济分析统一原则。[④] 从美国实践来看,学者主要根据对具体司法案例的总结,认为反垄断法的基本原则包括本身违法原则、合理原则和自觉对应原则。[⑤]

一、一般原则

(一) 本身违法原则

本身违法原则,又称本质原则是指任何垄断行为只要违反反垄断法明确规定的条件,即属违法行为,应由反垄断机构追究其法律责任。该原则主要适用于调整企业的市场行为,强调按法律规定的特定事实本身来判决,而不问行为的目的、危害后果及当事人的市场地位如何,只需根据法律的明确规定,即可认定合法或非法。

(二) 合理原则

本身违法原则尽管明确,并使得市场主体对自己的行为有明确的预期,但是市场行为十分复杂,并不能简单地以是和非进行考量。本身违法原则在这个问题上显得过于简单,缺乏弹性。如,就垄断协议而言,很难简单地界定其是否违反了反垄断法的规定。合理原则弥补了本身违法原则的不足,对市场行为的判断标准根据具体情况赋予了执法者更大的自由裁量权,使其能更好地应对变化繁多的市场行为。合理原则是指对市场上的某些限制竞争行为并不必然地视为违法。是否构成违法,结合各具体情况,如考察企业的行为意图、行为方

---

① 吴宏伟:《竞争法有关问题研究》,中国人民大学出版社 2000 年版,第 116 页。
② 徐士英:《市场秩序规制与竞争法基本理论初探》,载《上海社会科学院学术季刊》1999 年第 4 期。
③ 倪振峰:《竞争法基本原则探讨》,载《政治与法律》1998 年第 2 期。
④ 娄正前:《反垄断法基本原则的法理研究》,载《法制现代化研究》2004 年第 9 卷,第 237—249 页。
⑤ 张瑞萍:《反垄断法理论与实践探索》,吉林大学出版社 1998 年版,第 111 页。

式以及行为后果之后,才能作出判断。合理原则本身是一个动态的概念,具有高度的概括性,对于单个的市场主体而言,可根据实际情况裁定出最公平的结果。

（三）效果原则

效果原则,指的是发生在境外的垄断行为,不管行为主体的国籍和实施场所,只要这种行为对境内市场竞争产生不良影响,就应受境内反垄断法的规制。反垄断法的域外适用,是指反垄断法适用于发生在本国以外却对本国市场有影响的垄断或限制竞争行为。随着经济全球化程度不断提高,国内生产和国际市场逐渐融为一体,影响一国国内市场秩序的因素未必发生在本国境内,反垄断法的域外适用以及效果原则的使用,是经济全球化的客观要求,也有利于保护本国的利益。

（四）关键设施原则

关键设施原则是市场经济发达国家反垄断法的一个重要原则,指的是如果控制关键设施并在此市场上占据垄断地位的企业,拒绝以合理的方式许可其竞争对手使用其控制的关键设施,而其竞争对手如果不能使用此关键设施就无法在关联市场上与它展开有效的竞争,则应判令此垄断地位企业许可其竞争对手以合理的方式使用其控制的关键设施。[①] 这一原则对促进积极竞争、增加消费者的福利具有重要意义。我国《反垄断法》对关键设施原则并无规定。

二、我国《反垄断法》的基本原则

我国《反垄断法》的基本原则包括五个方面[②]:

（一）健全有序的市场体系原则

《反垄断法》第 4 条规定,国家制定和实施与社会主义市场经济相适应的竞争规则,完善宏观调控,健全统一、开放、竞争、有序的市场体系。作为与建设现代市场体系关系最为密切,也是最为基础的"经济宪法"的《反垄断法》,应以健全统一、开放、竞争、有序的现代市场体系为其立法的指导思想。同时,该原则也有助于解决《反垄断法》立法过程中争论不休的宏观调控与《反垄断法》的关系,具体的产业政策与《反垄断法》实施的关系问题。

（二）依法实施经营者集中,提高市场竞争力原则

《反垄断法》第 5 条规定,经营者可以通过公平竞争、自愿联合,依法实施集中,扩大经营规模,提高市场竞争力。传统理论认为,《反垄断法》的主要目标和功能是防止企业在市场竞争中通过合并等手段形成垄断地位,进而破坏竞争机制,因而对经营者集中的控制一直都是反垄断制度的核心内容之一。这一基本原则包括两个方面的含义:其一,企业通过合并等方式形成企业集中,本身并不违法。优胜劣汰使得经济效益好的企业得以扩大市场占有率,提高市场竞争力,这种行为不但不为《反垄断法》做禁止,相反,《反垄断法》鼓励经营者通过公平竞争和自愿联合,扩大经营规模,提高市场竞争力。特别是在经济全球化进程中,我国企业需要通过自愿联合、重组扩大经营规模,提高市场竞争力,这些活动有时候可能是跨国的,《反垄断法》不应成为这些企业发展的障碍。其二,企业通过合并等方式形成企业集中,应依

---

① 王丽洁:《反垄断法基本原则的确立及其意义》,载《行政与法》2012 年第 7 期。

② 王学政:《我国〈反垄断法〉的基本原则》,载《中国工商报》2008 年 8 月 19 日(第 A03 版)、2008 年 8 月 23 日(第 A03 版)、2008 年 8 月 26 日(第 A03 版)、2008 年 8 月 30 日(第 A03 版)、2008 年 9 月 6 日(第 A03 版)。

法进行。《反垄断法》的相关规定一方面确保无须审查的企业集中顺利进行,另一方面为需要审查的企业集中设立了申报和审查程序,若无法通过审查,则禁止合并。国务院还根据《反垄断法》的授权,制定了《国务院关于经营者集中申报标准的规定》,使企业集中的通畅区与限制区之间有了明确的界限,也使执法者有了明确的操作依据。

(三)禁止违法限制竞争行为原则

垄断行为具有两重性:一方面,国家需要运用法律手段来维护市场竞争;另一方面,国家又常常需要对可能发生的市场失灵进行调控。即使是性质上具有一定的限制竞争性的纯粹市场行为,只要其目的和效果有利于经济发展或社会公共利益,就不应禁止。《反垄断法》的这一基本原则,体现在第3条关于垄断行为的规定以及第6条的直接规定。第3条规定垄断行为包括:垄断协议,滥用市场支配地位,以及具有或者可能具有排除、限制竞争效果的经营者集中。而其中第一种行为和第三种行为并非当然是法律禁止的对象,而需要根据法律规定进行审查。第6条规定,具有市场支配地位的经营者,不得滥用市场支配地位,排除、限制竞争。考虑到我国的实际情况,《反垄断法》第7条第1款对国有经济作了特殊规定,国有经济占控制地位的关系国民经济命脉和国家安全的行业以及依法实行专营专卖的行业,国家对其经营者的合法经营活动予以保护,并对经营者的经营行为及其商品和服务的价格依法实施监管和调控,维护消费者利益。简言之,国有经济占控制地位的关系国民经济命脉和国家安全的行业以及依法实行专营专卖的行业的合法行为与滥用市场支配地位无关,但若其损害了消费者利益,则应受到法律的规制。

(四)禁止滥用行政权力,排除、限制竞争原则

《反垄断法》第8条规定,行政机关和法律、法规授权的具有管理公共事务职能的组织不得滥用行政权力,排除、限制竞争。传统反垄断法针对的是市场行为,行政性垄断行为并不是传统反垄断法的规制内容。但考虑到我国现有国情,一些具有管理公共事务职能的组织可能会滥用行政权力,排除、限制竞争,妨碍了统一、开放、竞争、有序市场的形成和发展,损害消费者的利益,其危害性可能比市场垄断行为更大,因此,在我国《反垄断法》总则部分专门加入了规制行政性垄断的条款,并在该法第五章"滥用行政权力排除、限制竞争"中具体列举了各种行政性垄断行为,同时还在第37条再次强调,行政机关不得滥用行政权力,制定含有排除、限制竞争内容的规定。

(五)鼓励行业自律原则

我国《反垄断法》有两个条款涉及行业协会。第11条规定,行业协会应当加强行业自律,引导本行业的经营者依法竞争,维护市场竞争秩序。行业协会是指介于政府、企业之间,商品生产业与经营者之间,并为其服务、咨询、沟通、监督、公正、自律、协调的社会中介组织。行业协会是一种民间性组织,它不属于政府的管理机构系列,它是政府与企业的桥梁和纽带。在我国,行业协会属于《民法》规定的社团法人,是我国民间组织社会团体的一种。行业协会的性质和特点,决定了其很容易在行业内部的经营者之间形成垄断协议,如联合固定或变更商品的价格,联合抵制交易,划分商品的销售市场或者原材料采购市场等。此时,行业协会往往是组织者,具有牵线搭桥的作用。对此,各国反垄断法都明确禁止行业协会实施垄断协议行为。我国《反垄断法》第11条的规定,可以被视为是行业协会所应承担的一项法律义务。行业协会的特性决定了其不可能实施全部的垄断行为,与其相关联的只有垄断协议,因此,《反垄断法》第16条规定,行业协会不得组织本行业的经营者从事本章禁止的垄断行

为,本章禁止的垄断行为指的是各种垄断协议。例如,我国市场上曾经出现的各生产企业联手提高方便面价格的事件,最终行业协会和经营者都同样受到制裁。

第二节　垄 断 行 为

垄断是指经营者在某种产品或服务的市场上有控制和独占的权力,没有任何竞争者与之竞争。

我国《反垄断法》第 3 条规定的垄断行为包括:(1) 经营者达成垄断协议;(2) 经营者滥用市场支配地位;(3) 具有或者可能具有排除、限制竞争效果的经营者集中。尽管《反垄断法》中还涉及滥用行政权力排除、限制竞争的行政垄断行为,但与知识产权滥用的垄断行为关联不大,故不在本篇讨论范围,本篇主要涉及的是三种基本的垄断行为。

一、垄断行为的特征

垄断行为一般具备三个特征:

第一,实施垄断行为的主体是经营者。所称经营者,是指从事商品生产、经营或者提供服务的自然人、法人和其他组织,行政机关、行业协会等公益性机构不属于垄断行为的主体。这一定义的范围与商法中商事主体的范围基本一致。

第二,垄断行为具有排除、限制竞争的目的或效果。如果某个行为具有排斥、限制竞争目的,则应推定为能够产生限制竞争的后果,但相关的分析则需要借助于反垄断法中的本身违法原则和合理原则进行。

第三,垄断行为具有类型化特征,即,法律上明确规定了三类垄断行为,垄断协议、滥用市场支配地位、具有或者可能具有排除、限制竞争效果的经营者集中。尽管法律明确规定了这三类垄断行为,但实践中的垄断行为具有极大的不确定性。如垄断协议的违法行为不仅包括协议,还包括其他协同行为;又如,认定是否构成滥用市场支配地位的行为要采取合理分析的原则和方法等。这也表明了反垄断执法的复杂性以及专业性。

二、垄断行为的一般表现

(一) 垄断协议

《反垄断法》第 13 条第 2 款规定,垄断协议是指排除、限制竞争的协议、决定或者其他协同行为。

垄断协议分为横向垄断协议和纵向垄断协议两种。横向垄断协议是指具有竞争关系的竞争者之间达成的协议,包括:固定或者变更商品价格,限制商品的生产数量或者销售数量,分割销售市场或者原材料采购市场,限制购买新技术、新设备或者限制开发新技术、新产品,联合抵制交易等。纵向垄断协议是指经营者与不具有竞争关系的交易相对人达成的协议,包括:固定向第三人转售商品的价格,限定向第三人转售商品的最低价格等。

(二) 滥用市场支配地位

滥用市场支配地位又称滥用市场竞争优势,是指具有市场支配地位的经营者,从事排除、限制市场竞争的行为。受《反垄断法》规制的行为包括:以不公平的高价销售商品或者以不公平的低价购买商品;没有正当理由,以低于成本的价格销售商品;没有正当理由,拒绝与交易相对人进行交易;没有正当理由,限定交易相对人只能与其进行交易或者只能与其指定的经营者进行交易;没有正当理由搭售商品,或者在交易时附加其他不合理的交易条件;没有正当理由,对条件相同的交易相对人在交易价格等交易条件上实行差别待遇。

《反垄断法》第17条第2款规定,市场支配地位,是指经营者在相关市场内具有能够控制商品价格、数量或者其他交易条件,或者能够阻碍、影响其他经营者进入相关市场能力的市场地位。第18条进一步规定了认定经营者具有市场支配地位的考量因素,包括:该经营者在相关市场的市场份额,以及相关市场的竞争状况;该经营者控制销售市场或者原材料采购市场的能力;该经营者的财力和技术条件;其他经营者对该经营者在交易上的依赖程度;其他经营者进入相关市场的难易程度;还包括其他相关因素。

(三) 经营者集中

经营者集中是指经营者通过合并、资产购买、股份购买、合同约定(联营、合营)、人事安排、技术控制等方式取得对其他经营者的控制权或者能够对其他经营者施加决定性影响的情形。《反垄断法》第20条规定了三种经营者集中的形式:经营者合并;经营者通过取得股权或者资产的方式取得对其他经营者的控制权;经营者通过合同等方式取得对其他经营者的控制权或者能够对其他经营者施加决定性影响。经营者集中并不一定就是垄断行为,产生垄断的集中,客观上应具有或者可能具有排除、限制竞争的效果。

三、与知识产权相关的垄断行为

知识产权的滥用行为通常有两个特点:第一,行为人主观上有损害他人权益和社会利益的故意;第二,客观上实施了不正当行使知识产权的行为并且损害了他人或社会公共利益。知识产权领域普遍存在的许可、不出售和搭售行为等都很可能会落入《反垄断法》的规制之中。如,1987年,柯达公司以其拥有打印机和复印机的零部件的独占使用权为由拒绝向独立经营维修的ISOS公司提供这些产品,ISOS公司起诉柯达公司通过搭售协议将其零部件同柯达公司自己的产品捆绑起来,以排斥其他维修公司提供的服务。法院认为,柯达公司以行使打印机和复印机的零部件的知识产权为名,行垄断打印机的售后服务市场之实,认定柯达公司违反了《反垄断法》,并支付赔偿金。[①] 搭售也被称为附带条件交易,即一个销售商要求购买其产品或者服务的买方同时也购买其另一种产品或者服务,并且把买方购买其第二种产品或者服务作为其可以购买第一种产品或者服务的条件。搭售行为限制了消费者的选择权,限制市场竞争,有悖于《反垄断法》的宗旨。

随着技术标准与知识产权的关系越来越密切,借助技术标准这一公共平台,众多专利权人将大量专利加以联合,形成“专利池”统一进行许可,这些专利权人持有的专利技术具有很强的竞争优势,专利联营许可的情况有可能构成垄断协议、经营者集中以及将标准非必要专利捆绑一起构成搭售的嫌疑,故此,各国反垄断机构对涉及技术标准的“专利池”许可都有相应的对策,或进行事前的反垄断审查,或事后给予反垄断处罚。在近年出现的专利海盗现象中,知识产权滥用与反垄断问题越来越突出,对知识产权制度的运行也产生了较大影响,《反垄断法》对知识产权的规制作用愈发明显。

---

① 沈四宝、刘彤:《美国反垄断法原理与典型案例研究》,法律出版社2006年版,第286—288页。

第三十一章

垄 断 协 议

第一节　垄断协议的概念和特征

一、概念

垄断协议是指排除、限制竞争的协议、决定或者其他协同行为。

市场上的经营者虽然其自身不具有市场支配地位,但若与同一市场中的其他竞争者相互协同经营,则会产生限制、排除竞争的后果。因此,反垄断法除了规制具有市场支配地位的单个经营者的垄断行为,对于经营者之间通过垄断协议,排除、限制竞争的行为也予以规制。

垄断协议是指两个或者两个以上的经营者(包括行业协会等经营者团体)为了达到固定价格、划分市场、限制产量、联合抵制交易等排除、限制竞争目的而形成的意思表示或协同行为。

我国《反垄断法》中涉及垄断协议的规定包括总则中的第3条(垄断行为的分类),第二章(垄断协议,第13条、第14条、第15条、第16条),第七章第46条(垄断协议的法律责任及减免),第八章第55条、第56条(知识产权与农业的适用除外)。

二、特征

(一)垄断协议的主体是两个或者两个以上的经营者

协议是民事主体一致性的意思表示,垄断协议作为一种协议,同样表现为两个以上的经营者相互间意思表示的一致。滥用市场支配地位在多数情况下由单个企业并且是具有市场支配地位的特殊主体实施,而垄断协议则总是由双方或多方实施,因此,垄断协议又被称为共同行为或联合限制竞争行为。

(二)限制竞争的方式是协议、决定或其他协同行为

1. 限制竞争协议

欧共体委员会1999年的一项决定指出:“当所有当事人遵守一项共同计划,而该计划决定它们彼此间在市场上的行为方式,或共同不行为时,就可以说其间存在一项协议。它们共同作出决定,或共同采取共同的计划,这不需要采用书面的形式。不需要任何形式,也不需要具备任何违约责任条款或其他执行措施,协议的存在可由当事人的行为明确或隐含地表

现出来。”[①]协议既可以是书面的，也可以是口头的；既可以是双方正式签署的规范性文件，也可以是双方传递的电报、传真和信件。

2. 决定

企业联合组织可以采用决定的形式表达两个以上的经营者意思表示一致的行为。决定主要是指各种形式的企业行会、商会协会、企业联合体、专业联合会等所作出的反映协会成员意愿的表达。《反垄断法》第16条规定，行业协会不得组织本行业的经营者从事垄断协议。实践中，由行业协会作为组织者组织成员实施排除、限制竞争的垄断协议，是垄断协议的一个重要形式。

3. 协同行为

当事人之间协同一致的行为，可视为当事人之间存在的口头协议。协同行为也可称为共同行为，协调一致的行为。该规定意在涵盖行为人之间缺乏协议的所有类型的合作活动。需要注意的是，如果企业不约而同采取协调一致的行为，且仅仅是一致行为，则不属于反垄断法所禁止的垄断。协同行为要求企业间主观上存在协同的一致意见，客观上存在协同的意志行为。

实践中，三种垄断协议的方式往往难以截然分开，行业协会的信息交流常常成为审查对象，其有时被视为企业间的协议，有时被视为企业团体的决议，更多的情况下被视为企业的协同行为。而如果这种行为成为企业间协同的工具，导致限制竞争，则将被视为违法行为。

（三）具有排除和限制竞争目的或产生排除、限制竞争的效果

这是垄断协议的根本特征或危害所在。不具备该特征的协议只是普通的民事协议，不构成垄断协议。各国实践多借助于本身违法原则和合理原则对垄断协议的效果进行认定。

三、垄断协议的种类与特点

根据生产经营活动中经营者间所处的交易地位以及相互间是否具有竞争关系，可以将垄断协议分为两类：一类是横向垄断协议，另一类是纵向垄断协议。

（一）横向垄断协议

横向垄断协议是指两个或两个以上处于生产或销售过程中的同一阶段而具有相互直接竞争关系的市场主体，如两个制造商或两个销售商，通过共谋而达成的旨在排除、限制竞争的协议。

横向垄断协议的特点包括：

（1）经营者处于生产或销售过程中的同一阶段，如同属于生产商、批发商或零售商，横向垄断协议的主体属于同业竞争者。经营者的目的一致，即共同排除、限制竞争。

（2）经营者具有同业竞争关系，这也是横向垄断协议的本质特征。因此，横向垄断协议也可以被理解为在生产或销售中具有同业竞争关系的经营者之间为实现排除和限制竞争的目的而达成的协议。

（3）横向垄断行为具有高度的本身违法嫌疑。实践中，被认为本身违法的垄断协议绝大多数都是横向垄断协议，这也是各国反垄断法规制的重点。

我国《反垄断法》第13条列举了应受禁止的横向垄断协议的形式，包括：

---

① 许光耀：《欧共体竞争法研究》，法律出版社2002年版，第39页。

(1) 固定或者变更商品价格，也称价格卡特尔，是指相互竞争的经营者通过协议、决定或协同行为，确定、维持或改变价格。

(2) 限制商品的生产数量或者销售数量，又称产量卡特尔，即相互竞争的经营者通过协议、决定或协同行为，约定各自对某产品的生产数量或向市场实际供应的数量，以实现其获得高额利润的目的。

(3) 分割销售市场或者原材料采购市场，也称地域卡特尔，指的是相互竞争的经营者通过协议、决定或协同行为，协调市场分割，取消彼此的竞争的行为。划分市场可能对价格形成间接控制，进而严重损害消费者的利益。

(4) 限制购买新技术、新设备或者限制开发新技术、新产品，即相互竞争的经营者通过协议、决定或协同行为，约定不得单独购买新技术、新设备或开发新技术、新产品。其结果是企业不能扩大生产，不能技术创新，竞争机制不能发挥作用，这对社会经济和消费者非常不利。

(5) 联合抵制交易，是指相互竞争的经营者通过协议、决定或协同行为，不与其他经营者进行交易。如果通过直接拒绝与竞争对手进行交易，或者迫使供应商或者客户中断与这些竞争对手进行交易的方式，将竞争对手置于不利的地位，这种联合抵制就是反竞争的。

(二) 纵向垄断协议

纵向垄断协议是指两个或两个以上在同一产业中处于不同阶段而又相互关联的经营者，如具有上下游关系的制造商与销售商、批发商与零售商，通过共谋而达成的旨在排除、限制竞争的协议。

纵向垄断协议的特点有：

(1) 经营者处于生产或销售过程中的不同阶段，如生产商与销售商、批发商与零售商。他们是整个生产、销售链条相互连接的上下游环节的关系。当然，在规模经营中，并不排除某一商品的销售者和购买者本质上属于同业竞争关系的情况。

(2) 经营者不具有同业竞争关系，他们之间所达成的协议并非着眼于双方的共同目的，而可能是为生产或销售过程中处于交易位置的经营者之间实现排除和限制他方经营者竞争的目的而达成的。

(3) 纵向垄断协议的危害性相对较小，各国垄断法对于纵向垄断协议的规制视协议类型不同而有所区别。总的来说，大多数纵向垄断协议获得豁免的可能性较大，但维持转售价格行为则受到较严格的规制。

我国《反垄断法》第14条列举了应受禁止的纵向垄断协议的形式，包括：

(1) 固定向第三人转售商品的价格，如制造商与零售商约定，必须以约定价格再出售商品。同时，制造商以停止供货相要挟，以保证固定转售价格的实现。

(2) 限定向第三人转售商品的最低价格，如制造商与零售商约定，不得以低于约定的价格再出售商品。

上述两种形式都属于纵向价格垄断协议的范畴。

此外，其他垄断协议的主要类型有独家交易、附条件交易、特许专营和搭售等，这些行为并不当然构成垄断行为，需要结合具体情况具体分析。独家交易，即制造商以零售商承诺不销售其他制造商的同类产品为条件而供货。独家交易协议潜在的反竞争性质明显，它排除了其他销售商在该地区销售同类产品，进而消除了不同品牌之间的内部竞争，从而使消费者无法从各供应商和销售商之间的争夺市场份额行为中受益。这类协议的实际效果取决于与独家销售产品竞争的替代产品的获得情况以及相关市场的结构。[①] 拒绝交易,指制造商以零售商满足其事先拟定的条件作为与其交易的条件,否则,拒绝与其交易。

纵向非价格垄断协议与滥用市场支配地位行为中的独家交易、搭售和附加不合理交易条件存在重合,对这类行为的规制通常适用反垄断法关于禁止滥用市场支配地位行为的规定。

第二节 垄断协议的法律责任与豁免制度

一、垄断协议的法律责任

我国《反垄断法》第46条规定了垄断协议的法律后果。经营者违反本法规定,达成并实施垄断协议的,由反垄断执法机构责令停止违法行为,没收违法所得,并处上一年度销售额1%以上10%以下的罚款;尚未实施所达成的垄断协议的,可以处50万元以下的罚款。行业协会违反本法规定,组织本行业的经营者达成垄断协议的,反垄断执法机构可以处50万元以下的罚款;情节严重的,社会团体登记管理机关可以依法撤销登记。

理论上,禁止这两种不同类型的垄断协议同样重要。而在实践中,横向垄断协议往往是反垄断规制的重点。这不仅是因为横向垄断协议在法律上的表现方式比纵向协议多,在经营者中也更为常见,更重要的是其本身的违法性,因为其在形式上代表的反竞争性质,以及直观的限制和排除竞争作用,其对《反垄断法》所保护的市场竞争机制的危害性更大。而纵向垄断协议中的当事人之间并无竞争关系,他们之间关于向第三人转售商品时固定价格的协议,是对价格自由这一市场最高信条的排除和限制,也是《反垄断法》禁止纵向垄断协议的原因。形式上,纵向垄断协议不像横向垄断协议那样直观地反映垄断性质,对纵向垄断协议的规制在实践中一直弱于横向协议。

《反垄断法》第46条第2款规定,经营者主动向反垄断执法机构报告达成垄断协议的有关情况并提供重要证据的,反垄断执法机构可以酌情减轻或者免除对该经营者的处罚。该规定被视为是一种宽大制度,宽大制度可能会促使参与垄断协议的经营者力争成为第一个坦白者,使得垄断协议变得不稳定,有助于瓦解垄断协议。2009年5月26日,国家工商行政管理总局发布了《工商行政管理机关查处垄断协议、滥用市场支配地位案件程序规定》,其第20条重申了《反垄断法》的规定,并进一步解释了何为“重要证据”,重要证据应当是能够启动调查或者对认定垄断协议行为起到关键性作用的证据,该规定同时强调垄断协议的组织者不适用该制度。

此外,根据《反垄断法》第53条第2款的规定,经营者对反垄断执法机构就垄断协议问题所作出的决定不服,可以依法申请行政复议或者提起行政诉讼,即行政和司法救济二选一。

---

① 孔祥俊:《反垄断法原理》,中国法制出版社2001年版,第472—473页。

二、垄断协议的豁免制度

豁免制度是利益平衡的结果。许多国家反垄断法都规定了垄断协议的豁免制度。欧盟竞争法认为,垄断协议要得到豁免需要同时满足四个条件:一是有助于改进生产或者分销产品,或者促进技术或者经济进步;二是同时使消费者获得相当程度的实惠;三是有关企业所受到的限制对于达到上述目标是不可缺少的;四是没有排除相关市场竞争。

我国《反垄断法》第 15 条同样规定了对垄断协议的豁免:“经营者能够证明所达成的协议属于下列情形之一的,不适用本法第 13 条、第 14 条的规定:(一) 为改进技术、研究开发新产品的;(二) 为提高产品质量、降低成本、增进效率,统一产品规格、标准或者实行专业化分工的;(三) 为提高中小经营者经营效率,增强中小经营者竞争力的;(四) 为实现节约能源、保护环境、救灾救助等社会公共利益的;(五) 因经济不景气,为缓解销售量严重下降或者生产明显过剩的;(六) 为保障对外贸易和对外经济合作中的正当利益的;(七) 法律和国务院规定的其他情形。属于前款第一项至第五项情形,不适用本法第 13 条、第 14 条规定的,经营者还应当证明所达成的协议不会严重限制相关市场的竞争,并且能够使消费者分享由此产生的利益。”

具体而言,能够获得豁免的垄断协议应当符合如下条件:

1. 达成协议的目的合法。符合豁免条件的垄断协议的缔约目的包括:

(1) 为改进技术、研究开发新产品,即共同合作开发,通过经营者资产、技术等方面优势互补,使得新技术、新产品开发更有效。

(2) 提高产品质量、降低成本、增进效率,统一产品规格、标准或者实行专业化分工,即标准化联合和专业化联合,进而提高同类产品间的兼容性和可替代性。但标准化联合会限制经营者的自由竞争,甚至一定程度上会减弱质量竞争。

(3) 提高中小经营者经营效率,增强中小经营者竞争力,即中小经营者为提高经济效益在生产、研发、融资、管理、广告宣传、采购、销售等各个方面进行的合作。

(4) 节约能源、保护环境、救灾救助等社会公共利益,如工业废物的共同处理协议。

(5) 因经济不景气,为缓解销售量严重下降或者生产明显过剩,也称不景气联合,是指在经济不景气,企业难以为继或生产严重过剩时,市场竞争不可能迅速解决生产过剩的问题,为避免对社会资源和生产造成巨大的损害而采取的非常措施。这种联合严重影响竞争,必须严格掌握。

(6) 保障对外贸易和对外经济合作中的正当利益,即进出口联合,包括出口联合和进口联合。这是《反垄断法》域外效力的体现。

2. 协议的结果不会严重限制相关市场的竞争。《反垄断法》原则上禁止一切限制竞争协议,之所以给予豁免,是考虑有些限制利大于弊。而如若协议履行的结果会严重限制相关市场的竞争,则将无法豁免。欧共体委员会 1999 年发布的《纵向协议和纵向协调行为适用欧共体条约第 81 条第 3 款的第 2790/99 条例》是关于纵向协议集体豁免的条例,适用于独家销售、独家购买和特许经营等纵向垄断协议。该《条例》第 3 条规定,在纵向限制竞争协议涉及的市场份额不超过相关市场的 30% 的情况下协议可以得到豁免。

3. 协议能够使消费者分享由此产生的利益,这不仅体现为价格的降低,质量的提高,选择范围的扩大,还包括环境改善等与产品本身不直接相关的获益。这种获益指的是一种获益的可能。

而就豁免程序而言,我国采用的是事后监管模式,即由经营者依照法律规定事先进行自我评估,并推定其行为合法,如若有违背豁免的条件的情况,由反垄断执法机构事后调查处理。

第三节 行使知识产权产生的垄断协议

行使知识产权最主要的一种方式是授权许可,若经营者之间基于知识产权许可而缔结的协议的履行将导致限制、排除竞争的后果,则该协议被视为垄断协议,受到反垄断法的规制。

知识产权领域中构成反垄断法意义上的垄断协议和条款,主要表现包括:专利联营协议、搭售条款、拒绝许可条款、独占回授条款等。鉴于许多纵向非价格协议应纳入滥用市场支配地位的规制范畴,本节中主要讨论具有直接竞争关系的专利权人之间达成的专利联营协议的相关问题。

专利联营是指两个或两个以上的专利权人协议向对方或第三方许可一项或多项他们的专利。在典型的专利联营中,对专利联营各方集结的所有专利都是开放的。对于专利联营协议之外的第三方,专利联营一般提供标准的许可合同。专利联营所得的许可费通常按照事前约定的方式分配给联营成员。专利联营有别于传统的法定强制许可,其许可费由联营各方协商确定和分配,而不是由行政机关或法院决定。这就必然需要大量的事前谈判,有时还需要设立常设的权利管理机构,随时调整协议的条件。

如果签署专利联营协议的是具有竞争关系的经营者,则该专利联营协议属于横向协议的范畴。而如果该横向协议具有排除、限制竞争的目的,则构成横向垄断协议。专利联营协议较为常见的违法行为主要是固定价格和限制技术改进。

一、固定价格

专利联营中涉及的固定价格(price fixing)行为,大多属于横向价格限制行为。纵向关系中的价格限制,例如,制造商对批发商和零售商实施的价格限制,在专利联营许可模式中几乎见不到。专利联营许可模式下的横向固定价格一般是指具有相互竞争关系的专利权人通过构建专利联营,消除彼此间的竞争关系,以高于单独任一方的专利使用费的方式要求被许可人接受专利联营的许可价格。这种固定价格行为的反竞争效果是显而易见的。

专利联营的主要作用之一是减少专利授权的许可成本,专利联营后,相关专利的许可费水平应该低于单独许可时的许可费水平。如果专利联营后,专利的许可费不合理偏高,专利联营本身就构成了固定价格行为,属于行为本身违法的审查范围。

二、限制技术改进

专利联营协议中的限制技术改进条款主要是不允许被许可人对联营技术使用时进行技术改进或者改进之后必须回馈给许可人。专利制度本来是鼓励技术进步与创新的,通过权利人公开其技术换取独占权的制度精髓就是希望这种公开制度能够让社会上的任何人都可以在现有的专利基础之上进行创新,而限制技术改进条款违背了专利制度的宗旨,它以合同条款的方式把一方的垄断权扩大到法律规定的界限以外,严重地阻碍了技术进步。

限制技术改进在垄断协议中直接体现在“回授”(grant-back)条款中,该条款是指在许可协议中,被许可人同意将其对许可人的技术所作的改进再许可给许可人使用。

回授条款分独占性回授条款和非独占性回授条款。独占性回授条款是指在许可协议中要求被许可人将其对技术的改进独占性的许可给许可人使用,不允许向第三人提供许可。非独占性回授条款是指在许可协议中要求被许可人将其对技术的改进许可给许可人使用,但并不限制许可人向第三人许可使用。

非独占性的回授可以促进竞争,可以使合同双方共同承担风险,补偿许可方在合同基础上对技术的进一步研究开发的投入。独占性回授条款可能会限制创新与竞争,许可人借助独占性回授条款强化自身的市场力量,被许可人因为丧失自由使用的权利而失去改进技术的动力,还会使许可人减少竞争者。[①] 因此,独占性回授条款是反垄断审查机构审查的重点。

三、其他限制竞争行为

专利联营可能被成员滥用来交换敏感的竞争信息,进行其他方面的通谋。比如在协议中约定对专利权人有利的“权利不质疑条款”、纠纷解决机制和管辖权条款等。

所谓“权利不质疑条款”是指专利权人在协议中约定被许可方不得质疑专利权人许可专利的效力,尽管其中可能包括有过期专利、无效专利,这在很大程度上让专利权人又将一些“问题专利”一并搭售给被许可方,这一条款同样存在限制竞争的本身违法性质。尤其在涉及技术标准专利池的许可协议中,这样的条款让许多“非必要专利”混迹于本应由必要专利构成的专利池中。这抬高了专利池的整体许可费用,也掩盖了“滥竽充数”的问题。

纠纷解决机制和管辖权条款虽然不当然构成限制竞争,但是由于专利权人的强势地位,在双方发生争议时,纠纷解决机制的选择往往在地域国法律适用上对被许可方十分不利,许可方会有使被许可方恐于解决纠纷的心理。

---

① 王先林:《知识产权与反垄断》,法律出版社2001年版,第300页。

第三十二章

滥用市场支配地位的认定

第一节　相关市场支配地位的认定与推定

企业通过自由竞争、国家授权或拥有知识产权等合法方式,取得市场支配地位乃至垄断地位并不当然构成违法。仅当这些具有市场支配地位或垄断地位的经营者滥用其市场优势地位,损害市场竞争和消费者利益时,才会利用《反垄断法》对这类经营者给予规制。《反垄断法》在总则第6条规定了“具有市场支配地位的经营者,不得滥用市场支配地位,排除、限制竞争”,在第三章专章规定了应受规制的滥用市场支配地位的行为及相关认定标准。

认定经营者实施滥用市场支配地位垄断行为须基于两个前提:一是存在某一特定市场,二是该企业具有对该市场的支配地位。

一、相关市场

滥用市场支配地位的认定首先需要对市场进行界定,考虑企业是在什么市场上开展经营活动,竞争对手是谁。《反垄断法》中的市场是指与具体案件有关系的市场。

《反垄断法》第12条第2款规定,本法所称相关市场,是指经营者在一定时期内就特定商品或者服务(以下统称商品)进行竞争的商品范围和地域范围。商务部《关于相关市场界定的指南》对相关市场的定义与《反垄断法》定义一样,其第3条第1款规定:“相关市场是指经营者在一定时期内就特定商品或者服务(以下统称商品)进行竞争的商品范围和地域范围。在反垄断执法实践中,通常需要界定相关商品市场和相关地域市场。”

界定相关市场需要考虑三个因素:相关商品,相关地域和相关时间。相关商品是消费者根据商品的特点、价格和用途,认为具有相互替代性的所有产品。不仅包括现实的具有相互替代性的商品,还包括潜在的具有相互替代性的商品。我国商务部《关于相关市场界定的指南》第3条第2款规定:“相关商品市场,是根据商品的特性、用途及价格等因素,由需求者认为具有较为紧密替代关系的一组或一类商品所构成的市场。这些商品表现出较强的竞争关系,在反垄断执法中可以作为经营者进行竞争的商品范围。”相关地域指的是相关商品所活动的地理范围,在相关地域内商品的竞争条件是一样的。相关地域的范围大小根据具体案件的实际情况会有所不同,如有些案件可能以一个地区作为相关地域进行认定,而在有些案件中相关地域的范围可能是全国性的。我国商务部《关于相关市场界定的指南》第3条第3款规定:相关地域市场,是指需求者获取具有较为紧密替代关系的商品的地理区域。这些地域表现出较强的竞争关系,在反垄断执法中可以作为经营者进行竞争的地域范围。相关时间是相关市场的界定所需考虑的竞争所发生的时间,如展会期间。如果竞争关系并不随时间而异,则通常情况下无须考虑时间因素。确定相关市场的两个主要因素是相关产品和相关地域。

二、相关市场支配地位的确定

市场支配地位,又称市场支配力量、市场竞争优势。我国《反垄断法》第 17 条第 2 款规定:市场支配地位,是指经营者在相关市场内具有能够控制商品价格、数量或者其他交易条件,或者能够阻碍、影响其他经营者进入相关市场能力的市场地位。市场支配地位可以从两个方面进行理解:首先,市场支配地位表明经营者在市场活动中的位置和实力,具有市场支配地位的经营者必然是相关市场上具有重要地位和作用的经营者;其次,该经营者能够对市场竞争产生影响,或者导致相关市场直接竞争的消除,或者因其所具有的压倒性优势导致其他竞争者难以预知抗衡,导致竞争关系名存实亡,否则其行为就不会受到反垄断法的规制。

《反垄断法》第 18 条列举了认定市场支配地位所需考虑的因素,包括:

(1) 该经营者在相关市场的市场份额以及相关市场的竞争状况。市场份额,又称市场占有率,是指经营者的销售量(或销售额)在市场同类产品中所占的比重,直接反映企业所提供的商品和服务对消费者和用户的满足程度,表明经营者在市场上所处的地位。由于市场份额反映了经营者对市场的控制能力,竞争地位和盈利能力,因而常常被视为判定经营者是否具有市场支配地位的一项重要因素。相关市场的竞争状况是指相关市场中有无竞争、竞争是否充分,它在执法机构认定经营者的行为是否构成滥用市场支配地位时发挥着决定性作用。

(2) 该经营者控制销售市场或者原材料采购市场的能力。即经营者对相关市场产品销量、价格和交易条件,或相关市场原材料采购数量、价格和交易条件的控制力。

(3) 该经营者的财力和技术条件。指的是相较于其他经营者在资金、技术力量等方面所处的优势地位。

(4) 其他经营者对该经营者在交易上的依赖程度。该因素与相关市场的竞争状况密切相关。通常情况下,如果相关市场中的竞争充分,则依赖程度较低;反之,则依赖程度较高。

(5) 其他经营者进入相关市场的难易程度。涉及此因素往往意味着与被认定经营者相关的市场中的竞争并不充分,而该经营者具有明显的市场优势。此时可能发生两种情况:其一,有潜在并随时可能发生的市场竞争的存在;其二,该经营者处于垄断地位并排斥其他经营者进入相关市场与之抗衡。只有在后一种情况下,才能认定经营者滥用市场支配地位。

(6) 与认定该经营者市场支配地位有关的其他因素。该规定是兜底规定,主要考虑到市场经营涉及的因素众多,而市场支配地位的认定往往需要综合考虑多个因素。

市场支配地位也会根据推定确定。推定是根据某一事实的存在而作出的与之相关的另一事实存在(或不存在)的假定。推定与证据密切相关,尽管没有直接的证据证明,但是有某个证据可以推测出可能的结果。为了使经营者对自己的行为有一定预期,并考虑到市场份额是判断经营者是否具有市场支配地位的重要也是最直观的因素,《反垄断法》将经营者所占的市场份额预设为认定经营者具有市场支配地位的条件。这种推定属于可反驳的推定,即经营者可以举证推翻推定的结论。

《反垄断法》第 19 条规定了推定具有市场支配地位的情形,即,(1) 一个经营者在相关市场的市场份额达到1/2的;(2)两个经营者在相关市场的市场份额合计达到2/3的;(3)三个经营者在相关市场的市场份额合计达到3/4的。

推定制度为执法者提供了便利,将在市场上明显具有支配地位的经营者直接纳入反垄断执法机构的视野。但这些因素只能推定经营者具有市场支配地位,未必一定得出其具有市场支配地位的结论。经营者是否事实上具有市场支配地位还需要结合其他因素依法认定。如,若两个经营者在相关市场的市场份额合计达到2/3,或者三个经营者在相关市场的市场份额合计达到3/4,若其中有的经营者市场份额不足1/10,不应当推定该经营者具有市场支配地位。又如,被推定具有市场支配地位的经营者有证据证明不具有市场支配地位的,不应当认定其具有市场支配地位。

第二节 滥用市场支配地位的行为

滥用市场支配地位是指拥有市场支配地位的经营者为排除、限制竞争,巩固其市场支配地位而实施的垄断行为。首先,滥用市场支配地位行为的实施主体是特定的,即具有市场支配地位的经营者,一般经营者不构成该行为的违法主体;其次,具有市场支配地位的经营者所实施的行为属于《反垄断法》所禁止的行为;最后,这些行为的目的旨在排除、限制市场竞争。

我国《反垄断法》所规定的滥用市场支配地位的行为可以分为两类:其一,是剥削性滥用,如以不公平的条件进行交易;其二,是妨碍性滥用,如通过滥用市场支配地位排除竞争对手。[①] 具体而言,根据《反垄断法》第17条第1款之规定,滥用市场支配地位的行为包括:

一、掠夺性定价

掠夺性定价指的是具有市场支配地位的经营者以不公平的高价销售商品或者以不公平的低价购买商品,其核心在于“不公平”。市场经济条件下,价格由产品价值决定,并随供求关系的波动而变化。具有市场支配地位的经营者倚仗其市场支配地位,在交易过程中强迫交易对方接受不合理、不公平的高价,或迫使交易对方以不合理、不公平的低价向其出售商品。这种行为不仅损害了交易对方的利益,也损害了整个市场中的公平交易秩序。是否公平是衡量是否构成掠夺性定价的标准。

二、贱卖

《反垄断法》中的贱卖指的是不正当贱卖,即具有市场支配地位的经营者没有正当理由,以低于成本的价格销售商品。掠夺性定价通常针对的是不特定的经营者,掠夺性定价的结果,要么是增加了交易对方的成本,或减少了交易对方的获益,要么是交易无法进行,进而导致整个市场中交易量的减少。而贱卖则通常针对特定的经营者。经营活动是营利性行为,贱卖并不符合经营活动的目的。因此,正常经营活动中一般不会出现低于成本销售的情形。若作为理性经济人的经营者没有正当理由,主动实施贱卖行为,则其很有可能具有不正当的目的。不正当贱卖的结果是具有市场支配地位的经营者以牺牲一时的利益为代价,通过低

① 王晓晔:《禁止滥用市场支配地位——〈反垄断法〉释义之三》,载《中国商界》2008年第1期。

于成本的价格销售商品,将不具有市场支配地位的经营者排除出相关市场。短期来看似乎对消费者有利,但由于具有竞争关系的经营者减少了,消费者的选择权随之减少,消费者可能不得不面对具有市场支配地位的经营者随后大幅提高商品价格的窘境,因此,长远来看,不正当贱卖行为对消费者并不利。认定是否构成贱卖的标准是商品的成本价格。

三、拒绝交易

拒绝交易指的是具有市场支配地位的经营者没有正当理由,拒绝与交易相对人进行交易。在市场经济条件下,契约自由是基本的法律原则。基于此原则,经营者有权自主选择交易对象,并决定是否与交易对象进行交易。而如果经营者滥用契约自由原则,导致对自由竞争所造成损害的程度超过了契约自由本身受到限制的损害程度,则法律应对契约自由进行限制并规定制裁措施。如果具有市场支配地位的经营者为了限制、排除竞争,而拒绝进行交易,则《反垄断法》应对该行为进行规制。实践中,实施拒绝交易行为的主体包括:(1) 公用企业等具有自然垄断性或公益性的经营者;(2) 拥有独占产品的经营者;(3) 具有经济优势地位的经营者;(4) 拥有知识产权的市场主体。

拒绝交易行为认定过程中还经常会涉及关键设施原则,即如果被拒绝方能够证明:(1) 独占者控制了关键设施;(2) 竞争者不能再建同样的设施;(3) 拒绝竞争者利用了关键设施;(4) 提供关键设施具备可能性;(5) 拒绝交易的理由是不正当的,那么拒绝交易者的行为即可被认定为非法。设立关键设施规则旨在防止掌握关键设施的独占者滥用其关键设施达到垄断目的,排除竞争对手,损害市场竞争秩序。适用关键设施原则必须首先界定被拒绝方提出的请求是否是进入关键设施的建设,其次必须确信进入关键设施的建设是必要的。

四、限制交易

限制交易指的是具有市场支配地位的经营者没有正当理由,限定交易相对人只能与其进行交易或者只能与其指定的经营者进行交易。限制交易与拒绝交易一样,同样是滥用契约自由原则的结果。同时,限制交易行为也可以视为附加不合理交易条件的行为之一。限制交易不仅限制了交易相对人的契约自由,而且会损害正常的市场竞争秩序。

五、搭售和不合理交易条件

不合理的交易条件涉及的内容十分宽泛,《反垄断法》中明确规定的不合理的交易条件是搭售,同时规定了附加其他不合理的交易条件作为兜底规定。搭售是指具有市场支配地位的经营者没有正当理由搭售商品,或者在交易时附加其他不合理的交易条件。具有市场支配地位的经营者利用其支配地位,违背相对交易人的意愿强行搭售商品或服务的行为不仅侵害了相对交易人的权益,而且不当阻碍甚至剥夺了同行业竞争对手相关产品的交易机会。结合《反不正当竞争法》和《消费者权益保护法》的相关规定,该行为的具体表现形式包括:(1) 商品或服务直接搭配出售;(2) 限定转售价格,即制造商向销售商提供商品时限定价格销售;(3) 限定销售地区;(4) 限定销售对象;(5) 独家经销限制,排斥经销商销售其他竞争对手提供的同类商品。第(4)项和第(5)项行为为限制交易行为。

六、歧视

又称差别待遇，即具有市场支配地位的经营者没有正当理由，对条件相同的交易相对人在交易价格等交易条件上实行差别待遇，致使受到不公平待遇的一方处于不利的竞争地位。这种行为同样也是对契约自由原则的滥用。歧视行为包括价格歧视和其他交易条件的歧视。前者如无正当理由，对购买相同数量、相同质量商品的不同的对方交易人实施不同的价格；后者如无正当理由，对条件相同的对方交易人设置不同的交易要求。在认定是否构成歧视时，可以以是否出于当事人真实的意思表示为标准进行认定。如果是，则不构成歧视；反之，则需要根据各方面的因素来分析、判断。

七、其他

国务院反垄断执法机构认定的其他滥用市场支配地位的行为，是为应对纷繁复杂的市场经营活动而设置的兜底条款，授权国务院反垄断执法机构对相关行为进行认定。

《反垄断法》对滥用市场支配地位的法律后果规定得十分明确，该法第 47 条规定：经营者违反本法规定，滥用市场支配地位的，由反垄断执法机构责令停止违法行为，没收违法所得，并处上一年度销售额 1% 以上 10% 以下的罚款。其中，停止违法行为是最重要的手段和处罚目的。实践中，如果能够查清违法所得，则一般会适用停止违法行为，没收违法所得，并处一定数额的罚款的处罚；而如果违法数额难以查清，则执法机关可以适用停止违法行为，并处较高数额的罚款的处罚。这一处罚力度相对于《反不正当竞争法》的规定要严厉得多。

与垄断协议行为一样，《反垄断法》第 53 条第 2 款规定，经营者对反垄断执法机构就滥用市场支配地位问题所作出的决定不服，可以依法申请行政复议或者提起行政诉讼，即行政和司法救济二选一。

第三节　知识产权人滥用市场支配地位的认定

一、认定规则

在涉及知识产权的反垄断案件中认定市场支配地位的步骤与其他反垄断案件并无二致，即，第一步先界定经营者所处的相关市场，第二步再认定相关市场的经营者是否具有市场支配地位。但是，知识产权的一些特殊属性可能会从细节上影响一些事实的认定。

20 世纪 60—80 年代期间，美国反垄断机构对知识产权及相关的许可证协议的审查经历了由严格审查到自由主义的两个极端态度的转变。1995 年的《知识产权许可的反垄断指南》确定的三个核心原则之一：反垄断机构并不假定知识产权产生反垄断意义上的市场力量，不认为拥有知识产权就一定拥有市场支配地位或者获得市场力量。具体说来，即使某项专利或其他形式的知识产权的确使其权利主体拥有市场力量，这种市场力量的存在本身也并不构成违法，但是，基于知识产权的独占性，其获得或维持市场力量有可能违反反垄断法；即使其获得或维持是合法的，也可能会使权利人在涉及知识产权的行为方面具有损害竞争的较强实力，这样，基于某项知识产权而拥有市场力量的企业，其经营和许可行为应当更加谨慎。①

欧盟法院长期以来认为拥有知识产权不等于具有市场支配地位:知识产权基本上是消极的权利,它们并不自动导致利用受保护产品的积极的权利。知识产权在商业利用之后对市场控制的可能性取决于该受保护的产品或方法在市场上的需求情况和竞争程度。

2013 年,深圳法院在判决的华为公司与美国 IDC 公司的反垄断案件中确立了技术标准必要专利的不可替代性使得每一个必要专利可能构成一个独立市场,如果专利权人高价或拒绝许可,则有可能构成滥用市场支配地位。

二、相关市场的界定

(一) 相关商品市场的界定

受到知识产权许可不利影响的市场一般分为三种类型:产品市场、技术市场和研究开发市场(创新市场)。商务部《关于相关市场界定的指南》第 3 条第 5 款规定:"在技术贸易、许可协议等涉及知识产权的反垄断执法工作中,可能还需要界定相关技术市场,考虑知识产权、创新等因素的影响。"所以,涉及知识产权的案件可能会涉及终端产品市场,也可能会涉及技术市场或者创新市场。例如,在行使专利权的过程中,权利人向市场提供专利产品将涉及终端产品市场;而权利人向市场提供专利技术许可则将涉及技术市场或者创新市场。

就技术市场而言,美国《知识产权许可的反垄断指南》第 3.2.2 节规定:"技术市场由被许可知识产权及其密切替代品组成,如果知识产权与运用该技术的产品分开销售,那么当局将依赖技术市场分析许可协议的竞争影响。为了确认一项技术的密切替代品并由此界定相关市场,执法机关在能够获得数据的条件下,将运用 SSNIP 测试方法确认哪些技术的假想垄断者可能施加市场力量的最小那组技术与商品。""在技术许可不能以货币量化的条件下,执法机关将通过确认买主愿意以可同被许可技术相比的成本替代被许可技术的其他技术与商品来界定相关市场。"欧盟《2004 年委员会技术转移协议指南》第 22 条规定:"技术市场由许可技术与替代技术构成。界定技术市场的方法,遵循与界定产品市场同样的原则。"可见,尽管涉及知识产权的反垄断案件可能会涉及比较特殊的市场(技术市场或者创新市场),但是界定相关市场的原则、方法与一般界定相关商品市场的原则、方法相同。

界定相关商品市场的依据之一是合理的可替代性,包括需求的可替代性和供给的可替代性。商务部《关于相关市场界定的指南》第 4 条"替代性分析"规定:在反垄断执法实践中,相关市场范围的大小主要取决于商品(地域)的可替代程度。在市场竞争中对经营者行为构成直接和有效竞争约束的,是市场里存在需求者认为具有较强替代关系的商品或能够提供这些商品的地域,因此,界定相关市场主要从需求者角度进行需求替代分析。当供给替代对经营者行为产生的竞争约束类似于需求替代时,也应考虑供给替代。第 5 条对"需求替代"作了说明,需求替代是根据需求者对商品功能用途的需求、质量的认可、价格的接受以及获取的难易程度等因素,从需求者的角度确定不同商品之间的替代程度。原则上,从需求者角度来看,商品之间的替代程度越高,竞争关系就越强,就越可能属于同一相关市场。第 6 条则对"供给替代"作了说明,供给替代是根据其他经营者改造生产设施的投入、承担的风险、进入目标市场的时间等因素,从经营者的角度确定不同商品之间的替代程度。原则上,

---

① 王先林:《知识产权与反垄断法——知识产权滥用的反垄断问题研究》,法律出版社 2008 年版,第 200—202 页。

其他经营者生产设施改造的投入越少,承担的额外风险越小,提供紧密替代商品越迅速,则供给替代程度就越高,界定相关市场尤其在识别相关市场参与者时就应考虑供给替代。

在知识产权领域,美国的实践是一般情况下不以知识产权的保护范围(如专利权的保护范围)来界定相关市场的范围;而欧盟在对涉及知识产权的产品市场进行界定时往往将相关市场的范围界定得比较窄,特别是在监督计算机软件和电信市场上的有效竞争的过程中,主要运用了关键设施规则。

界定相关商品市场的依据之二是合理的需求交叉弹性(即假定垄断者测试/SSNIP 标准)可替代性。需求交叉弹性是一个经济学概念。根据这个理论,如果一种产品的价格稍稍发生变化,就会引起消费者对其他产品的需求,这种情况就可以说明这些产品之间存在很重要的竞争关系,或者说它们可以被视为属同一产品市场。为了科学地和规范化地说明需求交叉弹性,《欧共体竞争法界定相关市场的通告》借鉴美国司法部 1982 年《合并指南》的方法,提出了界定相关市场的 SSNIP 标准,即界定相关市场时,应考虑数额不大但很重要且非临时性的涨价。这即是说,界定相关市场时,“需要回答的问题是,作为对一定产品或者一定地域内的假设的一个数目不大但长期性的相对价格上涨的反应,当事人的客户是否愿意转向购买可以得到的替代品,或者转向其他地区的供货商。因为涨价会影响销售数量,在替代程度足以大到使涨价行为无利可图的情况下,这些替代产品或者扩大了的地域就应当包括到相关市场之中。扩大相关产品市场或者相关地域市场的过程直至这个数额不大的长期性涨价可以使当事人无利可图为止”。[①]

我国商务部《关于相关市场界定的指南》第 10 条规定了假定垄断者测试的基本思路,假定垄断者测试是界定相关市场的一种分析思路,可以帮助解决相关市场界定中可能出现的不确定性,目前为各国和地区制定反垄断指南时普遍采用。依据这种思路,人们可以借助经济学工具分析所获取的相关数据,确定假定垄断者可以将价格维持在高于竞争价格水平的最小商品集合和地域范围,从而界定相关市场。假定垄断者测试一般先界定相关商品市场。首先从反垄断审查关注的经营者提供的商品(目标商品)开始考虑,假设该经营者是以利润最大化为经营目标的垄断者(假定垄断者),那么要分析的问题是,在其他商品的销售条件保持不变的情况下,假定垄断者能否持久地(一般为 1 年)小幅(一般为 5%—10%)提高目标商品的价格。目标商品涨价会导致需求者转向购买具有紧密替代关系的其他商品,从而引起假定垄断者销售量下降。如果目标商品涨价后,即使假定垄断者销售量下降,但其仍然有利可图,则目标商品就构成相关商品市场。如果涨价引起需求者转向具有紧密替代关系的其他商品,使假定垄断者的涨价行为无利可图,则需要把该替代商品增加到相关商品市场中,该替代商品与目标商品形成商品集合。接下来分析如果该商品集合涨价,假定垄断者是否仍有利可图。如果答案是肯定的,那么该商品集合就构成相关商品市场;否则还需要继续进行上述分析过程。随着商品集合越来越大,集合内商品与集合外商品的替代性越来越小,最终会出现某一商品集合,假定垄断者可以通过涨价实现盈利,由此便界定出相关商品市场。

(二) 相关地域市场的界定

就知识产权而言,相关地域市场的界定一方面受知识产权传播的无国界性影响,另外一

---

① 王晓晔主编:《中华人民共和国反垄断法详解》,知识产权出版社 2008 年版,第 85 页。

方面受知识产权的地域性影响。有学者认为,“地域市场也被称为空间市场,是决定相关市场范围的另一个重要因素,地域市场的大小绝对地影响着市场支配地位的存在与否。地域市场的范围可能是国内某区域,也可能遍及全国甚至大于整个国家,考察的办法主要是考察企业的销售范围。在某种意义上,企业的销售范围等同于地域市场的范围。对于有形产品来说,影响其地域市场的因素主要是运输成本和产品特性。与产品价格有关的产品运输成本使得厂商将其销售活动限定在国内某一地域之内。几乎所有笨重的、单位计量大的产品都不会被长途运输到别处去竞争,而相对价值较高,重量偏轻的产品往往可遍及全国的销售地区。易腐烂、难保鲜的产品(如鱼类、面包等),其地域市场的范围也较狭窄。有形产品由于具有特定的形体,其销售范围必定受到产品形体的物理限制。对于专利技术来说情况就不同了。专利权的客体是一种技术方案,也就是一种告知他人从事技术活动的信息。信息具有消费的共享性和传播性的特征,也就是说,信息的流通空间范围只是受到传播媒介的束缚而不受到客体的物理形体的束缚。尤其是随着网络技术的发展,任何人都可以方便地从专利审批机关公告的信息中获得专利技术的信息。那么,在这种意义上看来,对于影响有形产品市场范围的主要因素如运输成本等,在专利技术市场中都可以忽略不计。在这种情况下,专利技术的市场范围一般应当包括整个主权国家的范围之内。如果某一专利申请了外国专利的话,那么该国外市场也应当算是该专利技术的市场范围。因此,从这一点看来,专利技术的地域市场范围就是专利能够受到法律保护的范围。”①还有学者认为,“在确定相关地域市场时,一个主要的方法是考察企业的销售范围,消费者是否能方便地选择竞争产品也可作为考察地域市场范围的补充。影响地域市场范围的主要因素是运输成本和产品特性。从知识产权的观点来看,有关控制滥用市场支配地位中的相关市场的一般标准常常被选定为授予国家垄断的地区(如在电信领域),或者企业享有知识产权保护的地区,因为知识产权具有地域性的特点。在有些案件中,地域市场被限定为滥用行为所发生的地区。在有些依赖性和关键设施案件中,地域市场甚至仅由单个的港口组成。不过,围绕这个问题常常在执法机构和法院之间产生不同的观点。如果地域市场的界定低估了可替代性,那么它就容易导致作出具有市场支配地位的结论。”②

商务部《关于相关市场界定的指南》第 10 条“假定垄断者测试的基本思路”指出,界定相关地域市场与界定相关商品市场的思路相同。首先从反垄断审查关注的经营者经营活动的地域(目标地域)开始,要分析的问题是,在其他地域的销售条件不变的情况下,假定垄断者对目标地域内的相关商品进行持久地(一般为 1 年)小幅涨价(一般为 5%—10%)是否有利可图。如果答案是肯定的,目标地域就构成相关地域市场;如果其他地域市场的强烈替代使得涨价无利可图,就需要扩大地域范围,直到涨价最终有利可图,该地域就是相关地域市场。

(三) 时间因素与知识产权领域相关市场的界定

在知识产权案件中,知识产权的时间性可能会对相关市场的界定产生影响。商务部《关于相关市场界定的指南》第 3 条第 4 款规定:“当生产周期、使用期限、季节性、流行时尚性或知识产权保护期限等已构成商品不可忽视的特征时,界定相关市场还应考虑时间性。”专利

---

① 董涛:《专利权市场支配力问题研究》,载《电子知识产权》2006 年第 1 期。

② 王先林:《滥用市场支配地位与知识产权》,载《电子知识产权》2007 年第 7 期。

权的实践性非常之强，对于某些领域，专利的价值随着有效保护期的变化而改变。

三、涉及知识产权的反垄断案件中市场支配地位的认定

我国《反垄断法》第18条和第19条关于认定和推定经营者具有市场支配地位的规定同样适用于涉及知识产权的反垄断案件（包括单一企业形成的支配地位、共同或者联合形成的支配地位），遍及全球的微软垄断案就是其中一例。

知识产权案件的特殊性在于：第一，知识产权的排他性对认定"该经营者的财力和技术条件"的影响。经营者可能因为就某项技术拥有专利权而得以禁止他人模仿，从而运用知识产权法律保护组织其他竞争者进入该市场。第二，知识产权的运用对认定"其他经营者对该经营者在交易上的依赖程度的影响"。知识产权人的知识产权许可安排将对其他经营者产生约束力，并由此导致其对其技术产生交易上的依赖。第三，知识产权的运用对认定"其他经营者进入相关市场的难易程度"产生影响，特别需要注意的是专利池、专利与技术标准的结合以及权利不用尽可能对其他经营者进入相关市场难易程度的影响。有学者认为，对于某一专利权来说，只要专利权人许可他人使用，不管怎么样，都是增加了一个竞争对手，因此，从理论上说，只要专利权人许可他人使用，都是有利于竞争的。但是，如果专利权人在许可协议中附加种种限制竞争的条件，那么这些限制性条件不仅有可能取消被许可人与许可人之间的竞争，危害横向竞争关系的市场主体之间的竞争，还可能会对其他相关市场（如创新市场）中的竞争造成危害。在认定专利市场支配力时，有必要考虑几个问题，包括：专利池对专利权市场支配力的增强，技术标准对专利权市场支配力的扩张，权利不用尽原则对专利权市场支配力的延长。①

四、关键设施规则在知识产权反垄断案件中的运用

（一）关键设施规则的定义

关键设施规则的法理学基础是禁止经营者运用在一个市场中的支配力去影响另外一个市场的自由竞争。关键设施规则虽然发源于美国反垄断判例法，但迄今仍不是美国反垄断学界、司法和执法界的主流观点。相反，关键设施规则在欧盟得到发展，近年来在涉及知识产权的反垄断案件中多有运用。

关键设施规则最早是1912年美国联邦最高法院在审判Terminal Railroad一案时依据谢尔曼法（Sherman Act）第二条所确立的。由于买下横跨密西西比河连通圣路易斯大桥控制权的几家铁路公司拒绝许可其他铁路公司使用该大桥，美国联邦政府对包括Terminal Railroad Association of St. Louis在内拥有大桥控制权的38个公司和个人提起了反垄断诉讼。美国联邦最高法院认为，鉴于山谷地形的特殊性，其他铁路公司难以另外架设横跨密西西比河、连通圣路易斯两岸的桥梁，这座唯一的桥梁已构成关键设施。

欧盟的关键设施规则是从1994年审判的Sea Containers v. Stena Sealink一案发展而来的。该案中，欧盟委员会将能为消费者提供服务的涉讼港口认定为关建设施，并为希望在该港口开展新渡船业务的Sea Containers公司能合理地、非歧视性地使用港口采取了临时措施。

---

① 董涛：《专利权市场支配力问题研究》，载《电子知识产权》2006年1月。

关键设施规则诞生伊始乃是针对公路、桥梁、电力等有形物理基础设施的，知识产权并未纳入其中。欧洲法院 1996 年审判的 Magill 一案是欧盟将关键设施规则延伸适用于知识产权领域的第一案。Magill 案以及此后欧洲法院 2004 年审判的 IMS 案、德国联邦最高法院 2004 年审判的 Spundfass 案、2004 年欧盟委员会对 Microsoft/windows 案件所作裁决被认为是欧盟将关键设施规则运用于知识产权领域的典型。经过几年的司法实践，适用关键设施规则的几个标准在欧盟范围内已经形成，包括：该设施由具有支配地位的企业控制；竞争者缺乏复制该设施的现实能力；关键设施为竞争者进入相关市场所必需；具有支配地位的企业允许竞争者使用关键设施是可以实施的。在对关键设施作出强制许可之前，公平交易管理机关必须对以上四个判断标准进行逐一审查。①

（二）运用关键设施规则的典型知识产权反垄断案件

欧洲法院 1996 年 Magill 案：英国广播公司等三家广播组织通过拒绝潜在的竞争对手使用其受版权保护的节目信息，而阻止其进入每周节目单的市场。欧洲法院在这个案子中正确定义了实施知识产权就是滥用支配地位的“特别的情况”（exceptional circumstances），认为三大广播组织“拒绝竞争对手进入对于编辑这样的节目单（Magill 希望发行一本包括所有电视频道的节目信息的节目单）是必不可少的原材料”而将他们预留给自己。在这种“特别的情况”下，知识产权的拒绝许可就违反了“关键设施原则”。

欧洲法院 IMS 案：在 2001 年 7 月，欧盟委员会采取临时措施要求德国 IMS 数据采集公司必须将其受版权保护的数据采集工具许可给其竞争对手使用。IMS 公司拥有一项名为“1860 砖结构”的信息采集工具，它将德国划分为 1860 个区域，并分别收集每个区域中制药产品的销售信息。目前该工具已在德国的制药业市场上占据统治地位，并成为制药企业赖以获取相关数据的重要途径。之后，由 IMS 公司前雇员成立的两家公司在进入这个数据服务市场时，所使用的工具是对“1860 砖结构”的复制。IMS 公司遂以版权被侵犯为由获得了对这两家公司的禁令，这两家公司随后向 IMS 公司要求得到许可，但却遭到了 IMS 公司的拒绝。于是这两家公司向欧委会提出投诉，指出该工具是进入相关市场所必需的，因此 IMS 公司拒绝许可的做法是非法的。欧委会遂基于“关键设施原则”作出了上述决定。欧盟委员会认为知识产权应该鼓励竞争。然而，这一观点受到了欧洲法院的挑战。2001 年 10 月 26 日，欧盟委员会的决定被上诉至欧洲初审法院。欧洲初审法院推翻了欧盟委员会的决定。这意味着至少在上诉所需要的近两年时间里，公司不必将其受版权保护的工具与他人分享。

德国联邦最高法院 2004 年 Spundfass 案：德国化工行业的一些大企业共同提出要研发一种新的合成材料桶，以便通畅地倒空桶内残留物。有四家企业在研发这种产品的过程中作过努力，其中一家企业受专利法保护的技术被选中作为生产合成材料桶的标准，这个技术由此也成为行业标准，不符合这个标准的产品在市场上卖不出去。这个企业随后与提出制定标准的其他三家大企业订立了协议，免费许可其使用这个专利。其他的企业如果要生产专利产品，则需要向权利人支付专利费。该案的被告是一家意大利企业，它在向原告提出有偿使用专利的请求被拒绝后，生产和销售了该专利产品。在这种情况下，专利权人将其起诉，请求法院判决被告支付损害赔偿。被告则反诉专利权人限制竞争，违反了德国《反对限制竞争法》，请求法院对这一事实上已成为行业标准的专利实施强制许可。该案最后被提交

① 黄武双：《竞争法视野下的关键设施规则在知识产权领域的运用》，载《电子知识产权》2008 年 7 月。

到德国联邦最高法院。本案的核心内容是法院能否强制许可被告使用原告的专利。最终，联邦最高法院依据《反对限制竞争法》第20条第1款的规定，认定在本案中的专利已经成为行业标准的情况下，权利人有义务许可竞争者使用其专利。法院认为，因知识产权限制竞争而被实施的强制许可应当满足两个前提条件：第一个条件是，知识产权许可是进入市场必不可少的条件。在Spundfass一案中，法院首先指出，作为排他权的知识产权一般具有推动竞争的作用，因此它仅是在"例外情况下"方可适用竞争法。法院没有明确指出何谓"例外情况"，但是指出了这个案件中的例外情况是，与该案相关的专利已成为化工行业生产合成材料桶的事实标准。这即是说，企业如果要生产这种合成材料桶，它们除了使用这个案件中的相关专利，没有其他可替代的技术。这种情况下，这个专利本身就是一个技术市场（在该案中是上游市场），权利人在市场上占100%的份额，是一个占市场支配地位的企业。由于除了这个专利，在合成材料桶生产中没有可替代的技术，潜在的市场进入者能否获取专利许可，便成为它们能否进入市场（该案中是下游市场）的必不可少的条件。第二个条件是，垄断者的拒绝许可不存在重大合理性。从竞争法的角度看，国家授予知识产权的目的是为了推动创新和技术传播，即通过制止企业间的搭便车行为来推动技术和产品的替代性竞争。因为该案中权利人的拒绝许可是出于限制竞争的目的，即阻止竞争者进入市场，这不利于推动市场上的替代性竞争，不利于企业的创新活动，这个拒绝许可缺乏重大的合理性和公正性。法院还指出，即便是占市场支配地位的企业，它们一般也有权在授予某些企业许可的同时拒绝许可其他企业；然而，占市场支配地位企业的这种自由权利必须受到限制，即拒绝许可必须具备客观的公正性。尽管在这个案件中，联邦最高法院仅是对案件进行法律审而不是事实审，判决中没有明确权利人的拒绝许可是否具有客观的公正性，但是法院强调，既然专利法的目的是推动竞争和创新，在这个与歧视行为相关的案件中，权利人的拒绝许可需要极高的公正性。

Spundfass案是一个与技术标准相关的典型案例。根据这个判决，认定一个知识产权拒绝许可的行为是否构成滥用，至少需要考虑两个因素：一是知识产权是否成为进入下游市场的关键性条件；二是权利人的拒绝许可是否具有重大的合理性。在这个案件中，法院依据《反对限制竞争法》第20条第1款，认定权利人实施了违法的歧视行为，由此使某些企业在市场竞争中处于严重的不利地位。然而，这个案件中的权利人即便没有实施歧视行为，即在它尚未许可任何企业使用其技术的条件下，法院也同样会作出强制许可的判决。因为这个判决还指出，一个技术一旦成为行业标准，它就得像标准化组织制定的标准一样，对任何企业都是开放的，否则这个标准化就不能起到推动竞争的作用，相反还会成为排除、妨碍和损害竞争的工具。①

（三）关键设施规则的运用

目前，关键设施规则主要被欧盟反垄断司法、执法机构用于处理涉及知识产权人拒绝许可的反垄断案件的审理。其基本逻辑是：知识产权人在某市场中具有支配地位；知识产权人运用知识产权保护了该"关键设施"，使得其他竞争者缺乏复制该设施的现实能力，也就是形成了事实上的垄断；该关键设施为竞争者进入相关市场所必需；知识产权人拒绝向竞争者许可相关知识产权的目的是阻碍相关竞争者获得关键设施进入相关市场；由于知识产权人的

① 王晓晔：《与技术标准相关的知识产权强制许可》，载《当代法学》2008年9月第22卷第5期。

拒绝许可行为构成反竞争行为,法院强制要求权利人给予许可。

第四节 知识产权权利人滥用市场支配地位的行为

实践中,知识产权权利人往往借助其市场支配地位实现自己利益的最大化,巩固自己的竞争优势。知识产权权利人滥用其市场支配地位的行为最主要表现为拒绝许可或附加各种不合理的许可条件。

拒绝许可是指知识产权人利用自己对知识产权所拥有的专有权,拒绝授予其竞争对手合理的使用许可,从而排除其他人的竞争,巩固和加强自己的垄断地位的行为。由于知识产权的独占权受《知识产权法》的保护,《反垄断法》对其行使拒绝交易权的限制与对市场支配地位企业行使拒绝交易权的限制相比要宽松得多,但仍有限制。如果该拒绝许可的行为超出了契约自由的范畴,构成对知识产权的滥用,并具有排除、限制竞争的目的或效果,则该拒绝许可的行为将受到《反垄断法》的规制。

知识产权权利人滥用市场支配地位的行为从专利联营滥用市场支配地位的行为中可见一斑。专利联营是多个必要专利权人之间相互交叉许可从而形成的专利联盟,其本身就对联盟外经营者形成了竞争障碍。专利联营归根到底是企业联合行为,又往往通过推销技术标准,扩大市场支配力来实现,因此它具有限制竞争的天然嫌疑。专利权人是"经济人",追求利益最大化是其本性,他们往往在专利联营协议中设置条款,集体谋求市场控制力和垄断利润。

一、搭售非必要专利

在构建专利联营时,企业常会有意或无意地将非必要专利、防御性专利加入专利联营中,进行一揽子许可。非必要专利被纳入专利联营,实际上妨害了专利联营中必要专利间的竞争,也破坏了专利联营内的必要专利与专利联营外的相关专利之间的竞争关系。专利联营具有经济垄断性,专利权人通过搭售行为,将自己对必要专利市场的控制力延伸到非必要专利技术的竞争市场中。

反垄断审查机关审查的首要重点是确定专利联营是否是"非必要专利"的联营,它们尤其关注必要专利的评估确定程序。比如,在 DVD 的 3C 专利联营审查中,美国司法部首先关注确定必要专利的标准。3C 认为,专利只要是对 DVD 标准"实用的必要"(necessary as a practical matter),就可以进入 3C 专利联营。从字面上看,这一标准显然低于司法部要求的没有替代技术的"必要"标准。因此,司法部在事前的审查意见信中,很清楚地表明:这样的进入"门槛",天然的容易受主观解释的左右。过分的自由解释将会导致把可替代技术的专利权纳入到标准中。这样,专利联营就会损害替代技术之间的相互竞争。其次,美国司法部看重必要专利的评估过程。3C 提出任命专家组,对所有拟进入专利联营的专利进行评估。但是,对 3C 的专家机制,司法部并不满意。在对 3C 的事前审查意见信中,司法部认为,专家鉴定机制存有瑕疵。专家受雇于 3C,具有天然的动机把 3C 拥有的、相互竞争的专利,纳入到"专利池"中,妨碍其他企业的竞争。再次,司法部也重视对必要专利的盘查。比如,6C 的专利联营提供了四年一度的"必要"专利盘查,用以将已经超过专利保护期的专利,以及因为成员退出涉及的专利,及时排除于专利联营之外。同时,专家还可以重新评估(专利联营中的专利),排除已经不再必要的专利,引进新的必要专利。[①]

二、收取不合理的许可费

许可费是专利联营许可协议中的重要问题。现有的专利联营几乎都遵循以下原则:其一,许可费用按产品件数计算,不按照产品销售价格的一定百分比计算,因此,许可的费用与产品市场价格波动无关。其二,许可费用的计算不按照获得许可使用的专利的使用频率计算,也不随许可协议中所包含的专利数量的变化而变化,由此,无论是使用一项许可协议中的专利,还是使用其中的几项专利,都要支付相同的许可费用。这样,专利联营实际上成为一张密织的大网,只要被其钩住一角,只要生产、销售的产品涉及任一项专利联营中的专利,那么就可能要为整个专利联营中的专利买单。在多个专利联营同时收费的情况下,即使个别专利联营分别收取的许可费合理,产品最后累积必须支付的费用常常畸高。例如,对于磁盘生产商,通常要获得 MPEG、DVD3C、DVD6C 等专利联营的许可,其中每一个联营的许可费或许是合理的,但三者相加却有疑问[②]。

另外,专利联营会忽视专利的地域性,被许可人往往为产品生产或销售国以外的专利支付不必要的许可费。某个"专利池"中的必要专利可能分布于美国、欧洲各国、日本、中国等不同国家,根据专利授权的地域性,专利的保护和收益应当具有地域区别。没有在美国获得授权的日本专利,不应当分享美国的市场利益,但是一旦这些专利加入专利联营,就可能帮助日本专利权人在美国市场上分享专利联营收取的巨额使用费。

三、强制回授改进技术

在专利许可协议中,如果专利权人强制性要求被许可方将改进技术回授给许可方,即在许可协议中要求被许可人必须将其对许可人的技术所作的改进及其产生的专利权再许可给许可人使用,此时有可能违反《反垄断法》。强制性回授条款的基础就是专利权人具有绝对优势的市场地位,被许可方没有能力拒绝接受,在许可协议中,强制性回授条款加上"不质疑条款"和管辖条款,使得处于弱势的被许可人依据合同法不易维护自己正当的权益,此时,反垄断机构既可以依照前述垄断协议的审查追究其责任,也可以依照滥用市场支配地位对其进行审查。

四、联合拒绝许可

在专利联营许可协议中,当被许可人拒绝接受联营的许可条件时,则其很可能无法从联营中所有经营者处获得许可。联合拒绝许可可被视为经营者联合限制竞争行为与滥用市场地位行为的竞合,其构成要件包括:(1) 协议涉及至少三方当事人,即联合拒绝许可发起人、拒绝许可参与人和第三人,其中联合拒绝许可的发起人与参与人可能均是专利联营的成员;(2) 发起人或发起人与参与人联合具有市场支配地位;(3) 主观上有排除、限制第三人参与相关市场竞争的故意;(4) 在发起人的倡导下,参加人实施了拒绝许可行为;(5) 其结果对

---

① Federal Trade Commission, To promote innovation: The Proper Balance of Competition and Patent Law and Policy, p. 6.

② M. Howard Morse, Partner, Drinker, Biddle & Reath, LLP, Prepared Testimony of Cross-Licensing and Patent Pools, April 17, 2002.

相关市场的竞争秩序产生了不利影响。如果经营者的联营所形成的是事实标准,而企业选择拒绝对外许可相关的知识产权,即使这些联营所使用的技术并不是最先进、效率最高的,但经营者借助其已有的市场垄断地位,通过拒绝许可的行为在相关市场中形成技术壁垒,造成相关市场中没有竞争产品,消费者不得不极大依赖于其产品的局面,严重危害到消费者的权益,限制行业中的正常竞争。除了以上限制竞争的条款外,专利联营还有其他反竞争的潜在问题。比如,司法管辖问题,DVD/3C 的许可协议范本中规定,美国地区的播放器许可协议,适用美国纽约州的法律,在飞利浦为被告时,只有纽约州的州法院或联邦法院有管辖权。而亚太地区及其他地区的播放器许可协议则适用荷兰的法律,在飞利浦为被告时,只有荷兰的海牙法院有管辖权。而实际上专利联营协议的实施或者说涉及的必要专利的实施根本不在这些地区,这种司法管辖的规定大大增加了本来就处于弱势地位的被许可人解决纠纷的成本,但被许可人无法通过谈判取得较为公平的合同约定。

第五节 著作权集体管理机构的垄断问题

著作权集体管理机构是指经著作权人授权,集中行使著作权人授予的有关权利,并以自己的名义与使用者订立著作权许可使用合同,向使用者收取使用费并转付给著作权人,进行著作权相关诉讼、仲裁等活动的组织机构。著作权集体管理机构在解决大量著作权许可方面可以降低交易成本,提高谈判效率,特别是对网络著作权授权具有一定的优势。但是,著作权集体管理机构集中了海量著作权,也使得著作权集体管理机构具有了一定的市场支配地位,由于著作权集体管理机构多数为依法严格设定的机构,这种市场支配地位很容易被滥用,并将给其会员(著作权人)和用户(被许可人)的利益造成损害。

一、与著作权人签署的协议中的滥用市场支配地位的行为

著作权人将自己的作品授权著作权集体管理机构进行管理的行为本是著作权人对自己权利的一种处分方式。著作权人与著作权集体管理机构就作品集体管理问题所签署的协议应当是属于民事协议,更确切地说,属于授权许可协议。《合同法》中的相关原则应当适用于该协议。著作权人可以选择将作品授权集体管理机构管理,也可以撤回授权;既可以是全权授权,也可以保留部分权利;授权的方式与期限也应由双方协商一致确定。但实际情况是,有些著作权集体管理机构就是法定的垄断机构,在谈判中处于优势地位,著作权人往往不得不接受集体管理机构的不合理的许可条件,其中最典型的条款包括:

1. 限制会员退出

为保证管理作品数目的最大化,强化其谈判能力,著作权集体管理机构常常为会员的退出设置各种障碍。尽管为了保证集体管理机制的正常运转,集体管理机构对会员的退出可以做适当限制,但如果退出条件过于严苛,甚至在退出之后仍要继续受集体管理机构相关制度的制约,这种限制条件便超出了法律的限度,不仅会损害著作权人的利益,也会给相关市场的自由竞争造成障碍。

2. 歧视会员

著作权集体管理机构内部不同会员的许可费收入存在很大的差别,因此,集体管理机构容易基于不同会员的不同地位而对其实施有差异的许可费分配政策,这种行为将构成歧视。

著作权集体管理机构的许可费分配标准,必须保持公开,如公开发放许可费的规则和计算公式,确保会员获得充分信息决定是否参加或退出该集体管理机构。当然,考虑到不同作品价值不同,著作权集体管理机构可以对不同作品的价值作主观评估,对对该机构有重要贡献的作品给予较高的许可费奖励。

根据世界知识产权组织《版权和相关权集体管理》的解释,以及《伯尔尼公约》和《罗马公约》规定的国民待遇原则,著作权集体管理机构也不应对会员有国籍上的歧视。

二、与被许可人签署的协议中的滥用市场支配地位的行为

著作权集体管理机构进行集体管理的核心就是将相关作品进行授权许可,并将所获得的许可费转交给著作权人。作为用户的被许可人基于其对作品的需求,在与拥有海量作品著作权的著作权集体管理机构的谈判中处于劣势地位,进而不得不接受集体管理机构所开出的不合理条件,其中典型的条款包括:

1. 强迫接受一揽子许可

考虑到个性化许可高昂的谈判成本和后续的监督成本,著作权集体管理机构常常要求被许可人接受一揽子许可,而拒绝发放单个许可。对被许可人而言,一揽子许可具有一定的合理性,它不仅可以降低谈判的时间成本和许可费成本,而且可以大大降低侵权的风险。因此,一揽子许可并不当然违法。

但是,在某些情况下,一揽子许可可能会损害某些被许可人的利益,尤其是中小用户的利益,同时也可能会损害相关市场其他具有竞争关系的经营者的利益。对被许可人而言,一揽子许可有搭售之嫌,被许可人不得不为自己不想获得许可的作品支付费用。而对中小用户而言,强调一揽子许可将使其在与大规模的用户竞争中处于劣势,如希望通过专业化、定向化取得相对于大规模用户的竞争优势的小规模用户,由于不能获得部分许可而不得不接受一揽子许可,其专业化、定向化的成本将提高,甚至难以负担。此外,由于一揽子许可使得被许可人难以从著作权集体管理机构的相互竞争中获益,从而降低了被许可人从其他具有竞争关系的著作权集体管理机构获得许可的积极性,这对整个市场的竞争水平将起到限制作用。

为防止集体管理机构的一揽子许可行为违反竞争法,著作权集体管理机构可在合同中提供多种许可类型。

2. 索要高额许可费

著作权集体管理机构具有天然的市场支配地位,相关市场的竞争非常有限,各国都通过多种途径限制集体管理机构索要高额许可费,如通过各种途径使得司法或者行政当局能够依法介入许可费争议,确立合理的许可费标准。对著作权集体管理机构最为严厉的限制措施来自于法律明确规定的强制许可费制度。但是,强制许可费制度缺乏弹性,往往在很长时间内无法调整,可能损害权利人的利益;强制许可费制度的适用范围也非常有限,著作权作为私权,其许可使用协议作为民事协议,均属于民法意思自治的范畴,强制许可费制度过多的介入与著作权作为私权的属性相悖。因此,强制许可费制度不能成为限制著作权集体管理机构所要高额许可费的常规措施。

著作权集体管理机构可能实施的其他滥用市场支配地位的行为还包括:不公开作品信息、进行横向或者纵向市场联合以限制用户的选择自由、自动转让未来作品、低价倾销等。

第三十三章

经营者集中

第一节　经营者集中的含义及其表现

一、经营者集中的含义

我国《反垄断法》在第四章专章对经营者集中行为进行了规定,但并未对经营者集中作出明确定义,而是在第20条列举了应被视为经营者集中行为的三种情形。这三种情形在国外法律中被称为“并购控制”。一般认为,经营者集中指的是经营者通过合并、资产购买、股份购买、合同约定(联营、合营)、人事安排、技术控制等方式取得对其他经营者的控制权或者能够对其他经营者施加决定性影响的情形。其中,合并是最重要和最常见的一种经营者集中形式。经营者集中的后果具有两面性:一方面,有利于发挥规模经济的作用,提高经营者的竞争能力,也符合国家希望企业做大做强的产业政策;另一方面,过度集中又会产生或加强经营者的市场支配地位,甚至造成对相关市场的垄断,进而限制竞争,损害效率。《反垄断法》对经营者集中行为的规制,是在经营者集中行为的两面效果之间寻求平衡。

二、经营者集中是行政许可行为

经营者集中行为的性质与《反垄断法》所规制的另外两种行为,即垄断协议和滥用市场支配地位迥然不同。后者属于行政检查和行政处罚的范畴,即,《反垄断法》主要列举了应予禁止的行为,由行政执法机关据以对相关经营者的行为进行认定,并对实施了法律禁止的行为的经营者进行制裁;而前者则类似一种行政许可行为,即,《反垄断法》本身并不禁止经营者集中行为,而是规定了经营者集中行为的申报制度,经审查予以批准的,经营者可以集中,只有当经营者应申报而未申报,或经审查未获批准仍径行实施集中行为时,才会受到处罚。鉴于对经营者集中与对垄断协议和滥用市场支配地位的规制的目的都是限制、排除竞争的行为,在多数国家的反垄断法律制度中都将这三种行为纳入其规制范围。

三、经营者集中的形式

《反垄断法》第20条规定,经营者集中包括:

(1) 经营者合并,主要是指两个或两个以上的经营者自愿组成一个新的经营者的行为,包括两种情形:一是经营者吸收其他经营者,被吸收的经营者主体资格消灭,即吸收合并;二是两个以上的经营者合并后成为一个新的经营者,合并各方主体资格都不再存在,即新设合并。经营者合并是一种民事行为,一般需要各方签署书面协议方能完成。

(2) 经营者通过取得股权或者资产的方式取得对其他经营者的控制权,指的是经营者通过购买、置换等方式取得其他经营者的股份、资产等进而直接或者间接地控制其他经营者的行为,其结果为通过占有股权或资产取得对其他经营者的控制权。

(3) 经营者通过合同等方式取得对其他经营者的控制权或者能够对其他经营者施加决定性影响,即经营结合是通过订立合作协议、抵押协议的方式实现对其他经营者的控制权,彼此之间形成人力、业务、技术等的相互配合,通过经营权的制约形成事实上的集中形态。控制权及施加决定性影响指的是能够决定其他经营者的经营决策和重大事项或者能够对其他经营者经营决策和重大事项产生引导或限制作用。

四、经营者集中的类型

按照当事人所处的生产阶段,可以将经营者集中分为横向经营者集中、纵向经营者集中和混合经营者集中。

横向经营者集中是指在相关市场的同一生产经营阶段,从事同样生产经营活动的经营者之间的集中,即处于相同市场层次上的或者说具有竞争关系的企业之间的集中。这种类型的经营者集中最易形成垄断。

纵向经营者集中是指从事同一产业、处于不同市场层次的经营者之间的集中。即同一产业中处于不同阶段而实际上相互间有买卖关系的各个经营者之间的集中。这种经营者集中对竞争影响稍小。

混合经营者集中,是指横向经营者集中和纵向经营者集中以外的其他经营者集中方式,是处于不同市场上的企业之间的集中,即参与集中的企业既不存在竞争关系,也不存在商品买卖关系。例如某汽车生产企业与某糖果生产企业之间的集中。此种经营者集中对竞争影响稍小,但是企业做大后可能产生阻却市场的影响。

第二节 经营者集中的申报制度

一、申报标准

《反垄断法》第21条规定,经营者集中达到国务院规定的申报标准的,经营者应当事先向国务院反垄断执法机构申报,未申报的不得实施集中。2008年8月3日,国务院公布了《国务院关于经营者集中申报标准的规定》,根据该规定,经营者集中的申报标准包括:

(1) 参与集中的所有经营者上一会计年度在全球范围内的营业额合计超过100亿元人民币,并且其中至少两个经营者上一会计年度在中国境内的营业额均超过4亿元人民币。

(2) 参与集中的所有经营者上一会计年度在中国境内的营业额合计超过20亿元人民币,并且其中至少两个经营者上一会计年度在中国境内的营业额均超过4亿元人民币。

其中,营业额的计算,应当考虑银行、保险、证券、期货等特殊行业、领域的实际情况,具体办法由国务院商务主管部门会同国务院有关部门制定。

二、除外规定

《反垄断法》第22条规定了两种虽然符合法定申报标准，但可以不予申报的情形，包括：

（1）参与集中的一个经营者拥有其他经营者50%以上有表决权的股份或者资产的；

（2）参与集中的每个经营者50%以上有表决权的股份或者资产被同一个未参与集中的经营者拥有的。

经营者集中具有双面效果，《反垄断法》对该行为的规制旨在避免因市场力量过度集中所导致的排除、限制竞争的后果。而如果一个经营者已经拥有其他经营者50%以上的股权或资产，则其事实上已经成为另一经营者的控股股东或实际控制人，此时所实施的经营者集中，通常是母公司与子公司之间，隶属于同一母公司的不同子公司之间，或集团公司内部为进行股份或资产重组而进行的整合和调整，其所在市场的竞争状况并未发生实质变化，也不会对市场竞争状况产生重大影响，这种情况下，《反垄断法》没有必要介入其中。

三、经营者集中的申报

根据《反垄断法》第23条以及商务部2010年1月1日起实施的《经营者集中申报办法》第10条的相关规定，经营者集中申报应提交的文件和资料包括：

（1）申报书。申报书应当载明参与集中的经营者的名称、住所、经营范围、预定实施集中的日期。申报人的身份证明或注册登记证明，境外申报人还须提交当地公证机关的公证文件和相关的认证文件。委托代理人申报的，应当提交经申报人签字的授权委托书。

（2）集中对相关市场竞争状况影响的说明。具体包括：集中交易概况；相关市场界定；参与集中的经营者在相关市场的市场份额及其对市场的控制力；主要竞争者及其市场份额；市场集中度；市场进入；行业发展现状；集中对市场竞争结构、行业发展、技术进步、国民经济发展、消费者以及其他经营者的影响；集中对相关市场竞争影响的效果评估及依据。

（3）集中协议及相关文件。具体包括：各种形式的集中协议文件，如协议书、合同以及相应的补充文件等。

（4）参与集中的经营者经会计师事务所审计的上一会计年度财务会计报告。

（5）商务部要求提交的其他文件、资料。

《经营者集中申报办法》第11条还规定，除本规定第10条要求提供的文件、资料外，申报人可以自愿提供有助于商务部对该集中进行审查和作出决定的其他文件、资料，如地方人民政府和主管部门等有关方面的意见，支持集中协议的各类报告等。

而如果经营者提交的文件、资料不完备的，应当在商务部规定的期限内补交文件、资料。经营者逾期未补交文件、资料的，视为未申报。

四、审查的程序

根据《反垄断法》的规定，对经营者集中申报的审查分为初步审查和进一步审查。

（一）初步审查

根据《反垄断法》第25条的规定，反垄断执法机构在收到经营者提交的符合法律要求的集中申报之日起30日内,要对申报依法进行审查,以作出是否实施进一步审查的决定。初步审查的结果有两种:一是作出不实施进一步审查的决定或者逾期未作出决定,则经营者可以实施集中;二是实施进一步审查,即反垄断执法机关尚未作出审查决定,经营者尚不能实施集中。

(二) 进一步审查

《反垄断法》第26条第1款规定,国务院反垄断执法机构决定实施进一步审查的,应当自决定之日起90日内审查完毕,作出是否禁止经营者集中的决定,并书面通知经营者。如果作出禁止经营者集中的决定,应当说明理由。经营者在审查期间不得实施集中。

如果在进一步审查期间发生如下情形,反垄断执法机构可以延长审查期限,但最长不得超过60日,且应经书面通知经营者,这些情形包括:(1) 经营者同意延长审查期限的;(2) 经营者提交的文件、资料不准确,需要进一步核实的;(3) 经营者申报后有关情况发生重大变化的。与初步审查阶段类似,如果反垄断执法机构未在法定的90日,或经延长之后的150日内作出审查决定,则经营者可以实施集中。

(三) 审查应当考虑的因素

《反垄断法》第27条规定,审查经营者集中应当考虑的因素包括:

(1) 参与集中的经营者在相关市场的市场份额及其对市场的控制力,这是审查的最基本因素。

(2) 相关市场的市场集中度。市场集中度是对整个行业的市场结构集中程度的测量指标,它用来衡量企业的数目和相对规模的差异,是市场势力的重要量化指标。市场集中度是决定市场结构最基本、最重要的因素,集中体现了市场的竞争和垄断程度。

(3) 经营者集中对市场进入、技术进步的影响。

(4) 经营者集中对消费者和其他有关经营者的影响。

(5) 经营者集中对国民经济发展的影响。

(6) 国务院反垄断执法机构认为应当考虑的影响市场竞争的其他因素。

(四) 对经营者集中申报审查的决定

对经营者集中申报审查的决定,是反垄断执法机构对申报经营者依法审查后所得出的结论,包括不禁止集中和禁止集中。此外,对不予禁止的经营者集中,国务院反垄断执法机构可以决定附加减少集中对竞争产生不利影响的限制性条件。

1. 禁止集中

《反垄断法》第28条规定,经营者集中具有或者可能具有排除、限制竞争效果的,国务院反垄断执法机构应当作出禁止经营者集中的决定。可见,经营者集中是否能获得许可的核心是该集中行为是否具有或者可能具有排除、限制竞争效果。

此外,尽管反垄断执法机构认定经营者集中行为具有或可能产生排除、限制竞争的效果,应禁止集中,但如果经营者能够证明该集中对竞争产生的有利影响明显大于不利影响,或者符合社会公共利益的,国务院反垄断执法机构可以作出对经营者集中不予禁止的决定。这表明,反垄断执法机关在决定是否禁止某一经营者集中行为时,需要考量诸多因素,权衡该经营者集中行为的利弊。

反垄断执法机构作出禁止集中的决定属于具体行政行为,根据《反垄断法》第53条的规定，对反垄断执法机构依据本法第 28 条、第 29 条作出的决定不服的，可以先依法申请行政复议；对行政复议决定不服的，可以依法提起行政诉讼。也就是说，对于反垄断执法机构就经营者集中问题所作的决定，可以进行复议和司法复审，但适用复议前置程序。

2. 不予禁止

如果反垄断执法机构认为经营者的集中行为不会产生排除、限制竞争的效果，则将作出不予禁止的决定。不予禁止的决定可以在初步审查阶段作出，也可以在进一步审查阶段作出。而如果反垄断执法机构不作为，即未在法定期限内作出是否准予集中的决定，则经营者可以实施集中。

3. 附加条件的不予禁止决定

《反垄断法》第 29 条规定，对不予禁止的经营者集中，国务院反垄断执法机构可以决定附加减少集中对竞争产生不利影响的限制性条件。附加条件的不予禁止是《反垄断法》赋予反垄断执法机构的一项自由裁量权，以便应对审查过程中所可能面对的复杂情形。

（五）经营者集中申报审查决定的公布

《反垄断法》第 30 条规定，国务院反垄断执法机构应当将禁止经营者集中的决定或者对经营者集中附加限制性条件的决定，及时向社会公布。反垄断执法机构所作出的是具体行政行为，应具有公开性。为了便于操作，法律上规定了对禁止集中的决定和附加条件的决定进行公开，而并不要求公开一般的不予禁止的决定。

（六）经营者集中的国家安全审查

为避免外资与境内经营者的集中危害国家安全，《反垄断法》第 31 条规定，对外资并购境内企业或者以其他方式参与经营者集中，涉及国家安全的，除依照本法规定进行经营者集中审查外，还应当按照国家有关规定进行国家安全审查。该规定与国外的反垄断实践也是一致的。确保国家安全是各国政府的首要任务。一般情况下，外资并购涉及国家安全的，多属于经济安全范畴。我国建立了外资准入的全面管理制度。其中，全部外资项目要经商务部和地方政府审查，重点项目还要经发展与改革委员会审批。另外，国务院制定的《指导外商投资方向规定》中，明确将外商投资项目分为鼓励、允许、限制和禁止四类，其中，在投资设立时限制和禁止进入的外资企业，在兼并申报时，当然应受到国家安全的审查。2009 年 6 月修订的《关于外国投资者并购境内企业的规定》第 4 条规定，依照《外商投资产业指导目录》不允许外国投资者独资经营的产业，并购不得导致外国投资者持有企业的全部股权；需由中方控股或相对控股的产业，该产业的企业被并购后，仍应由中方在企业中占控股或相对控股地位；禁止外国投资者经营的产业，外国投资者不得并购从事该产业的企业。此外，被并购境内企业原有所投资企业的经营范围应符合有关外商投资产业政策的要求；不符合要求的，应进行调整。这与《反垄断法》中规定的附条件的不予禁止决定类似。

五、法律制裁

依照《反垄断法》的规定，违反法律规定实施集中的行为包括：

（1）经营者集中达到国务院规定的申报标准，应向反垄断执法机构申报而未申报即实施集中的行为。

（2）在反垄断执法机构对申报进行初步审查阶段，经营者未在法定期限内获得不予禁止决定或反垄断执法机构在法定期限内作进一步审查的决定时即实施集中的行为。

(3) 在反垄断执法机构对申报进行进一步审查阶段,经营者未在法定期限内获得不予禁止决定即实施集中的行为。

(4) 反垄断执法机构作出禁止集中决定后,经营者仍实施集中的行为。

《反垄断法》第48条规定:经营者违反本法规定实施集中的,由国务院反垄断执法机构责令停止实施集中、限制处分股份或者资产、限期转让营业以及采取其他必要措施恢复到集中前的状态,可以处50万元以下的罚款。

第三节 涉及知识产权反垄断案件的经营者集中问题

在知识产权反垄断案件中涉及的经营者集中主要反映在专利联营问题上。专利联营是指两个或两个以上专利权人将诸多专利组合在一起,协议向对方或第三方许可的行为。将不同专利权人的专利集结在一起并不属于经营者集中,但是如果专利权人联合起来,统一许可政策,则有可能有经营者集中的情况。

美国1995年发布的《知识产权反垄断指南》集中体现了美国反垄断机构对专利联营的看法。其所采取的态度与各国在其反垄断法中对经营者集中行为所采取的态度基本一致。《指南》一方面承认专利联营有利于市场竞争,体现为:专利联营内的专利之间存在互补关系;专利联营降低了交易成本;专利联营避免了昂贵的法律诉讼;专利联营有利于技术扩散,但是,专利联营同时也具有限制、排除竞争的一面,体现为:专利联营的成员可能利用专利联营垄断定价、限制产量、分配市场;如果专利联营成员在没有协议的情况下会成为竞争者或很可能成为潜在竞争者,而且他们之间的交叉许可又不能带来某种明显的社会经济效益的,执法机关通常将予以追究;如果专利联营使得被排除在联营之外的企业失去了在相关产品市场上进行有效竞争的能力,或专利联营在相关市场上具有垄断地位,或参加专利联盟的限制条件与联盟内技术的发展没有必然的联系,而该专利联营又拒绝其他经营者的加入,则其行为可能会被认为影响了正常市场竞争;专利联营可能对其成员的研发创新构成妨碍。①

通常情况下,专利联营是专利权人之间通过交叉许可协议形成的,一般不涉及经营者之间的并购控制,而只是专利权人将自己所持有的专利纳入专利联营之中,统一对外进行许可,专利权属并没有发生变化,因此,一般也不会涉及一个经营者对其他经营者的实际控制问题。而如果不同的专利权人,特别是以专利运营为核心业务的经营者通过专利出资或合作实施集中,这种情况下,作为经营者主要资产的专利权的权属可能会发生变化,一个经营者可能通过协议的方式取得对其他经营者的实际控制权或施加决定性影响,在这种情况下,可能会构成《反垄断法》所规定的经营者集中行为,应当依法进行申报。

除了涉及技术标准必要专利联营许可的机构外(如MPEGLA),还有越来越多的以专利运营为核心或唯一业务的实体,通常称为非专利实施实体(Non-Practice Entity, NPE)或专利行使实体(Patent-Assertion Entity, PAE)。与专利联营类似,如果这些经营者仅仅是收购专

---

① 李玉剑、宣国良:《专利联盟反垄断规制的比较研究》,载《知识产权》2004年第5期。

利,而不涉及对其他经营者的控制,则该行为并不能被视为《反垄断法》所规定的经营者集中行为;反之,如果收购专利的行为同时涉及了对经营者收购、合并、联合,导致一个经营者对其他经营者产生实际控制权或可以施加决定性影响,则可能会构成《反垄断法》所规定的经营者集中行为。

无论是专利联营还是 NPE/PAE 的行为,都不能简单认为违法。《反垄断法》所规定的集中行为指的是经营者的集中,而不是单纯专利等资产的集中。只有当以专利等资产的集中为手段试图达到经营者集中的效果时,才可能构成《反垄断法》所规定的经营者集中行为。

第三十四章

知识产权反垄断执法

第一节　中国知识产权反垄断执法机制

一、反垄断执法机构

我国没有设立统一的反垄断机构，维持现有的职能分工，由各有关部门各司其职，共同负责《反垄断法》的执法。《反垄断法》第10条第1款规定："国务院规定的承担反垄断执法职责的机构（以下统称国务院反垄断法执法机构）依照本法规定，负责反垄断执法工作。"第2款规定："国务院反垄断执法机构根据工作需要，可以授权省、自治区、直辖市人民政府相应的机构，依照本法规定负责有关反垄断执法工作。"可见，我国目前反垄断执法机构实行双层次、多机构的执法模式。双层次是指国务院反垄断执法机构及地方政府设立的反垄断机构双重执法；多机构是指国家工商总局、商务部、国家发展改革委员会三个机构均可设立反垄断执法机构。

（一）国务院反垄断委员会

《反垄断法》第9条规定，国务院设立反垄断委员会，负责组织、协调、指导反垄断工作。2008年9月，国务院批准了《国务院反垄断委员会工作规则》，其中规定了反垄断委员会的主要职责、组成、会议制度、工作制度和工作程序等。

国务院反垄断委员会依法履行的职责包括：

（1）研究拟订有关竞争政策。竞争政策是为保护和促进市场竞争而实施的经济政策，是市场经济国家经济政策的核心。

（2）组织调查、评估市场总体竞争状况，发布评估报告。《反垄断法》旨在维护市场竞争，市场总体竞争状况关系到反垄断法律制度的实施效果，因此，有必要对市场总体竞争状况进行调查、评估，发布评估报告，为反垄断执法工作提供参考和依据。

（3）制定、发布反垄断指南。《反垄断法》所确定的是反垄断制度的基本框架和基本原则，面对形式多样的市场行为，需要具体、细化而具有可操作性的反垄断指南为执法者提供正确、合理的操作依据，并为经营者实施正确的市场行为提供指引。

（4）协调反垄断行政执法工作。《反垄断法》授权国务院规定具体的反垄断执法机构。根据国务院规定，国家工商行政管理总局、国家发展和改革委员会、商务部三部门按职责分工负责反垄断行政执法工作。为避免执法尺度不一，需要由反垄断委员会对三个执法部门的工作进行协调，以保证反垄断执法工作的顺利进行。

(5) 国务院规定的其他职责。国务院可以根据《反垄断法》实施中的实际需要,赋予反垄断委员会其他职责。

(二) 国家工商行政管理总局

国家工商行政管理总局反垄断执法权的最早依据是1993年颁布的《反不正当竞争法》。该法中涉及部分限制竞争行为和垄断行为。国家工商行政管理总局设反垄断与反不正当竞争执法局,具体职责有:

(1) 拟订有关反垄断、反不正当竞争的具体措施、办法;

(2) 承担有关《反垄断法》执法工作;

(3) 查处市场中的不正当竞争、商业贿赂、走私贩私及其他经济违法案件,督查督办大案要案和典型案件;

(4) 除价格垄断协议之外的大部分垄断协议的禁止和查处工作;

(5) 除价格垄断行为之外的大部分滥用市场支配地位行为的禁止和查处工作;

(6) 滥用行政权力排除限制竞争行为的有关执法工作。

此外,《反不正当竞争法》中规定的禁止垄断的行为,如串通投标、公用企业滥用市场支配地位、不正当贱卖、搭售等行为依然适用《反不正当竞争法》,国家工商行政管理总局反垄断执法机构可以基于《反不正当竞争法》对其中所规定的限制竞争行为和垄断行为享有执法权。

(三) 国家发展与改革委员会

国家发展与改革委员会享有反垄断执法权的主要依据是1997年颁布的《价格法》。该法第14条第1款规定,经营者不得"相互串通,操纵市场价格,损害其他经营者或者消费者的合法权益"。该法第5条规定,国务院价格主管部门统一负责全国的价格工作,包括执行第14条第1款的规定。国家发展与改革委员会内设价格监督检查司,负责依法查处价格垄断行为等工作,其任务主要是禁止价格垄断协议以及涉及价格的其他垄断行为。

(四) 商务部

商务部享有反垄断执法权的主要依据是2006年商务部等六部委共同发布的《外国投资者并购境内企业的规定》,根据该规定,商务部对外资并购境内企业享有审查权,包括反垄断审查的权力。《反垄断法》颁布之后,商务部对外资并购的反垄断审查权将扩大到所有的企业并购活动。按照国务院的规定,商务部内设反垄断局依法对经营者集中行为进行反垄断审查,指导企业在国外的反垄断应诉工作,开展多、双边竞争政策交流与合作。

(五) 地方反垄断执法机构

除了前述三个中央执法机构外,根据《反垄断法》第10条第2款之规定,国务院反垄断执法机构根据工作需要,可以授权省、自治区、直辖市人民政府相应的机构,依照本法规定负责有关反垄断执法工作。

地方反垄断执法机构的设立的条件是:

(1) 经国务院反垄断执法机构授权。

(2) 授权限于省一级的政府机构。

(3) 授权只能在相应职能部门内进行。即:国家工商行政管理总局授权省级工商行政管理局,国家发展和改革委员会授权省级发展和改革委员会,商务部授权省级商务局(厅)。

二、反垄断调查

(一) 反垄断执法机构调查权的含义及其特点

《反垄断法》第六章专章规定了对涉嫌垄断行为的调查,反垄断执法机构在履行职责过程中为查清事实真相、正确认定违法行为可采取检查、询问、复制及必要强制措施。

相较于一般行政执法,反垄断执法机构的调查有两个明显特点:

(1) 在程序中的职权位置受到高度重视。《反垄断法》第45条规定,在反垄断执法机构调查涉嫌垄断行为的过程中,被调查的经营者作出特定承诺时,反垄断执法机构可以作出中止调查的决定。经营者履行承诺的,反垄断执法机构可以作出终止调查的决定;经营者不履行承诺的,反垄断执法机构应当恢复调查。一般行政执法中,从调查取证直至最终作出行政决定是一个完整的执法过程,调查取证贯穿整个执法过程始终,而反垄断执法中,实施调查、中止调查、终止调查、恢复调查均可成为独立的行政执法决定,发挥其独特的作用。

(2) 在实体上能够独立发挥防止垄断行为的作用。实践中,垄断行为往往会随着经济形势、市场情况的变化而变化,有条件地停止或结束反垄断调查,是各国反垄断法的一项机制。事实上,尽管大多数国家的反垄断执法机构每年接到的相关举报和受理的涉嫌垄断案件的数量很多,但绝大多数案件在调查过程中因涉嫌垄断的行为人承诺改正并自动消除违法行为的影响和后果而终止程序,这同样能取得反垄断法律制度设计的理想结果。

(二) 反垄断执法机构调查权的内容

《反垄断法》第39条规定,反垄断执法机构的调查权主要包括:

(1) 对有关场所进行检查,其中包括进入权和检查权。前者指的是反垄断执法机构进入涉嫌违法行为人的住所或营业场所的权力;后者则是指反垄断执法机构对涉嫌违法行为人的物品、账目等进行检查的权力。《反垄断法》第39条第1款第1项规定,反垄断执法机构在调查涉嫌垄断行为时有权"进入被调查的经营者的营业场所或者其他有关场所进行检查",第39条第2款规定,进入被调查的经营者的营业场所或者其他有关场所进行检查,应当向反垄断执法机构主要负责人书面报告,并经批准。

(2) 询问有关当事人,即反垄断执法机构有权询问被调查的经营者、利害关系人或者其他有关单位或者个人,要求其说明情况。

(3) 查阅、复制有关资料,即反垄断执法机构有权查阅、复制被调查的经营者、利害关系人或者其他有关单位或者个人的有关单证、协议、会计账簿、业务函电、电子数据等资料。

(4) 查封、扣押相关证据。查封、扣押证据具有调查取证、证据保全及执行担保等多重功能。

(5) 查询经营者的银行账户。

(三) 反垄断执法机构调查权的行使

反垄断执法机构的调查权主要适用于涉嫌垄断协议行为和滥用市场支配地位行为,这两种行为需要经过调查确认,才能予以行政处罚。对经营者集中的规制主要表现在申报和审查许可的过程,只有违法实施集中才可能引起调查,最终予以处罚。此外,反垄断执法作为一种行政行为,还需要符合行政执法的相关原则规定,具体而言,包括:

(1) 在反垄断执法机构行使其调查权的同时,需履行相关义务。《反垄断法》明确规定的反垄断执法机构需要履行的义务有:① 调查义务,即反垄断执法机构依法对涉嫌垄断行为进行调查;对涉嫌垄断行为,任何单位和个人有权向反垄断执法机构举报;举报采用书面形式并提供相关事实和证据的,反垄断执法机构应当进行必要的调查。② 保密义务,包括为举报人保密和对执法过程中知悉的商业秘密负有保密义务。③ 听取当事人陈述意见的义务和核实的义务,即被调查的经营者、利害关系人有权陈述意见;反垄断执法机构应当对被调查的经营者、利害关系人提出的事实、理由和证据进行核实。

(2) 反垄断调查应依法进行,包括遵守《反垄断法》及其他相关程序法的规定。《反垄断法》第54条规定,反垄断执法机构工作人员滥用职权、玩忽职守、徇私舞弊或者泄露执法过程中知悉的商业秘密,构成犯罪的,依法追究刑事责任;尚不构成犯罪的,依法给予处分。

(四) 行使调查权的效力

《反垄断法》第42条规定,被调查的经营者、利害关系人或者其他有关单位或者个人应当配合反垄断执法机构依法履行职责,不得拒绝、阻碍反垄断执法机构的调查。而如果违反该义务,《反垄断法》第52条规定了相关的处罚措施,包括:对一般情节,即对反垄断执法机构依法实施的审查和调查,拒绝提供有关材料、信息,或者提供虚假材料、信息,或者隐匿、销毁、转移证据,或者有其他拒绝、阻碍调查行为的,由反垄断执法机构责令改正,对个人可以处2万元以下的罚款,对单位可以处20万元以下的罚款;情节严重的,对个人处2万元以上10万元以下的罚款,对单位处20万元以上100万元以下的罚款;构成犯罪的,依法追究刑事责任。

(五) 行使调查权的若干步骤和要求

(1) 调查应有事先授权。《反垄断法》第39条明确规定,反垄断执法机构进入经营者的营业场所或者其他有关场所进行检查,询问有关当事人,查询、复制有关资料,查封、扣押相关证据以及查询经营者的银行账户,均要实现履行报批手续,即应当向反垄断执法机构主要负责人书面报告,并经批准。

(2) 调查人数符合法定要求。《反垄断法》规定,反垄断执法机构调查涉嫌垄断行为,执法人员不得少于二人。

(3) 出示证件。

(4) 制作调查笔录。《反垄断法》第40条第2款规定,执法人员进行询问和调查,应当制作笔录,并由被询问人或者被调查人签字。国家工商总局2007年修订的《工商行政管理机关行政处罚程序规定》中对调查笔录作了较详细、具体的要求。

(5) 依法作出决定。《反垄断法》第44条规定,反垄断执法机构对涉嫌垄断行为调查核实后,认为构成垄断行为的,应当依法作出处理决定,并可以向社会公布。需要注意的是,公布与否,反垄断执法机构拥有自由裁量权。

(六) 调查权的中止行使与恢复行使

在反垄断法律制度中,执法机构的调查权是一项独立的职权,这也形成了《反垄断法》中特有的承诺制度,即对反垄断执法机构调查的涉嫌垄断行为,被调查的经营者承诺在反垄断执法机构认可的期限内采取具体措施消除该行为后果的,反垄断执法机构可以决定中止调查。中止调查的决定应当载明被调查的经营者承诺的具体内容。

调查权的中止行使所需具备的条件是:

(1) 是否中止调查属于反垄断执法机构的自由裁量权,由反垄断执法机构根据具体情况决定。调查程序并不因经营者作出承诺而必然中止。

(2) 经营者承诺在一定期限内采取具体措施消除其正在受到调查的涉嫌垄断行为所造成的后果。

(3) 反垄断执法机构认可经营者的承诺。

《反垄断法》第45条第2款规定,反垄断执法机构决定中止调查的,应当对经营者履行承诺的情况进行监督。经营者认真地按承诺去作为的,则没有必要对其再进行调查。而无论是中止调查还是终止调查,反垄断执法机构都应以行政决定的形式作出。

《反垄断法》第45条第3款规定,若经营者未履行承诺,或者作出中止调查决定所依据的事实发生重大变化,或者中止调查的决定是基于经营者提供的不完整或者不真实的信息作出的,反垄断执法机构应当恢复调查。换言之,没有符合要求的承诺和履行承诺,就不会发生调查权的中止行使。

三、知识产权反垄断执法机制之展望

在我国,无论是知识产权制度,还是反垄断制度的历史都十分短暂,特别是知识产权反垄断执法的实践经验仍较少。尽管目前利用知识产权排除、限制竞争的行为仍不十分突出,但随着市场竞争的加剧以及贸易全球化趋势的发展,这类型行为也有增加的趋势。如何在充分发挥知识产权法律制度鼓励创新和促进科技进步的积极作用的同时,防止知识产权滥用给经济和竞争可能带来的负面影响,尚需立法的进一步完善。

《反垄断法》的抽象原则规定缺乏操作性,在未来中国的知识产权反垄断执法中,需要出台指导执法活动和便于当事人遵守的具体指南。目前我国反垄断执法由多个部门分头负责,考虑到知识产权的专业性和特殊性,有必要统一知识产权反垄断案件的执法权,以提高效率和避免专业性不足的弊端。

第二节　各国知识产权的反垄断机构

一、美国

(一) 反垄断执法机构

美国反垄断法实行的是双轨执法制度,其反垄断法主要执法机构是美国司法部反垄断局和联邦贸易委员会。

司法部反垄断局成立于1903年,负责执行《谢尔曼法》《克莱顿法》和除《联邦贸易委员会法》之外的一切反垄断案件,独立行使调查权,不受司法部干涉。具体而言,包括:(1) 调查权,可以要求当事人提供有关资料,向有关当事人签发民事调查令, 甚至在经法院许可后, 可对经营者进行搜查、监听等; (2) 提起诉讼权,反垄断局可以作为公诉人向法院提起诉讼,包括民事诉讼和刑事诉讼;(3) 编制指南,对卡特尔、企业合并等行为给予指导;(4) 提供咨询,对企业行为是否违反反垄断法提供咨询意见。

联邦贸易委员会是1914年成立的反垄断执法机构,委员由总统提名,由国会批准,并对国会负责,不受总统监督,具有很大的独立性。联邦贸易委员会的职权包括:(1) 行政权,包括:对不正当竞争及欺诈行为发布禁令,对违反反垄断法的行为进行调查,询问相关人员,传唤证人,行政指导,向国会提出报告等权力;(2) 准立法权,即制定规则,使反垄断法的规定

得以具体化和明确化;(3) 准司法权,对具体违法案件可以作出行政裁决,当事人如对其裁决不服可向联邦上诉法院提起上诉;(4) 提起诉讼,可以对违反反垄断法的行为提起诉讼,但仅限于民事诉讼;(5) 提供咨询;(6) 编制指南。

这两个机构的工作人员均主要是律师,还包括部分经济学家。这两个机构互不隶属,相互平行,对许多反垄断案件具有竞相管辖权。1948 年司法部与联邦贸易委员会达成了一个备忘录, 即在一方启动反托拉斯调查之前,需通告另一方,以避免发生管辖权冲突。

除反垄断局和联邦贸易委员会外,州政府也有一定的执法权,同时私人也可以提起三倍赔偿诉讼。

(二) 对知识产权的反垄断控制

1995 年 4 月 6 日,美国司法部和联邦贸易委员会联合发布了《知识产权许可的反垄断指南》,系统阐述了相关机构在对专利、版权和商业秘密法保护的知识产权及 know-how 的许可行为所可能导致的反托拉斯行为进行执法时所采取的态度、分析方法和法律适用原则。尽管这只是执法部门的咨询性政策说明文件,但其集中反映了美国在反垄断法领域的经验和发展动向,统一了理解和认识,并为经营者判定其知识产权许可行为是否会违反反垄断法提供了预期。《指南》指出,知识产权法和反垄断法的共同目的是鼓励创新和提高消费者福利。《指南》第 2 条还体现了三个基本原则:(1) 出于进行反垄断分析的目的,主管机关把知识产权看作实质上与其他形式的财产是相似的;(2) 主管机关并不推定知识产权产生反垄断法意义上的市场支配力;(3) 主管机关认识到,知识产权许可允许厂商可以结合具有补充性的生产要素,并且一般说来是促进竞争的。

20 世纪 90 年代后期,随着涉及知识产权权利行使的反托拉斯诉讼的大量增加,为更好地发挥知识产权和竞争机制对于经济的共同推动作用,协调好反托拉斯执法与知识产权保护之间的关系,相关执法机构在广泛征求意见的基础上,于 2007 年 4 月 17 日发布了《反托拉斯执法与知识产权:促进创新和竞争》,该报告重申了《指南》中关于对知识产权权利行使行为的基本立场以及在知识产权领域进行反托拉斯执法的基本原则,并重点讨论了知识产权许可中的具体行为,包括:单方拒绝许可、专利标准、组合专利的交叉许可和专利联营、知识产权许可行为的不同形态、知识产权搭售和捆绑,以及超过专利法定有效期延伸市场支配力的竞争分析。

二、欧盟

(一) 欧盟反垄断执法机构

欧盟的竞争规范主要源自 1957 年《欧洲经济共同体条约》第 81 条至第 90 条,其中,第 81 条和第 82 条适用于企业间限制竞争以及其他联合行为。欧盟竞争规范旨在提升经济效率,优化资源配置,保护消费者及较小企业免受其他经济强力集中之侵害。1962 年,为明确《欧洲经济共同体条约》第 81 条和第 82 条的具体适用,欧盟部长理事会颁布了第 17 号规则,即《17/62 号条例》,对协议的通知、豁免等事项作了明确规定。[①] 1991 年《欧洲联盟运行条约》第 101 条至第 109 条是关于欧盟竞争政策的基本立法,其中第 101 条和第 102 条对限制竞争协议和滥用优势地位进行规制。

---

① 郑友德、胡章怡:《欧盟知识产权滥用的反垄断问题研究》,载《法学评论》2006 年第 6 期。

在反垄断执行机制上,欧盟以行政控制为主,赋予欧盟委员会强大和集中的竞争规则执行权,以确保欧盟各机构遵守欧盟基础条约。欧洲委员会竞争总司具体负责竞争政策与法律的实施,其职责包括:贯彻执行欧共体条约的竞争条例,以确保欧盟市场的竞争不被扭曲,保证消费者的利益和欧洲经济的竞争性。依据《欧共体条约》第81、82、86、87、89条的规定,欧委会竞争总司负责起草和执行反托拉斯、企业并购、自由化和政府干预、政府补贴方面的立法,订立欧盟竞争政策,以确保条约的这些条款在欧共体范围内得到贯彻执行。相关调查程序可以由当事人的控告而开始,也可以由欧洲委员会主动启动调查程序。欧盟委员会的调查手段包括要求有关当事方提供相关材料、回答相关问题、实地勘察等。委员会有权到公司所在地等办公场所以突然袭击的方式搜集证据。①

为保证欧盟竞争法的实施,欧洲两级法院(欧洲初审法院和欧洲法院)对欧盟各机构的行为实施司法审查,这一方面是对欧盟委员会实施反垄断规则的权力加以规范和制约,另一方面可以有效保护相对人的利益。

(二)对知识产权的反垄断控制

在长期的实践中,欧盟竞争法确立了关于运用知识产权的三大基本原则:知识产权的所有权中"存在权"与"使用权"相区别的原则②;权利耗尽原则;同源原则。欧洲法院通过一系列案例,确认《欧共体条约》中的竞争规则可以被用以防止知识产权人取得拥有相似技术的竞争对手公司、实施掠夺性定价和产品捆绑销售行为。

与美国类似,欧盟也非常重视对知识产权许可协议的反垄断控制。1984年6月,欧共体委员会就颁布了《关于对若干类型的专利使用许可协议适用第85条第3款的2349/84号条例》,自1985年1月1日起生效。1988年11月又发布了《关于对若干类型的技术秘密使用许可协议适用条约第85条第3款的556/89号条例》,自1989年1月1日起生效。1996年1月,欧盟将两个条例合并为《关于对若干类型的技术许可协议集体适用欧共体条约第85条第3款的第240/96号条例》,将涉及专利、技术秘密和其他知识产权的技术许可协议统一予以规范,并拓宽了豁免范围。此后,欧盟委员会又相继制定了纵向协议条例、专业化协议条例和研发协议条例,以及纵向协议准则和横向合作协议准则。这些条例或准则都或多或少地涉及知识产权问题,同时在一定程度上修正了欧盟委员会对待知识产权问题的方法。③ 2002年,欧盟在竞争法中引入了卡特尔宽大处理制度。新的《关于实施欧共体条约第81、82条的第1/2003号决议》和《关于企业合并控制的第139/2004号决议》对竞争法的三大支柱,即禁止限制竞争协议、禁止滥用市场垄断地位和企业合并控制进行了修改,并从2004年5月1日起开始实施。2004年4月欧共体颁布的《欧共体委员会对各种类型技术转让协议适用条约第81条第3款的第772/2004号规章》是目前欧盟在知识产权反垄断领域中最重要的规定。该规章的主要内容包括:定义、豁免、市场份额门槛、核心限制、被排除的限制性条款、个案中的撤销、不适用本规章的事项、市场份额门槛的适用、废止、过渡期、有效

① "欧洲联盟对流通的管理调研",http://www.ce.cn/cysc/main/jtfzspsy/shwll/200611/06/t20061106_9296027_1.shtml,最后访问时间:2013年8月30日。

② 欧洲法院曾在判例中指出,条约第36条所保护的只是知识产权所有权的"存在",而所有权的"使用"则应受到条约有关禁止性规范的约束。参见阮方民:《欧盟竞争法》,中国政法大学出版社1998年版,第282—283页。

③ 同上注。

期等11个条款。[1]

除了专门针对专利和技术秘密的许可协议的集体豁免规定外，欧盟还通过两级法院的判例，确立了关于商标权、著作权等其他方面知识产权转让的规范。

三、德国

（一）德国反垄断执法机构

德国反垄断执法体系包括联邦经济部、联邦卡特尔局、州卡特尔局和反垄断委员会。经济部是联邦政府中负责宏观经济管理的部门，其重要职责之一是制定包括反垄断政策在内的竞争政策。联邦卡特尔局隶属于联邦经济部，负责《反限制竞争法》的执法，是最重要的反垄断执法机关。州卡特尔局隶属于州政府，负责州内卡特尔事务。反垄断委员会是独立的咨询机构。

联邦卡特尔局根据1957年《反限制竞争法》设立，该法第48条第2款规定：本法的规定未将某项管辖权赋予特定的卡特尔局的，如影响市场的效果、限制竞争行为或歧视性行为或竞争规则的效果超越一个州的范围，则由联邦卡特尔局承担和享有本法赋予卡特尔当局承担这些任务并享有这些权限。卡特尔局按行业分类，内设九个审议处、一个基础处和一个欧洲处。审议处可以独立地裁定案件，联邦经济部长和联邦卡特尔局局长不得对其执法活动施加影响。《反限制竞争法》授予联邦卡特尔局的职权包括：(1) 执法权，即禁止违反《反限制竞争法》的违法行为的权利；(2) 处罚权，即对违反《反限制竞争法》的行为可以处以没收违法所得和一定数额的罚款；(3) 批准权，包括对卡特尔协议的豁免批准权和对企业兼并申报的批准权；(4) 监督权，即对出版物的价格约束是否受到滥用以及对联邦铁路和邮政等特殊行业进行监督；(5) 跨州限制竞争行为的专属管辖权。[2]

德国《反限制竞争法》规定了对垄断的事前预防和事后制裁相结合的规制方法。前者包括：申请登记，即符合条件的卡特尔向卡特尔当局申请登记；批准，即由经济部长或卡特尔当局对符合《反限制竞争法》规定条件的卡特尔进行批准、登记并公告。后者包括：指定消除发生的垄断行为、指定修改合同或决议、禁止合同或决议和处以罚款。[3]

卡特尔局对反垄断案件进行审理和裁定具有很强的独立性，当事人对于卡特尔局所做的裁决不服，可以要求法院进行司法审查，其所作出的裁决也只有州高等法院以上级别的法院才能依法改变或撤销。此外，反垄断委员会由国民经济学、企业管理学、社会政策学、技术工艺学或经济法学方面的专家组成，具有顾问委员会性质，负责对企业集中化的现状及发展方向的评判与反垄断法对企业合并相关规定的执行评价。[4]

（二）德国对知识产权的反垄断规制

对知识产权滥用问题，德国通过大量的判例确定了“当专利有其他可替代技术时，专利法优先适用；当专利无替代技术或者已经成为行业标准时，反垄断法优先适用”的原则，并通过判例赋予反垄断执法机构对于标准专利的强制许可权。反垄断法对知识产权的削弱只是

---

① 王先林：《知识产权与反垄断法——知识产权滥用的反垄断问题研究（修订版）》，法律出版社2008年版，第136—145页。

② 吴振国：《国外反垄断执法机关的设置及其职能》，载《中国工商管理研究》2003年第6期。

③ 林志强：《日本与德国反垄断机构模式比较》，载《甘肃行政学院学报》2002年第1期。

④ Michael Fammler, Der Markenlizenzvertrag, München, 2000, S. 68.

特例,德国最高法院认为,“基于反垄断法的专利使用权”规则的适用条件包括:专利所有者具有市场支配地位;专利是重要和不可替代的,拒绝许可导致新的竞争者无法进入市场;拒绝许可使用该专利会阻止新产品的产生,新产品主要指与专利所有者的产品不同类的产品,也包括对专利所有者的产品进行重大改进的产品;拒绝许可没有正当理由,拒绝许可会导致竞争的消失或不能产生新的竞争;使用方需支付合理的专利使用费。①

对于知识产权转让合同中的滥用知识产权限制竞争行为,《反对限制竞争法》第1条和第18条作了专门规定,从横向和纵向两个方面对技术转让合同进行调控。基于对技术转让的推动,德国反垄断法在原则禁止的前提下,又在一定条件下用例外与豁免的方式允许技术性的知识产权权利人作出超出知识产权权利内容的限制。而对于诸如商标转让合同等非技术性的知识产权的转让合同中的限制竞争行为,德国反垄断法有着并非完全相同于其对技术性知识产权转让合同的规定。德国联邦法院认为,如果商标许可合同中的限制竞争行为对于维护商标的存在以及其受商标法所保护的功能是必要的,那么,商标许可合同中的限制竞争约束就是反垄断法所允许的。在《反对限制竞争法》经过数次修改后,德国反垄断法最终将纯商标权等非技术性知识产权转让合同纳入该法第1条至第16条的规制范畴,但第17条和第18条的豁免条款仍然不适用于这类合同。如果合同双方是实际上的或潜在的竞争者,而且签订合同主要是为了寻求限制竞争的共同目的,这就是《反对限制竞争法》第1条意义上的卡特尔协议,是应予以禁止的。②

对商标许可合同的反垄断规制包括③:

(1) 商标许可合同中的诸如采购约束、地域限制和销售约束等限制竞争条款受《反对限制竞争法》第16条“对排他性约束的滥用监督”的制约④,即,企业之间就商品或服务签订的协议,如对一方当事人,限制其使用所购商品、其他商品或服务的自由,或限制其从第三人处采购其他商品或服务,或向第三人提供其他商品或服务,或限制其向第三人提供所购商品,或责成其购买在实质上或商业习惯上都与所购商品或服务不相符合的商品或服务,并且由于这类限制行为的规模,这类商品或服务或其他商品或服务在市场上的竞争受到实质性的限制,则卡特尔局可宣布这类协议无效,并禁止实施新的、同类性质的约束行为。此外,商标许可合同中的独占性约束条款增加了新的竞争者进入市场的难度,而且还可能对一个市场进行人为的分割,具有限制竞争的趋势。但第16条第2款却规定,只要相关商品或其他商品或工商活动在市场上的竞争,并没有因为这一限制的规模而受到实质上的影响,就不会受到卡特尔局的进一步追究。事实上,在商标许可的实践中,鲜有独占性条款被卡特尔局宣告无效。但在个别情况下,商标许可合同中的独占约束也会受到《反对限制竞争法》第1条的禁止。如,如果合同双方是利用独占商标许可合同来建立卡特尔,集体商标使用中的独占性约束等。⑤

---

① 何茂斌:《德国反垄断法律制度和执法体系考察报告之五:反限制竞争法的主要特色制度》,http://article.chinalawinfo.com/Article_Detail.asp?ArticleId=52858,最后访问时间:2013年8月30日。

② 单晓光:《德国及欧盟反垄断法中的商标许可合同》,http://www.iprcn.com/IL_Lwxc_Show.aspx?News_PI=852,最后访问时间:2013年8月30日。

③ Michael Fammler, Der Markenlizenzvertrag, München, 2000, S. 68.

④ Ibid., S. 6.

⑤ Ibid., S. 68.

(2) 关于价格和交易条件的规定受《反对限制竞争法》第 14 条的规制。第 14 条的主要内容是,企业之间就相关的商品或服务所签订的协议,如对一方当事人在其与第三人就所供商品、其他商品或服务达成协议时的定价的自由予以限制,则该协议是禁止的。也就是说,所有施加于被许可方与第三方所订合同中固定价格或交易条件的约定是无效的。属于这类约定的,除所有许可方影响被许可方价格形成的企图之外,还包括最优惠条款。即不允许被许可方给予再被许可方优于主要被许可方的条件。但是否允许被许可方签订再许可协议,却完全任由许可方与被许可方自由约定,反垄断法并不过问。[①]

四、日本

(一) 反垄断执法机构

日本的反垄断执法体制是单轨体制,日本公正交易委员会是唯一的反垄断执法机构。日本公正交易委员会是以美国联邦贸易委员会为范例设置的行政委员会。它归属于首相直接领导,是首相办公室下的一个特别的部级机构。公正交易委员会的职能是实施反垄断法,各种核准的受理和审查,经济状况和经营活动的研究,为其他行政机关提供咨询,就反垄断法的适用发布指南,并对一些请求作出反应。在实施反垄断法的过程中,公正交易委员会的职权包括:(1) 行政权,是根据《禁止私人垄断和确保公正交易法》及其附属法规认可事务、受理申报、按照其他法令执行与其他行政机关的磋商、协议等。(2) 准司法权,即有权通过准司法程序对违反法律的状态和行为进行裁决并采取措施,对违反法律者适用罚则,另外还具有对违法者实行刑事制裁的专属告发权。(3) 准立法权,即有权制定其内部规则、事件的处理程序以及呈报、认可或承认的申请和其他有关事项的必要程序的规则。[②] 此外,公正交易委员会的职责还包括:为掌握日本的各种经济状况以及经营活动的实际情况,对公司集团、企业之间的实际交易状况、流通的实际状况以及政府规制制度进行调查研究;为其他行政机关出台制订、修改有关经济法律或规章,或者采取某种行政措施,提供咨询,以免出现违反禁止垄断法和不符合竞争政策面的问题;就反垄断法的适用发布指南。[③]

与德国一样,日本反垄断法对垄断也实行事前预防和事后制裁相结合的规制方法。前者包括:报告,即适用除外的主体签订垄断契约自成立起 30 日内,将有关情况报告公正贸易委员会;认可,即生产业者在克服萧条、标准化、合理化等原因而欲共同实施垄断行为时,可根据公正交易委员会的规定事先取得其认可,是否认可由公正贸易委员会与主管该事业的国务大臣协商决定。后者包括:劝告,即劝告停止违法行为或转让部分营业以及为排除违反规定的其他行为而采取的必要措施;排除措施,主要包括停止、解散、转让等规制方法;课征金缴付命令,在事业人有垄断行为时,命令事业人向国库缴纳课征金;提起刑事公诉。[④]

(二) 对知识产权的反垄断规制

日本《禁止私人垄断和确保公正交易法》设有专门条款协调与知识产权法的关系,该法第 23 条规定,本法规定不适用于被认为是行使著作权法、专利法、实用新型法、外观设计法

---

① Michael Fammler, Der Markenlizenzvertrag, München, 2000, S. 6.

② Ibid., S. 68.

③ 单晓光:《德国及欧盟反垄断法中的商标许可合同》,http://www.iprcn.com/IL_Lwxc_Show.aspx? News_PI=852,最后访问时间:2013 年 8 月 30 日。

④ Michael Fammler, Der Markenlizenzvertrag, München, 2000, S. 68.

或商标法规定的权利的行为。但如果有关知识产权的权利人行使权利超出了正当的范围,滥用了权利,不正当地限制了市场竞争,则仍会受该法的规制。而判断知识产权被许可条款的合法性,则应适用该法的规定。

1968 年 5 月,日本公正交易委员会根据《禁止垄断法》第 6 条的规定,发布了《国际许可协议的反垄断指导方针》,规定事业者不得签订其内容含有不正当交易限制和不公正交易方法事项的国际协定或国际合同。如果事业者签订国际协定或国际合同应按公正交易委员会规则的规定,从该协定或合同成立之日起 30 日内,附上该协定或合同的抄件,呈报公正交易委员会。上述指导方针适用于涉及日本的专利、实用新型和技术秘密的国际许可证协议,主要是技术引进合同。

1989 年 2 月,日本公正交易委员会颁布了《关于管制专利和技术秘密许可协议中的不公正交易方法的指导方针》,同年 4 月 6 日实施。该指导方针借鉴了欧盟法和美国法的做法,提出了公正交易委员会分析许可协议时的适用标准。一方面,将限制条款分为白色条款、灰色条款和黑色条款;另一方面,试图对特定类型限制的必要性与其对竞争不利影响的可能性之间进行权衡。

1999 年 7 月,日本公正交易委员会又颁布了《专利和技术秘密许可协议中的反垄断法指导方针》,并同时废止了 1989 年出台的《指导方针》,根据 20 世纪 90 年代以来日本国内外的新情况,对在知识产权领域适用禁止垄断法的问题提出了全面、系统的指导意见,包括:在专利和技术秘密转让活动中适用禁止垄断法的基本问题;对有关专利许可协议的《禁止垄断法》第 23 条进行了解释,阐述了公正交易委员会对于专利许可协议与《禁止垄断法》第 23 条关系的观点;以具体事例阐明了公正交易委员会从不合理贸易限制和私人垄断的角度对有关专利或技术秘密许可协议的观点;详细阐述了公正交易委员会从不公正交易方法的角度对有关专利和技术秘密许可协议的观点。①

五、韩国

(一) 反垄断执法机构

1980 年,韩国制定了《垄断管制和公平交易法》,并依照该法设立了公平交易委员会,但该委员会在当时并未被赋予主动实施公平交易法的职能和权限。原公平交易法规定:在经济计划院长官就该法所定重要事项和违反该法的事项作决定和实施处分之前,为审议这些问题并作出决议,在经济计划院中设置公平交易委员会。当时,经济计划院长官掌握着公平交易的所有权力,经济计划院内设的局级机构——公平交易室负责公平交易法的实施,而公平交易委员会则处于配角地位。1990 年,有鉴于韩国反垄断执法体制在实践中产生的问题,韩国修改了公平交易法,将原来为经济计划院长官拥有的公平交易法各项权力全部转由公平交易委员会掌握,使之成为执行公平交易法的主体。但当时公平交易委员会仍是经济计划院的下属机构。1994 年,韩国再次对公平交易法进行修改,修改后的公平交易法明确规定:公平交易委员会从属于国务总理,委员由总统任命;其对预算、人事、教育培训以外的行政事务按政府组织法中对中央行政机构的有关规定办理。同时还规定公平交易委员会依法

① 关于日本对知识产权许可协议的反垄断规制,详见王先林:《日本关于知识产权滥用的反垄断控制及其借鉴意义》,载《知识产权》2002 年第 2 期。

独立处理其事务，从而在法律上保证了该委员会执行公平交易法时的完全独立性，不受其他行政部门的制约。该委员会的职权包括：管制各类垄断行为，限制不正当国际协议；有权制定施行公平交易法的标准；受理与该法相关的申诉；对违法行为责令采取改正措施或课征罚金；批准该法上认可的例外；控诉违法行为；对限制竞争的法令和行政措施进行协商、调整，促进竞争政策的实施；其他法令规定由公平交易委员会管辖的事务等。①

（二）对知识产权的反垄断规制

韩国《公平交易法》第59条同样规定"本法的规定不适用于认定为著作权、专利权、实用新型法、设计保护法和商标法的权利行使行为"，也就是《公平交易法》不适用于知识产权的行使行为，但公平交易委员会为《公平交易法》能够规制制约不当行使知识产权法制订了许多告示及指南。2008年8月30日制订《对于不当行使知识产权的审查指南》，对与知识产权相关合同、不公平交易行为、共同行为、企业合并的制约做了广泛的规定。2000年9月修订《滥用市场支配地位审查标准》，规定如果具有市场支配地位的经营者不当使用知识产权，可禁止其滥用市场支配地位的行为。2006年10月20日，公平交易委员会要求以专利技术提供为由强求与自己或者自己指定的关联公司签订分包合同等不公平交易行为予以更正。②

---

① 侯春：《外国反垄断执法机构的特点及对我国反垄断立法的启示》，载《南京工业大学学报（社会科学版）》2003年第4期。

② 姜承秀：《中韩知识产权领域的反垄断规制比较研究——以微软反垄断案为视角》，华东政法大学博士论文2010年，第55—57页。